ヨハネ福音書注解 III

ヨハネ福音書注解

III

伊吹 雄 著

知泉書館

Hoc Opus dedicatum est:

Sergeant Shigeo Miyashiro
Schwester Caritas Orth
Pfarrer Hans Lewicki
(Bene vixit, qui bene latuit)

Zum Geleit

Herr Professor Dr. Yu Ibuki war vor vielen Jahren mein begabter, scharfsinniger Schueler an der Universitaet zu Bonn, wo er mit der Arbeit "Die Wahrheit im Johannesevangelium" zum Dr. theol. promoviert wurde. Auch seine weiteren Arbeiten sind ein beeindruckendes Zeugnis seiner exegetischen Exaktheit und meditativen Tiefe. Bei mir ist der Name Ibuki besonders auch, nach wie vor, mit "Das Hohe Lied der Agape－ueber 1 Kor 13, 4-7"－verbunden. In dem vorliegenden hervorragenden Kommentar erweist er sich wiederum als Meister seines Fachs und versteht es ueberzeugend, eine intensive Exegese des vierten Evangeliums mit modernen auch kritischen Anfragen an die heutige kirchliche und theologische Situation zu verbinden, z. B. an ihre Geistvergessenheit.

Feb. 2008

Prof. Dr. Wolfgang Schrage

序にかえて

伊吹雄教授は何年も前にボン大学で，才能ある，理解力の鋭い私の弟子であった。そして「ヨハネ福音書における真理」という論文で神学博士号を取得した。その後の研究もまた，その聖書解釈の正確さと沈思黙考的な深みの感銘を与える証明であった。私にとっては「伊吹」という名前は，特にまた依然として彼の「愛の賛歌―Ⅰコリント13, 4-7」と結びつけられている。ここにある卓越した注解書によって，彼は再びその専門の大家であることを裏付けた。そして第四福音書の徹底的な解釈を，今日の教会の，また神学的な状況についての現代的また批判的な説明の要求と結びつけることをはっきりと心得ているのである。それは例えば霊の忘却である。

2008年2月

ヴォルフガング，シュラーゲ教授

〈福音書の理解について〉

"... sie (=Evangelien) zeigen kein Interesse an der aeusseren und inneren Entwicklung Jesu, an seiner Herkunft, seiner Bildung und seinem menschlichen Charakter."

(H. Zimmermann, Neutestamentliche Methodenlehre, 136)

「福音書はイエスの外的および内的な展開，彼の素性，彼の人間形成，彼の人間的性格について一切の興味を示さない」

(H. ツィムマーマン，新約聖書方法論，136)

Kuemmere ich mich um sein Inneres, wenn ich ihm traue? Wenn ich's nicht tue, sage ich "ich weiss nicht was in ihm vorgeht"; vertraue ich ihm aber, so nicht; ich wisse, was in ihm vorgeht."
(L. Wittgenstein, Bemerkungen ueber die Philosophie der Psychologie, II, §602)

　私が彼を信用するなら，彼の内部のことを気にかけるだろうか。私がそれをしなければ，私は，「彼のうちで何が起こっているか知らない」と言う；しかし彼に信頼するなら，わたしは彼のうちで何が起こっているかを知っているとは言わない。

(L. ヴィトゲンシュタイン，心理学の哲学についての覚書，II, §602)

それ故この注解には，「福音書」の性格に従って，イエスの内部のことについては，例外を除き，原則として一切の記述が欠けている。イエスに Trauen（信頼する；信用する）するだけでなく，Vertrauen（信頼する；……に信をおく意味で信頼する）しているからである。ただしここでの Trauen と Vertrauen の違いについては，もしわたくしが誤っていなければ，そんなに明瞭な区別を見出すことが出来ない。敢えて言えば，前者は全人格について（の引渡し：paradidonai：ヨハネ15回；全新約聖書120回，さらにテキストへの Christus traditus 参照），後者はある事柄についてのそれと言えようか。もちろん正確を期すればヴィトゲンシュタインの全使用や英訳を検

索する必要があるであろう。ここでは素朴なわたくしの解釈であり，Sprachgefuehl も時代や地方によって違うであろう。翻訳は常に大きな問題であるが，同時に新しい語の使用と意味の始まりでもある。明瞭なことは，福音書の伝記的解釈が以上のの理解を妨げている。

略 語 表

AJBI	Annual of the Japanese Biblical Institute
AB	The Anchor Bible
Bauer Wb	Bauer, W., Wörterbuch zurn Neuen Testament
BBB	Biblisch-Historisches Handwörterbuch.
BK	Bibliothek der Kirchenväter
BL	Bibel Lexikon (hrsg. von H. Haag)
Bl.-Debr.	Blaß, F. und Debrunner. A., Grammatik des neutestamentlichen Griechisch
BuL	Bibel und Leben
BZ	Biblische Zeitschrift
CBQ	Catholic Biblical Quarterly
EKK	Evangelisch-Katholischer Kommentar zum Neuen Testament
Eth	Evangelische Theologie
EB	Etude Biblique
FS	Festschrift
HThG	Handbuch Theologischer Grundbegriffe
Hrsg.	Herausgegeben
TCC	The international Critical Commentary
HThKNT	Herders Theologischer Kommentar zum Neuen Testament
JBL	Journal of Biblical Literature
LThK	Lexikon für Theologie und Kirche
MEYER	Kritisch exegetischer Kommentar zum NT begründet von R. A. W. Meyer
NT	Novum Testamentum
NTD	Das Neue Testament Deutch
NTS	New Testament Studies
Ötk	Ökumennischer Taschenbuch-Kommentar
QD	Questiones Disputatae zum Nenen Testament
RB	Revue Biblique
RNT	Regensburger Neues Testament

RAC	Reallexikon für Antike und Christentum
RGG	Religion in Geschichte und Gegenwart
SBW	Stuttgarter Bibelwerk
STh	Studia Theologica
Str.-B.	Strack, H. L. und Billerbeck, P., Kommentar zum Neuen Testament aus Talmud und Midrasch
ThLZ	Theologische Literaturzeitung
ThR	Theologische Rundschau
ThWbNT	Theologisches Wörterbuch zum Neuen Testament
TRE	Theologische Realenzyklopädie
VuF	Verkündigung und Forschung
WdF	Wege der Forschung
ZNW	Zeitschrift für die Neutestamentliche Wissenschaft und die Kunde der älteren Kirche
ZThK	Zeitschrift für Theologie und Kirche
大事典	キリスト教大事典，教文館，1963年
語句大事典	旧約・新約聖書語句大事典，教文館，1972年

x

ヨハネ福音書 18, 31. 33（表面）

ヨハネ福音書 18, 37. 38（裏面）

最古の新約パピルス
ライランズ・パピルス・457（紀元125年ごろ　6×9cm）
蛭沼・秀村・新見・荒井・加納編
『原典新約時代史』山本書店

目　次

序にかえて　　　　　　　　　　　　　　　　　　　　v
略　語　表　　　　　　　　　　　　　　　　　　　viii
最古の新約パピルス　　　　　　　　　　　　　　　　x
序　　　言　　　　　　　　　　　　　　　　　　　　3
13章-21章まえがき　　　　　　　　　　　　　　　39
第2部前半：別れの説話　　　　　　　　　　　　　41

第13章

第2部の表題（1節）　　　　　　　　　　　　　　57
十字架の解釈としての洗足（2-20節）　　　　　　60
裏切る者（21-30節）　　　　　　　　　　　　　　76
第一の別れの説話（13章31節-14章31節）　　　　88
第一の別れの説話のはじまり（31-38節）　　　　　89

第14章

はじめに　　　　　　　　　　　　　　　　　　　105
イエスの父への道と父の啓示（1-3節）　　　　　115
イエスの父への道と父の啓示（4-14節）　　　　　119
パラクレートスの約束（第一パラクレートス句）（15-17節）　128
イエスの到来（18-21節）　　　　　　　　　　　　131
父と子の到来（22-24節）　　　　　　　　　　　　134
イエスの啓示のパラクレートスによる続行
　（第二パラクレートス句）（25-26節）　　　　　137

別れの言葉（27-31節） 139

第15章

　　はじめに 149
　　ぶどうの木と枝（1-8節） 151
　　イエスの愛に止まることと相互の愛（9-17節） 158
　　世の憎しみと迫害（18-25節） 168
　　パラクレートスと弟子の証し（第三パラクレートス句）（26-27節） 174

第16章

　　はじめに 181
　　迫害についての予告（1-4a節） 182
　　パラクレートスの到来と裁き（第四パラクレートス句）（4b-11節） 185
　　真理の霊の教え（第五パラクレートス句）（12-15節） 197
　　別離と再会（16-24節） 207
　　終末と約束（25-33節） 222

第17章

　　はじめに 235
　　イエスの栄光化のための祈り（1-5節） 238
　　現在の弟子のための祈り（6-19節） 242
　　弟子たちによって信じる者が一つになるための祈り（20-23節） 250
　　信じる者たちの救いの完成のための祈り（24-26節） 256

　　第2部後半：イエスの受難と復活（18, 1-19, 42） 261

第18章

　　はじめに 261
　　イエスの逮捕（1-11節） 277

アンナスとカイアファの前のイエス，ペトロの否認（12-27節）	285
ピラトへの引き渡し（28-32節）	295
最初の尋問（33-38節）	300
バラバの釈放（39-40節）	310

第19章

はじめに	317
鞭打ち，嘲り，イエスの引き出し（1-7節）	321
二度目の尋問（8-11節）	327
判決（12-16節）	331
十字架につける，罪状書き，着物の分配（17-24節）	337
十字架のもとでのイエスの母と愛弟子（25-27節）	354
イエスの死（28-30節）	360
イエスの脇を槍で突く（31-37節）	363
イエスの埋葬（38-42節）	368

第20章

はじめに	375
マグダラのマリアの報告（1-2節）	396
弟子たちによる空の墓の確認（3-10節）	398
マグダラのマリアへの顕現（11-18節）	406
弟子たちへの顕現（19-23節）	414
トマスの反応（24-25節）	421
トマスを含む弟子たちへの顕現（26-29節）	423
結　語（30-31節）	426

第21章

はじめに	435
ティベリアス湖での顕現（1-14節）	442

復活者はペトロに最高の牧職を与える（15-17節）	449
ペトロの殉教の預言（18-19節）	452
愛弟子の運命（20-23節）	454
第二の結語（24-25節）	457
エピローグ	459
成果と展望	463
文献目録	469
あとがき	493

ヨハネ福音書注解 III

序　言

　　ヨハネ福音書への賛辞の引用をもって始まりとしたい。以下は、ルッターの「新約聖書への序言」にある、「新約聖書の正しい且つ最も貴重な書はどれであるか」からの引用である。ただし「ちなみにこの新約聖書諸書の価値批判を説いた箇所は、ルッターの1530年頃まで出版された聖書に載っているが、その以後の版には省かれている」[*1]。引用する。「以上述べたところからあなたは今や、新約聖書中のどの書が最もすぐれているかを正しく判断し且つ見分けることができるであろう。すなわちヨハネ福音書と聖パウロの手紙、なかんずくローマ人への手紙とはあらゆる書のうちで真実の中核また精髄であり……故にヨハネの福音書は独自の真実の主要な福音書であって、他の三者よりも遥かにまさって選ばれ、よりたかく評価さるべきである。」

　　さてヨハネ福音書の目的については、著者がすでに書かれた三つの福音書の詳細な知識なしに、自らの伝承と思索の上に立ち、「霊的な福音書(pneumatikon euaggelion)」[*2]を書こうとしたということは、正当な考察であろう。霊的福音書の意味は、この福音書が、まず、第一に復活したイエスの霊における現前を宣教していると言ってよいであろう。このことはイエスと信ずる者との間の仲介を必要としない、霊における出会いを可能とするが、それは秘蹟をはじめとする教会の制度ないし職制を必要としないというふうに誤解されてはならない。しかし秘蹟も職制もすべて聖霊の関連のなかに組み込まれている。いわば聖霊の働きの中に埋め込まれ、その内においてのみ機能するのである。だがそれに関する問題については後にふれる。

---

1)　ルッター、キリスト者の自由；聖書への序言、64以下。
2)　Kuemmel, 159.

1 著者問題について

次に簡単に著者問題に触れてみたい。ただしこの問題は手がかりに乏しく，これについては推定に多くの場をゆずらなければならない。

ヨハネ福音書は90年頃書かれたと一般に言われている[*3]。附加である21章では（21, 24），愛弟子が1-20章の著者とされているが，これもあくまで仮定である。確実なことは何もない。なお愛弟子と使徒ヨハネの同一視については，後に述べる強力な反論を無視するわけにはいかない。

さて第四福音書を使徒ヨハネが書いた，ということの例証として，まずエイレナイオスが挙げられるのが普通である：Adv. Haer, 3, 1, 1; 3, 11, 1。普通であるというのは175年以後小アジア，エジプト，ローマなどでこのような見解があったが，そのもっとも明瞭なそしてもっとも重要な証人がエイレナイオス（130-200年）であるということである[*4]。彼によれば「彼の胸に憩うた主の弟子であるヨハネがエフェソでの滞在中にこの福音書を著した」のである[*5]。「ヨハネがエペソに在住したという言及は190年頃エペソの監督であったポリクラテス，アレクサンドリアのクレメンス（150-215年），教会史家のエウセビオスも証言している。何らかの史的関連は否定できないと思われるが，ヨハネ自身が本福音書を執筆したという史的証拠は欠けている」[*6]。このエウセビオスの証言とは教会史（h.e.）V.8, 2-4である。しかしこれはエイレナイオスに帰る（V.8, 1-2）。先に述べると，このエウセビオスが教会史を書いた目的は，いわゆるローマ教皇のリストを作り，使徒伝承を根拠づけ，それによってキリスト教の真理を確保することにあったと言えるであろう。前記のエイレナイオスの記述が190年頃ということは，ヨハネ福音書の書かれたであろう90年頃からすでに100年経った後であり，それは当然それ以前の伝承に頼っているはずである。ここでは残りの考察は他にゆずる[*7]。結論としては，「エフェソにおける使徒ヨハネによる第四福音書の著述ということが確固としているものであり，それは確実には2世紀終わりに把握可能であり，さらに遡ることは困難であ

---

3) 注解Ⅱ：9章の項参照。
4) Schnackenburg, Kom Ⅰ, 63.
5) Adv. H.3, 1, 1; 3, 3, 4.
6) 中村和夫，総説新約聖書，190。
7) Schnackenburg, Kom Ⅰ, 63-76.

1 著者問題について

る」（同76）。さて，この点に関しもっとも適当なコメントと思われるものについて引用する。「この福音書が，イエスの最初の弟子の群れに属するゼベダイの子ヨハネによって記されたという説は，ようやく2世紀も終わり近くなって，理解できる理由から主張されるようになった考えである。それはこの書物の発言には全く根拠を見出すことのできないものであって，今日では多くの理由からそれが誤りであることが明らかとなった」[*8]。ここで2世紀の終わりと言われているのは，確かにエイレナイオスを指す。そして「理解できる理由」というのは，衆知のように次のような事情である。すなわち，エイレナイオスの異端反論は特定の意図によって支配され，それに貫かれている。それは異端に対する反論の土台となるものを据えることである。すなわち彼にとっての「真理の規範（regula veritatis; kanon tēs alētheias）」[*9]となるのは十二使徒の伝承である[*10]。そしてその伝承は十二使徒から司教へと伝わった apostolicum と言われるものである。「エイレナイオスは第一に，使徒パウロをイエスの直弟子としての『使徒たち』から区別し，四つの福音書と使徒行伝とを一括して『すべての使徒たちの教え』とみなし，第二に『主のみ言葉』を置き，第三に『パウロの使徒的書簡』を持ってきて，この中に牧会書簡を含めるのである」[*11]。ここでは実際に，異端に対して新約聖書の文書を守るための，それらの「使徒化」という現象が起こっているのが正直な事情である。エイレナイオスの時点で第四福音書は使徒ヨハネによって書かれ，それは愛弟子であることが固定されている。結果的にはエイレナイオスはその新約聖書からの558の引用をもって「カトリック教義学の父」と呼ばれることになる[*12]。次に，ここでエウセビオス（283頃-371頃）については，時代が下るので多くのことを言うのは差し控えたい。そして彼の教会史の意図は，使徒の遺産に関わり，上に述べたようにそれは司教のリストである[*13]。そしてその考えはエイレナイオスによる（adv. Haer. III, 2, 2; 3, 1-3）。また彼は多く伝承に関してエイレナイオスに依拠しているように思われる[*14]。しかし上記の「使徒化」

---

8) ボルンカム，新約聖書，215以下。
9) Adv. Haer. 3, 11, 1.
10) 荒井，諸問題，357; 384なども参照。
11) 荒井，同上361; 386参照。
12) Irenaeus, E.Klebba, Einleitung, VI.
13) Kraft, Einleitung zur Kirchengeschichte von Eusebius, 32.

については、その土台はエイレナイオスを待つまでもなく、すでに2世紀の初めには成立していったのではないだろうか。特にⅢヨハネ9がこのような、いわば君主的形態（monarchisch を以下こう呼ぶ）の存在を示しており、イグナチオスの手紙も監督への服従の強調によって[15]、このような使徒化への動きを促進して行ったのではないだろうか[16]。1世紀終わりから2世紀にかけて小アジアの各地に、異端に対しこのような教会組織ができていたこともまたよく知られた事柄である[17]。しかしこの初期教会史については、私のような非専門家がとやかく言う事柄ではない[18]。また後の教会とローマ帝国の関係は do ut des であったと言われる[19]。ここで教会が実質的に何を与えることが出来たのかが重要であろう。

　なお上記の使徒化についてよく知られていることではあるが、今一度ここで具体的に述べると、四福音書のどの一つも著者の名が挙げられておらず、2世紀の教会伝承は、それらの著書をマタイ、ヨハネは勿論使徒とするが、一時パウロの旅行の随伴者であったマルコをペトロの秘書かつ通訳に仕立てあげたし[20]、パウロの同伴者ルカはパウロの語ったことを福音書に書いた[21]、というようなことである（ちなみに Ⅲ, 4, 7以下は理解できないが、Ⅱテモテ4, 11によってパウロ神学がルカにまる投げされたのでないか気にかかる。何となれば使徒教父の時代にはパウロの説く「神の義」は最早理解されないものとなっていたからである）[22]。とにかくルカの使徒行伝とパウロの関係はつとに知られており、ルカがパウロの語ったことを書いたという主張は皮肉な話である。もちろんこの使徒化ということに際して「使徒」概念そのものも問われるべきであるが、結果的には上記のよう

---

14) エウセビオスの教会史については前記 Kraft 参照；またその思想については柴田、宇宙論209以下；また Kamlah, Christentum u. Geschichtlichkeit: [いわゆる初期カトリシズムの成立, 67以下] [エウセビオスの帝国神学のアウグスティヌスによる拒否, 175] その他参照。
15) Bauer/Paulsen, Die apostol. Vaeter Ⅱ, 29-31；特に Eph 6, 1; Trall 2, 1 など。
16) たとえばⅠクレメンス42参照。
17) Meyer, Ursprung, Ⅲ, 579以下；ボーア、初代教会史、48以下；ブロックス、古代教会史、111以下、他多数。
18) Wengst, Brief des Johannes, 235 など参照。
19) 弓削、地中海世界、159-164。
20) ボルンカム、新約聖書、59；91。
21) エイレナイオス、Adv. H. Ⅲ, 1；エウセビオス、h.e. V, 8, 2-4.
22) Stuhlmacher, Gerechtigkeit, 12；Ⅱペトロ3, 13.

1　著者問題について

に十二使徒およびパウロということになっている[*23]。

しかし，このようにして，教会の伝承によって導き出された，愛弟子である使徒ヨハネが第四福音書の著者であるという像は，現実に即していないと考えられる。この見解はカトリック聖書学者によっても批判された[*24]。

したがって結果から見て逆に言うと，その前提となる教会の伝承は，このことに関しては役に立たず，はっきり言って使えないということである[*25]。

そこでヨハネについて調べてみる。ヨハネ福音書には21,2を除いてヨハネ（＝ゼベダイの子ら）が出ないので，さしあたって共観福音書のヨハネ像を見てみたい。ヨハネは「ゼベダイの子ヤコブとその兄弟ヨハネ」（マタイ4,21; マルコ1,19; ルカ5,10）と言われるように，漁師ゼベダイの子である。母はサロメ（マタイ27,56とルカ8,1; 23,10と比較せよ）であり，多分ベトサイダ（マルコ1,16以下）の出であろう。ゼベダイは雇い人を雇うことが出来たし（マルコ1,20），サロメはイエスに仕えて従ったのであり，比較的裕福な暮らしではなかったか。彼らは最初にイエスに召されて従った。マルコ3,17にはこの二人の息子は「ボアネルゲス」すなわち「雷の子ら」という名が付けられている。ルカ9,54には，二人はイエスがサマリア人から歓迎されなかったので，「弟子ヤコブとヨハネはそれを見て，『主よ，お望みなら天から火を降らせて，彼らを焼き滅ぼしましょうか』」と言っている。彼らの母親によるの地上の名誉への望みは，マタイ20,20平行で，

---

23) 使徒については，Schmithhals, Das kirchliche Apostelamt; Klein, Die Zwoelf Apostel; Roloff, Aposolat－Verkuendigung－Kirche その他参照。
24) 土戸，初期キリスト教168, 12.:「ブラウンは，……この『主の愛する弟子』を，ヨハネ福音書記者とは勿論，十二弟子の一人ゼベダイの子ヨハネとも同一視出来ないと，注解書［1966］執筆時の見解の修正をなしている。Cf. R. E. Brown, The Community of the Beloved Disciple, 1979, esp. pp.33-34; 168, 13: Cf. R. Schnackenburg, "Der Juenger, den Jesus liebte" in: Das Johannesevangelium, III, 1975, pp.449-464. R. Schnackenburg も自説の修正をなし，R. E. ブラウン同様，同じ結論を導出している。」さらに J. Ratzinger－Benedikt, XVI は，その著書 Jesus von Nazareth, I, Herder o. E., 11, で，20世紀後半のおそらく最も重要なドイツ語圏のカトリック聖書学者を R. Schnackenburg としている。なお付け加えておくと，この本の Glossar に，エウセビオスの名も H. Schlier の名も発見できなかった。
25) 色々な問題については，土戸，初期キリスト教，78以下参照。

「あなたが王座におつきになる時この二人の息子が、一人はあなたの右に、もう一人は左に坐れるとおっしゃって下さい。」と言い、イエスは「あなた方は何を願っているのか分かっていない。このわたしが飲もうとしている杯を飲むことができるのか」、と言われている。なお使3, 1; 4, 13; 8, 14など参照。まずこれらのヨハネについての記述がヨハネ福音書には一切欠けていることを確認しておく必要があろう。またそこでペトロ、ヤコブ、ヨハネが証人となっているいわゆる「山上の変容」マルコ9, 2以下（＝マタイ17, 1-13；ルカ9, 28-36）や、マルコ14, 27以下「ゲッセマネ」（マタイ26, 36-46；ルカ22, 39-46）の記述もヨハネ福音書に欠けていることもあわせて述べておく。

次に一応、三福音書と使徒行伝に出て来る十二弟子のリストを見てみたい。

マタイ：10, 2以下：「十二使徒の名は次の通りである。まずペトロと呼ばれるシモンとその兄弟アンデレ、ゼベダイの子ヤコブとその兄弟ヨハネ、フィリポとバルトロマイ、トマスと徴税人のマタイ、アルファイの子ヤコブとタダイ、熱心党のシモン、それにイエスを裏切ったイスカリオテのユダである。」

マルコ3, 16以下：「こうして十二人を任命した。シモンにはペトロという名をつけた。ゼベダイの子ヤコブとヤコブの兄弟ヨハネ、……アンデレ、フィリポ、バルトロマイ、マタイ、トマス、アルファイの子ヤコブ、タダイ（タデウス）、熱心党のシモン、それにイスカリオテのユダ。このユダがイエスを裏切ったのである。」

ルカ6, 14以下：「……その中から十二人を選んで使徒と名付けた。それはイエスがペトロと名付けたシモン、その兄弟アンデレ、そしてヤコブ、ヨハネ、フィリポ、バルトロマイ、マタイ、トマス、アルファイの子ヤコブ、熱心党と呼ばれたシモン、ヤコブの子ユダ、それに後に裏切り者となったイスカリオテのユダである。」

使：1, 13：「ペトロ、ヨハネ、ヤコブ、アンデレ、フィリポ、トマス、バルトロマイ、マタイ、アルファイの子ヤコブ、熱心党のシモン、ヤコブの子ユダ。」

これらの表でもヨハネは、ペトロ、ヤコブ、ヨハネ、アンデレ、フィリポというふうにすべてに挙げられている。やはりヨハネ福音書にヨハネの

名が出てこないのは非常に奇妙である。まずその原因について考えてみる必要があるのでないか。いわゆる著者が，イエスが愛した弟子ということで，控えめに自分の名を挙げなかったという説明[*26]は到底納得のいくものではない。召命された者のリストの欠如についてはヨハネ福音書の著者がその伝承を持っていなかったと考えられる。ヨハネの兄弟ヤコブもここには見られない。その代わり，ここではフィリポ（1, 43.44.45.48; 6, 5; 12, 21.22; 14, 9），トマス（11, 16; 14, 5; 20, 24.26.27.29; 21, 2）やナタナエル（1, 45.46.47.48.49; 21, 2: 共観福音書になし）などの弟子が役割を演じている。

次に，第四福音書が「使徒ヨハネ」によって書かれたということについて吟味してみる。

① まず使徒（apostolos）という名称であるが，これはこの福音書に一回だけ，13, 16に「遣わされた者は彼を遣わした者より大いなる者でない」という一般的な形で使われ，使徒とは全く関係がない。周知のように使徒と十二人の等置はルカによってなされている：6, 13。なおマタイ10, 2参照。マルコではヨハネのように，まだ十二人といわれている。ヨハネ福音書は使徒という名称を知らないか，知っていても使わず十二人（dōdeka）と言う：6, 13.67.70.71; 11, 9; 20, 24と合わせて6回使われている。その他では，マタイ16回；マルコ15回；ルカ12回などである。これに対してapostolosは，マタイ10, 2；マルコ3, 14; 6, 30；ルカ6, 13; 9, 10; 11, 49; 17, 5; 22, 14; 24, 10に出，マタイ1回；マルコ2回；ルカ6回；ヨハネ1回；使28回出る。マタイでは十二弟子の選抜に関して12, 2で「十二使徒の名は」としてここだけに使徒という語が出る。マルコ3, 14ではアレフとBその他がこのapostolosを入れており，Nestleのテキストには出てこない。これが挿入とすると後の「使徒化」という現象によって説明されるのかもしれない。結論としては，ヨハネ福音書の著者はこの福音書によれば使徒とは呼ばれ得ない。これに対してパウロがエルサレムないしアンティオキアで伝えられた伝承には，衆知のように十二人と使徒が分けられている（Ⅰコリント15, 5.7）。ヨハネ福音書はむしろこの十二人の伝承に帰るのではないだろうかということも吟味に値しよう。

② 次にヨハネ福音書を，もしヨハネが書いたとすると，どうして共観福

---

26) Schaefer, 80; Voelter, Mater Dolorosa, 8.

音書にヨハネの名が出るシーンがヨハネ福音書にすべて欠けているのであろうか。今マルコ福音書だけを調べてみても，5, 37; 9, 2.38; 10, 35.41; 13, 3; 14, 34など，ペトロ，ヤコブ，ヨハネが出てくる箇所ないし物語で，ヨハネ福音書に出てくるものは一つもない。特に山上の変容とゲッセマネの祈りは有名である。後者はヨハネ12, 27にその痕跡が認められるかもしれないが，これらの欠如は，またそれぞれヨハネの神学に起因しているとも考えられる。変容に関しては，ここだけにドクサが出るが，他方ヨハネ福音書のイエスは光栄のイエスである。

③ この3番目に挙げることについては，これは決定的なことであると思われる。すなわちヨハネ21, 2をみてみる。ここでの「ゼベダイの子ら」はルカ5, 10にも現れ，ルカとの共通の伝承から由来するのであろう。ここで全ヨハネ福音書に一回だけ，ゼベダイの子として実質的にヨハネが挙げられている。これに対して愛弟子は，ここに挙げられる「他の二人の弟子」の一人であると考えられる。そうすると使徒ヨハネは愛弟子ではないことになり，愛弟子がヨハネ福音書の著者とされるゆえ（21, 24），使徒ヨハネはヨハネ福音書の著者ではないことになる。その著者はヨハネでもなく，使徒でもない。21, 2は伝承から，不注意によって，ヨハネがこの福音書に挙げられることになったのであろうか。もし意図的なものであるとすれば，それは使徒ヨハネが愛弟子でなく，したがってこの福音書の著者とされることに抗して書かれた，いわば隠されたメッセージであると取ることが出来るかもしれない。なぜそのようなことが必要であったのか。それはヨハネ福音書が愛弟子というカリスマ的教会の代表者による著書であるにもかかわらず，使徒ヨハネによる書とされ，職制教会に取り入れられることに抗するということではないであろうか。しかしこれはもちろん読み込みが過ぎるかもしれない。とにかく附加された章とはいえ，ここに明らかに，使徒ヨハネがこの福音書の著者でないことが銘記されているのである。

以上のことから，くり返しになるが，伝承による使徒ヨハネが著者であるということが否定され，したがって伝承の信憑性が否定されることになる。

次に使徒ヨハネと愛弟子との等置に反していわゆる使徒ヨハネの現実の姿を調べてみる必要がある。すなわち愛弟子とは異なる実際の姿をみてみる必要がある。

① パウロのガラテア書における証言であるが，これはパウロ本人が書いており，またそれが真実であることを誓っているので（1, 20），間違いのない事実である。すなわち2, 9で，パウロはエルサレムでのヤコブとケファとヨハネを「柱と目されるおもだった人たち」（ガラテア2, 9）と呼んでいる。これはいわゆる使徒会議の時であり48-49年ころのこととして考えられている。44年に，ヨハネの兄弟ヤコブはヘロデ・アグリッパ1世によって殺され，ペトロは捕らえられたが奇跡的に救われる。その後ヘロデは死に（使12, 23），ペトロもまた姿を消す（使12 ,17）。パウロによれば，ここでヨハネはペトロ（ケファ）と並んで確かに職制教会の代表者であり，ペトロと競合関係にあった愛弟子の姿とはかけ離れているように考えられる。ちなみに使徒行伝によれば使徒会議の際（使15, 14），そこには使徒たちや長老たちがいた（15, 4.6など参照）。ただしヨハネの名は言及されていない。いずれにしても「使徒ヨハネ」という呼び名は見出されない。

② 次に使徒行伝を見てみる必要がある。その箇所は1, 13; 3, 1.3.4.11; 4, 13.19; 8, 14である。これらの箇所で，ヨハネは常に「ペトロとヨハネ」として，ペトロと並んでその名が挙げられている。これは教会の使徒としての代表者であり（1, 26），しかもヨハネは，いわば最高位のペトロに並んで，その次に名が挙げられているのである。

これらの点からみて，実際のヨハネはペトロと競合関係にある愛弟子と同一人物であると考えることは困難と思われる。

伝承によると，すでに述べたように使徒ヨハネがエフェソでヨハネ福音書を書いたと言われている。エフェソについては，今日エフェソには聖ヨハネ教会があり，そこにヨハネが埋葬されたとされ，さらにマリアの教会堂およびその家がある。これはヨハネ19, 27によっている。このように伝承は容易に作り出され，展開されうる。ヨハネとエフェソについて聖書に何か示唆がないであろうか。そのことを一応検討してみたい。

さて当時の船でミレトスから約14時間ほど離れていた[27]と言われるパトモス島[28]で書かれたヨハネの黙示録の著者は，自分を僕ヨハネ（1, 1.4.9; 22, 8）と呼んでいる。1, 4から，このヨハネはアジアにおける七つの

---

27) Schaefer, Grundriss, 81.
28) 佐竹，ヨハネの黙示録，上巻 序説46.

教会の長ないし重要な人物として理解してよいであろう。この七つ教会のうち第一のものはエフェソである (1, 11; 2, 1)。黙示文学によくあることとして、この著者が使徒ヨハネの名を借りた可能性があるのであろうか。いずれにせよ彼はエフェソに由来していると考えられる[29]。引用すると、「ユダヤ教の黙示文学の場合には、過去の偉大な信仰的人物を著者に見たてて、彼らの名を借りて書くのが通例であるが、ここのヨハネは本名であろう」[30]。すなわちここでは実名であり使徒ヨハネではないと考えられる。このことの証拠として18, 20; 21, 14が挙げられる[31]。ここでは使徒について述べられているが、その中に自分はいないであろう。そうでなければ自分が自分を見ることになってしまい、これはまずあり得ない[32]。本名であれば、偽名のようにその時までの前史を書く必要もなかった。また宛先を明示することも可能となる[33]。また1, 9の筆者の性格づけが匿名で書いているのではないことをうかがわせる。そしてヨハネという名は多くあったにちがいない。実際はこのように考えられるが、伝承においては、この著者はヨハネ福音書記者と等置されたのである。すでに Justin が彼を使徒ヨハネと見なし[34]、エイレナイオス[35]、テルトゥリアン[36], Klemens von Alexandrien[37]; Origenes[38] などで、すでに使徒ヨハネが著作者とされていた[39]。これは、使徒の著作としてその権威を高めようとする意図によるのであろう（使徒化現象）。しかしその結果、このことから使徒ヨハネもエフェソの教会に由来することになるのではなかろうか。またエウセビオスによれば、イエスの愛した福音書記者ヨハネがパトモス島からエフェソに帰ってアジアの教会（複数）を導いたことになっている[40]。そして後に、

---

29) 佐竹、上掲書、46:「滞在地として最有力なのはエフェソである」。
30) 佐竹、上掲書、36。
31) Satake, Gemeindeordnung, 133.
32) マルクスセン、緒論、502。
33) 佐竹、黙示録、66。
34) Dial. c. Tryph.81; ルカへの反マルチオン・プロローグの著者、またカノン・ムラトリ（48行目以下）。
35) Adv. haer. 4, 20, 11; 5, 26, 1; [5, 30, 3].
36) De Praescr. 33; Adv. Marc.3, 14.24; 4, 5.
37) Strom. VI, XII, 106, 2.
38) Comm.zu Mt tom.16, 6; zu Joh tom.1, 14; 2, 4.
39) Schaefer, Grundriss, 184.
40) エウセビオス、h. e. III, 23, 1.6.

1 著者問題について

これは仮定であるが，シリアで書かれたヨハネ福音書がエフェソに送られ，ここでその教会の福音書になったとすれば，これらのことからゼベダイの子，使徒ヨハネがエフェソにおり，その福音書およびその他の手紙を書いたという伝承が生まれたと考えるのは不可能であろうか[41]。いずれにしても検討を要するのではないか。ちなみに上の見解は，エイレナイオス(130-200)が2世紀の末に書いた反異端論の中に言及したのが初めとされる[42]。エフェソの教会はヨハネ福音書を己がものとして学んだが，そしてそのヨハネの手紙はここでは立ち入れないが，その解釈においてヨハネ福音書とは異なった点もあることが認められる[43]。「もっとも後者（＝ヨハネ福音書）の持つ広い地平は，ここでは『教会的に』狭隘化され，また福音書では押し退けられていた，伝統的，原始キリスト教的な教説に属する諸思想が，ここでは再びより強く現れ出ている」。これに対して，「ヨハネは全世界が期待しているような，自らを示威する権限を行使するイエスは承認しない。人々が信仰の手がかりに出来るような，目に見えるしっかりした証明は存在しない。しかしもちろん，十字架につけられたイエスの言葉の上に基礎づけられた信仰は，逆の方向から，今や地上のイエスの歴史の中にも彼の栄光の輝きを認めるのである」[44]。また第2，第3の手紙は差出人が長老となっているが，パウロは使徒行伝20, 17によるとミレトスからエフェソに人をやって，教会の長老たちを呼び寄せたとある。この資料については別にしても，少なくともエフェソに長老がいたことはこのことからして察せられる。

次に，それではいったい誰がヨハネ福音書を書いたのか。もちろんすべては想像の域を出ない。言葉から言ってセミティズムが認められる[45]。ただしその読者にアラマイ語の表現などを解説している[46]。書かれた場所について，識者は，次の如く言っている。「成立地は，パレスティナとシリアの境界の相当数のユダヤ人を擁する比較的大きな町（都市規模）で

---

41) エウセビオス：h. e. V. 8, 4;
42) 中村，総説新約聖書，190.
43) Ibuki, Wahrheit, 256以下；Kuemmel, Einleitung, 323以下など参照。
44) ボルンカム，新約聖書，233；その他 Belser, を初めとする注解書；Conzelmann, リュウ，ヨハネ書簡の神学など参照。
45) Schlatter, Heimat, 28以下；Bultmann, Kom, Register, II, Semitismen, Rabbinismen も参照。
46) Lohse, Entstehung, 114参照

あったと推定するのがかなり蓋然性が高い仮説であろう。ガウランティス，バタネア，トラコニティス地方などが有力な候補地の一つである」*47。しかし実状は何も分かっていない。すなわち著者の教会とユダヤ人との関係はすでに過去になった著者の経験に基づくものかもしれない。またユダヤ人の象徴的意味をも解析しなくてはならない。ここでは成立の場所をさし当たってアンティオキアと仮定して置きたい。（アンティオキアについては，RAC1, 461以下；464:）［使徒会議の後］アンティオキアの教会史には確実なデータに乏しい。司教の系列からは，特にイグナティオスが際立っている。彼の手紙の中で初めて monarchisch に組織された司教制がより鮮明に［staerker］強く出現する。ただし私は教会史家でないことを告白しておく。一般にシリアであるという説をとる学者が多い。それは写本の状況から言って本当らしく思える。特にシナイ・シリア写本が重要ではないだろうか。そして私には書かれた場所は大都市であるように思える。すなわち大都市での情報とコンタクトと刺激が不可欠のように思われる。そしてアンティオキアのイグナティオスのヨハネ福音書の引用の立ち入った分析が必要不可欠である*48。すなわちここでヨハネ福音書が司教という職の裏づけとして解釈されたのではないか。

　このようなことを考えた上でヨハネ福音書の著者についてさらなる推測をしておく。しかしこれは一切仮定されたこと以外のものではない。ヨハネ福音書は多くの学者が，それが編集者たちの手によって形成されたと想定し，またヨハネ学派というような仮定もなされて来たが，わたくしには一人の天才的な思考者の手になったように思われるのである*49。このようにして完成した福音書はいかにして「使徒ヨハネによる福音書」と呼ばれるようになったのであろうか。もちろんこの福音書は，21章が付け加えられてすぐに写本が書かれたと考えられる。すべての写本に21章がついていることは広く知られている。

　ヨハネ福音書では愛弟子は十二人の一人に位置づけられている (13, 23)。

---

47) 土戸，前掲書，166；大貫，ヨハネ，53; Wengst, Gemeinde, 160ff.
48) Maurer, Ignatius u. d. Johannesevangelium 参照；Loewenich, Johannes—Verstaendnis, 25以下；Schlier, Ignatiusbriefen; Bauer. W., /Paulsen, H., Die Brief des Ignatius, Tücbingen, 1985；その他多くの文献参照。
49) Hengel, Frage, 2参照。

ここで愛弟子は使徒ヨハネと言われる者の場所に置かれているのではないか。それがヨハネ福音書で使徒ヨハネが現れない理由であると思われる。このことは逆に言えば，他方で，その後愛弟子が使徒ヨハネとされ，使徒ヨハネがヨハネ福音書を書いたとすることが容易であることになるであろう。ヨハネ福音書の記者が実際に愛弟子であったのか，あるいはそうでない著者が愛弟子を著者としたのかは分からない（後述）。20章まででは，19, 35（20, 31参照）が19, 25からして愛弟子をさしており，もし35節が後の編集[*50]，または21章の記者の挿入でないなら，ここですでに愛弟子が著者であるということが，暗示されていると考えられるであろう。すなわち21, 24による挿入でなく，かえって19, 35が21, 24になったとも考えられるのではないであろうか。すなわち，この福音書の著者は愛弟子を著者とすることを，間接的にかつ神学的に要請し，それを19, 35に暗示したと仮定することもできる。

また書かれた場所はシリアであると一般に考えられていることはすでに述べた。上に述べたアンティオキアは，ローマ，アレクサンドリアに次ぐ第3の都市のみならず，4世紀にもなおローマ，アレクサンドリアに次ぐ第3の司教座があり，ローマ帝国時代にはシリアの総督府が置かれていた。要するにとにかくアンティオキアの教会は第四福音書を持っていた。それは後年アンティオキアのイグナチオスがヨハネ福音書を引用していることからも明らかであろう[*51]。これは想定にすぎないが，第四福音書は直ちに写されて，小アジアへ，すなわちそこで第1に挙げられるべきエフェソ（黙1, 11）へ送られたのではないだろうか。ということは，この書が宣教というよりは，まずもって教会内部に宛てられているであろうと仮定すると，なおさら蓋然性が増す（宛先については，Ibuki, Viele, 参照）。エフェソはローマ帝国のアジア総督府が置かれていた。その重要性はパウロの宣教旅行のさいの滞在の長さからも推し量れる。それは431年の第3回公会議まで続いている。そしてエイレナイオスによればヨハネ福音書の成立場所はエフェソである。そして以下は推定であるが，エフェソの教会は第四福音書を自分の教会の福音書として，それを一生懸命に学び尊びエフェソの

---

50) Bultmann, Kom.
51) Ad Eph.17, 1; Ad Magn.7, 1; Ad Rom.7, 2; Ad Philad.7, 1.

教会の福音書としたのではないか。その場合，Ⅰヨハネの神学との微妙な
ずれはここから理解し得るのではないか。そしてこの地でヨハネ福音書神
学の根幹である「愛」によって，教会はグノーシスに対して果敢な攻撃を
加え，防御をしたのではないか[*52]。これはグノーシスに対してただ職制
によるのでなく（Ⅰヨハネには権威づけとなる差出人が欠けている），愛の
掟によって戦い得るということの貴重な足跡である。だがこれらはもちろ
ん何度も述べたように推測の域を出ない。さて第四福音書の著者はユダヤ
教の出身ではないかと考えられる。旧約聖書についての知識，そして何よ
りもその言語がセミティズムを含んでいるからである[*53]。またよく指摘
されるクムラン思想との近さや，ヘレニズム思想の知識もここから理解し
てよいと思われる[*54]。その思想はグノーシスの影響を受けたというより
も，終末論，それも現在終末論によって刻印されている。また場所[*55]，
時[*56]，人物[*57]，出来事[*58]などが挙げられ，それらの知識が見られる[*59]。
さらに読者のために，アラマイ語ないしパレスチナの表現を説明してい
る[*60]。また4, 36-38について再考するなら，それはヘレニストとのサマリア
伝道（使8, 14）と関係し，福音書記者とヘレニストとの関係も考慮する必
要があるかもしれない[*61]。すなわち使11, 19のアンティオキアへの動きが
共に考慮される必要があるかもしれない。

　次に21章の著者について述べる。正確には分からず，すべて推測に頼る
ことになる。ここではこの著者は第四福音書を熟知していたが，その著者
との直接のコンタクトはなかったのではないかと思われる。それは21, 24
が19, 35をもとに20章までの著者が愛弟子とされていることを推察して書

---

52) Wengst, Haeresie, 67ff.
53) Schlatter, Sprache, 28以下；Lohse, Entstehung, 114; Bultmann, Kom, Register, Ⅱ: Rabbinismen; Semitismen その他参照。
54) Feine, Theologie des N. T., 550以下参照。ユダヤ教におけるヘレニズム思想については Hengel, Judentum und Hellenismus など参照。
55) 1, 28; 2, 1; 3, 23; 4, 5.6.20; 5, 2; 9, 7; 10, 23; 11, 54; 18, 1.
56) 1, 29.35; 2, 1; 3, 2; 4, 6; 6, 16; 11, 6; 12, 1; 13, 30; 19, 24; 20, 19.
57) 1, 40.44; 6, 71; 11, 2; 13, 26; 18, 10.15f.
58) 2, 6; 4, 28; 11, 20.31; 12, 16; 18, 15.
59) Schaefer, Einleitung, 80.
60) 1, 38; 20, 16; 1, 41; 9, 7; 19, 17（Lohse, Entstehung, 114）
61) Cullmann, Kreis, 49ff.

かれた，と考える場合である。それは21, 24では，「そして彼の証しが真実であることを，われわれは知っている（oidamen）」とあり，19, 35の「彼の証しは信実である。彼は信実を言っていることを知っている（oiden）」とあることに窺えようか[62]。さて21章では一方で愛弟子の権威がこの福音書に忠実に語られると共に，ペトロの牧職がこれまでにもまして強調されている。それは一方で異端の危険が，福音書におけるよりより多く考えられているのではなかろうか。しかしペトロの権威はあくまで愛に基礎づけられており，それは21, 15のイエスのペトロへの問い，「あなたはこの人たちよりより多くわたしを愛しているか」によって他の弟子より「より多く愛する」ということがペトロの牧職の制約になっている。他方，マタイ16, 18f に比べられるこの権威の強調は第四福音書の書かれた直後の状況を，そして終末の遅延を反映しているのではないか（21, 22以下）。しかし所詮これらはテキストの解釈によって大きく変わってくるので確定的なことは何も言えない。

　最後にグノーシスとの関連に若干ふれておく。Valentin のグノーシス派は130年以来ヨハネ福音書に影響され，Valentin 派のヘラクレオンが170年頃ヨハネ福音書の最初の注解書を書き，モンタニストも160年以来この福音書を好んだ。グノーシスの高潮，125-175年にはこのような福音書がグノーシスへの対立なしに書かれることは不可能と言えよう。

2　ヨハネ福音書の教会の構造

　次にごく簡単にヨハネ福音書の教会の構造について考えてみたい。ここで教会とは第一に信仰する者の集まりである[63]。"Ubi enim sunt duo, vel tres congregati enim in nomine meo, ibi sum in medio eorum" マタイ18, 20）。すなわち Ubi tres sunt, ibi est ecclesia といわれるゆえんである。アウグスティヌスは ecclesiola という言葉を使ったということが記憶にある。重大なことは，この教会の構造ということに福音書記者はそれほどの興味を示してはおらず，従ってそれは背景に止まっている[64]。その原因は何であろうか。それはおそらく信じることにおいて受ける聖霊の授与と，そこで現前

---

62)　Voelter, Mater Dolorosa, 7.
63)　Schlier, Ekklesiologie, 145.
64)　Schlier, 同上，142。

する主ということが前面に出ているからではないであろうか。だがこの教会はサクラメントを司るいわゆる職制教会に反対するような一方的な精神的かつカリスマ的な教会ではない。むしろ両者の協働を目指している。しかし職制ということは十二弟子の派遣（20, 20-23）ということに直接には現れていない。十二弟子は信じる者のパラディグマであるからである。そしてペトロもここで弟子たちの一人として派遣される。また十二弟子についてもペトロについてもその後継者についての言及はないので，ここでの関係が常に妥当すると考えられてしかるべきであろう。それは派遣ということに関しては弟子たちの間に区別はなく，ペトロも弟子たちの一人である。だが職制ということは特にペトロにおいて認められる。彼は弟子たちの代表者でもあるが（6, 68），それに止まらない（1, 42）。ペトロは，愛弟子を含む他の弟子たち以上にイエスを愛するかと聞かれ，イエスがペトロの愛を知っているということの上に，彼に牧職が与えられる（21, 15以下）。しかしそれはペトロが単独に他の弟子たちを派遣するということではない。他の弟子たちも直接派遣され，弟子たちの集合体（collegium）を前提として「ケファ，訳せばペトロ」（1, 42）と呼ばれている。

それは弟子たちが散っても，その共同体を前提にしてペトロがケファとなるのである。すなわちここにペトロのモナルキー，すなわち君主制的形態というようなことは，ペトロにも他の弟子たちの後継者についてもそのままではあてはまらない。個々の弟子たちの後継者ということは考えられていない。そのことについては21, 23が決定的である（この項参照）。前に記したように彼らは信じる者のパラディグマであり，いわばイエスが集めた集合体であるからである。いわゆる excommunicatio になるのはユダだけである。そのきっかけは愛弟子が作った。この基準は愛のみである。13, 21にはそのためにイエスは弟子の一人を愛に反する者と成ることを知り，それにも拘わらず，受け入れたのである。それはイエスの二重の愛，すべての人を無制約に受け入れることと，愛のために自分を引き渡すことの表現である。すなわち15章に見えてくるのは愛が豊かになり，増すために父が枝を剪定するということなのである（15, 2）。それ以外のことは何も述べられていない。これが「さばく（krinein =「分ける」）」ことの意味なのである。それ以上のことは一切見えてこない。また基本的にペトロの牧職とは，彼が他の弟子たちと共に派遣された，ということが前提されて

成り立つものである。最後にこのことから上の1, 42のイエスの言葉が始めて理解されるのである。すなわちイエスは,「あなたはヨハネの子シモンである。あなたはケファ（訳せばペトロ）と呼ばれるであろう」と言う。ここで問題となるのは「呼ばれるであろう」という未来形である*65。なぜか, いわば条件つきだからである。これは「預言的未来」として確定的であるというのは間違いだと思う。マタイ16, 17では「あなたはペトロである」と言われているが, マタイ福音書ではすでに十二人の派遣は前提とされている*66。ここでなぜ未来形が使われているのであろうか。それはここでまだ十二弟子の派遣がなされていないからであろう。この派遣を飛び越して,「あなたはペトロである」と言われることはできないのである。なぜならこの十二人の派遣ということの上に, はじめてペトロについて語られ得るからである。すなわちペトロの存在は常に派遣された弟子の集合体を前提として成立し, またそれに依存していると考えられる。またマタイ16, 18の「わたしはこの岩の上に教会をたてよう（et super hanc petram aedificabo ecclesiam meam）」は, 未来形である。そしてマタイ7, 24.25（qui aedificavit domum suam supra petram）の関連で読めば, 私見によればこれは蓋然性が高いと思われるが, そうとっかえひっかえ, 土台をかえられないという考えも妥当するであろう。

このことがないがしろにされ, テキストが互いの関連なしに受け取られるとすると, そこに教会の職制についての誤解が発生する大きな危険がある*67。すなわちここでの弟子は一体であり, その継承は一人一人についてではなく, 弟子全体の土台の上に語られるべきである。ここでペトロについて言うとすれば, いわゆる「プリムス・インテル・パーレス（primus inter pares: 同等な者の中での第一の者）」ということが妥当するのかもしれない。なおここでは長老, 監督, 執事などももちろん何も言及されていない*68。十二人*69がここで現れるが, 彼らは「使徒」として見られておらず, 範例的な（paradigmatisch）弟子を示している*70。そしてもっとも重要で決定的

---

65) 伊吹, 注解, 101。
66) マタイ10, 1-4; 11, 1; また18, 17以下参照。
67) petra: マタイ7, 24. 25; 16, 18; 27, 51.60; マルコ15, 46; ルカ6, 48（2回）; 8, 6.13; ロマ9, 33; Iコリント10, 4; Iペトロ2, 8; 黙6, 15. 10; 全部で15回となる。
68) ただしIIヨハネ1, 1; IIIヨハネ1, 1参照。
69) 6, 67.70.71; 20, 24。

な点は，弟子たちのイエスへの関係，そしてそこに隠されている，信じる者たちのイエスへの関係は，聖霊における主の現前である（14, 22）。すなわち聖霊が派遣されることが前提とされる（20, 22）。なぜなら基本的に言って，弟子たちが語るのではなくて，聖霊が真理を語るのであり，聖霊が教えるのである。ここで別れの説話におけるいわゆるパラクレートス句がすべて考慮され，それと結びついて，20, 22.23が解釈されなければならない。すなわち20, 22.23が誰に言われているのかが，別れの説話から考慮されなければならない。それは歴史的に言って，十一人の弟子たちであり，同時に信じる者すべてであった。ということは派遣と罪を許し，あるいはそれを留め置くということは，一方でこの弟子たちの宣教を継いでいく者たちと同時に，すべての信じる者の全体に妥当するのである。この派遣とそれに基づくイエスの全権を受ける者についての解釈が教会の死命を制する。そしてこのイエスの弟子たちは，信じる者を前提してはじめて存在し得る。20, 22.23は，しばしば見受けるように，また教義学でなされるように，単独にすなわち原子論的にコンテキストから取り出されて理解されてはならない。この箇所の解釈は決定的に重要である。弟子たちは信じる者の範例的なかたちである。このことが続く教会の歴史の上で明確にされなかったように考えられる。21章のペトロの牧職の話は，この福音書全体と関係づけられ解釈されなければならない。別な言葉で言えば，「使徒的牧職」（apostolisches Amtspriestertum）と「一般的牧職」（das allgemeine Priestertum）（Ⅰペトロ2, 5など参照）は分けることが出来ない。この関係はマタイの16, 18.19と同18, 18.19と似ているように思われる。なおペトロについては，ヨハネ13, 36-38の正しい解明が重要である（当該項目参照）。さて教会はイエスを信じる者の集まりとして，その牧者はイエスである（10章）。そして彼らの互いの関係は徹頭徹尾，愛であるべきとして命令されている（13, 34; 15, 12）。ぶどうの木について語られたことは，この木が教会というものの真の核心を述べていると考えられる。だがここでは何の職制についても語られない。ここでは愛についての基準がイエスの愛として話しかけられる。この命令の実行のうちに教会（信じる者の群）が成立しているとも言えよう。愛がここですべての基準となっている。そして教

---

70) Schlier, 上掲書, 137。

会は，またそれにしたがって一つの普遍的な教会である（10, 16; 11, 52; 17, 21以下など）。前に述べたように，このことはヨハネ福音書がサクラメント的な，またはただ職制教会に反対して，精神的カリスマ的な教会のみを妥当させているのではない。それは特別[*71]なものであると同時に，信じ，愛を行なう者全体に妥当する[*72]。さらにペトロに関しては職（Amt）ということについても語りうると考えられる。すでにふれたように6, 68では彼は代弁者（Wortfuehrer）に過ぎないが，「ケファ」（1, 42）という名はそれ以上のものであろう。そしてここからヨハネ福音書では，ペトロは常にシモン・ペトロと呼ばれる。

　次に，おそらくこの職ということに関し，ペトロと並んで愛弟子（13, 23; 19, 26; 20, 2; 21, 7.20ff）が強調されて述べられているのであろう。職にあるペトロとこの愛弟子は競合関係にある[*73]。ただし愛弟子は単なるシンボル的集合形態でなく，実在の弟子がシンボルとして理解された者と考えられる。それは最後の晩餐にイエスの胸に寄りかかっている十二人の一人であり，ペトロとユダと並んで示されている具体的人物である。そして十字架のもとに立ち（19, 26），復活をペトロより先に信じた者である。ペトロがそれを聞いて信じた者である（20, 8の単数の「信じる」と20, 9の複数形「彼らは知らなかった」の競合関係について考えねばならないであろう）[*74]。ペトロが権威（職）を持つ者なのに対し，彼はイエスに愛され信頼された者であり，それに答えてイエスを愛する者なのである。そしてこの愛弟子の権威が第四福音書を担っているとさえ言える（13, 25と1, 18）。最初にこの愛弟子は，上記のように，13, 25に主の胸によりかかって現れる。13章以前には愛弟子について言及され得ない。なぜならすべては13, 1のイエスの愛を前提とするからである。その弟子にペトロはイエスに尋ねてくれと仲介を頼むのである（しかし，ヘブル福音書33：「それから彼はかたわらに座していた弟子のシモンに向かって言った」）。それはイエスの献身に関することであり，またいかにして，どこに教会（弟子たち）のうちにサタン

---

71) sui generis; Schlier, 上掲書, 145。
72) Bultmann, Kom. 537：「使徒的な権能が与えられたのではなく，教会にこの全権が付与された」；また Strathmann, Kom, 259：「弟子たちの宣教においてイエスの世に対する裁きが継続する」
73) Kragerud, Der Lieblingsjuenger; Schlier, 同143。
74) 注解のこの項参照。

が入って来たかということに関してである。またすでに述べたように，ペトロは不在であるが，この弟子は十字架の下にあり，墓にもペトロより先に走りつき，初めに「見て信じた」(20, 8) のである。またこの弟子は，ペトロに先んじ一番に，復活した主に気づいてペトロに「主だ」と言う (21, 7)。また復活したイエスがペトロへ「わたしに従いなさい」，と言いペトロが振り返ると，愛弟子はすでに従っており，そこに13, 25への指示がある。これらのことによってカリスマ的教会の職制教会に対する意義が強調されている。しかしここで愛弟子がペトロに上位づけられ，反ペトロの傾向（antipetrinische Tendenz）が示されるということではない[*75]。以上で不十分ではあるが教会の構造についての概略を終わる。

3　パラクレートス名称とその本質について

パラクレートスという名称が見出されるのは新約聖書中の次の箇所である：① ヨハネ14, 16; ② 14, 26; ③ 15, 26; ④ 16, 7; ⑤ 16, 13; Ⅰヨハネ2, 1。すなわちヨハネ文書に6箇所見出されるのみである。このことがすでにこの概念の分析の難しさを示している。それは，「弁護者」（新共同訳）とか「助け主」（協会訳）あるいは「慰め主」などと訳され，訳自体に問題があるので，ここではその探究に立ち入らず「パラクレートス」(advocatus) と原語で呼んでおく（これについて14章はじめにを参照）。これは聖霊の呼び名である。14, 16には「別のパラクレートス」とあり，17節で，それが「真理の霊」と呼ばれている。14, 26では「聖霊」と呼ばれており，15, 26では再び「真理の霊」と呼ばれており，16, 7では単に「パラクレートス」と言われている。16, 13には「真理の霊」とある。今Ⅰヨハネはヨハネ福音書に依存しているとしてここでは立ち入らない。① では「父が送る」；② では「父がわたしの名によっておくる聖霊」，③ 「わたしが父のもとからあなたたちに遣わす聖霊」，④ 「わたしが……あなた方のところへ送る」⑤ 「真理の霊が来ると」となっている。①と②では父が送るのであり，③と④ではイエスが送るのである。

　さてここでは最初の①から出発したい。そこでは「別のパラクレートス」とあり，これは明らかにイエスがパラクレートスであることを前提と

---

75)　Voelter, Mater Dolorosa, 9f は，そう解している。

している。いわばパラクレートスはイエスと同じことをすると考えられよう。さらによく観察すると他の四つのパラクレートス句ではパラクレートスのいわばファンクションが述べられているのに比して，ここではパラクレートスその者について述べられていると言えよう。これは真理の霊である。それは言い換えれば，真理であるイエスの霊（14, 6）であるとともに，それによってイエスを見，知り，受けることが出来る霊なのである（16, 13）。これに対して「世はこの霊を見ようとも，知ろうともしないので受け入れることが出来ない。」「霊を見る」とは一体何のことなのか。それは霊においてイエスを見ること以外考えられない。それに対し「あなた方はこの霊を知っている。この霊があなた方と共におり，これからもあなた方の内にあるからである。」「ginōskete...menei...estin」は未来を先取りして，福音書記者がこれを書いている時を現している[*76]。「この霊は永遠にあなた方と共にいる。あなた方はこの霊を知っている。この霊があなた方と共におり，これからもあなた方のうちにいるからである。」この後に「わたしはあなた方を孤児にしておかない。あなたがたのところへ戻って来る」（18節）と続く。この関連は決定的である。すなわち霊とは霊におけるイエスなのである。「父は別のパラクレートスを遣わして永遠にあなた方と一緒にいるようにして下さる」（16節）。霊におけるイエスは永遠にわれわれと共にあり，われわれはこのイエスを霊において見るのであり，また知るのであり，受け入れるのであり，それはわれわれのうちにあるのである。ここにパラクレートスの本質を示す叙述がある。パラクレートスは本来イエスなのであり，他のパラクレートスとはそれ自身においてイエスを現前せしめる者なのである。それゆえその者もパラクレートスと呼ばれうるのである。このように読んで行くと，テキストの内部からその本質が明らかになるのではなかろうか。そしてさらに決定的なことは「あなたのうちに」ではなく，すべて「あなた方のうちに」というふうに常に複数が使われている。これはいわば，P→in us となり決して P→in me となることはない。これはガラテア 2, 20 に「キリストが私のうちに生きている」と言うこととの決定的な違いである。この相違を見落とすとアウトである。キリストの「内に」という愛はわれわれを結びつける愛であってそれがそもそも

---

76) Barrett, Kom.

「われわれ」ということを可能にしている。いわば「われと汝」でなく「汝とわれわれ」なのである。愛についてはわれわれ、というまずこの箇所に立ち入る。大きな収穫があるからである。もちろんガラテア2, 20ですべての信じる者のあり方が述べられているが、ここでは使徒としてのパウロのそれがいわば範型的に述べられてある[*77]。それゆえ"純粋なキリストの神秘"ということが語られたりする[*78]。もちろんこのことは信じる者各個人について妥当する。そして続く言葉でこの「うちに」の実体が説明されている。それは「わたしを愛し、わたしのために (huper emou) 身を捧げた神の子に対する信仰のうちに」とある。ここで「信仰のうちに」は「信仰によって」と訳されることが多いが、ここでも「en (in)」が使われ文頭の「de (autem)」はそれが前文の説明であることを示している。するとこの「in」を構成し決定するものは、「わたしを愛する神の子」の愛なのである。すなわちここで通常使われる「場」という言葉を電磁場などという言葉の用語から借用すれば[*79]、「『場』とは何か、という疑問がでてくる。たしかに考えにくい対象には違いないが、簡潔にのべようというなら、電気や磁気に力を及ぼす特殊な空間、ということになろう」。また重力場という時空間の曲がりがアインシュタインによって考えられた[*80]。「神と人間がそこで出遭い関係する場」[*81]、その「われわれ」という場を開くのはやはり力であり、それは dynamis としてのイエスの愛である。後に14章の「はじめに」で述べることが早くもここで捉えられた。それは「彼の愛の献身の行為」[*82]である。おそらくはもう一度ロマ8, 32以下参照。ロマ4, 25；ガラテア1, 4を見れば明らかなようにその関連で、個体的エゴに拘わらない。それゆえ「わたくしのために」ということも、特に強調されていない。すなわち「あなたがたと共に (meth 'humōn) (14, 16)」；あなたがたのもとに止まり、そしてあなたがたのうちに (par' humin menei kai en humin estai) (para; paraklet) ある。この関連でマタイ18, 12; 28, 12 (蛇足だがここでマタイ1, 23が成就したのである)。さてこれ以上問題を拡

---

77) ガラテア2, 15f 参照。
78) A. Oepke, ガラテア書注解, 64。
79) 都筑卓司, 場とは何か, 98。
80) また八木, 場所論, 232f；亀田, 神の現存, 77f。
81) Fergus Kerr, Theology after Wittgenstein, 150.
82) Schlier, Der Brief an die Galater, 64.

散すべきではないと思うが，ここでさらにもう一つコメントをつける必要がある。それは14, 16以下と14, 20以下との関係である。14, 20「その日にはわたしはわたしの父におり，あなたがたはわたしにおり，またわたしがあなたがたにおることが分かるであろう」つまり「相互内在」が分かるのは，第一に聖霊の力であり，聖霊のわれわれの内への内在を基本とするということであり，第二にこの内在の本質は愛にあるということである（14章の「はじめに」参照）。以上ここでは第一のパラクレートス句を，パラクレートスのいわば定義づけとして解釈した。そして第二以下のパラクレートス句はそのファンクションを現すものとして呼んだ。第二のパラクレートス句は，聖霊であるパラクレートスが，イエスが教えかつ話した一切のことを想い起こさしめることを述べる。これはイエスを現前にもたらすことであり，パラクレートスの働きの根本である。14章の終わりは，「わたしが父を愛し，父が命じたとおりに行っていることを世が知るために，立て，ここから出て行こう。」(14, 30) という言葉によって，15章からは光栄に上げられたイエスが話すと解されてよい。"As we shall see, the next stage of discourse takes definitely a standpoint beyond the cross"[83]. すなわちこのケーリュグマは3, 13-21; 31-36の場合と同じように考えてよいであろう。15章はいきなりエゴ・エイミ＋霊的画像語で始まり，8章と違って導入句もない。イエスが高められることによって成立するものは教会である。テーマは教会と愛であり，10章には出なかった主の羊の相互の愛がイエスの愛に根拠づけられて話される[84]。ぶどうの木というのは，主との関係において，体としての教会にも匹敵し，カリスマ的教会がここに徹底的かつ根源的に描かれている。教会の中においては愛という原則によってすべての問題が解かれねばならないのである。愛が教会を成立せしめている原理であり，職制教会はこれを助けるためにあるのである。その逆ではない。15, 26-27のパラクレートス句は「わたしが父のもとからあなたたちに遣わそうとしているパラクレートス」で始まり，あたかもイエスが父のもとにいてそこからパラクレートスを遣わそうとしているかのようである。これは証しについてであり，この関連で共観福音書には霊についての言葉が出て

---

83) Dodd, Interpretation, 409.
84) Ⅰヨハネに強調される：Ⅰヨハネ1, 3.

来る（マルコ13, 11; ルカ12, 12）。16, 8以下は世に対する聖霊の働きである。

　さてパラクレートスが霊であり，同時に霊におけるイエスの到来を意味するのであれば，その働きはイエスのそれとパラレルであるはずである。それはいわば霊におけるイエスのわざであろうからである。すなわち霊が来ることは，霊においてイエスが来ることと同じでなければならない。それはテキストにどのように表現されているのだろうか。答えは，霊が来ることは，イエスが来ることであるということが，パラレルの形で表現されているということである。以下まとめて見ると，

　　　14, 6-17:　　　　聖霊の来臨
　　　14, 18-20:　　　　あなた方のところへ帰って来る。
　　　14,（21-22）23:　父と子の来臨
　　　14, 26:　　　　　聖霊の来臨
　　　14, 28:　　　　　イエスの帰還
　　　16, 7-11:　　　　聖霊の来臨
　　　16, 12-15:　　　聖霊の来臨
　　　16, 16:　　　　　イエスを見る[85]，のようになる。

次に聖霊とイエスの働きの平行関係をみてみる。

聖　霊	イエス
14, 16-17	
他のパラクレートス	パラクレートス
父は与えるだろう（dōsei）	独り子を与えた（edōken: 3, 16）
あなた方とともにいる	あなた方とともにいる（13, 33）; 14, 9;（15, 27）;（16, 4）; 17, 12（18, 2）
真理の霊	わたしは真理である（14, 6）: 1, 14. 17; 8, 32.40.45.46; 17, 17.19; 18, 37.38
この世は見ない（ou theōrei）	世はもうわたしを見なくなる（14, 19）; 16, 17.19
あなた方はそれを知っている	かれらは知り: 17, 8（10, 27）
あなた方と共におり	14, 25; 15, 4.7

---

85) Ibuki, Wahrheit, 274, 17.

3 パラクレートス名称とその本質について 27

あなた方のうちにいる	6, 56; 17, 23

14, 26

聖霊	聖なる者：6, 69; 10, 36; 17, 11.17.19
父が遣わす	父が遣わす：4, 34; 5, 23.24.30.37; 6, 38.39.44.7, 16.28.33; 8, 16.18.26.29; 9, 4; 12, 44.45.49; 14, 24; 16, 5
すべてのことを教え	6, 59; 7, 14.28.35; 8, 20; 18, 20
想い起こさせる（聖霊の特別な働き）	16, 4

15, 26

父のもとから (para) 来る	わたしはその方のもとから来た（7, 29）; 16, 27; 17, 8; 8, 42 (ek); 13, 3 (apo)
わたしについて証しをするであろう	わたしは自分について証しをし：8, 18; 3, 32; 5, 36; 7, 7; 8, 14.18;（18, 37）; marturia:

16, 7-11

あなた方のところへ来る	あなた方のところへ来る：14, 18.28
世を罪に定める (elegchein)	krinein: 父から聞いたままに裁く（5, 30）; 3, 18; 8, 15.16.26; 12, 47.48
罪について	1, 29; 8, 21.24.34; 9, 41; 15, 22.24; 19, 11
義について	5, 30
裁きについて	krisis: 3, 19; 5, 22.24.27.29.30; 8, 16; 12, 31

16, 12-15

かの者が来るなら	来る：1, 11.15.27.30; 3, 19.31; 4, 25.54; 5, 43; 6, 14; 7, 27.28.31.41; 8, 14.42; 9, 39; 10, 10; 11, 20.27.32.34.56; 12, 1.13.15.27.47; 14, 3.18.23.28; 15, 22; 16,

	28; 20, 19.26; 21, 13.22.23
真理に導く	真理：1, 14.17; 8, 32.40.45.46; 17, 17.19; 18, 37.38
自分から……でなく	5, 19.30; 7, 18; 8, 28;（10, 18）; 12, 49; 14, 10
語る（lalein）	lalein: 3, 34; 4, 26.27; 6, 63; 7, 17.18. 26.46; 8, 12.20.25.26.28.30.38.40; 9, 37; 10, 6; 12, 36.49.50; 14, 10.25.30; 15, 3.11.22; 16, 1.4.6.18. 25.29.33; 17, 1.13; 18, 20.21
来るべきこと（来るイエスに関すること）	来る
聞くところを語る	聞く：3, 32; 5, 30; 8, 26
栄光を得させる	7, 39; 11, 4; 12, 16.23.28; 13, 31.32; 14, 13; 15, 8; 17, 1.5
あなた方に知らせる（anaggelein）	lalein 参照

　上のように調査した結果，二つの重要な事実が判明した。第一に，聖霊の来臨の約束の後にイエスの来臨の約束があり両者がパラレルに位置づけられていること。第二に，聖霊の働きは地上のイエスの働きと同じであること。これを勘案すると，聖霊が来て，それと共にイエスが来て，同じ働きをする。それにも拘らず聖霊とイエスの働きを別にすると考えることは不自然である。自然なことは，聖霊が来るということは，聖霊においてイエスが現前することであって，聖霊の働きということは，実は聖霊において現前するイエスの働きであるとすることである。そして聖霊の根本的な働きは14, 26のアナムネーシスにおけるイエスの現前であるということになる。それゆえそれは聖霊のみの特別な働きであって，イエスのそれに相応する働きは少なくとも強調されてはいない。

　今五つのパラクレートス句を整理して見ると，第一のパラクレートス句はすでに述べたように，その働きやファンクションを述べず，その助け手，弁護者，慰め主などの名称を全て含めた存在のあり方を示し，パラクレートスについて説明する。第二のパラクレートス句は，聖霊の根本的な，

「教え，思い起こさせる」というアナムネーシスの働きを述べる。第15章の第3パラクレートス句は，高められたイエスの言葉として（14, 31参照），第4，第5のパラクレートス句は「教え，思い起こさしめる」ということに基づく聖霊の働きの個々の解明になっていると考えられる。このように位置づけて五つのパラクレートス句を理解できるのではないであろうか。

　ではなぜ別れの言葉に，あるいはパラクレートス句に，直接に，イエスは霊において来るという言い方がなされていないのであろうか。20, 22では復活したイエスが来て霊を与える。今考えられることとしては，グノーシスの異端がある。Ⅰヨハネ4, 2; Ⅱヨハネ2, 7では，肉をとって来なかった霊のイエスを主張する異端が挙げられている。肉において来たイエスを霊においてくるイエスと同置することは，「霊が来ていなかった」（7, 39）ということ，すなわち肉におけるイエスを前提とすることなしには，異端への傾きを助長することになるからではなかろうか。霊がイエスの上に止まっている（1, 33）のはもちろんのことではあるが。少なくともここでこのような問題提起をしておきたい。

4　その他の問題

①　ケーリュグマ（kērugma）について　　この用語はこの注解書においても用いたし，聖書解釈において極めて重要な用語であるので，以下それについて記したい。特にパウロの使用が重要であろう。これは通常「宣教」と訳されていると言ってよいであろう。しかしその実体がこれで明らかになっているわけではない。動詞は「宣教する」（kērussein)」と訳されているのだろうか。この動詞が主に新約聖書で使われている（61回；ただしヨハネには出ない）。ここで先になぜこの動詞がヨハネ福音書で1回も使用されていないことに注意を向けたい。詳しいことは後にゆずり，そもそも kērussein は kērux のすることである。例えば共観福音書のイエスは kērux と言える[86]。しかしヨハネ福音書のイエスは基本的に，遣わされた者と解され，そのなすところは，証言すること（marturein）にある[87]。もちろん marturein と kērussein は同義語でもありうる[88]。しかし kērussein す

---

86) Friedrich, ThWbNT, Ⅲ, 705, 15.
87) Friedrich, 702, 24.
88) ルカ24, 47f と Ⅰコリント15, 14f を比較せよ：Friedrich, 707, 51.

る kērux（Herold）は国や地方を渡り歩き，彼が言うべきことを公に知らせる。それに対し，証人はむしろ法廷の争いにその場を持っていると考えられる（707, 35ff）。それにしても，「宣教する」ではこの意味をまだ確定できない。しかし，一般にこの捉えどころのなさは，どこから来るのであろうか。それは，この動詞がケーリュグマ（kērugma）から由来し，このケーリュグマという名詞は，新約聖書で8回しか使われていないことによるのであろう。このうちでも，もちろんパウロの用語が重要である。この名詞の箇所をあげる必要があると思う：マタイ12, 41＝ルカ11, 32；ロマ16, 25；Ⅰコリント1, 21；2, 4；15, 14；Ⅱテモテ4, 17；テトス1, 3。さてしかしながら，ここで立ち止まってはいけないのであって，ケーリュグマは本来，これをもたらすケーリュクス（kērux）に由来する。この言葉は，新約聖書では，すべてケーリュグマを運んで来て告げる人を意味していると言ってよいであろう。ただしこの kērux という語は，新約聖書ではひどく後退して背景に引っ込んでしまう。すなわち：Ⅰテモテ2, 7；Ⅱテモテ1, 11；Ⅱペトロ2, 5と全部で3回，すべて後期のものである。そしてエウセビオスすら，Ⅱペトロはペトロによらないと言っている（h. e. 3, 3, 4）。Ⅰテモテ2, 7では，kērux は，「宣教者，使徒」と，使徒と等置され，また「教師」と換言され，Ⅱテモテ1, 11では，「宣教者，使徒，教師」と言われている。しかしこの言葉がひどく後退してしまったために，宣教の根源的意味が霞んでしまったのではないか。そしてこのような事情から，この語が重要でないということになってしまったのではないか。しかしギリシャ世界では，そして例えばホメロスについて言えば，この語は kērussein より際立って重要である[*89]。領主は一人だけでなく，しばしば何人ものケーリュックスを抱えている（kērukes）。その役目は，いわば御触れを出すことにある。これはドイツ語でいうと Herold（英；herald, Herald－tribune 紙，参照）である。その意味はもともとは，政治的かつ宗教的であり，王侯の使者，伝令官，重要な知らせの告知者，また先触れを意味する。ついでだが中世には紋章官，Heraldamt（紋章局は，貴族の系図などを作成：ドイツでは1919年に廃止）があった。kērux は外勤用務員であり，しばしば鈴を片手に村々を駆け抜けて，命令を大声で読み上げたり，市場で子供たちの群を供に従

---

89) 典拠については，Friedrich, 同上683。

4 その他の問題

え（マタイ21, 15-17），公の指令やプライベートな知らせを告知する[90]。いわゆる号外に似ている。もちろん彼は委託された知らせを勝手に変えたりはできない。したがってケーリュックスに要求されるのは最も大きな声である。そして言葉や命令を聞こえるように伝える，澄んだ高い，透き通るような声である。いわば，メガフォンの代わりである[91]。もし彼が他国へ送られるなら自分の民の保護を受けられない：これは上記マタイやルカで言われたヨナのケーリュグマであり，人は，ヨナの恐怖を痛切に感じ得る。しかし「ニネベの人々はヨナの宣教（kēruguma）によって悔い改めた。しかし見よ，ヨナに勝る者がここにいる」[92]。ここですでにイエスの福音は，単なるヨナの宣教とは異なるということが察せられる。ここでは，イエスに話をもどすと，ヨナは先触れの使者であり，このケーリュグマはイエスによって時代遅れになる。ヨナが三日三晩，大魚の腹の中にいたのは前触れなのである。イエスはヨナに勝る kērux である。少し話を中断すると，この者は大名行列の先頭で「先に，先に」と呼ばわる者に当たろう。いわば露払いである。この先触れということに関しては，イエスにとっては洗礼者ヨハネがそれに当たる。ヨハネ福音書では kērrussein は使われないで，krazein（叫ぶ）として洗礼者ヨハネに1, 15で使われている。ドイツ語にすれば schreien であるが，これは「どなる」ように取られるので ausrufen が使われる。Ruf の強調形である。Ausrufen は他動詞として「大声で唱え（て公衆に知らせ）る；……の名を大声で唱える；公告する，告示する，布告する」の意。このヨハネの箇所で，krazein は marturein と等置されている（「ヨハネは，この方について証しをし，声を張り上げていった」新共同訳）[93]。この krazein という語は重要であり（7, 28.37; 12, 44），kērussein の強い意味として取られている。重要なので後に述べる（ヨハネ7, 28.37; 12, 44）。ただし kraugazein（叫ぶ）に関しては，共観福音書で，krazein, anakrazein とあるところに用いられているという[94]。しかし特に11, 43参照。

---

90) Friedrich, 同上, 686, 1-5.
91) また Pauly, Kērux 参照。
92) kērugma=cohortatio, exhortatio, praedicatio: Friedrich, 715, 25.
93) Grundmann, ThWbNT, Ⅲ, 902, 14ff:「それは彼の［＝イエス］Person とわざについての Proklamation である……この特別な意味でヨハネは krazein を用い，一般的な意味では kraugazein を用いている」。
94) Grundmann, ThWbNT Ⅲ, 902, 1ff.

さてケーリュクスについては（ここでは旧約に立ち入れない），イスラームなどを考えれば，この人の役目はより明らかになるであろう。イスラームでは日に5回礼拝があり，その時刻を知らせるためにアザーンが流されるが，——ちなみにユダヤ教では角笛を，キリスト教では鐘を使う——先行するセム的一神教の真似をしたくないという理由で，肉声のアザーンが採用された。イスラームではクルアーンの読誦が非常に重要視され，それは本として読むものではない。人は貴重な被造物であり，その声はもっとも高貴な楽器である。つけ加えれば鳥の声は被造物の声であり，人間の作った楽器よりすぐれていることになる。そこで肉声のアザーンを選択し，その係りをムアッジンと呼んだ。最初のムアッジンはビラールというエチオピア生まれの黒人であり，マディーナでは奴隷であったが教友の一人が買い取り，声が良いために最初のムアッジンとなり，今日まで尊敬されている[*95]。ムアッジンは言うなればケーリュクスである。したがって彼が呼びかけることがケーリュグマなのである。

さて前記のヨナとの比較では，イエスはヨナに勝るケーリュクスであることになる。こうして見てくると aggeloi（天使）もヘロルドである。お告げの天使ガブリエルがそれである（ルカ1, 26）。またヒラーの洞窟の大天使ジブリールがそれである（クルアーン，凝血章1-5節）。これはヨハネ福音書では「神から遣わされた者」となる。原始キリスト教では宣教者たちがそれである。彼らは神の言葉を告げる。Apostolos もそれなのである。またこれは相撲の行司に似ている。だれが勝利者かを大声で知らせる。ドイツ語で言えば，laut rufen, ausrufen, ansagen, verkuenden, proklamieren となる（696, 7）。それは proclamatio であり acclamatio に近づく（使13, 11; 19, 28; 使徒行伝はこれらの材料の宝庫である）。Kurios Iesus, これが kērussein なのであり，acclamatio である。それはここでは定式にしたがってなされる。さてここら辺で止め，肝心の問題に移る。この kērrusein は verkuenden である。Verkuēnden とは，正確には，公（一般）に知らせる，告知する，公示する，布告する，（誇らしげに）告げる，判決などを言い渡す，明言する，などの意味がある。さてこれは今日，日本語で一般に「説教」と言われている。これでは人に説教なんて聞きたくないと言われてしまう（すな

---

95) 小杉泰, イスラーム, 93以下。

4 その他の問題

わちここで福音の根本が道徳的な意味に変化したのである）。ではなぜ「公に知らせる」ことを説教というようになったのか。それはルッターが，小数の箇所を除いて[96]，kērussein をラテン語訳（predicare）にしたがって predigen「説教する」と訳してしまったからである（そもそもルッターはラテン語訳を底本にしているのではないかとさえ思われる）。ここで意味が大きく変化したのではないだろうか。ちょうど zōon logon echōn を animal rationale と訳してしまったので，人間は理性的動物になってしまったようなものである（Kant: das vernuenftige Wesen）。さて，predigen の項は次の如く書かれている：（司祭，牧師が）説教をする，伝道する，説法する，法を説く，（長々と）訓戒を垂れる；説教する，（福音を）説く，説き進める，勧告する；das Wort Gottes predigen 神の言葉を伝える。さらに praedizieren は陳述する，であり，Praedikat は述語である。Praedicatio は陳述である。このような変化によって徹底的な誤解が生じた。この問題を取り上げる前に引用しておきたい。「ひとは，おそらく，語の意味という一般的な概念が，どれほど言語のはたらきを煙霧で包みこみ，明瞭にものごとを見ることを不可能にするかを予感するであろう」[97]；なお「或る人が一つの言葉を用いる時，彼はそれによって，別の人が意味しているとおなじものを意味しているのではないのである」[98]。さてこの kērussein によって救いのための神の介入が告げられる。kērussein によって神の国が来るのである。洗礼者ヨハネは前触れ（Vorbote）としてのケーリュックスである[99]。救いの時の始まりである。彼は叫ぶ者として「荒れ野で！」kērussein するのである。イエスが近付いてくるからである。彼は群衆を眠りから起こすような激しさで話す。イエスに関してはマルコ1, 38; ルカ4, 18.19.43参照。さらにマタイ4, 17; マルコ1, 14f; ルカ4, 18参照。言うなればイエスはトロンボーンを吹くのである。「イエスの説教はそのようなトロンボーンを吹くことである」[100]。ルカ6, 2; マタイ24, 31; マタイ6, 2; 黙4, 1; 8, 2など参照。これこそが本来的な意味の説教なのである。ヨハネ福音書では，ここ

---

96) マルコ1, 45; 5, 20; 7, 36; ルカ8, 30; マルコ13, 10では kērussein と euaggelion を verkuendigen と訳している。
97) Wittgenstein: PU §5: 藤本隆訳。
98) ハッキング『言語はなぜ哲学の問題になるの』伊藤邦武訳, 127: ただしこの文はコンテキストから抜き出したものである。
99) マルコ1, 4平行；マタイ3, 1; ルカ3, 3.

で「先触れ」の意味で krazein が使われ (1, 15)，イエス自身については，上記のように7, 28.37; 12, 44で用いられている。この動詞，また kraugazein についてはここではこれ以上たち入らない。だが結局，predigen で kērussein の意味を固定してしまえば，それでこの言葉の意味内容を言い当てていることにならない (702, 16ff)。本来的にこれはある出来事を大声で叫び声をあげ知らせることなのである。共観福音書ではイエスは神の国の到来を告げる Herold なのである。さてこの kērussein の意味が帰るところの kērux が新約聖書で後退したので，kērussein のそもそもの意味も後退して行ったのであるかもしれない。

それはなぜかの問いはここでは取り扱えないが，この kērux という語がギリシャ世界での使用にあまり多く依存しているからだという意見もある (695, 3ff)。しかし歴史的イエスとして，イエスが巡回説教者（宣教者）であったと言われるが，これはそもそも kērux ということから来るのではないか，またパウロなどの宣教一般についてもこのことが言えるのではないか。このことの解明は「イエスの宣教」や「パウロの宣教」という場合，第一になされるべきことなのではないか。

さてこれまで見たことから，いわゆる聖書学と説教の分裂について考えてみたい。すでにこのことの一因は，聖書学における方法論の支配にあるのではないかという示唆をしたが[101]もともとこのケーリュグマの問題は，M. Koehler によってたてられたと言えよう[102]。これは宣教のキリストと歴史的イエスという問題になっていくが，そもそもイエスは kērux としてそのケーリュグマを述べたのであり，弟子たちはイエスの出来事の kērux であったと考えることによって，説教は kērussein であるとすることによって，聖書学と説教の分裂という問題は本来の解決に近付いていくのではないだろうか。

② ケーリュグマについて（続）　次に別の次元からケーリュグマについて，考察したい。ここでは専門家でないので，思い切った仮定の上に立てた構造を一つの理解のモデルとして問題を立てたい。そもそも人間の

---

100) Friedrich, 705, 28.
101) 注解 II, 序文, 7。
102) Roloff, Das Kerygma und der irdische Jesus, 7.

言葉は，ケーリュグマ的ではないか，さらに遡って鳥や動物の声一般も，呼びかけ，かつ，何らかのしるしとして機能している限りそのような性格を担っていないかということである。簡単に言うと，言語がまず第一に statement ではなく，呼びかけであり，statement も根源的には呼びかけとして言葉になるのではないか。そしてさらに，むしろそれに属さないと見られるもの，普通，疑問 (question)，命令 (command)，感嘆 (exclamation) と言われるが，まずは呼びかけとして理解されなければならないのでないか，という問いである。たとえば，格というものについて見ると，サンスクリットの8格，ギリシャ語の5格，ラテン語の6格などいずれも呼格 vocativ という格がある。これは声 vox, voice から来るのであろう。ドイツ語は4格であるが，たとえば Mutter という語は格の変化をせず，呼格の役も担っている。これが衆知のように英語では2格となっている。声は vox, voice として vocativ が中心なのではないか。呼格が消えたことは言語の経済性 (economy) と呼ばれる原則に由来するのであろうが，例えば格でいえば vocativ が消えたことは何か重大なことではないのか。これは全く見当違いかもしれないが一つのヒントにはなるのではないだろうか。つまり，Mutter! という呼びかけから Mutter についての statement が考えられ，Domine! から Dominus が，Kurie! から Kurios が理解されるのではないかという素朴な疑問である。Mutter という語に比べて Mutter! という呼びかけは深い意味を有するものである。しかし呼格が失われればこういう理解は失われるのではないであろうか。前にも述べたように，これは素人による全くの見当違いかもしれない。しかし例えば命令法は statement ではなく，呼びかけであろう。この二つが一緒になったものに，boys, be ambitious! という文が考えられる。このように見てくると，例えばケーリュグマは以下のようなものとして考えられる。すなわち，「時は満ちた。神の国は近づいた。悔い改めて福音を信ぜよ」(マルコ 1, 14) というものである。これは第一に呼びかけである。そこで「イエスは福音を宣べ伝えて言った」(kērusson euaggelion tou theou) のである。この言葉の構造は，例えば鳥が，「危険が近づいた。逃げよ」を意味する鳴き声を有するとすると，これに似ている。このケーリュグマ (kērusson) は statement ではなく，呼びかけと命令であろう。しかし一方，この「神の国」という言葉が statement として明らかにされていなければ，この呼びかけは正しく理解されるであ

ろうか，という反論も起こるであろう。また次のこともあわせて考えられなければならない。上に述べたように，「お母さん！」という呼びかけは，一般に母親という意味を超えて，一回的なこの呼びかけの深みで言葉となっている。しかしこの問題にここで深入りすることは出来ない。今，「そして最後に……わたしにも現れた (ophthē)」（Ⅰコリント 15, 8）という決定的なケーリュグマを，呼びかけとして受け取るとすると，そこで問題となるのは，20章の復活のところで述べた，復活の出来事がケーリュグマのうちに入ったという出来事である。これがゆえに復活はケーリュグマによって信じられるのである。Ⅰコリント 15, 14 ではイエスの復活がケーリュグマの内容である。ケーリュグマにおいてこのことが決定的な問題となるのではないか。このことをヨハネ福音書はイエスの最後の言葉としている。すなわち「あなたはわたしを見たので信じたのか。見ないで信じる者は幸いである」（20, 29）。以上簡単だが，この問題は問題の提起としてひとまずこれで終える。

5　第2部の構成

第2部は13-21章で，21章は衆知のように後からの附加である。それは普通大きく，別離の言葉（13章から17章）と受難・復活物語（18-20章）に分けられる。以下13章-17章をより詳細に分けてみたい。

13, 1:	第2部全体の表題
13, 2-20:	十字架の解釈としての洗足
13, 21-30:	ユダの裏切りの予告
13, 31-14, 31:	第一の別れの言葉
15, 1-27:	アガペーについての霊におけるケーリュグマ
16, 1-3:	第二の別れの言葉
17, 1-17, 26:	イエスの十字架上の祈り，すなわち帰還に際しての派遣された者の祈り，またはパラクレートスとしてのイエスの祈り
18, 1-19, 42:	受難物語
20, 1-29:	復活物語
20, 30-31:	終わりの句
21, 1-25:	附加された物語

5　第2部の構成

　ここでは普通は第二の別離の言葉とされる15-16章を二つに分けて，15章はあとに説明するが14, 31のゆえにイエスの霊におけるケーリュグマと解し，16, 1-33を第二の別離の言葉としたい。17章は基本的に十字架上のイエスの祈りと考えたい。その理由は受難物語の解釈に際して受ける印象に由来する。受難物語は福音書のクライマックスとしては，あまりに表面的な出来事が淡々と叙述され，その言葉の奥行きがどこかにあるはずだという印象を受ける。もちろんそれは，受難物語に十字架の苦痛を予想させるような叙述がないということではない。十字架の出来事の神学的意味の深さの問題である。「ヨハネ福音書も，パウロやマルコと同様，その性格は違うが『十字架の神学』を知っている」[103]。17章に十字架の受難の奥行きが見られるのではないか。奥行きはテキストには重層的に書かれることが難しいので，受難物語の前に置かれたのではないであろうか。もとより13-17章は受難と復活物語の解釈であると一般に理解されているのでこのことは広い意味で妥当しようが，ここではそれをより明らかにしたいと考えた。それはイエスが14, 16で「他のパラクレートス」という語でパラクレートスとして前提されているので，遣わされた者のもとに帰還しつつあるその使命を全うしたパラクレートスの報告と願いとして理解することが出来よう。

---

103)　ボルンカム，新約聖書，231。

13章−21章まえがき

　13章から21章までがヨハネ福音書の第2部と言われる。大きく分けて13-17章は，第2部前半として広い意味で別れの説話と呼ばれている。狭い意味の別れの説話は13, 31から16, 33である。13, 1-30は晩餐の始まりと洗足物語とそれに続くユダの裏切の話である。17章はいわゆる大司祭の祈りと呼ばれる。第2部前半はそれに続く第2部後半の受難復活物語のヨハネ的解釈であって，この福音書にとって特有の共観福音書にはないユニークな部分であり，この点，ヨハネ福音書の神学が，総決算の意味で最後の夜を舞台にして大体全部で5章，すなわちこの福音書のほぼ4分の1の規模で密集した形でくり拡げられる。「ヨハネもまたマルコ同様，自分の十字架の神学の意識をもって，受難・復活物語に手を加え」，この別れの説話でその解釈を，すなわちその苦難のうちに栄光が輝き出るということを，「この上もなく現実的な出来事として見て」，「この認識を類のない深みにおいて熟慮し，それを壮大な，しばしば人をほとんどしめつけんばかりの単調さと一面性をもって表現している」[*1]。少し長くなるが，引用を続ける。イエスを信じる者たちが，「見かけの上では棄てられているまさにこの時代に関して，イエスは地上に残った者たちに対し，その地上での存在の間はまだ満たすことのできなかった霊の約束を与えているからである（7, 39；16, 5以下）。この約束は別れの説話において弟子たちに与えられている（13, 31-17, 26）」。「ここにおいては，主が捕らえられる前夜，主のまわりに最後に集まりをなした弟子たちという像によって，世界の終わりに至るまでの地上の教会の像……が明らかになっているからである」（同29）。このように13-17章にしたがって，所与の伝承が批判的に手を加えられたのが，第2部後半の18章から21章までの受難と復活の物語である。18-19章

---

1)　ボルンカム，新約聖書，232以下。

は受難物語，20-21章は復活物語で，そのうち21章は同じく復活物語であるが，広く知られているように，ヨハネ福音書の補足である。

第2部前半：別れの説話

はじめに

　ここで特に狭い意味の別れの説話，すなわち13, 31-16, 33の焦点となることについて述べたい。

　① 一番大きな問題は，もちろん受難と復活のヨハネ的解釈である。それは第一に，イエス自体の出来事として，第二にわれわれに関してのその出来事の意味が考えられる。その手引きとして，まずいくつかの語ないし言葉の使用について注意を喚起したい。まず初めに別れの説話で一番注意すべきことは，イエスの死と復活が，「父のもとに行く」こととして一つの出来事として語られていることである[*2]。ここではイエスの「死」について何も語られない。否，信じる者の「死」についても何も語られない。「死（thanatos）」という語は一回も出てこない[*3]。すなわちイエスの「死」については一切語られていない。弟子ないし信じる者の「死」についても何も語られていない。いわば「死」はないのであり，ここではもはや問題とならないのである。もちろん「十字架（stauros）」も「十字架につける（stauroun）」も出ない。両者はヨハネ福音書では19章だけに出る。「死刑にする（thanatoun）」ももちろん出ない。また「死ぬ（apothneskein）」はこの福音書に28回も出るのに別れの説話には1回も出ない。「殺す（apokteinein）」はよく知られているように弟子たちの迫害に関して16, 2に一回だけ出る。では復活に関してはどうか。私の見たところ，これもまた14, 19に「生きる（zēn）」としてイエスと弟子に関して2回出るだけである（また14, 21以下参照）。

　一体これらのことは何を意味しているのか。それはヨハネ福音書がイエ

---

2) 13, 3.36; 14, 4.5.6.12.28; 16, 5.17.28; 17, 13.
3) この語は5, 24; 8, 51.52; 11, 4.13; 12, 33; 18, 32に出て，12, 33; 18, 32はイエスの死に方がどのようであるかを示すのに用いられる。

スの十字架上の死と復活を，今基本的な表現で言えば，「父のもとへ行く」という一つの出来事と解しているということである。このことは弟子ないし信じる者についても妥当する。このことは13, 36で「わたしが今行くところへあなた方は今つき従うことは出来ない。しかし後でつき従うであろう」という言葉で約束されている。それではそれは何を意味するか。それについての問いはすでに13, 36にペトロの問い「主よ，どこへ行くのですか (kurie, pou hupageis; domine, quo vadis?)」で導入されている。これが主題の中の中心である。これがイエスの死と復活の解釈である。この問いは父のもとへ行くのが分かっているのに，どうしてそんなことを問うのかという次元でしか理解されていないのではないか。ある人は弟子たちにまだ聖霊が下っていないから分からないのだ[*4]，と言うかもしれない。しかしそれは当たっていないように思われる。彼らに分からなければわれわれにも分からない，という発想からして問いを立てていかねばならない。ではどうして「父のもとに行く」ということが分からないのか。それはどうして十字架の死と復活が一つの出来事なのか分からない，という読者への問いなのである。この一つの出来事ということは，死と復活が前後はするが一つの出来事であるということであり，19章にあるようにその間に死を承認する埋葬が位置するということである。復活が三日の後のことではないか，と言われるかもしれない。このことは20章の「はじめに」で述べる。それは16, 16-19で「少しすれば (mikron)」として，やはり分からない謎のようなこととして言及される。そのことについてのイエスの答えは16, 20-21節に子を産む女に例えられている。そして続く22節には「少しすれば」という語が消えている。これは「悲しみが喜びに変わる」ということであり，その間に時間がかかるなどというようなことは考えられていない。すなわち復活は，死に続いて起こる死と一つの出来事なのである。したがってイエスの復活は，そのことは書いてないが，別れの説話に解釈されるところによれば，埋葬後に復活するという一つの出来事として起こったのである。それは，イエスのこの出来事に与るわれわれにも妥当し，ヨハネ福音書が説くその解釈によればわれわれは死に，それが完遂された時，よみがえらされた者として「起こされる (egeirein)」のである。われわれの

---

4) 16, 28-29参照。

死もこの形で死んで埋葬されたあとよみがえらされるのである。6章39.40の解釈も，おそらく二つの時間了解にふれなくてもよいかもしれない。すなわち，ここでは，現在に命を受けた者が，その死後直ちによみがえらされる，ということが「終わりの日によみがえらされる」ということで言われているのではないか。今は「終わりの日」だからである。例えばこれをドイツ語で，「終わりの日」を，一般になされるように「am juengsten Tag」と訳することは誤解を招くのではないか（この訳については，ここではStrathmann, Schulzの注解のみを挙げる）。Der juengste Tagは辞書には，「(世界の終末に予定される）最後の審判の日」とあり，das juengste (letzte) Gerichtは「(世界の終末に予定される）最後の審判」とある。もちろんjuengstはletztの意味もあるから余計誤解を招きやすい。しかしここでの「at the last day」は今の時を指していると考えるべきだと思われる。

　さてここでまた初めから以上のことをまとめ，考え直していきたい。つまりヨハネ福音書では，ここにある十字架と復活のいわば新しい解釈が決定的なのである。ここで十字架や復活が前面に出ていないのは，以上のような理由によると考えられる。これらは「行く」，「来る」，「見ない」，「見る」，また「栄光化」（12章までは，「高挙」も）などの概念によって解釈されている。さてこれらの解釈はどこから由来しているのであろうか。おそらくこの「行く」，「来る」というような解釈は，一般にイエスの到来から来るのではないか。これはもちろん単なる仮定と言ってもいいであろうが，例えばマルコ福音書では受難史の前に，別れの説話に若干似たようなイエスの説話がある[*5]。さてこのマルコの13章には，世の終わりの栄光における人の子の到来がある。ヨハネ福音書ではこの到来が聖霊においてのイエスの到来として，現在終末論において考えられ，世の終わりにおけるイエスの到来が現在に移しかえられたのでないか。これは突飛な考えであろうか。とにかく聖霊におけるイエスの到来が，ここでは主題となっているのである。このイエスの到来ということから，十字架の死が「来る」に対して「行く」ことと解釈された可能性があるかもしれない。マルコ福音書には，十字架の死が「行く」と言われている箇所がある。イエスは最後の晩

---

5)　ちなみに別れの言葉というこのようなジャンルは色々取り上げられており，典型的なものは，使20, 18以下のパウロのそれであろう。

餐の時に次のように語る。「たしかに人の子は，彼について書いてある通り，（去って）行く（hupagei）」（14, 21）。人の子の行くことと来ることの構図がここで読み取れる。ここにヨハネ的解釈の萌芽（Keim）があるのではないだろうか。さてここで「行く」と「来る」とは，その「どこへ」と「どこから」ということに重心が置かれて来る。ユダヤ人はイエスの「行く」ことを，すでに「死ぬ」こととして理解していた（8, 22）。ここでユダヤ人たちは「行く」ことの意味を理解しなかった。「来る」ことの意味は「受肉」と復活と聖霊におけるそれである。とにかくヨハネ福音書では十字架と復活は「行く」また「来る」などのこととして，聖霊の到来によって現在に関係づけられたのである。これは現在の出来事として解釈される。例えば「高挙」もまた，別れの説話には出ないが，現在に関わる十字架の出来事として，いかに十字架が現在に現れるか，を示そうとしていると考えられる。それゆえ，ただヨハネ福音書では十字架と復活が一つの出来事になったと言うだけでは事柄の理解にはならない。また復活の栄光が十字架へと射影されて来ると言うことも同様である。また福音史家が復活後の信仰からすべてを新しく理解した，と言うことも間違いではないが，正確であろうか。ここでは回顧とか過去を振り返って見るというとかいうよりも，これらの出来事がいかに現在へと現前しているか，という事柄が中心であろう。したがって十字架を振り返って，栄光化として見るということは的外れのように見える。ひとえに十字架がいかに現在に現れているかということであり，それは栄光化として現れているのである。これがヨハネ福音書の新しい解釈なのではないだろうか。言葉を変えれば，それはイエスがわれわれから「去る」ことと，またわれわれのもとに「来る」ことなのである。またこれが現在における十字架と復活なのである。これは現在のわれわれのイエスへの関係を映し出すということである。われわれと弟子たちは同じ状況にある。これが現在における十字架と復活の出来事である。それは栄光化の名のもとに十字架と復活を振り分けることではない。またここで「行くこと」と「来ること」を十字架と復活に振り分けることよりも，それらが今「行き」つつ「来る」こと，すなわち「行く」ことにおいて成就しつつある「来る」こととして了解されることではないであろうか。そして十字架は成就された愛として復活において現れる。この意味ですべては栄光の現れ，すなわち栄光化の輝きなのである。

②　さて次の問題に移る。それはここで別れの説話にはどうしても必要であろうと思われる「ユダヤ人」という名称が，13, 33を除いては一切見られないことである。ちなみにこれは18, 12以下受難物語に頻発する。さてここでは，「ユダヤ人」は「世」という名称にとってかわられている。「世」：13, 1（2回）; 14, 17.19.22.27.30.31; 15, 18.19（4回）; 16, 8.11.20.21.28.33; 17, 5.6.9.11（2回）.13.14（3回）.15.16（2回）.18（2回）.21.23.24.25。このうちのすべてが「ユダヤ人」に代って使われているのでないが（例えば13, 1），分かることは，12章までの敵対的な「ユダヤ人」はすべて敵対的な意味での「世」にとってかわられているのである。そこからこれまで12章に使われた敵対的な意味での「ユダヤ人」は，不信仰かつ敵対的意味での「世」の代表を指していたということである。次にまた非常に重要なことが言われている。すなわちなぜイエスは殺されたのか，誰にイエスは殺されたのかという問いへのヨハネ福音書の答えである。ここでイエスは律法違反で殺されたなど，またはその他の種々の理由を挙げる前に，イエスは自分を神の子，また世の救いのために父から派遣された者としたために，イエスの救いを必要としないもの，自らが救いを与えると自称する「世」に対し危険なものであるとする，「世」によって殺されたのである。そしてそれは，イエスの弟子たちもそれと同様世にあって，「世」から敵視されるということである。このことについて引用したい。「世は彼らの権力の，そしてまた権力たちの大きな邪魔を，またこうも言えるであろうが，かのものごとの根本的な逆転を，すなわち将来におけることの現在の決断の中への先取を我慢することが出来ないのであり，信じる者のためのイエスにおける死の破棄を耐えることができないのである。世は死を信じない誰も自分のもとに容赦することができない。世は誰かが『終わりの日によみがえることを知っています』（11, 24）というマルタの意味で死を信じない者をかろうじて容赦することが出来る。しかし世は自らについて，自分が『復活であり命である』という者を我慢することはできない」[6]。この世は18章以降，またユダヤ人という名称にとってかわられている。ただしヨハネの受難史において「民衆（ochlos）」は出てこない（12, 34が最後）[7]。この

6）　シュリーア，1960年ボン大学夏季講義：ヨハネ文書の神学，124; 特に8, 52以下参照。
7）　Schlier, Welt, 244.

ことにより受難史における「ユダヤ人」がヨハネ福音書にとって何を意味するかが分かるであろう。

したがって，ここで今まで特にテーマとして取り上げなかった「世」について，おそまきながら若干の考察をしたい。さてヨハネ福音書のコスモス概念はそもそも大変に複雑視されて来た。別れの説話においては，持続して神に敵対する悪しきコスモスが現れ，それに対しては救いの可能性も見えず，反対に憎悪と虚偽によるほとんど強い二元論的とも言える状況が支配的である[8]。しかし予期しないことに，別れの説話の終わりに，このコスモスになお救いが受諾され差し出されるということに，突然の驚きがある。そして弟子たちは彼らの主のごとく (3, 16)，世に派遣され (17, 18)，17, 9の「世のためにではなく」というイエスの言葉にも拘わらず，終わりにこの世の救い，すなわちそのイエスの派遣の信仰と認識に関して，間接的とはいえその対象となるのである。ここで世のリハビリテーションがなされるのであろうか。このような二つの相対する姿勢は簡単に調和にもたらされるものなのだろうか。このような不調和を解消させるためにこの17章の最後の箇所にすべての重心を置くという解釈もある（ブルトマン）。すなわちいかに世が神に敵対する勢力としての硬化によって濃縮しようとも，イエスの栄光化後の聖霊の到来の働きを基とする宣教（ケーリュグマ）によって，イエスの来ることと行くことによって遂行された終末の出来事が，さらに続いて遂行される，というのである[9]。それによって啓示者の歴史は過去のものとはならず，絶えず世にあって現在し[10]，この仕方で世には信仰の可能性，またそれをもって救いの可能性が常に新しく開かれ，差し出されている[11]。そしてこのことはさらに，「世への神の愛」が，たとえそれが一回だけにしても明瞭に示されており (3, 16)，ヨハネの宣教にとって基本的かつ根本的な事柄なのである[12]。この世に対する神の救いの意思は，終末の出来事の現在的性格において絶えざる妥当性を有する，何となれば世には信仰者の共同体によるイエスの派遣の継続によって

---

8)　Schlier, 同上 247; 249.
9)　Bultmann, Theologie, 442.
10)　praesent: Kom, 395.
11)　Bultmann, Kom 390; Theologie, 443.
12)　Theologie, 367.

救いが常に開かれてあるからである*13。この解釈についての，ある不満は，あたかも全体が歴史の流れ（Geschichtsverlauf）であるかのように，全体が前後関係としてくり返し生じているかのような印象を与えることにあるのではないだろうか。そのためかどうかは分からないが，その後再び二元論的解釈が台頭する。すなわち3, 16の弱体化である*14。それともこの解釈では，世のリハビリテーションの可能性が消されたのに過ぎないのであろうか*15。簡単に言えば，この解釈によれば，イエスの愛は世にある彼の者に妥当する。それゆえ3, 16はイエスの証言にもないし，弟子への戒めにもないという。またこれについては4, 42の「世の救い主」も同様にヨハネのキリストを十全に性格づけるものでもないという。イエスは3, 17; 6, 33; 12, 47では，世を救うために派遣された。9, 5; 12, 46では世の光である。しかしこの福音書はこのようなことが世の裁きで終ると言っている。14, 19では世はもはやイエスを見ないのである。このような意見の後をついで，ついに3, 16以下は，世がそれほど悪いことを強調するために書かれたのだとさえ言われるようになる*16。

　ここでは，まず3, 16が全体について根底的に重要であるということから出発する。そしてここには世が神の被造であるという考えが基になっていると考えたい（1, 3.9）。しかしこの世の反応については，この福音書が進むにしたがって，イエスの啓示に対して次第に敵対的な色彩が強くなる。ちなみに世という使用にいて言えば，以下が正しく数えられているとすると，世についての肯定的な言い方は，1, 19-6章に10回，7-12章に9回，13-17章に5回となっているのに対し，否定的な言い方は，1, 19-6章に0回，7-12章に6回，13-17章には24回となって，13-17章で飛躍的に増大して来る*17。全体的にはこれは啓示の進捗を示し，別れの説話ではイエスは世に背を向けて弟子たちに話すという状況になっている。しかしここでも世は全く見棄てられ，滅びへと切って棄てられたわけではない。そして，やはりその根底には世の被造性ということが考えられるのである。このことはすでに

---

13)　以上の問題について，Ibuki, Kosmosbegriff 参照。
14)　3, 16については，伊吹，注解，171以下 ; Ibuki, Kosmosbegriff, Exkurs: 40-51.
15)　以上 Kaesemann, Jesu letzter Wille, 125.
16)　Schottroff, Der Glaubende, 233f.
17)　詳しくは Ibuki, Kosmosbegriff, 23.

見られている通りなのである[*18]。しかしこれに対しても，もちろん批判的な声が上がっている[*19]。ここではイエスによる啓示が十分表現にもたらされていないという意味である。そこでこの被造性ということの上に，イエスの啓示ということが考えられねばならないであろう。啓示は世の被造性の開示でもあるから，もちろん両者は本質的関連にあるが (1, 4-5)，ここでは立ち入らず，さらに進みたい。一言でいうと，イエスの啓示とは命である愛なのである。ここで世に対して愛という基準を導入したい。つまり世は死と憎しみと虚偽として，イエスの啓示に反し，その意味で被造性にも反している。ここで世というものが，この人間の世ないしその歴史が[*20]，たしかに被造性を基にして，それへ向けて世が創られた，命としての愛を受け入れるかどうかにかかっているのである。この言明は世というものをさらに深く究明するものとなる。例えば世とは教会に反するものであるというようなことは，あまり意味を持たない。世は教会の中にも侵入する。それは後述するように，イスカリオテのユダの形姿を見れば明らかである。つまり憎しみと虚偽があるところには，そして愛が欠けるところには，世が生起しているのである。教会における愛の欠如がなぜそれほど重大な問題になるのかというと，それはこのような愛にたいする行為が神の名によって行われるからである。教会が排除した人のところに，地上のイエスは果たして行かなかったかどうかが問われなくてはならない。どこかで聞いたことがあると思われるかもしれないが，イエスに対する決断，決断という言葉が正しいかどうかはさておき，それは愛の中で起こっているのである。しかし至るところで世が，それに反してここで潜在的に台頭する。さて別れの説話の中で，イエスは彼につく者を，愛ということによって規定していることは明白である (13,35)。ここで「愛 (agapē)」は13, 35; 15, 9.10 [2回]. 13; 17, 26 (それ以前には5, 42に2回「神の愛」として出るに過ぎない)，計7回，そして「愛する (agapan)」は13, 1 [2回]. 23.34 [3回]. 34 [3回]; 14, 15.21 [3回]. 23 [2回]. 24.28.31; 15, 9 [2回]. 12.17; 17, 23 [2回]. 24.26 (それ以前は7回)，計27回，「愛する (philein)」は15, 19; 16, 27 [2回]，計3回出る。ここでは「命」の代わりに「愛」が主題と

---

18) Bultmann, Eschatologie, 135.
19) Blank, Krisis, 193.
20) Schlier, Welt, 243; Blank, Krisis, 197.

なると言える。特に13, 35; 15, 9.10; 17, 26;また13, 1.34; 15, 12.17などを参照。互いを愛することがイエスの最後の意思であり厳命なのである。これが規範であり，イエスに属することの基準なのである。このことが忘れられて，教会への服従などと言っても何の意味もないであろう。

　さて世を人間が造り，同時にその下に人間が支配された者としてある人間の世として，またそれは今現成している世 (die Welt, wie sie jetzt vorkommt) として，もう一度ふり返って考えてみる。第一に，世は世のものだけを，その存在に関して信じるに足るものとして現象せしめる。すなわち世は世にあるものだけがすべてであるという仕方で現象する。第二に，それゆえ世は常に世と世にある存在者を自己による存在として現象せしめる。つまり，ここでの現象のあり方が問題なのである。それだけでなくすべてのものを，世を超越するものを隠蔽する仕方，すなわち存在がすべて自存しており，自らある，自らにすべてを負うているという仕方で現前しているのである。ここで注意せねばならないことがある。世が世にあるものがすべてであるとして現象することは，世にあるものが，絶えず，他の世にあるもの，ないし事柄へ指示する (verweisen) ことによって解釈されるということに他ならない。このことはいわゆるヨハネ的誤解ということで示されている*[21]。もちろんイエスの弟子もそれを免れているわけではない (4, 31-34; 11, 11など)。ここでは弟子の誤解を別れの説話における弟子の無理解から区別しておく必要があろう。後者は一見前者に似ているが，それはパロイミアとパレーシアの言葉に関していると考えてよいであろう。だがここでこの区別に関しては問題提起に止める。言いたいことをくり返すと，世界内のものが世界内のものないし事柄へと指示するに止まってしまうというふうに現象しているということなのである。これは世が本来，自己として自己から存在しないのであるから，自己の創造主へと指示すべきなのであり，これが被造性のしるしなのであるが*[22]，世はすでにこの明かるみを失っているのである。啓示はこの世のあり方に真っ向から対立する。しかしこのことは世にとって許し難いことである。なぜなら自己の存在の現象の仕方を根底から否定されてしまうことだからである。ゆえに人間

---

21)　このような誤解については，Bultmann, Kom. 95, 2; Register, Missverstaendnisse; Leroy, Raetsel, 1f；伊吹，ヨハネ，171その他。
22)　ロマ1, 20以下；伊吹，自然の神認識参照。

は，世にある者として，世にあることをすべてのこととして受けとめる者として，簡単に善であるということは出来ない。しかし人間は彼の被造性という被造存在からして，善であろうと欲するのである。しかし人間がその下で承諾を与える，世をすべてのものとする罪の力がそれを遂行せしめない。しかしこの被造性は不滅であり否定され得ない。したがって人間は絶えず，いわばその本来性とは異質の生を生きることになる。世の生とは，世のあり方として自己自身への渇望のうちにある。ただしそれに抗するものとして愛が姿を現してはいる。愛は世がすべてでないことを指示する。さてそのようにして世のあり方にしたがって，世をすべてとし，自己自身を求めることにおいて，人間の世界としての世界が現成し，そこで人間はすべて「自ら」のことを欲し行うのである。それは生の与え主としての神を否認する行為であるが，人間の生が神から与えられるという事実は，たとえ現成している世によって否認されても，滅し得ないのである。しかし他方，人間は，自分が神に抗して，神の恩恵なく，世をすべてとし，自己自身を欲しかつ独立させる者として悪なのである。このような形におけるいわば虚偽の生のみを欲し，こうして人間は罪と死の下にある（8, 21.24）。罪は，世を究極のものとして人間がそれを欲求することにおいて，すなわちこのような仕方で世が人間を支配することにおいて支配する。人間は被造として，この人間の世が究極のものでないとうすうすは気づいているのであるが，自我渇欲性において構築された世の支配下にとどまるのであり，真実を認めることは出来ない。そして神の救いの力なしには，その支配から解放されることがもはや可能でないのである。そして世の支配の下にある人間はこの神の救いをも退け，自己欲求へと硬化していく。これは虚偽であり，そこには罪として憎しみが起こり，それが相互の，そして結局は自己の存在の抹殺である死へと導かれていくのである。しかしそこで死が本来何であるか気づかれることはない[23]。このようにしてヨハネ福音書においても，世の被造性ということは，世がイエスを絶対に無視できないことにおいて絶えず強調されている。創造ということが1, 3以下. 10, その他限られたところにしか現れないからといって，このことをヨハネ解釈の中心に置かないということは決定的な誤謬であると思われる。その証拠

---

23) Schlier, Grundzuege, 117.

に，ここで世は被造であるがゆえに絶えず光であり命であるイエスに関わろうとする。そして他方イエスの承認は世の被造性の承認であり，それは自己が自己によってあり，自己が目的であるとして現成している世の否認や消滅につながると知っているのである。

　さてさらに問わねばならぬことがある。一般にヨハネ福音書のユダヤ人は神に敵対する世の代表者と解されている。このユダヤ人の問題について多くの研究がなされた。しかしこの「ユダヤ人」が上のような神に敵対する性格を示しているならば，「ユダヤ人」というものは「世」との関連において明るみにもたらされなければならない。そしてその場所は別れの説話であろう。なぜならすでに述べたごとく，ここでは「ユダヤ人」に代わって「世」について語られるからである。この両者の関連が明らかになると，ヨハネ福音書の骨組み全体が明らかになると考えられるのである。さて上に「世」は己を世におけるものに指示するかたちで現れると述べた。しかしヨハネ福音書において真に危険視されているのはこのことではない。もっとも危険なのは，被造性が世にあるものに己を指示することを超えて，世を超えたもの，すなわち「神」へ己を指示するという出来事自体が倒錯されることである。その倒錯は被造性の倒錯であり，神への指示自体が世の自己性の独立によって占拠されて起こっていると考えられる。端的に言うならば，それは「世の支配者」が現れるということである。このような言葉はさほど頻繁には現れないが，決定的な事柄であると思われる[24]。世をユダヤ人に置き換えれば，それはユダヤ人の支配者であり，ユダヤ人とは「この世」の支配下にある者ということになる。すでに有名な8章におけるユダヤ人との対決において，ユダヤ人が「わたしたちには一人の父がある。それは神である」(8, 42)と主張するのに対し，イエスは「あなた方は自分の父，すなわち悪魔から出て来た者であって，その父の欲望を行ないたいと思っている」(8, 44)と言っている。ユダヤ人たちはすでに述べたように，単に世のものから世のものへの指示の下に動いている者ではない。そしてさらにここで律法というものが中心的な働きをしている。律法とはここでは世を律する，すなわち支配するものである。それは広い意味で世の支配のあり方を指している。ここでなぜ律法にそむくものとし

---

24) 12, 31; 14, 30; 16, 11:「世の支配者（archōn tou kosmou）」参照。

てイエスが殺されたのか，明らかになる。ピラトの「わたしは彼に罪状を見出さない」という宣言に対して，ユダヤ人たちは彼に答える。「われわれには律法がある。その律法によれば死なねばならない。自分を神の子としたのだから」(19, 6以下)。ここで律法は世の支配の道具となるものなのである。これが世の罪なのであって，イエスはこの罪を除き，そこから人間を解放するために来たのである。それはもちろんこの世の支配が十字架によって裁かれるということにおいて起こる (16, 11)。ではこの世の支配はどこで起こっているのであろうか。それは言うまでもなく，倒錯によって神の愛，イエスの愛を見失うところに生じる憎しみにおいて起こっているのである。イエスは十字架の愛によってこの憎しみの支配を壊滅させる。それは憎しみに己を引き渡し，憎しみが対象を失い，世の支配が支配するべき力と支配するべき者を失うという形で起こる。世の憎しみが死をもたらしたように，イエスの愛は命をもたらすのである。このような形で，究極的には愛が勝利するのである。「わたしは世に勝ったのだ」(16, 33)。

最後に，ヨハネ福音書によれば「この生，この世」を愛するとは，ネガティブなことなのか。否，それは被造としての世，さらにそのうちに働く被造性を表す美しいものや愛を愛することと解してよい。このような人はこれらのうちに被造性を発見しているのである。どれだけこの被造性が神を指示しているかは分からない。世の特徴とされる憎しみや虚偽に対する傾きは，ここでは確かに好まれてはいない。その反対であろう。すなわち世とは憎しみや虚偽の力のもとにあるが(もちろん死や罪に頽落している)，しかし強いて言えば人間にとって，どこにこれらの憎しみや虚偽の力が働いているか，初めから自明であるとは言えないのである。すなわちどれがどこまで世の力の下にあるかも人が考えるほど自明ではないということである。人がこれらを自明として裁きを行なうなら，それはイエスを無視したことになるであろう[25]。人は裁くことができない。世という同じ力が善にも悪にも働き得るのである。結局ヨハネ福音書によれば，世はいかなる否定によっても被造性という刻印から自由になることはできないのである。これで不十分ではあるが，さしあたっての世についての考察をひとまず終わりにしたい。

---

25) 5, 22参照。

第 13 章

¹過越祭の前にこの世から父のもとに移るべき彼の時が来たのを見て，イエスは世にいる彼の者を愛していたが，彼らを極まで愛した。²そして食事となって悪魔がすでにイスカリオテのユダの心に，彼を引き渡すべく，吹き込んでいたのだが，³父がすべてを彼の手に与えたこと，そして神から出て神のもとへ行くことを見て，⁴食事の席から立ち上がり，上着を脱ぎ，亜麻布を取って腰に巻きつけた。⁵それから水をたらいに入れ，弟子たちの足を洗い，巻きつけた亜麻布で拭き始めた。⁶こうしてペトロのところへ来る。彼に言う。「主よあなたがわたしの足を洗うのですか。」⁷イエスは答えて彼に言った。「わたしのすることをあなたは今は知らない。しかしこの後分かるだろう。」⁸ペトロが彼に言う。「永久にわたしの足を洗わないで下さい。」イエスは彼に答えた。「わたしがあなたを洗わないならば，あなたはわたしと分かち合うものを持たない。」⁹シモン・ペトロは彼に言う。「主よ，わたしの足だけでなく，手も頭も。」¹⁰イエスは彼に言う。「洗われた者は（足以外は）洗う必要がない。全身が清い。あなたたちは清い。しかし皆ではない。」¹¹というのは，彼を引き渡す者を知っていたからである。それゆえに，皆が清いのではない，と言ったのである。¹²さて彼らの足を洗い，彼の上着を着て，再び食卓についた時彼らに言った。「わたしがあなたたちに何をしたか知っているか。¹³あなたたちは私を師とか主とか呼んでいる。そう言うのは正しい。わたしはそれなのである。¹⁴それで師であり主であるわたしがあなたたちの足を洗ったなら，あなたたちも互いに足を洗わなければならない。¹⁵というのはわたしがあなたたちにしたように，あなたたちもするために，あなたたちに模範を示したのである。¹⁶まことに，まことにあなたたちに言う。僕はその主人より大いなる者でなく，遣わされた者は彼を遣わした者より大いなるものでない。¹⁷これらのことを知っているならば，それをなすならば，幸いである。¹⁸わたしはあなた方すべてについて言っているのではない。わたしはだれを選んだかを知っている。しかし『わたしのパンを食する者が，私に向かってそのかかとを挙げた』，という聖書が満たされなければならない。¹⁹それが起こる前に今からあなたたちに言う。それは，それが起こった時に，『わたしがある』，ことをあなたたちが信じるようになるために。²⁰まことにまことにあなたたちに言う。誰であれわたしが派遣する者を受け入れる者は，わたしを受け入れるのである。それでわたしを受け入れる者は，わたしを派遣した方を受け入れるのである。」²¹これらのことを言ってから，イエスは心が騒ぎ，証して言った。「まことに，まことにあなたたちに言う。

第13章

あなたたちのうちの一人がわたしを引き渡すであろう。」 [22]弟子たちは誰について言っているのか戸惑って，互いに顔を見合わせていた。[23]彼の弟子たちの一人が，イエスの胸に横たわっていた。イエスの愛した弟子であった。[24]この者にシモン・ペトロが合図して，「話しているのは誰のことか言ってくれ」，と言う。[25]その者はそのようにイエスの胸に寄りかかり，彼に言う。「主よ，それは誰ですか。」[26]そこでイエスは答える。「わたしが一口のパンをひたして彼に与える者がかの者である。」それで一口のパンをひたして取り，イスカリオテのシモンの子ユダに与える。[27]パン切れの後，かの者のうちにサタンが入った。それでイエスは彼に言う。「なすことを急いでなせ。」[28]このことを食卓についていた者のうち誰も，何のために彼に言ったのか分からなかった。[29]というのは，ある者たちはユダが金入れを持っていたので，イエスが祭りのために必要なものを買って来いとか，貧しい者に何かを与えるようにと彼に言っていると思っていた。[30]かの者はパン切れを受けすぐに出て行った。夜であった。[31]さて彼が出て行くとイエスは言う。「今や人の子が栄光を受けた。そして彼において神が光栄を受けた。[32]神が彼において光栄を受けたなら，神もまた自らにおいて彼に栄光を与えるであろう。[33]子たちよ，もう少しの間わたしはあなたたちと共にいる。あなたたちはわたしを探すであろう。そしてユダヤ人たちに『わたしが行くところにあなたたちは来ることができない』と言ったように，今あなたたちに言う。[34]互いに愛するようにという新しい掟をあなたたちに与える。わたしがあなたたちを愛したように，あなたたちも互いに愛するために。[35]あなたたちが互いに愛を持つならば，このことにおいて，あなたたちがわたしの弟子であることを，すべての人が知るであろう。」[36]シモン・ペトロが彼に言う。「主よ，どこへ行くのですか。」イエスは答えた。「わたしが行くところへあなたは今つき従うことはできない。しかし後につき従うであろう。」[37]彼にペトロは言う。「主よ，なぜ今あなたにつき従うことはできないのですか。あなたのために自分の命も棄てます。」[38]イエスは答える。「わたしのためにあなたの命を棄てるというのか。まことにまことにあなたに言う。あなたが三度わたしを否むまでには，鶏は決して鳴かないであろう。」

第2部の表題

（第1節）

────────

^{1}過越祭の前にこの世から父のもとに移るべき彼の時が来たのを見て，イエスは世にいる彼の者を愛していたが，彼らを極まで愛した。

はじめに

「過越祭の前に」（13, 1）という時の指示はニサンの13日を指す。単なる祭りが差し迫っていることではないと思われる。すなわちこの晩餐は共観福音書における最後の晩餐の一日前となる。過越の小羊はニサンの14日の午後屠られ，日没後に食される。すなわちイエスは共観福音書の一日前，すなわちニサンの14日に十字架にかけられ，小羊のほふられる頃に絶命することになる[*26]。そしてニサンの15日，すなわち過越祭の第1日は，ヨハネ福音書では安息日（土曜日）となるが（19, 31），共観福音書ではこの日にイエスは十字架につけられたが，そのニサンの15日は安息日の前日である（マルコ15, 42）。イエスが安息日の前日に十字架につけられたという点で伝承は一致するが，それは共観福音書では一日後であるから，過越祭の第1日はヨハネ福音書と違って金曜日になる。ヨハネ福音書ではニサンの15日は土曜日であり，共観福音書では金曜日となるのである[*27]。後者の暦でニサンの14日が金曜日に当たる年は30年と33年であると言われている。これらの違いはこれまで十全な解決が見つけられていない。ただし過越の食事に関しては，イエスによって真の過越が起こるのであり，イエスのなす晩餐が，真の過越であると考え，ユダヤ教の過越の期日にこだわる

────────

26) 1, 29.36；Ⅰコリント5, 7；黙5, 6参照。
27) 大貫，ヨハネ，128.

ことはなかったのではないか，という問いは立て得るかもしれない。また過越という大きな祭りの日に十字架刑を執行するという事態についても疑念がないわけでもない[*28]。いずれにせよ，イエスのとった食事が過越のそれに妥当するという事実についての解釈からの，伝承の異なる展開がヨハネ福音書にあるかもしれないということに，目を向ける必要はないのであろうか。

　ここで13, 1を第2部の表題と解してみた。ヨハネ福音書で2節以下に始まる晩餐では洗足とユダの裏切りについて語られ，愛の掟が与えられるが，中心となる聖餐の制定が欠けている。その代わりに6, 51c-58にそれについて語られていたのである。その理由は何であろうか。それは聖餐の言葉はイエスの死と復活を前提としているから，最後の晩餐の時点では，まだ不可能と考えられているからであるのか[*29]。しかしそれはどのみち先取なのであるからそのような理由は納得がいくものではない。これに関してはパウロの伝える伝承，Ⅰコリント11, 23にも考慮がはらわれなければならない。ブルトマンは主の聖餐の代わりに17章の大祭司の祈りが置かれたと考え，13, 1の後に17章を置く[*30]。しかしたとえ福音書記者がそのような意向を持っていたとしても，それは今の17章の位置にあって差し支えないものと思われる。しかし聖餐について6章にあるということは，それが天から下るパンに関する限り，適した位置であると考えられたからであろう。あるいは食事の時の制定というもとの伝承が知られていても，6章が適当と考えられたからであったからかもしれない。いずれにせよ，最後の晩餐における制定が一般に知られているからといって，単に省略されたということではないであろう。

---

28)　Mommsen, Strafrecht, 913；なおイエスの死の日付については，Str.-B. Ⅱ, 812以下；またブリンツラー，裁判，92以下；ヨハネにおける晩餐については，Schnackenburg, Kom, 38以下など参照。
29)　Bultmann, Kom, 370, 6参照。
30)　Kom, 371.

注　解

1節　さて1節は13章から20章までを貫通する事柄であり，全体の表題として理解すべきである。「彼の者」とは正に字の通りであり，すべての信じる者に妥当し，ここではもちろんイスカリオテのユダも含まれていると解すべきである。後に出る愛弟子というかたちも (13, 23)，この愛を基にして可能なのであり，これがなぜ愛弟子が13章以後に具体的な形となって出て来るかという問いの答えになると考えられるべきであろう。基本的には「世にいる彼の者」はすべてイエスの愛弟子なのである。1節は事柄からいって3節に言われていることと同じなのであり，ただ3節には「移る (metabainein: 5, 24; 7, 3; 13, 1)」が欠けている（いずれにせよ7, 3の metabainein の背後には13, 1があると仮定をしてみたい。）信じる者にとっては5, 24のそれ「死から生命へ移る」ことが決定的に重要な使用である。ここでは端的にイエスの時を表わす。ここでの「彼の者」は10, 3.12の ta idia probata に対応すると考えるべきであろう。1, 11にはこれに相違してすべての人間が考えられている。ここではまた弟子という言葉は使われていない[31]。もちろん12人も使われていない[32]。すなわちより広い意味を持つと考えられる (10, 14, 29)[33]。それは3節が暗示していると考えてよいであろう。弟子だけが考えられていると取ることは狭すぎるといえよう。この愛は，「父がわたしを愛したように，わたしもあなたたちを愛した」(15, 9) というその愛である。それは十字架上の献身であり，読者を福音書の第2部へと導く[34]。この十字架上の献身が「きわみまで」の意味なのであって，それ以上の愛は存在しない。Telos はまた目的という意味を持つ (19, 28:)。そしてそれが続く洗足の儀式の意味なのである。「わが愛に止まれ」(15, 9) はそれを受けた状態にとどまることと言えよう。

---

31) mathetēs: 13-16章では13, 5.22.23.35; 15, 8; 16, 17.29.
32) dōdeka: 6, 67.70.71; 20, 24.
33) Bultmann, Kom.
34) Ibuki, Wahrheit, 250.

十字架の解釈としての洗足
（2-20節）

---

²そして食事となって，悪魔がすでにイスカリオテのユダの心に，彼を引き渡すべく，吹き込んでいたのだが，³父がすべてを彼の手に与えたこと，そして神から出て神のもとへ行くことを見て，⁴食事の席から立ち上がり，上着を脱ぎ，亜麻布を取って腰に巻きつけた。⁵それから水をたらいに入れ，弟子たちの足を洗い，巻きつけた亜麻布で拭き始めた。⁶こうしてペトロのところへ来る。彼に言う。「主よあなたがわたしの足を洗うのですか。」⁷イエスは答えて彼に言った。「わたしのすることをあなたは今は知らない。しかしこの後分かるだろう。」⁸ペトロが彼に言う。「永久にわたしの足を洗わないで下さい。」イエスは彼に答えた。「わたしがあなたを洗わないならば，あなたはわたしと分かち合うものを持たない。⁹シモン・ペトロは彼に言う。「主よ，わたしの私の足だけでなく，手も頭も。」¹⁰イエスは彼に言う。「洗われた者は洗う必要がない。全身が清い。あなたたちは清い。しかし皆ではない。」¹¹というのは，彼を引き渡す者を知っていたからである。それゆえに，皆が清いのではない，と言ったのである。¹²さて彼らの足を洗い，彼の上着を着て，再び食卓についた時，彼らに言った。「わたしがあなたたちに何をしたか知っているか。¹³あなたたちは私を師とか主とか呼んでいる。そう言うのは正しい。わたしはそれなのである。¹⁴それで師であり主であるわたしがあなたたちの足を洗ったなら，あなたたちも互いに足を洗わなければならない。¹⁵というのはわたしがあなたたちにしたように，あなたたちもするために，あなたたちに模範を示したのである。¹⁶まことに，まことにあなたたちに言う。僕はその主人より大いなる者でなく，遣わされた者は彼を遣わした者より大いなるものでない。¹⁷これらのことを知っているならば，それをなすならば，幸いである。¹⁸わたしはあなた方すべてについて言っているのではない。わたしはだれを選んだかを知っている。しかし『わたしのパンを食する者が，私に向かってそのかかとを挙げた』という聖書が満たされなければならない。¹⁹それが起こる前に今からあなたたちに言う。それは，それが起こった時に，『わたしがある』ことをあなたたちが信じるようになるために。²⁰まことにまことにあなたたちに言う。誰であれわたしが派遣する者を受け入れる者はわたしを受け入れるのである。それでわたしを受け入れる者はわたしを派遣した方を受け入れるのである。」

はじめに

　洗足はヨハネ福音書にのみ物語られる[*35]。それは十字架の解釈として理解せられるべきであろう。十字架はもっとも卑しい者である奴隷かそれに準ずる者のための刑であって，洗足もまた奴隷の行う卑しい仕事として解せられる。その行われる場は，イエスの生における最後の日の始まりということになる (13, 30)。この十字架の解釈としての洗足に続いて，この洗足の第二の解釈としての弟子たちへの模範ということが12節から続く。ここには15節：「模範 (hupodeiguma)」や，16節：「遣わされた者 (apostolos)」というようなヨハネ福音書に一回的な語が出て，このイエスの洗足の出来事が弟子たちへの模範として考えられている。使徒概念はこの福音書に全く欠けており，この洗足のいわば弟子たちへの応用という第二の解釈においては，洗足の一回的な十字架の出来事への直接の指示というような性格は失われる。この解釈は後から発生したものであることは確かであろう。文献批判的には，具体的には例えば，12節の「彼らに言った (eipen autois)」に，18b節の「わたしは知っている (egō oida)」へとつながるのではないか，というような提案がなされている[*36]。これに関してはルカ22, 24が興味深い。この弟子への言葉は起こりつつある職制教会についてのある警告かもしれない。しかしいずれにしても十字架に現れるイエスの仕えることは一回的であっても，その姿勢が弟子たちに妥当することは争えない。これは全く異質なものでありイエスの洗足に矛盾するとは言えない。なぜならイエスに従うことは，十字架の道を歩むことだからである[*37]。それゆえここでは洗足の第二の解釈としてイエスの洗足に関連づけて解釈したい。

---

35)　ルカ22, 27；Iテモテ5, 10参照。
36)　Schnackenburg, Kom.
37)　マタイ10, 38；16, 24；マルコ8, 34；ルカ9, 23；14, 27；Iテモテ5, 10も参照。

注　解

2節　1節の解釈から見て、1節と2節は単なる時間的つながりを示しているものではない。この世を去って父のもとに行くべきイエスの時が来たということが、イスカリオテのユダの心に悪魔がイエスを裏切る思いを入れたことから説明されている。ここで夕食という状況がすでに前提されている。「そして食事となって」のこの食事は、過越の前日における食事と考えられる。しかしこれは最後の晩餐である。そしてそれはイエスの生での最後の日の始まりであるゆえ通常の食事ではない。カレンダー的にそれは過越の食事ではないが、イエスにおいて真の過越が起こるとすると、これは真の過越の食事でもある。ここで悪魔がシモンの子イスカリオテのユダに裏切りを吹き込んでいたとあるが、これは十字架の愛の献身がそれによってなされるという意味でこの出来事の裏面をなすものである。それは15章の1節以下と18節以下のコントラストにあるように憎悪と愛のコントラストでもある。そして憎悪は愛を際立たせるとも言える。ここ2節での裏切りの思いを吹き込むことは、27節でのユダのうちにサタンの入ることの準備段階とも言えよう。すなわちまず悪の思いを起こさせてから、それをきっかけとしてその人の内にサタンが入って行動させるのであって、思いを吹き込むだけではまだ行為には至らないといえる。このようにこの裏切りはサタンがもとであって、ただこの人間が悪いということだけではないのである。悪魔は自ら己の滅亡を意図している。

3節　「父がすべてを自分の手に与えたこと」[*38]、これはすべての者の救いが、彼らを父がイエスの手に与えるということであり、これはイエスの手にゆだねるということでもあり、したがってすべての救いがイエスの手にかかっており、また実際にこの者たちを救うことを意味する。悪魔の招来する悪しきできごとが、実際は救いの出来事なのである。悪が救いへと変えられる。悪が起こるところで救いが起こる。それをイエスは見るので

---

38)　6, 37. 39. 65; 10, 29; 13, 3; 17, 6. 7 .24; 18, 9 など参照。

ある。だが「見る」は内的のみならず，イエスの行動によって救いが来ることを見るという外的な意味も考えられる[*39]。救いは2節に起こったことの意味である。それはイエスの地上の存在が，神から出て神に帰るという出来事によって実現される。

4節 4-11節まではいわゆる洗足の儀式である。これは13, 1の極限までの愛のしるしである[*40]。そのような愛は下からの視線として実現される。すなわち宮清めやエルサレム入城と同じく，奇跡ではないがしるしであり，それは十字架のしるし以外のものではない[*41]。2節の夕食の席から立ち上がって，上着を脱ぎ，手ぬぐいをとって腰に巻く。それは読者が，イエスがそんなことをするのが矛盾であることを理解するために詳しく書かれている[*42]。食事の席から立ち上がることは，食事がすでに始まっていたという印象を受ける[*43]。5節にかけての詳しい描写は，典礼としてヨハネの教会で行われていたことから取られたという説もある[*44]。

5節 ユダヤ人でない奴隷の仕事には，主人の足を洗うことが含まれていたが，ユダヤ人の奴隷は義務づけられていなかった[*45]。しかし婦人の仕事とされることはあった[*46]。したがってイエスはユダヤ人であったから，たとえ奴隷だったとしてもそのような義務はなかった。このことは一層イエスの洗足のわざの卑しさを強調したかもしれない。

いずれにしても奴隷の仕事であったのである。ユダヤ人の奴隷はそれをすべきでないとさえ（レビ25, 39）言われていたのである。

6節 ペトロの番が来ると，ということについては弟子の坐っている席の順序は考えられていない。ただペトロはここで弟子の代表者として発言

---

39) 18, 4; 19, 28参照。
40) Thyen, Johannes 13, 348; 19, 30参照。
41) 山岡，注解。
42) Bultmann, Kom.
43) ルカ7, 44参照。
44) Haenchen, Kom.
45) Str-B.II.
46) Ⅰサムエル25, 41: Ⅰテモテ5, 10参照。

していることには注意を向けるべきであろう。したがってその前に足を洗われた弟子が何も言わなかったのは不思議でないであろう。ペトロの言うことは、イエスが弟子たちの師であることから理解できるが、ここでペトロはイエスに「主」と言っている。イエスは主として現前しているのであり、主が足を洗うことになり、それは十字架を理解できなければ決して理解できない。これは十字架を理解することがいかに困難であるかを示している。くりかえすが洗足は十字架のしるしであり、その解釈なのである。

7節 「答えて言った（apekrithē kai eipen）」はヨハネの特徴語。この現在では、すなわち「今」は、イエスの言うように、イエスのしていることが分からない。「今は……後で（Arti-meta tauta）」は、13, 36「今は……あとで（nun... husteron）［この一回だけ］」に出る。「あとで」ということは十字架と復活の出来事の後でという意味であるが、もちろん聖霊の到来によって十字架の意味が明らかになった時点をさす。すなわち「あとで」とは聖霊の到来の時を指す[47]。しかしこの「今は……後で」は当時の歴史的状況だけを指すものでなく、他面、聖霊の到来後も常に妥当するのである。それは聖霊の到来が常に新しく起こり、イエスの十字架の意味、また己が十字架の意味が今分からなくても、後に分かるということなのであって、これは確約に属する。ここで十字架の解釈としての洗足は実際にわれわれのこととしても妥当するのである。救いの時としての時間は常にこの確約としての展望を開く。今がすべてではないのである。「今」においては「後で」しかし世にある時間は今がすべてであるように現象する。「今は……後で」ということがイエスと聖霊において開かれているような今なのである。他面これはまた洗足の2番目の解釈を理解することでもある[48]。

そもそもこの洗足は「低い（tapeinos）」（この言葉はヨハネ福音書には出ない）ということで性格づけられる。人はこの性格にキリスト教以前には何らの価値も見出さなかったということを思い返すべきであろう。それに対してマタイ18, 4; 23, 12; ルカ14, 11; 18, 14（kenos もこれに似ていること

---

47) 2, 22; 12, 16参照。
48) Bultmann, Kom.

がルカ1, 53のマグニフィカットの用例を見れば分かる）。Tapeinos は旧約では神の前における人の卑しさという意味であったのだが，キリスト教ではそれに加えて人に対して自分を卑しくする，すなわち人に仕えるという意味合いが加わったのである。Tapeinophrosunē（謙遜，へりくだり）というギリシャ語は，新約思想で「謙遜，謙虚」として一般的になり重要な意味を獲得したのである。それで謙遜に当たるギリシャ語はなかったので，古典ギリシャ語の文献を全部探しても謙遜に当たる言葉は見つからないという[*49]。

8節 ペトロは「永久に洗わないで下さい」という表現で，全く地上的にイエスの洗足を解釈し，それを主張する。それはイエスに何か意図があるということを勘定に入れたとしても，恐縮の極致にいたり，受け入れざることであったのであろう。このような表現にペトロの直截的な性格が出ている[*50]。しかし他方ペトロが言うことは通常のことであり，もっともなことであるがあまりに地上的なことなのである。すなわちこのような低さにおける奉仕に対する抵抗である。彼はイエスのそのような姿を見たくなかった。言い換えれば，愛の低さとその奉仕に対する自然的な拒否反応とも言える。そしてペトロは弟子の代表として答えているとも考えられる。弟子の無理解である。一方イエスの答えは洗足がただの表面的な行為ではないことを示している。「あなたはわたしと何の関わりもないことになる」は，洗足が十字架のしるしであって，それを受けなければイエスによる救いに与ることもない，ということを言っている。同時に神が人間を，神の子が奴隷の姿になることによって救うことを，恵みとして受け入れねばならぬことを示している。すなわちこの8節のイエスの答えが，洗足が何のしるしであるかを明瞭にかつ初めて明らかにしていると言えよう。

9節 手も頭も洗ってくれというペトロの答えは，8節の続きであり，イエスの言葉への答え，恐らく，清めるというような全く地上的な意味で

---

49) 今道, エコエチカ, 99: 使20, 19；エフェソ4, 2；フィリピ2, 3；コロサイ2, 18. 22; 3, 12；Ⅰペトロ5, 5; 1K 21, 8 他；しかし後に virtus となる Thomas A. S. Th. Q. CLXI, de humilitate.
50) 13, 9; 21, 7参照。

理解してこのように答えたのであろう。このような答えは，逆に洗足の真の意味を浮き彫りにするのである。いずれにしても無理解を余計明らかにしたことで，ペトロはここでも弟子の代表であると考えられ，弟子を代表して言っていると思われる。すなわち弟子たちは誰も，何も分かっていなかったと考えてよい。しかしそのことは，われわれがイエスのなすことをいつもすべて分かっているという意味ではない。否，むしろ反対なのである。われわれもまた通常このような考えの次元で動いているということである。ここでも「今は……後で」が妥当する。ここでペトロが善意をもって言っていることは認められる。しかし洗足を受け入れることは，十字架を受け入れることなのである。

10節　「体を洗った者は全身がきれいなのだから，（足以外は）洗う必要がない」，というこのテキストは，ヨハネ福音書でもっとも論争されるテキストの一つであるという[51]。テキスト批判で問題とされている「足以外は（ei mē tous podas）」はここでは Nestle 版に従って括弧に入れた。すなわちこの「足以外は」は元のテキストにあったかどうか疑問とされている。アレフ以下若干の教父にはこれが欠けている。ただテキスト批判上では決定されにくいという事実だけここに挙げておく。そこでこのことをペンディングにして解釈について話を進めていきたい。この解釈であるがあまりに色々な説があるので，ここではその一々にふれることなく，独自に考えて話を進める。すなわち上に挙げた句で，2回「洗う」という言葉が出て来るが，初めの「体を洗う」には louesthai が，二番目の「（足以外は）洗う必要がない」の「洗う」には niptesthai が用いられている。この最初の「洗う」は通常は全身浴を指し，後者の「洗う」は「部分を洗う」ことを指すと言われる[52]。問題が起こるのはここである。すなわちここから，前者の「洗う」は今行なわれた洗足を指すことが出来ないとされる。しかしここで考え方を変えたらどうであろうか。すなわち，今行われた洗足は，十字架の出来事，イエスの献身のしるしなのであるから，それは罪を消し去り，全身を洗うことに等しいのではないだろうか。つまり今起こった洗

---

51) Schnackenburg, Kom.
52) Schnackenburg, Kom.

足は全身を洗ったことであり、その上ペトロが言うように手も頭も洗う必要がないということである。すなわちここでイエスによって言われていることは、洗足は十字架のしるしであり、文字通り物理的にただ足を洗い清めるのでなく人間全体が洗われたのである、ということである。そう解すると「(足以外は)洗う必要がない」という言葉では「(足以外)」はという問題になっているテキストの部分はあってもなくても同じ意味になって、これについての論争は解釈にあまり重要な意味を持たないことになる。しかしこの第一の「洗う(louesthai)」が、洗足が洗礼を指すのかどうかは明らかにすることができない。しかしその可能性は十分認められるであろう。確かなことは分からない。次の「全身が清い」という言葉は重ねて第一の「洗う(louesthai)」を指示し、以上行った解釈を承認すると思われる。ここで15, 3の「清い」を引き合いに出すことは必要のないことではないか。次に前述したように、このloueinとの関係で、洗足を洗礼のしるしと取る解釈が生まれる[*53]。もちろん洗礼の解釈の他に、聖餐もあり、告白もあり、新しいサクラメントとしての解釈もある[*54]。あまり場を取るので教父の解釈は略する。また洗足がサクラメントという行為の基準であるという説を取る者もいる。これに似た説をとる者のいくつかの名を挙げれば、例えば J. Wellhausen, D. F. Strauss, K. Kundsin, E. Lohmeyer, H. Koester などである。またサクラメントの解釈の反対者として、カトリックからはじめてその名を挙げれば、F. Tillmann, M. J. Lagrange, F. M. Braun, E. Ruckstuhl, G. M. Behler, P. Fiebig, R. H. Strachan, A. Friedrichsen, W. Michaelis; E. Lohse, E. C. Hopkyns, R. Bultmann, Ph. H. Menoud, R. A. Edwards, R. Mehl, E. Schweizer, O. S. Brocks などである[*55]。

次に10b節に移る。「あなたたちは清い、しかし皆ではない」という言葉は、10a節の「清い(katharos)」にうまく接続するが、あまりうま過ぎるという感じを否めない。それで10b節はしばしば編集者の手によるとされる。ここでは洗足の弟子たちへの働きについて、彼らが清められた、と言われていると解される。すなわち十字架の献身がすでに行われたというアナムネーゼの現前である。いわば今まで個々人の体のことを言っていた。

---

53) Bultmann, Kom; 山岡, 注解。
54) これらの解釈については、Richter, Fusswaschung 参照。
55) 以上詳細は Richter, Fusswaschung, 258.

その体を弟子たち全部にスライドさせている。次にイエスの献身が現れるところにステレオタイプとしてユダの裏切りへの言及がある（6, 70; 13, 2; 17, 12）。前に述べたようにユダは教会の中にも悪があるというシンボルでもあると考えられ、まさにここで弟子たち全部、すなわち教会全体に向けて「皆が清いのではない」ということが言われているのである。したがって全く清い教会を立てようとする努力は地上では実現せずに、むしろ皆が清いのでないということを担い、清いことに向けて努力して行かなくてはならないということが言われているのではないか。「皆が清いのではない」ということは、教会のすべての信じる者に向けて言われていると考えられる。ちなみにここではイエスがユダの足を洗わなかったとは書いてない。ユダも十二弟子の一人である限り洗足にさいし教会に属する一人であったのである。いわばここで弟子たち全部が間接的に体に例えられていると言えよう。「あなたたちは清い。しかし皆ではない」[*56]。洗足が十字架のしるしだとすると、イエスは十二弟子（ここには12の数はないが前提されているのであろう）の皆の足を洗う。そうすればそこにユダも含まれているわけで、結局ユダもしるしとして十字架の救いに組み込まれていることになる。12節の「彼らの足を洗う」には何も言われていないからユダも入っていることになる。すなわち十字架が「すべての人のため」（IIコリント5, 14）の死である以上、ユダも当然そのうちに入っているのである。しかし十字架の救いがおよばないということは、本人がそれを拒否する場合である。ユダについて言えば、6, 70以下でイエスがユダの裏切りを知っていることがしるされ、12, 6によればイエスはユダが泥棒であることを当然知っていながら財布をまかせていたのである。そして一方ユダの裏切りに関しては、ユダ個人の選びであると同時に、悪魔がその思いをユダの心に入れたのである（13, 2）。通常の倫理では、そのような思いが他からの強制でなくその人間の本意（ヘコーン）として行為になるとき、その責任が問われる。しかしここでユダと悪魔の働きは、それを相互に分けることができないような複合事象なのである。13, 27にはサタンがユダに入ったと書かれている。そうすると行為の本当の主体はサタンになってしまうのではないだろうか。悪魔の意向がユダのそれと混じりあった時に、それは人間の判

---

56) 15, 3参照。

断の可能性を超えてしまうのである。

11節　10節の「みんなが清いのではない」という言葉が何を意味するかという但し書きである。典型的なヨハネ的文体である。すでに6, 70以下で言われたごとく, イエスが自分を引き渡す者がだれかを知っていた, ということが重ねて強調されるのである。このような但し書きは理解の難しいところ, 重要なところでなされる傾向がある。すなわちわれわれの熟慮を促す。この言葉はまたイエスの受難が, イエス自らの救いの献身であったことを示す。13, 2と11で一つの括りをなしている。12節以下は洗足が教訓とされ, そのいわゆる第二の解釈が始まる。

12節　また上着をつけ, 再び席に戻ったことが書いてあるのは,「わたしがあなたに何をしたか知っているか」という問いの導入としてである。しかしそれに反して, 7節には, イエスのしていることが今は分からないが後で分かるだろうとあり,「あとで」は栄光化の後でということであるから, このことと矛盾すると言える。しかしこの「あとで」は今, 第二の解釈としてのその理解が教えられることと矛盾しない。すなわちこの第二の教えは教訓であり, 応用であり, イエスの洗足の行為から直接導き出されたものである。この二つの解釈を「競合する」[57]と見る必要はないであろう。ただし12節「彼らに言った」以下から18節aまでを, 二次的なテキストとみなす意見もある[58]。つまり12-17節は二番目の解釈となる[59]。そこではイエスの洗足という十字架という一回的な出来事が, 相互になされるべきこととしてそれとは違った応用的な教訓となっている。

13節　イエスは師または主であるにも拘わらず洗足という卑しい奉仕をなした。この場合の主は師として尊ぶことから来るのであるが, そこに栄光化の主を見ることが可能なのである。その時, 高さと低さのコントラストは無限とも言えるべきものとなる。これも13, 1の究極の愛に属するのである。結局は十字架の解釈と言える。

57）　Bultmann, Kom 351.
58）　Schnackenburg, Kom.
59）　Richter, Deutung, B. u. L., 1968, 1, 26.

14節 主または師であるイエスが足を洗ったからには，弟子たちは互いに足を洗うべきである。それは師のなしたことに習い，己を低め卑しい者として互いに奉仕することを指している。この場合イエスは模範なのである。そしてそれがキリスト教的愛の特徴となるべきなのである。13, 34; 15, 12の相互愛の戒めはこのことを含んでいる。これと真っ向から対極にあるのが，ルカ22, 23以下にある過越の食事の後の弟子たちの態度である。食事の時に仕える者となるという奉仕は，キリスト教の愛のシンボルとしての伝承があったのであろうか。

15節 模範ないし手本（hypodeigma）という四福音書ではここだけに見られる言葉で，イエスはこの意味を説明する。すなわち，ここでは十字架のしるしとしてではなく説明されているが，すべては，イエスの十字架の卑下に由来する。Hupodeigma: 13, 15; ヘブライ4, 11; 8, 5; 9, 23; ヤコブ5, 10; Ⅱペトロ2, 6（6回）; Hupodeiknunai: マタイ3, 7; ルカ3, 7; 6, 47; 12, 5; 使9, 16; 20, 35. BauerWb 1669; von den Attizisten zugunsten von Paradigma verworfen: Beispiel, Muster, Vorbild. すなわちアッティカ方言では paradigma（この言葉は見誤りがなければ新約聖書にない）が優先され hupodeiguma は斥けられた。ヘレニズムのこのギリシャ語タームについては, Schlier, ThWbNT, II, 38以下：それは Beispiel（例，事例），Vorbild（手本，模範，判例）の意味で使われる。「ヨハネ13, 15でイエスは，彼が洗足によって互いに仕えることの『ヒュポデイグマ』を与えた，と言っている。これはもちろん弟子たちに模範として示され真似られるべき『Beispiel（事例）』だけではなく『Vorbild（模範）』でありイエスが愛の行いで経験し，彼らがその経験を他の者たちに分かつべきである『vorbildliches』（模範的）出来事である」（同33, 29以下）。Vorbild については Scheler, Vom Ewigen im Menschen（人間における永遠なもの）に優れた叙述あり [217.259.327.337; 338.339.405.427.429]。

「自己形成—霊的生命の生成のプロセス—聖人ないし，かの無制約的信仰の保持者に従って要求される」カリスマ的性質は，それゆえここではすべての積極的宗教認識に必然的に先行するのである（338）。すなわち13, 12以下は二番目の解釈として，あるいは挿入であるかもしれないが，ヨハネ的でないとして軽んじられるべきでない，と筆者は考える。

16節 アーメン，アーメンで始まり，実質的には13節が強調される。共観福音書に似た言葉が言われている：マタイ10, 24:「弟子は師にまさる者でなく，しもべは主人にまさる者でない。ルカ6, 40:「弟子は師にまさる者でない。」マタイ10, 24b はヨハネ16a と同じであるが，全く同一ではない。同じ口頭伝承によるのかもしれない[*60]。マタイの僕と主人の代わりにヨハネでは遣わされた者と遣わした者の関係が述べられていて，これは派遣のキリスト論を強調するヨハネにふさわしく，ヨハネ福音書の派遣概念が一般の派遣概念から理解され得ることを示す根拠となるであろう。これは16節を20節と比較すれば明瞭である。遣わされる者としての apostolos はここだけに出る。もちろん一般的な使い方で弟子たちを「使徒」と呼んでいるわけではない。しかし弟子たちは遣わされた者であり (20, 21: 4, 38)，名称は別としてもこの意味で apostolos であり，弟子たちはイエスに勝る者でない。このことは洗足が手本であることの根拠付けとして言われているのである。

17節 この17節の「さいわいなるかな (makarios)」で洗足の項は終わっている。他にも20, 29は makarios で全福音書を閉じている "If you know these, blessed are you, if you do them". つまり「幸いなるかな」は，見ないで聞いても (20, 29; 12, 47f)，ひとえにそれを実際にするかしないかにかかっている。ここで聞かれた，ないし読まれたことは一見当たり前のことであるかもしれないが，すべてするかしないかにかかっている（マタイ21, 28-32; この譬えはマタイのみ）。「幸いなるかな」(20, 29)。「祝福および呪詛は，きわめて重要であるばかりでなく，実質的な意味を持っていた」[*61]。このサムプルと対置は旧約の基本であろう（申30, 15）「ouai (wehe!; 災いだ)」は古典にない[*62]ので，この対置は旧約によると思われる。そして契約では神が主導権を握っている。このさい明らかになる感覚器官のうちの耳の重要性である，すなわち「聞き従う」ことである (20, 29)。「もしあなたが，あなたの神，主の声に聞き従い，わたしが今日命じる全ての戒めを守り行うならば……この諸々の祝福はあなたに臨み……」（申28, 1; ロマ9,

---

60) Schnackenburg, Kom.
61) 牧野，アラブ，56。
62) Bauer, Wb1171.

14f.17) のである。「戒めを守る」(12, 47)。これは本来目で読まれるものでなく告げられると力を発揮する言葉である。それはこれが口から発せられると、それは言語上の表現に止まらず、それが向けられた人に対して「一方では幸運を、他方では災難を実際にもたらすと信じられていた」(牧野、アラブ、56; また「お四国八十八か所の巡礼のさいそれぞれ唱えられている『真言』」参照)。これは空海の言語理解に近い。発語が対象を変化させるのである。しかしこのことは日常的にも見られる。たとえば相手に呪詛を唱えれば、通常相手は激怒するであろう。ほめれば喜ぶのである。これは一つの出来事なのであり、発話者と聞き手をばらばらに分けてしまった時、この出来事は生きたものではなくなってしまう。しかしこのことは in sensu late に読むときにも起こる。反対は「あなたたちに災いあれ (ou ai; aligant; wehe)」である、「for they and do not do」。言わなければまだいいのである。12, 48でイエスは裁かないが言葉が裁く、と言われている。14, 15.23ヨハネ15, 22.24参照。これはイエスのケーリュグマに妥当する。読まれたものは Ausruf (公衆に聞かせるために大声で唱える; rei publicae) される。そして重要なことはこれが新訳聖書で知恵の言葉でなく、終末の叫びということである (makarios: マルコなし; マタイ5, 3.4.5.6.7.8.9.10.11; 11, 6; 13, 16, 17; 24, 46; ルカ1, 45; 6, 20.21 [2回]。22, 7, 23; 10, 23; 11, 27.28; 12, 37.38.43; 14, 14.15; 23, 29 など。特に使20, 35が知られざる主の言葉として有名であるが、ルカの創作ではないであろう。むしろこの種の言葉のすべてが伝えられていないと考える方が妥当であろう：結果はマタイ13回; マルコ0; ルカ15回; ヨハネ2回となる。これは一回的終末の喜びを呼び起こす*63。

18節 18-20節は編集者の挿入と考えられることもある*64。もちろん17節との接続はスムースではない。11節から18節の聖句の引用は一応滑らかにつながる。さてここではまた、イエスを引き渡す者が主題となり11節のテーマが取り上げられる。もちろん11節は簡単すぎて、それを改めて取り上げねば聖句についても言及はできない。従ってその意味で18-20節は

---

63) Hauck, ThwbNT, IV, 372; 詳しくは370, 23; このことの実行については、13, 34; 14, 15. 21.24; マタイ25, 41以下参照; さらに Dupont, Les Béatitudes, I. II, Paris 1969参照。
64) Haenchen, Kom; なお Schnackenburg, Kom 参照。

存在の理由があり、11節についての詳しいコメントなのである。11節ではイエスを引き渡す者については言及がされたのみで、17節の区切りの後にはじめてテーマとして取り上げられたのであり、その意味では、挿入と考える必要はないであろう。内容的には18節は11節に直接つながり得る。17節のつながりから言えば、全部に「幸いである」ということが妥当するのではないということになる。つまりこのことは、弟子たちへの警告でもある*65。「わたしは誰を選んだかを知っている」*66は、弟子になること、またはイエスに従うことは実際にはイエスの一方的な選びであることを強調している。すなわちその弟子がどうなるかを、イエスは選びの時に一方的にすべて見通しているということである。イエスが裏切り者になると知りつつユダを選んだのは、聖句が成就するためなのである。この聖書の成就ということは、神の意思の成就と同じである。旧約聖書と新約聖書は預言の成就という意味で硬く結びついているのである。詩編は41 (40)、10の引用である。新共同訳によれば「わたしの信頼していた仲間、わたしのパンを食べる者が威張ってわたしを足蹴にします」とあり、LXXとも完全には一致しない。LXX*67から取られたのではないと言われている*68。「わたしの信頼していた仲間」また「威張って」は抜かされている。前者はイエスのユダに対する態度に適合しないからである。このような引用は、すべてをイエスが知っているにも拘わらず聖書の成就（神の意思の成就）のために起こったということを強調するもので、一般に福音書の真正性のギャランティーとなるものなのである。このような聖句が旧約聖書のテキストと合致しないのは、それが出来事と一緒に伝承されたものであるということによる。そしてユダの場合は十二人の一人の弟子が裏切ったということが躓きにならないために、聖句の成就のみならずイエスの予知が非常に強調されくり返して述べられている。イエスの予知も聖書の成就に準ずる役割を果たす。すなわち神の意思によって起こったということの強調である*69。最後に「わたしのパンを食する者」のパンはここでは聖別されたパンでは

---

65) Bultmann, Kom.
66) 6, 70; 15, 16参照。
67) よりMTに近いという：Schnackenburg, Kom.
68) Bultmann, Kom.
69) なおマルコ14, 18; マタイ26, 21; ルカ22, 21参照。

ない：13, 26参照。ユダはその前に去って行くからである。

19節 これは，14, 29に似た言葉があり，inclusio（くくりこみ）をなしているとも考えられよう。14, 29の「あなた方が信じるためである」，に代わりここでは「『わたしがある』（ego eimi）を信じるためである」と言われている。この「エゴ・エイミ」は政治的メシアと誤解されないためという答えは十分でない[*70]。むしろ8, 28に近いのではなかろうか。Ap 'arti（今から）はまた14, 7に使われている。「それが起こる」ということはユダの裏切りと，それに続くイエスの栄光化であるが，その時「エゴ・エイミを信じるようになるために」とは18, 5が参考になる。Ego eimiから見る時，それが救いすなわち，罪からの自由（8, 32）をもたらすということであり，罪からの解放なのである。「それが起こった時」すなわちイエスが十字架につけられる時，それが救いであることを信じるようになることを言った，というのであり，すなわちそれは聖書の成就だ（18節）ということである。そして躓きは残るが，それは克服されなければならないということである。

20節 構文はA（わたしを遣わす者を受け入れる者）：B（わたしを受け入れる者）＝B：A（chiasmus: 交差法）ともいうべき形になっている。この20節は一見宙に浮いた言葉のように見える。むしろ21節が19節にぴったり接続する。20節はむしろ16節にぴったり接続するようにみえる。編集者がここに共観福音書的な句を入れたのではないかという説もある。しかしなぜ編集者には不手際な操作が許されるのであろうか。テキストに乱れが出れば編集者も気づくはずで，そこにはそれを敢えてする動機が挙げられなければ解決にならないのである。不都合なことはすぐに編集者の責任にするということは解決にならないであろう[*71]。この句はマタイ10, 40と全く同じであり，ここではマタイの「受け入れる」（dechesthai）のかわりに「迎え入れる」（lambanein）が用いられている。16節ではしもべと主人が遣わされた者と遣わす者に対応している。そこから見れば，遣わされたしも

---

70) ハーナー：間垣，キリスト論，153。
71) Schnackenburg, Kom; Richter, 13, 57も参照

べを受け入れる者は，主人を受け入れる者であるという論理が成り立つ。洗足との関係で言えば，遣わす者と遣わされる者との一体性が洗足によって基礎づけられるということであり，洗足が十字架のしるしである限り，20節のコンテキストとの首尾一貫性を求めるなら，19節にあるイエスの栄光化の後に当然来るべき弟子の派遣ということを述べているのであり，その意味でよく吟味すれば19節に接続し得る。すなわちことが起こった後には，弟子の派遣がなされるのである。すなわち文脈が乱れているとは言えないが，やはりスムースとは言えない。19節が区切れの終わりにふさわしい。それはとにかく，イエスの死の後には宣教が弟子によって行われるのである。

裏切る者
(21-30節)

---

²¹これらのことを言ってから，イエスは心が騒ぎ，証して言った。「まことに，まことにあなたたちに言う。あなたたちのうちの一人がわたしを引き渡すであろう。」²²弟子たちは誰について言っているのか戸惑って，互いに顔を見合わせていた。²³彼の弟子たちの一人が，イエスの胸に横たわっていた。イエスの愛した弟子であった。²⁴この者にシモン・ペトロが合図して，「話しているのは誰のことかを言ってくれ」，と言う。²⁵その者はそのようにイエスの胸に寄りかかり，彼に言う。「主よ，それは誰ですか。」²⁶そこでイエスは答える。「わたしが一口のパンをひたして彼に与える者がかの者である。」それで一口のパンをひたして取り，イスカリオテのシモンの子ユダに与える。²⁷パン切れの後，かの者のうちにサタンが入った。それでイエスは彼に言う。「なすことを急いでなせ。」²⁸このことを食卓についていた者のうち誰も，何のために彼に言ったのか分からなかった。²⁹というのは，ある者たちはユダが金入れを持っていたので，イエスが祭りのために必要なものを買って来いとか，貧しい者に何かを与えるようにと彼に言っていると思っていた。³⁰かの者はパン切れを受けすぐに出て行った。夜であった。

は じ め に

① ここで初めて23節に「イエスの愛した弟子（ēgapa: impf.）」が登場する。13, 1のイエスの愛の結晶したシンボルと解され，同時に具体的なゲシュタルトである。彼は弟子の集まりである教会という場所にその姿を現す。そしてはじめからペトロに対置されている。このことから現実の人物であり，かつシンボルであることと考えられる。彼はイエスの愛であるその献身のきっかけを作る。同時に教会から悪を追い出すのである。このことの口火はイエスの愛した弟子によって切られる。「愛した」は impf. として継続的と取るべきであろう*⁷²。彼は「謎のようなゲシュタルト；とい

うのはこれまで彼について語られず，彼がそもそも誰かということがどこにも見聞されない」[73]。マルコ14,17によれば明らかに十二弟子の一人である[74]。すなわち"supernumerary apostle"ではない[75]。動詞については以下の箇所は次の如くである。19, 26 (ēgapa); 20, 2 (ephilei: impf.); 21, 7.20 (ēgapa)。この23節での愛弟子の位置については，私事になるがわたくしにはよく分からない[76]。ただしマタイ26, 20「12人と一緒に横になった (anekeito: anakeisthai)」；ルカ22, 14「使徒たちも共に席に横になった (anepesen)」。ヨハネ13, 12：「再び横になる (anepesen)」；席についたという訳は正確でない：(Luther もそう訳している) などから，これには klinē (寝椅子) が必要である。これがある限りパレスティナにおいても，ギリシャ・ローマの食事様式が取られていた[77]。また Buechsel, THWbNT, III, 655, 1ff, によればイエスの時代に地中海の文化圏の文化的民族の間で一般的であったが，女子，子供奴隷などの給仕が必要であった。これについてはルカ22, 27「なぜならば［食事の席で］横になっているものと仕える者とでは，どちらが大いなる者か。横になっているものではないか。にもかかわらずこのわたしは，仕える者としてあなたたちの間にいる。」と報じている。食事のところは，マルコ14, 15; ルカ22, 12によれば「席の備えられた二階の大きな部屋」である。ちなみに anakeimai は福音書だけに出る：マルコ14, 18; 16, 14; マタイ9, 10; 22, 10.11; 26, 7.20; ルカ22, 17; ヨハネ6, 11; 12, 2; 13, 23.28。anapiptein (食事の席で横になる)：マタイ15, 35; マルコ6, 40; 8, 6; ルカ11, 37; 14, 10; 17, 7; 22, 14; ヨハネ6, 10 [2回]; 13, 12.25; 21, 20 (この語も福音書だけに出る)。次にいわゆる「愛弟子」についてはここで一々開陳するにはあまりに多くの説が出されている[78]。これらの仮説は大幅に編集操作を勘定に入れることから生じてくるように考えられる。「イエスが愛した」という句を21, 18-25を除き福音書記者の編

---

72) durativ; Bl.-Debr, 318; また "attention to the beginning of an uncompleted action"?; Abbott, Johannine Grammar 2463; Kuegler, Juenger, 101以下。
73) Bultmann, Kom.
74) Barrett, Kom.
75) Bernard, Kom.
76) Weiss, Kom; Bauer, Kom にも詳しく説明。
77) Bauer, Kom; Billerbeck IV, 618.
78) Becker, Kom, Exkurs 9, 434以下；Schnackenburg, Kom Exkurs 18, 449以下，その他。

集句とすることは[*79]，全体のゲシュタルトを壊してしまうように思えるのである[*80]。またこの句はすべて21章から由来する，すなわち21章の著者が福音書記者であり，愛弟子を入れたという説[*81]も20章までのコンテキストとの一貫性に欠けるように思える。いずれにしてもこれらの説すべてにここで立ち入ることができない。わたくしには21章からしか出発できないということの自明性が欠けるように思える。それよりもテキストを一貫して読むことが求められるのではないか[*82]。

② 次なる問題は，やはり聖餐の欠如である。この疑問はほとんど謎である。それを説明する努力はすべて水泡に帰しているようであり，ここで解決は提示できない[*83]。だがこの問題について考えて見る。それはこの晩餐が過越の食事の一日前であるからかもしれない：13, 2：「さて食事となって」。さらにこのことはここでは詳しくは立ち入らない。ただヨハネ福音書では，Ⅰコリント5,7と同じく「わたしたちの過越の小羊キリスト」という考えに基づき，19, 36（出12, 46）でもそのことが述べられている（1, 29.36）。しかしここでイエスの食事こそが真の過越の食事と考えられていた可能性がある。このように取ればヨハネの日付が正しいことになる（Lagrange）。また二つの日付を調停させようとする試みもある[*84]。ヨハネは共観福音書の伝承を知っていたのだろうか。あるいはⅠコリント11, 23以下のパウロの伝承も考える必要があるかもしれないが，そこにはただ「すなわち主イエスは，彼が引き渡された夜」としかない。それはともあれここで示したい事実は，共観福音書の聖餐の場面でユダの裏切りの告知のあとに，聖餐の制定の言葉が来るが，まさにここでヨハネでは，それらが飛ばされ，13, 31に移行している事実である。すなわちユダの裏切り予告：マタイ26, 21; マルコ14, 18; ルカ22, 21の後，聖餐の制定が来る：マタイ26, 26; マルコ14, 22; ルカ22, 19. ただしルカではこの順序が逆である。「マルコ伝承はユダに対するイエスの予告を晩餐の前に置くが，ルカ版は

---

79) Lorenzen, Lieblingsjuenger, 73.
80) Schnackenburg, Kom, 34.
81) Thyen, Entwicklungen.
82) Kuegler, Juenger, 18以下：「危機に立つ文献批判」参照。
83) Scnackenburg, Kom Exkurs 15参照。
84) 以上 Wikenhauser, Kom, 255以下参照。

晩餐の直後に置き換える。これによって一致の破綻がより強く表される」*85。しかしイエスの裏切る者についての予告の後，このユダが夜の闇に出て行くことはヨハネ13, 30にしか報告されていない。それではいったいユダは聖餐にあずかったのであろうか。これらの事情はヨハネと比べどの程度考慮されているのか。さてユダの裏切りに関してなされることは，次のようである。マタイ26, 23，マルコ14, 20「わたしと共に（手を）浸す者」または「わたしを引き渡す者の手がわたしと共に卓上にある」ルカ22, 21，ヨハネ13, 26では「わたしが一口のパンを浸して彼に与える者」と多少の違いはあるが大体似ている。逆にここから問えば，なぜヨハネのようにここでユダが出て行かないのか。ヨハネの方に信憑性があるのでないだろうか。さてここで共通しているのは，このイエスの言葉が，過越の食事の順序で言えばイエスの洗足は最初の杯（ルカ22, 17）の後で言われる。それは，青物，苦菜，ソースからなる前菜である。ユダに与えられた一口のものはこの際ものである。その後に種なしパンが裂かれ，イエスの聖体の言葉が来る（ヨハネ6, 53以下）。さらにその後子羊が煮つぶした果実と苦菜とが食され，食事の後に三度目のぶどう酒の杯が飲まれ，ここで聖別の言葉が言われる。すなわちこのことは，ルカ22, 20「食事の後」；Ⅰコリント11, 25：「食事の後」から明らかである。このことから両者の制定の言葉が古いと言われる。だがここでは立ち入らない*86。さてユダが出ていくことが述べられて，13, 31で，ここでイエスの高挙が実現したということを先取りして，「今や人の子が栄光を受けた」と言われ，別れの説話に移る。実際ここには聖餐の制定の言葉が続いて述べられる場所がなくなっている。食事の話は終わってしまったのである。制定の言葉は今の33節の場所に入れられる可能性は否定され得ないかもしれないが最終的結論にはならない。ただ以上のこと，すなわち聖餐制定の言葉の欠如について，ヨハネは反サクラメント的であり，6, 52-58は編集者の挿入であるという見方には賛成できない。むしろ逆に6, 52以下があるから，制定の言葉が抜かされ得たという方が，信じやすいのである。

---

85) 三好みつる；注解。
86) 以下 Wikenhauser, Kom, 225; その他。

注　解

　21節　本節は大きく見れば，すなわちいわゆる第二の解釈をとばせば，11節に接続しうる。ここでは，20節が中断の性質を持つので19節にかかる。「心が騒ぐ (etarachthē tō pneumati)」の tarassein ([5, 7]; 11, 33; 12, 27; 13, 21; 14, 1.27) は12, 27では psychē (魂) に，14, 1.27では kardia (心) にかかる。ここでの pneuma は psychē や kardia と同じ意味で使われている。この tarassein はマタイ2回，マルコ1回，ルカ2回，ヨハネ6回と使われており，この点でヨハネは受難に関して内心の動きを多く伝えていると言えるかもしれない。その内容はイエス自身の運命のみでなく，ユダの運命にかかわっているのかもしれない。ここでの状況は12, 27のそれと似ている。11, 33はラザロの死のさいの死の力だけでなく12, 27につながり，ラザロのよみがえりの結果，生来するイエスの死に先立ってかかわっているのかもしれない。ここで最終的にユダの裏切りについて言われる。すなわちこれはこれまで長らくユダについて言われて来たことの最後の宣言であり，その直後このことが起こるのであるから，「心が騒ぐ」といわれたのであり，12, 27と同じことであり，その意味でごく短い，共観福音書のゲッセマネの出来事に相応するものとも言えよう。時が来たのである。「まことに，まことにあなた方に言う」で始まるセンテンス，すなわち「あなたたちの一人がわたしを引き渡すであろう (heis ex humōn paradidōsei me) は，文字通り共観福音書と一致し，伝承に帰るであろう。マタイ26, 21；マルコ14, 18；ルカ19, 21では過越の食事のさいに言われている。すなわち全体から言えば過越の食事の伝承に属する。事柄から言えば21節に30節が続くのである。それゆえ「心が騒ぐ」と言われるのである。

　22節　弟子たちはそもそも6, 70のところで，それが誰かを問題にするのが当然であると思われるが，それをしなかったのは事柄がよく理解できなかったのであろう。ここでも弟子たちは，それが誰のことか分からず互いに顔を見合わせる。悪魔の働きはかくも隠され (13, 2)，察することができぬほど巧妙であると言える。従ってイエスの弟子たちは，同時に顔を

見合わせるのである。自分だと言われる恐れがあったのかもしれない。このことは，「自分ではないか」と弟子たちが聞いている，マタイ26, 22やマルコ14, 19を参考にすればその可能性は大きくなる。弟子たちにはそれほどこれが突然のことであったのかもしれない。

23節　この誰かを明るみに出すのは愛である。ここで「イエスの愛した（ēgapa）弟子」がこの福音書に初めて登場する。なぜか。このことは13, 1によって可能になり，この食卓を囲む弟子たち，すなわち教会という場がこの弟子が現れる場なのである。このイエスの愛する弟子はイエスの胸に横たわっていたという叙述がある（anakeimenos... en to kolpō）。これに加えて25節には「イエスの胸によりかかり」（anapensōn epi to stēthos）とう叙述がある。カルヴィンはこれについて「聖ヨハネが自分自身について，イエス・キリストの胸によりかかっていたと物語っていたということは，今日でははしたないことのようにみえるかもしれない。しかし当時はそのようなのが食卓についていることのやり方だった。かれらは食卓につくのにわたしたちのようにはせず，」履きものを脱いでから横むきにクッションに身を支え，小さな寝台に横たわって食事をしたのである*87。その場合左を下にして横たわり右手で食事をする。このことは，1, 18のイエスについての「独り子（なる神），父の懐（kolposはヨハネで1, 18と13, 23にだけ出る：1, 18: ho ōn eis ton kolpon tou patros: 13, 23: ēn...en tō kolpō tou Iesou にいる者，かの者が現したのである）」と相応していると考えられる*88。そしてイエスの愛は，父のイエスに対する愛が，イエスによって弟子たちにイエスの愛として与えられたと解され（15, 9），それに加えて，「第2部（13, 1-20, 29）にてはじめて一方のものが他のものへと移転されたのである」*89という言葉が，13, 1をも加えて考える時，参考になる。また15, 9「父がわたしを愛したように，わたしもあなたたちを愛したのである」のシンボルとしての愛弟子は13章以下ではじめて現れて来ることが出来よう*90。これが突然ここで愛弟子が出現したことの説明である。似た意味でイエスが

---

87)　カルヴィン，注解下，450。
88)　Ibuki, Wahrheit, 271.
89)　Grundmann, Rede Jesu 215.
90)　伊吹，注解，99。

愛したラザロも第1部の最後に出て来て，ラザロはイエスを信じる者，イエスが愛した者の範型であると解されよう。さて第四福音書記者は著者をこの十二人の一人の愛弟子と同一視して書いているという可能性が大ではないかと考えられる。この福音書は「愛される者の愛される方についての福音」と呼ばれうるであろう[91]。

24節 ペトロがどこに座を占めていたかは書かれていない。彼は愛弟子に合図して，それが誰なのか聞いてくれと頼む。なぜ自分で敢えて聞くことをしないのか。これは微妙な関係を表しているのでないかと考えられる。ペトロは6, 68以下からも分かる通り十二人の代表であり，いわば職制教会の代表である。ここでは愛を通じてイエスに直接のアクセスを持つカリスマ的教会との区別が考えられていると思われる。いずれにせよ職制教会は愛を通じてのみイエスへのアクセスを持つのである。しもべはイエスのいうことについて聞く権利を持たないであろうし (15, 15)，友には父から聞いたことを皆知らせるのである。職制的教会はカリスマ的教会に耳を傾け訊ねる必要があるのである[92]。

25節 その弟子はイエスの胸によりかかり，「主よ，それは誰ですか」と言う。マタイ26, 22やマルコ14, 19では，弟子たちが「わたしではないでしょうね」と聞いている[93]。ユダはここで教会の中に入ってくる悪魔の力をも表している。ということはそれがかくされたものであり，弟子たちがこのことについてイエスの指示を仰がねばならぬということである。ヨハネ福音書によればここで十字架と愛の深い関係から，イエスは愛する者に裏切りを明かすのである。

26節 イエスの答えはルカにはなくマタイとマルコの類似性を示す。以下新共同訳：ヨハネ13, 26：「わたしがパン切れをひたして与えるのがその人だ。」；マタイ26, 23：「わたしと一緒に手で鉢に食べ物を浸した者がわたしを裏切る。」；マルコ14, 20：「十二人のうちの一人でわたしと一緒に鉢に

---

91) Ibuki, Wahrheit, 271.
92) 前書きII参照。
93) ルカ22, 23参照。

食べ物を浸している者がそれだ。」これによるとユダはイエスのそばに座していたのであろうか。ヨハネ福音書では，マタイやマルコ福音書と違いイエスが直接パン切れを渡して裏切り人を知らせる。これは，マタイ・マルコの言葉が変形したものであろうか。あるいは18節の詩篇の引用に合わせたのであろうか。イエスが与えたパンが，その者が何者かを暴露したのである。

27節 この時にサタンがユダに入ったのである[*94]。13, 2ではイエスを裏切るという思いをすでに入れていたのである。これ以後行為をなしているのは人間でなくサタンなのであろうか。「なすことを急いでなせ」は，ユダに言っているにも拘わらずサタンに言っていることになる。すなわち十字架の出来事も最終的にはイエスの命令によって起こるのである。「急いで」ということは，時が来たということと関連する。しかしここでこれはサタンの行為でユダの行為でないとは言えない。なぜならユダの行為はサタンの思いを入れられて，それを自分のものとした行為であるからである。悪い思いが浮かんで来るのはサタンによるのであろうが，行為者がそれを肯定し自分の行為とするからである。しかしすでに述べたように，分からないのはどこまでがユダのそれで，どこまでがサタンのそれかということであり，このことは人間が裁きを下すことを不可能にする。しかし「呪詛の対象はユダというよりも，むしろサタンなのである」[*95]とも言いきれない。従って人間はこのことによってユダが滅びたと断言することもできない。人間は裁くことはできないのである。

しかしこの場合はいたって重要である。なぜかと言うとイエスはユダに命令したのであり（10, 18：「わたしは自分でそれを捨て」），イエスは自らを引き渡すのであり，十字架は神の命令なのであり，イエス自身が引き起こすドラマであって，従って受動的，運命的な受難とは言えなくなり，十字架の苦しみは後退するということになりがちなのである。「自分で勝手にやった」ことだというのである。しかしこの意見は間違いである。ここでイエスは何を示しているのか。第一に愛の自発性である（hekōn）。苦し

---

94) ルカ22, 3参照。
95) 荒井，ユダ，168。

みは受けたくなかったのだけれど，結局そうなってしまったということを徹底的に排除することである。それはイエスが逃れようとしたが，襲いかかったことでない（Verhaengnis）。第二に，いわばここで弟子の集団として表されている教会からユダのうちにある悪を排除することなのである。ここで範型的に教会が成立したのである（15, 2; マタイ16, 23; マルコ8, 33; ルカ10, 18など）。どのみち共観福音書によれば，イエスは常にサタンを追い払っていたのである。これはネックである。解釈のキーポイントである。

28-29節 この両節は編集者によるという説もある[*96]。27節は30節に直結しうる。しかし29節の内容がすでに12, 6に関わる。ここに書かれていることは，27節の「しようとしていることを直ぐにせよ」というイエスの言葉が誰にも理解できなかったということである。このことはすでに十字架の神秘に属する事柄なのであろう。弟子たちは，祭りのために必要なものを買うとか，貧者に施しをするということにしか考えが及ばなかった。他の弟子は，「なすことを急いでなせ」ということを聞いたと考えられる。決定的な事柄は，他の弟子たちの想定外であった。29節で，ユダが「金入れを持っていた」とか書かれてあり，それを他の弟子たちが知っていたということが分かる。彼らは，祭りに必要なものを買うか，貧しい者への施しをなせと言われたと考えたのである。彼らは6, 70の「あなた方の一人は悪魔である」と言われていることには思いをいたしていない。それは6, 71に注釈として，その一人はイスカリオテのユダであることが言われ，弟子たちに対しては名が挙げられていない。「あなた方のうちの一人」と言われているのみである。6, 70の「悪魔である」というのは非常に強い言葉であり，ここでは13, 2に悪魔がイエスを引き渡そうという考えを入れたとあり，13, 27には，サタンがユダの中に入ったとあり，悪魔ないしサタンとユダとは区別されている。8, 44でも，ユダヤ人について悪魔から出てきて，悪魔が父であると言われているが，彼らが悪魔だとは言われていないのである。そのようなことから6, 70の「悪魔である」という言葉は13, 2ないし27節のような意味で取るべきだと思われる。次にここで二つ

---

96) Schnackenburg, Kom.

のことが12, 5-6へと関わる。一つはここで,「ユダが金入れを持っていた (to glossokomon eichen)」ということが, 12, 6にすでに「金入れを持っていて (to glossokomon echon)」として言及されていることであり，次に12, 5でユダが言う「なぜ貧しい人に施さないのか」が同じ言葉で (ptōchois didonai), 他の弟子たちがそのことを考えたと言われているのである。ここで弟子たちが考えたことと12, 5でユダが考えたことは同じである。そしてベタニアでユダが言う貧しい人云々の言葉は，マルコ14, 4以下では，幾人かの者がお互いの間で，怒ってこれを無駄遣いと言うのであり，マタイ26, 8では，弟子たちが怒って無駄遣いと言う。ここでの弟子たちはいわばヨハネ13, 29と同じことを考えている。すなわち貧しい人の施しについて言われることはお互いにそう遠く離れているわけではない。ただユダについて12, 6に言われている彼が盗人であり，財布の中身をごまかしていたという但し書きが，決定的にユダに不利なのである。ユダについてヨハネ福音書が彼をもっとも悪玉とし，すなわちこの傾向は時代が後になればなるほど著しいということは果たして言えるのであろうか。マタイ27, 3-10と使1, 16-20のユダの死についての報告はヨハネにはない。この報告はユダが「後悔して」(マタイ27, 3) とあるのでユダに好意的なのだろうか。しかし一方これは罰を強調しているように見えるのである。いわば悪人の最後である。またヨハネでは，はじめて12弟子が出る6, 67に続いてユダの裏切りについて言われるが，これは共観福音書に共通であり，いずれも12人の召命と同時にユダの裏切りについて言及されている (マタイ10, 4；マルコ3, 19；ルカ6, 16)。これは12人の召命と付着している伝承であろう。ただヨハネではそのことが強調され，ユダが悪魔とされている (6, 70)。ヨハネ12, 4以下に関しては，仮定として，もし貧しい人云々と言ったのはユダであったという伝承が失われれば，それを幾人かの弟子にするということはあり得ることであり，これに関しては必ずしも後になればなるほどユダを悪人とするということが簡単に言えるかどうか分からない。

　いずれにしてもユダが悪人として強調されることは，救いに関して何らかの意味があると考えざるを得ないであろう。それについては，ユダを個人として考えてみるのみならず，何らかを意味する，そう言ってよいならシンボル的ゲシュタルトと考える必要があるのではないだろうか。いわば13, 24以下でシンボルとしての愛弟子に対比されるような意味である。そ

れは愛弟子のそれが教会において位置を持つように，同じく教会において位置を持つものである。そうならばユダは教会の中の愛に対置されるもの，教会の中での愛の欠如，愛弟子で代表される愛に対する，教会の中の憎しみによるイエスに対する裏切り行為のシンボルである可能性が考えられるであろう。ユダ個人が行った行為のみでなく，このようなゆえにユダがかくも強調されるのではないか。ユダの裏切りが，いわば弟子の召命の時から絶えずついてまわるのは，このような危険と可能性を指し示すものであるかもしれない。マタイ16, 23；マルコ8, 33；ルカ22, 31における「サタン」という言葉には，このような可能性が見られるのではないか。そうだとすると仮に，ユダがだんだん悪人とされるのはこのような危険が大きくなったという教会の現状を反映しているのかもしれない。このことは誰も知らずに起こるのであり（ルカ22, 23），いわば裏切りは，ここで権力の保持という危険に警告が与えられているとも考えられる。ルカ22, 23と24節以下の関連に注意しなければならないであろう。ただ最後にマタイ26, 24；マルコ14, 21の「しかし禍いだ。人の子を引き渡すその人は，その人にとっては，生まれて来なかった方がましだったろうに」は非常に強い言葉であることを付け加えておく。

　30節　ユダは26節にあるように一切れの食べ物を受けると直ぐに出て行った。イエスの「直ぐに（tachion）：27節」はここで別な言葉（euthus）に言いかえられている。ユダの心理的な叙述は何もない。機械のような反応である。「時は夜であった」（Ⅰコリント11, 23）とある。これ以後13.14.16各章の周囲は全く闇であることがこれを読む者にひしひしと伝わって来る。この句は9, 4や11, 10や12, 46などの光についての句と関わるであろう。「夜が来る。すると誰も働けない」（9, 4）。イエスは以後直接に人々に働きかけることはない。ヨハネ福音書では31節からいわゆる別れの説話がはじまるのだが，この場所に共観福音書では聖餐の制定の叙述が入るのである*97。パウロでもⅠコリント11, 23に「彼が引き渡される夜」（en tē nukti hē paredidoto）とあり，これは定式化した伝承である。ヨハネ福音書でこれがすっぽり抜けているのはこれが過越の食事でないからであると考

---

97) マタイ26, 26-29；マルコ14, 22-24（25）；ルカ22, 19-20.

えられている。なぜなら，ぶどう酒の聖別の言葉には「契約の血」[*98]，または「わたしの血における新しい契約」[*99]という言葉があり，これが過越の祭りであることを前提としているからである。このためヨハネ6, 51c以下に聖餐の制定の言葉をもたらしたとも考えられる。しかし，すでに述べたが，真の過越の祝いは，イエスによりのみなされるのであって，それがこの食事であるとヨハネは考えていたかもしれない。またヨハネは多くのことを伝承から知られたこととして前提していたのかもしれない[*100]。その代わりにヨハネ福音書の別れの説話は共観福音書にパラレルがなく，ここにヨハネの神学が集中して現れるのである。

このように13, 1以下はヨハネに特有の伝承である。また13, 23-25は特にヨハネ的な特徴を示している。弟子たちはここで何が起こったかさえ分からなかったのである。それは決定的な事柄についての弟子の無理解を示している。それは12, 6のときも同じであった。

---

98) マタイ26, 28; マルコ14, 24.
99) ルカ22, 20; Ⅱコリント11, 25.
100) この問題について，Schnackenburg, Kom, 48以下参照。

第一の別れの説話
（13章31節-14章31節）

は じ め に

　共観福音書においては弟子への教えはイエスの公生活の中に，たとえやその他の言葉や，苦難の預言や終末についての教えや，その他の教えとして散りばめられていると言えようが，ヨハネ福音書では，世に対する教えやわざ（第1部2-12章）と，これに続く弟子たちに向けての別れの言葉13, 31-17章に分けられている。ただしこのことについては，「はじめに」の項を参照されたい。

　14章から新しいテーマが始まるので，13, 31-38は一つのまとまりとして考えてよいであろう。これらはお互いに関連があるが多くの小さなテーマの集まりと考えられる。小さく分けるなら，① イエスの栄光化と（31-32節），② 父のもとへ去ること（33節），③ 愛の掟（34-35節），④ ペトロの「どこへ」という問い，⑤ ペトロの否みの預言（37-38節）とすることができよう。

第一の別れの説話のはじまり
(31-38節)

───────

[31]さて彼が出て行くとイエスは言う。「今や人の子が栄光を受けた。そして彼において神が光栄を受けた。[32]神が彼において光栄を受けたなら、神もまた自らにおいて彼に栄光を与えるであろう。[33]子たちよ、もう少しの間わたしはあなたたちと共にいる。あなたたちはわたしを探すであろう。そしてユダヤ人たちに『わたしが行くところにあなたたちは来ることができない』と言ったように、今あなたたちに言う。[34]互いに愛するようにという新しい掟をあなたたちに与える。わたしがあなたたちを愛したように、あなたたちも互いに愛するために。[35]あなたたちが互いに愛を持つならば、このことにおいて、あなたたちがわたしの弟子であることを、すべての人が知るであろう。」[36]シモン・ペトロが彼に言う。「主よ、どこへ行くのですか。」イエスは答えた。「わたしが行くところへあなたは今つき従うことはできない。しかし後につき従うであろう。」[37]彼にペトロは言う。「主よ、なぜ今あなたにつき従うことはできないのですか。あなたのために自分の命も棄てます。」[38]イエスは答える。「わたしのためにあなたの命を棄てるというのか。まことにまことにあなたに言う。あなたが三度わたしを否むまでには、鶏は決して鳴かないであろう。」

注　解

31節　ユダが出て行って、イエスの「彼の者たち」が残された。十一弟子である。ユダが出て行ったこの瞬間に、その「今」として人の子の栄光化が現前する。32節にかけて5つの文があり、3番目は2番目の反復であり、1-3番目の文はアオリストであり、最後の2文は未来形である。そして最初の受動形は神の働きである。そして3回のアオリストは、ユダが出て行った時ではなく、イエスの十字架の時がそれによって示されていると取るべきである。すなわち今後、イエスは栄光化された者として語る。受難とはイエスの栄光化である。受難のしるしであった洗足が現実のもの、その指

し示したものとなって実現される。今やイエスは栄光を受けたのである。12, 23で言われた時が来たのである。人の子としてイエスが栄光化された者として現前する。これまでヨハネ福音書の人の子は、霊によるアナムネーシスにおけるイエスの現前として受け取って来た。すなわち地上のイエスの栄光はここから由来しているということなのであり、12, 23と同じ意味で考えられる。30節では外は闇であったが、この中では、地上のイエスが栄光の光に包まれて現前する。それは彼において神が栄光を受けたことなのである。十字架によって神が栄光を受けるのである。神が栄光化されるということは、ここで初めて出る[101]。イエスの栄光化は神の栄光化であり、神は神であるがゆえに自らを栄光化できるが、栄光は基本的に他者から受けることなのである。純粋に父を栄光化できるのはイエスのみである。罪人なる人間には純粋な意味でこのことはできない。神が自分自身によって自分を栄光化せずに、人間がそれをなし得ないとするなら、それができるのはイエスのみなのである。この栄光は基本的には十字架の従順[102]によって発生し、発現し、発露し、地上のイエスの言行が基本的にはそれぞれ父の栄光化であったにも拘わらず、この今の一点から地上のすべての言行が栄光において明るく照らし出されるのである。ここでイエスによる個々の地上の父の栄光化が十字架におけるそれとして輝くのである。すなわち31節は30節の「夜であった」と言うことに対して、闇の中の光の創造にも等しい出来事なのである。そしてこの決定的な出来事で人の子句は終る。これがヨハネ福音書の最後の人の子の使用である。それは、以下の別れの説話が人の子句の人の子という意味、すなわち、聖霊の来臨と共に来るイエスを明らかにするからである。

32節 「彼において」は人の子を受けるであろう。つぎの「彼に」も同様である。この第二の文から未来形となる。こう考えて来ると、神が栄光を授けるということは復活を指していると考えられる。すなわち十字架と復活という栄光化から地上のイエスが栄光のイエスとして照らされる。「ただちに (euthus: 13, 30.32; 19, 34)」は、一つは時間的にはすぐであるが、

---

101)　14, 13; 15,18; 17, 1.4参照。
102)　dei: 3, 14; 12, 34; 20, 9.

むしろ即座にということで復活を指すと取るべきであろう[103]。十字架と復活の間の時間的へだたりということよりは，十字架と復活がたとえ別々の事柄として時間的に離れていても，それは一つの出来事として「ただちに」ということなのである。すなわち神を栄光化することは，神が子を栄光化するということである。31.32節によって今後イエスが語る別れの説話は，すべて栄光化されたイエスが語ることになる。その意味は何であろうか。それは別れの説話は，最早弟子たちに語られた歴史的出来事としてのみ描かれているのでなく，現在のわれわれに栄光化されたイエスによって語られているということを明瞭にするためである。31.32節の意味はこのことにつきると考えられる。このようなことが明瞭にされなければ，別れの説話は真の意味で理解されない。それゆえ31.32節をもって別れの説話は始まる。12, 28にも二度栄光を現すとあるが，このような意味ではないであろうか[104]。

33節 「子たちよ（teknia）」という呼びかけで始まる。これはヨハネ福音書ではここだけである（Ⅰヨハネに多い：2, 1.12.28.; 3, 7; 4, 4; 5, 21）。師の弟子への呼び方というが[105]，ここでは栄光化されたイエスの信じる者たちへの呼び方として理解すべきであろう。もちろん別れという状況が前提となっている[106]。31.32節で栄光化のことが話されたが，ここではこの栄光化されたイエスが霊において現前する者として話す。それは「もう少しの間」という時間性で表される[107]。13, 33は7, 33; 12, 35に相応する（すでにユダヤ人に言った通り）。すなわち両方ともイエスの死までの時を指す。ここでは特に7, 33を指す後方指示と考えられるが，これは何を意味しているのだろうか。ユダヤ人にとっては，7章や8章がいわば別れの啓示に当たるものであった。弟子たちにとっても地上でイエスが見えないということは，いわばユダヤ人にとってと同様なのである。弟子たちも世にいる限りユダヤ人と同じ存在であって，「ユダヤ人に言ったように」とはこのこ

---

103) Thuesing, Verherrlichung, 237; Strathmann, Kom.
104) 伊吹，注解Ⅱ参照。
105) Bultmann, Kom, それはむしろⅠヨハネにあてはまることである。
106) 土戸，人の子，214。
107) mikros: 7, 33; 12, 35; chronon mikron: 7, 33; 12, 35; mikron: 13, 33; 14, 19 [2回]; 16, 16.17.18.19。

とを指している。すでに述べたように「ユダヤ人」は別れの説話でここにだけ出る。それはユダヤ人と世を等置し，ユダヤ人を歴史上のそれと区別し，世の代表者とするためである。またこのパラレルは7章と8章を，いわば世への別れの言葉と呼んでも良いという根拠になるであろう。すなわち弟子たちにとっても，霊におけるイエスとの出会いとは恣意的なものでなく，与えられたものであって，復活したイエスとの出会いもイエスの不在，すなわちイエスを見ないということを消しはしないのである。すなわちイエスとの出会いは常にミクロン（しばし）ということによって制約されるのである。信じる者は絶えずイエスを探すのである。常にイエスとの出会いを求めている。この「探す（zētein）」という語はユダヤ人にも使われている。実際はユダヤ人も光としてのイエスを探し，イエスから自身を自由にすることは出来ず，常にイエスと関わろうとする。しかし信じる者はイエスとの出会いを探すのである。「誰を探しているのか」という復活したイエスのマリア・マグダレナの言葉にそのことが如実に表れている。しかし，われわれは今はイエスの行くところについて行けない。これが別れの時である。換言すればこの不在が信じる者の地上の艱難なのである。しかしそれには「今は（arti）」という制約がついている。これは未来を希望として開いている。

34-35節 34-35節はいきなりアガペーというテーマが来て，外的には中断のように見えるが実際には緊密につながっている。なぜ15章でテーマとなるアガペーがここで切り出されているのかということは，15-16章にとって，いわば13, 34-14, 30が要旨であるのに対し，そのテーマの霊における総括的な展開または細述であるからである。しかしこのことはまた「はじめに」でも述べたし，また後述する。すなわち33節に述べられたイエスの不在の霊における克服はアガペーであり，それが残された信じる者たちに与えられた存在のあり方なのである。これこそがイエスの別れの説話の真髄であり，別れ行くイエスの意思なのである。そしてイエスの別れはこの新しい愛をもたらすのである。「新しい」とは終末的であり，新しい世界の創造とも言える。端的にそれがイエスの愛に基づくがゆえにそう呼ばれる[108]。それと同時にその愛で互いに愛することがキリスト者のしるしとなる。掟[109]は，イエスについて10, 18; 12, 49. 50; 14, 31; 15, 10; 弟

子について13, 34; 14, 15.21.31; 15, 10.12であり，そのうち直接アガペーに関するものは13, 34; 14, 15.21. 31; 15, 10.12である。15, 12にはⅡヨハネ5［Ⅰヨハネ3, 23］と同じく，13, 34のように，「あなた方が互いに愛すること（hina agapāte allelous）」とあり，これがわたしの戒めであると書かれている。ここでの掟（entolē）は直裁に言えば，ただイエスが愛したごとく愛し合うことに存し，すなわちイエスの愛によって規定されており，これはイエスの教会の設立と言ってよい。ここに教会が成立する。この愛し合うことが教会の場をなす。またここに教会の基準がある。35節によってそれはさらに明らかとなる。この相互の愛は，「わたしがあなた方を愛したように」というイエスの愛の実現であるから，このことによってイエスの弟子であることがすべての者によって認められるというのである。これはまた誰がいったいイエスの弟子なのかという規定でもある。これがキリスト教の倫理の根源なのである。Ⅰヨハネ2, 7は「すでに聞いた言葉」として明らかに13, 34へと指示がなされている；Ⅱヨハネ5も参照。Ⅰヨハネでは，グノーシスの異端に対するものとして正当信仰の基準を愛に置く[*110]。新しい戒めの新しいとは二つの意味を持つ。一つはその根拠がイエスの十字架の献身によるものであり，それに基礎づけられていること[*111]。そして律法を掟とすると，それがすべてこのイエスの命ずる愛の戒めの中に収斂してしまうことである[*112]。その「互いに愛しあう」（34c節）ということの愛とその根拠が34bで「わたしがあなたたちを愛したように」として明らかにされている。

　この愛によってイエスの弟子であることをすべての者が知るであろう，とは世界に宗教はいくつもあるが，キリスト教はその教義で自身の正当性を主張するのでなく，沈黙のうちにイエスの洗足を模範とした互いの愛の奉仕のうちにキリスト教の真髄を認めることができるのである。憎悪をもたらす宗教の頽落に対する，イエスによる教えの真の対決がここにある。「すべての者が知る」ということが徹底的に理解されるべきである。すな

---

108) Ⅰヨハネ2, 7f; Ⅱヨハネ5参照。
109) entolē: ヨハネ11回；Ⅰヨハネ14回；Ⅱヨハネ4回；計29回。
110) Ⅰヨハネ1, 18以下。
111) Schrenk, ThWbNT Ⅱ, 550, 12以下；551, 34.
112) Schrenk, 同上，551, 10以下。

わち「このことにおいて (en toutō)」ということが決定的である。
　しかしここでさらに徹底的に「掟」に関してテキストを見ていかねばならない。ヨハネ福音書については上の「掟 (entolē)」に関して，動詞「掟を与える (entellesthai)」：14, 31; 15, 14.17, も考慮にいれる必要があろう。そもそもここ13, 34まで，「掟」という言葉は命令という意味で解せられて来て，イエスについてのみ父の命令として語られたが，その内実が，10, 18; 12, 49などで別の言葉，すなわちここで言われるように愛として，はっきり言われなかったのである。さらにこの語の複数形 (entolai) が14, 15. 21; 15, 10 (2回) などで使われたことも，輪郭を曖昧にしたかもしれない。しかしここ13, 34で「掟」が「新しい掟」として愛の掟であることが明確にされた。そしてそれは「掟」というものが端的に「愛の掟」であることを明確にする。その意味で上述のイエスについての父の掟もここから「愛の掟」として明確にされていくべきであろう (10, 18; 12, 49.50; 14, 31; 15, 10)。さらに複数は多くの掟ではなく，単数に集約されるものであって，また愛の掟の多数性をさすというより，言うなれば唯一の愛の掟の放散*113を意味するととってよいのである。ちなみに15, 17では動詞形によって，13, 34の掟が文字通りにくり返されている。さらに一歩進むと，この「掟」という語は「言葉」という語で受けられるのである。すなわち14章に向けての展望がここに示されなければならない*114。14, 15によるとこの戒めを守る者が，イエスを愛する者である。これは14, 21にくり返される。14, 23ではイエスの言葉を守る者が，イエスを愛する者である。ここで「言葉」は「掟」に代わって用いられている。14, 24ではその逆が言われている。イエスを愛さない者はその言葉を守らない。その言葉とは父の言葉なのである (12, 49f)。イエスは父の掟を行うことで，父への愛を示すのである (14, 31)*115。これらの展望によって教会についての重大な帰結がもたらされるのである。それはイエスを愛するかどうかの基準が，相互の愛に置かれたことであり (14, 15.21)，このことがイエスを愛することの出発点となったということである。いわばイエスを愛するがゆえに，互いに愛し合うということが，ここでは逆転されて，互いに愛し合うことがイエスを愛する

---

113)　Ausstrahlung: Schrenk, ThWbNT, 550, 38.
114)　例えば上の「言葉 (logos)」については，14, 23.24; 15, 3.20; 17, 6.14.17.20 など参照。
115)　なお15, 3.20; 17, 6.14.17.20 など参照。

ことである，と言われている。そして明らかにこの互いに愛し合うところが教会というものの場であることが確定されたのである。職制や教義に，互いの愛が先行するのである。このことが確認され，実行されなければそれはイエスの掟と言葉を守らない人であり，イエスを愛する人ではなく，その人は真の教会に属していないことになる。教会という語はここに出てこないが，それが考えられていることは火をみるより明らかであろう。このことがまず徹底的に認識されなければならないであろう。

36-37節 ここで，いわばアガペーの掟によって中断された会話の流れにもどる。この中断されたという意味は，34-35節はイエスが去った後のこと，いわばそのテスタメントが述べられ，ペトロがそれについて「主よ，どこへ行くのですか」という問いを立てるという意味である。すなわち36節は33節につながる。これは33節のイエスの言葉に対して，弟子たちを代表してのペトロの反応である。この問いの「どこへ (poû)」ということはほとんど不自然に聞こえる問いである。この poû[116] のうち17回はイエスの来る，行く，去ると何らかの関係にある。イエスの去るに関係するのが7, 35; 8, 14であるが，父のどこかが分からないから (8, 19)，イエスもどこへ行くかが分からないのである。だが，果たして8, 14.19と13, 36; 14, 5; 16, 5の箇所は同じ関連にあるのであろうか。これらは区別して読まれねばならないのではないか。ユダヤ人の場合，「あなたの父はどこにいるのか」という8, 19の問いが根底にある。これが分かれば天にいる父のもとに行くということが分かるわけであるが，天に神がいるということが分からないということは，肉的地上的な考え方を表わす。弟子たちはここでユダヤ人の7, 35の「この者はどこへ行こうとしているのか」という問いと同じ問いを立てている。7, 22によるとユダヤ人たちは，ここではギリシャ人のディアスポラへ行くのかという問いが立てられ，8, 22ではあるいは自殺するのかと述べているところから，イエスが「イエスを遣わした方のもとへ行く (7, 33; 8, 21)」ということを，世界内的出来事として理解しているのであろう[117]。しかしここではヨハネ的誤解ではなく，イエスのパロイミアの話に対する弟子たちの「不理解」と解すべきであろう。すなわち，ここ

---

116)　1, 38.39; 3, 8; 7, 11.35; 8, [10].14.19; 9, 12; 11, 34.57; 12, 35; 13, 36; 14, 5; 16, 5 [20, 2.13.15].

での「主よ，どこへ行くのですか」という問いは，ユダヤ人と同列ではないと考えられる。すべては「父のもとへ行く」ということの理解にかかわる[*118]。このペトロの問いは，ユダヤ人が自殺について述べている（8, 22）ところから見ても，死ということを予感して言われていると思われる。しかしこれだけでは「父のもとへ（行く）」ということが分からないのである。このことはすでに13, 1に明瞭に述べられているが，このことがここで主題となっている。そしてその問いは，イエスによって14, 4.5.6.12, さらに16, 5.17.28などにも主題となっている。ということは，さしあたり，14, 4以下はこの問いをめぐっての言葉であると，理解されてよいであろう。言い換えればこのことが別れの説話における主導的問いなのである。14, 4においては，どこへ行くのか，その道が弟子たちには分かっている，と言われている。ここで問題になっているのは父のもとへ行く「道」なのである。このことについては，14, 4の項で立ち入るが，ここでも「父のもとへ行く」その道が問題になっていると考えられる。ユダヤ人の8, 22の「自殺」についての話から，それは死を予想させることが前提とされていると言ってよいであろう。ここで考えられるのは，復活のことであろうと推測される。すなわちペトロの問いはユダヤ人と同じ次元ではない。13, 37にペトロが命を棄てると言っているのは，復活についての理解がないことを示している。このことはイエスのペトロの問いに対する答えが明らかにしていると考えられる。つまり「父のもとに行く」ことは死と復活を意味する。そのことは31.32節の栄光化の関連からも明らかである。ではなぜ死と復活という形で，この父のもとへ行く道が啓示されないのであろうか。それは両者が離されて考えられることのないためであろう。つまりこれがヨハネの説くところであると考えられる。従ってここでイエスは，「今つき従うことはできない。しかし後につき従うだろう」と言うのである。この「後に」（husteron）はイエスが父のもとへ行った時，復活の時，聖霊の下る時を指す。また同時に，21章に暗示されたペトロの殉教（21, 18以下）をも指しているとも言えよう。ここで問うべきことは，弟子たちにはユダヤ人たちとは違って，この死と復活が主題とされているということである。さらに

---

117) Bultmann, Kom, 13, 36についても：innerweltliche Vorgaenge.
118) Bultmann, Kom.

弟子たち，すなわち信じる者たち自身の場合にも，死と復活が分けられることはないというヨハネの宣教の特質に属することであると考えられる。またこれは16, 25に言われるいわばパロイミアとしての語りと受け取ることが可能であろう。そしてそれはまた「分からない」ということが「信じる」ということに付随して起こり得るということでもある。それはもちろんここで弟子たちとユダヤ人を分けていることは，イエスを「信じる」ということであって（14, 1），それでもなお「分からない」ということは，この「分かる」ということがまだ与えられていないと考えるよりほかないであろう。ここに弟子の無理解の問題がある。さらに弟子の無理解とは一般に何を意味しているのであろうか。聖霊を受けたら，「分からない」ということは雲散霧消してしまうのであろうか。そうとは限らない。それでは，それは言葉の理解として分かっても，やはり分からないということが止まるのではないのか。例えばわれわれが死ねばよみがえらされ，父ないし主のもとに行くということは，信じるという意味で分かるのであって，この世的に，すなわち自然の状態では分からないのであり，その部分はわれわれが世に居る限り残るのである。弟子の無理解は従って聖霊を受けて分かってもこの世的に，すなわちこの世にある限り，信仰を別とすれば分からないのである。従ってペトロの問いは，キリスト教的実存に一般に妥当するこの点を表しているのではないかと思われる。ここで，信じるということが分かるということになるべきだ，とも言われているのではないか。「分からない」ということは，別離における信じることの苦難に属する。弟子の無理解は，このような区別に立って理解されなければならないのではないか。

　37節で，ペトロはイエスが危険に身をさらして，36節の言葉を，ただイエスが命を失うような危険な場所に赴くと考え，自分も一緒に行って命を棄てる用意があると言う（11, 16参照）。この言葉，「あなたのためには命を棄てます」は，「命を棄てる」（ten psuchēn mou huper sou thesō）ということから理解されなければならない。周知のごとく，この「命を棄てる(tithemi psuchēn)」は，ヨハネに固有の表現である[119]。特に15, 13がこの

---

119) Ruckstuhl, Einheit, 298：ヨハネ10, 11.15.17.18 [2回]；13, 37.38.38; 15, 13；Ⅰヨハネ3, 16 [2回].

理解に決定的であって、そこから読めば、これは最大の愛の行為なのであるが、それは、まず第一にイエスの成し遂げる救いの行為なのであって、それが成就した上で、はじめて弟子たちによって実現されることなのである。しかしペトロの無理解は変わらず、後に大祭司の僕の右の耳を切り落としたのである。従ってイエスはペトロの三度の否認をもってこの言葉に答えるのである。すなわち弟子たちを含めてすべての信じる者にとっても、上に述べたように信じていても分からないことがあるということが第一に考えられるべきであろう。「後に」ということで、ペトロにとってこの世にいる時か、死ぬ時かははっきり言われていないが、「後に」(13, 7) は、イエスが父のもとへ行き (13, 1)、世に勝った時を指示する[120]。それはまた聖霊の来臨の時であろう。すなわち十字架と復活の理解が前提とされる。

38節 以上のような理由から、イエスは反問する。「わたしのために命を棄てるというのか」。そんなことは今は出来ない。なぜならそれは上記のように、イエスの献身 (15, 13) を待ってはじめて可能になることだからである。これから起こることは、その反対である。次にそれが、アーメン、アーメンという荘重な口調で告げられる。「鶏がなく前に、あなたはわたしを三度否むであろう」。鶏は時を告げる。イエスの時、イエスが命を棄てる時が来たことを告げるのである。それはその合図である。しかし鶏は鳴くとは書かれていない。動詞に「呼ぶ (phonein)」が使われている[121]。ドイツ語で言えば、鶏は kraehen するので、呼ぶのではない。ギリシャ語で言えば、alektrophonia の時であって、それは真夜中から3時までである[122]。kokkus は kokkuzein するように、ここでの phonein は、大声で話す、呼ぶ、叫ぶのであって、kērussein に近いと思われる。Kērux に近いのでないか吟味する必要がある。

結局は、第一に、イエスが死ぬということが、よみがえられ、父のもとに行くと分かることである。この分かるということは、その人間の全存

---

120) Bultmann, Kom.
121) 共観福音書も同じ：マタイ26, 34; マルコ14, 30.72; ルカ22, 34.61; ヨハネ13, 38; マルコ14, 68.27; ルカ22, 60; ヨハネ18, 27.
122) O. Betz, ThWbNT, IX, 296.

在を規定し，貫通する明るみと言えよう。第二に，この分かるということが十字架と復活ということを信じ，死を克服するということなのである。死がこのように克服されているという意味で，別れの説話には死ぬという言葉は現れないと考えられる。この解釈は大変難しいと思われるが，14, 4 がいかにこのことの展開であるかということを考えるべきであろう。このようにしてイエスはペトロの「命を棄てる」という言葉をおうむ返しにして答える。そして命を棄てるどころか，鶏の鳴く前の三度の否認を預言する。この言葉は，上記のように，マタイ26, 34; マルコ14, 30; ルカ22, 34に出る。① この38節の言葉はマタイとマルコよりルカに近い。この言葉はマルコとマタイではゲッセマネへの途上言われるが，ルカとヨハネでは晩餐の途中言われる。マルコとマタイでは，今マルコを取ると，「あなた方は皆わたしに躓く」というイエスの言葉に答えて，「たとえみんなが躓いてもわたしは躓きません」とペトロが言い，イエスはペトロの三度の否認を予告する。ここでマタイとマルコは一致する。すなわちこの言葉の言われる状況はヨハネとルカと一致する。② マタイ26, 56; マルコ14, 50の弟子たちの逃亡は，ルカにもヨハネにも欠けている。これはルカとヨハネの共通点である。③ 再び38節に帰ると，すこし細かくなるが，鶏の三度鳴く前の「前に」がヨハネとルカ (22, 34) では heōs であり，マルコ14, 30とマタイ26, 34では prin が使われている。ルカおよびヨハネの両福音書の直接の接触はないので，ここでヨハネとルカの伝承の接触があったのであろう。④ マルコ14, 30とマタイ26, 34の「今夜」が，ヨハネにはなく，ルカでは「今日」になっている[123]。さてこの一連のやりとりは，36節の「主よ，どこへ行くのですか (kurie, pōu hupageis; Domine, quo vadis?)」という問いの理解いかんにかかっている。そしてそれに「従う (akolouthein: 36.37節)」が対応している。この「行く」ということは，父のもとへ行くことである。それは十字架へと赴き，よみがえらされることである。このことが単に命の危険を意味する場所へ赴くというふうに誤解されている。ペトロはここで弟子の代弁をしているのかもしれないが，すでに述べたように，イエスの「行く」という意味が理解されていない。「行く」ということは単に命を棄てるということではないのである。よみがえらされるの

---

123) Schniewind, Parallelperikopen, 28 以下。

である。したがって「従う」ということも単に命を棄てることではないのである。このような理解のもとでは「命を棄てる」どころか三度の否認がなされると預言されたのである。

第 14 章

第 14 章

1「あなたたちの心は，かき乱されてはならない。神を信じなさい，そしてわたしを信じなさい。2わたしの父の家にはたくさんの住居がある。もしそうでなければ，あなたたちに言っていたであろう。というのは，わたしはあなたたちのために場所を準備しに行くのだから。3そして行ってあなたたちのために場所を準備したら，再び来てあなたたちをわたしのもとに迎え入れる。わたしのいるところにあなたたちもいるためである。4そしてわたしが行くところ，その道をあなたたちは知っている。」5トマスは彼に言う。「主よ，われわれはあなたがどこへ行くのか知りません。それでどうしてその道を知っているのでしょうか。」6イエスは彼に言う。「わたしは道であり，真理であり，命である。誰もわたしを通らなければ父のところへ行けない。7もしわたしを知っていたならば，わたしの父も知っていただろう。今から彼を知っており，彼を見たのだ。」8フィリポが彼に言う。「主よ，わたしたちに父を示して下さい。そうすれば満足です。」9イエスは彼に言う。「フィリポ，これほど長い間わたしはあなたたちと共にいるのに，わたしを知っていないのか。わたしを見た者は父を見たのである。どうしてあなたは，『わたしたちに父を示して下さい』と言うのか。10わたしが父のうちにおり，父がわたしのうちにいることを信じないのか。わたしがあなたたちに語っている言葉は，わたし自身から語っているのではなく，わたしのうちに止まっている父が，そのわざを行っているのである。11わたしが父のうちにおり，父がわたしのうちにいると言うわたしを信じなさい。それができなければ，わざそのものによって信じなさい。12まことにまことにあなたたちに言う。わたしを信じる者，かの者もわたしがするわざをするであろう。そしてそれよりもっと大きなことをするであろう。わたしが父のもとに行くからである。13そしてあなたたちが，わたしの名において願うなら，それをわたしはなすであろう。父が子において光栄を受けるためである。14あなたたちがわたしの名において何かを願うならば，わたしはなすであろう。15もしあなたたちがわたしを愛するなら，わたしの掟を守るであろう。16そしてわたしは父に願い，父は他のパラクレートスをあなたたちに与えるであろう。彼が永遠にあなたたちと共にいるためである。17彼は真理の霊である。それを世は受けることができない。というのは，世はそれを見もしないし，知りもしないからである。あなたたちはそれを知っている。なぜならそれはあなたたちのもとに止まり，あなたたちのうちにいるだろうから。18わたしはあなたたちをみなし児として見棄てない。あなたたちのもとに来る。19まだすこしの間，そして世はもはやわたし

を見ないが、しかしあなたたちはわたしを見る。というのは、わたしは生きており、あなたたちも生きるであろうからである。²⁰かの日には、あなたたちは、わたしがわたしの父のうちにおり、そしてあなたたちがわたしのうちに、そしてわたしがあなたたちのうちにいることを知るであろう。²¹わたしの掟を持ち、それを守る者、かの者はわたしを愛する者である。そしてわたしを愛する者はわたしの父に愛されるであろう。そしてわたしも彼を愛し、彼にわたし自身を現すであろう。」²²イスカリオテでないユダが彼に言う。「主よ、どうしてわたしたちにあなた自身を現そうとし、世にはそうしないのですか。」²³イエスは答えて彼に言った。「誰かがわたしを愛するならば、わたしの言葉を守るであろう。そしてわたしの父は彼を愛するであろう。そしてわれわれは彼のところに来て、彼のもとに住居をとるであろう。²⁴わたしを愛さない者は、わたしの言葉を守らない。そしてあなたたちが聞いている言葉はわたしのものではなく、わたしを派遣した父のものである。²⁵これらのことをわたしはあなたたちのもとに止まっている間に話した。²⁶だがパラクレートス、父がわたしの名で派遣する聖霊、かの者があなたたちにすべてを教え、わたしがあなたたちに話した一切のことを、あなたたちに想い起こさせるであろう。²⁷わたしはあなたたちに平和を残し、わたしの平和をあなたたちに与える。世が与えるようにではなく、わたしはあなたたちに与える。あなたたちの心がかき乱されてはならない。恐れてはならない。²⁸あなたたちはわたしがあなたたちに『わたしは行くが、またあなたたちのもとに来る』と言ったのを聞いた。もしわたしを愛したならば、わたしが父のもとに行くのを喜んだはずだ。父はわたしより偉大であるから。²⁹わたしは今起こる前にあなたたちに言った。起こる時あなたたちが信じるためである。³⁰わたしはもはやあなたたちと多くは語らないであろう。世の支配者が来るからである。彼はわたしにおいて何もできない。³¹しかしわたしが父を愛し、そしてわたしが父がわたしに命じた通りに、そのようにしていることを世が知るために、立て、ここから出て行こう。」

はじめに

① わたくしには14章はすべての核心であるように思える。すべての，というのは言いすぎかもしれないが，とにかくこの土台の上に立てられているように思える。

ここでは段落について考えるに止める。すべては暫定的で断片的なもの（fragmentarisch）かつ「部分的」なものである*1。

② 相互内在について

まずその箇所について概観したい。6, 56; 10, 38; 14, 10.11.(17). 20; 15, 4.5.6.7; 17, 21.23.26 などが挙げられよう。今Ⅰヨハネの内在形式は，もちろんそればかりでないが「神とわたしたち」が中心になっているので一応視野の外に置くこととする。

以下これらを比較して見る。

- 6, 56: わたしのうちに止まり，わたしも彼のうちに。(彼：単数)
- 10, 38: わたしのうちに父がおり，わたしも父のうちにいる。
- 14, 11: わたしが父のうちにおり，父がわたしのうちにいる。
- 14, 20: わたしが自分の父のうちにおり，あなたがたがわたしのうちにおり，わたしもあなたがたのうちにいる。
- 15, 4: わたしのうちに止まりなさい。そうすればわたしもあなたがたのうちに止まる。
- 15, 5: 人がわたしのうちに止まっていて，わたしも彼のうちに止まるなら
- 15, 6: わたしのうちに止まっていて，わたしも彼のうちに止まるなら
- 15, 6: わたしのうちに止まっていない者があれば
- 15, 7: あなた方がわたしのうちに止まり，わたしの言葉があなた

---

1) Ⅰコリント13, 9.10.12. 参照；Ibuki, Agape III, 9.

　　　　　　　　　方のうちに止まるなら
　　15, 9：　わたしの愛のうちにとどまりなさい（複数, aorist imp 15, 4
　　　　　　参照）。
　　17, 21：　あなたがわたしのうちにおり，わたしもあなたのうちにい
　　　　　　るように；彼らもわたしたちのうちにあるように
　　17, 23：　わたしは彼らのうちにおり，あなたがわたしのうちにある
　　17, 26：　あなたがわたしを愛したその愛が彼らのうちにあるため，
　　　　　　わたしも彼らのうちにいるために
さしあたってこの比較表は，基本的に複数の人間が対象となっていること，またわたしのうちというのは，わたしの言葉のうちであり，それがわたしの愛のうちであることが次第に明らかになっていくことを示す意図による。

　さてここでまずもって内在を，場所的空間的に見ることができる。西田は次のように言う：「自己自身の底に自己の根底として絶対の他を見るといふことによって自己が他のうちに没しさる，すなわち私が他に於いて私自身を失う，これと共に汝も亦この他に於いて汝の呼び声を汝はこの他において私の呼び声を聞くといふことができる」[*2]。また身体は場所として考えられるなら，われわれは身体そのものを生きている[*3]。しかしここでテキストから離れて哲学的な考察に立ち入ることはできない。なぜならここで父と子という啓示概念が示されており，ここにこのような哲学的思索がどこまで適合して考えられていくのかどうかもわからないからである。また他面，ここで相互内在を頭からヨハネの神秘主義というのも早急である。パウロでは「キリストにある」か「キリストはわれわれのうちにある」という。そしてキリストの代わりに「霊にある」と言われ得る。なぜならキリストは復活以来霊的な存在者であるからである[*4]。ヨハネではまずここで内在とは，父と子も含めた相互内在が考えられていることが強調されなくてはならない。したがって相互内在の場合，この「うちに (en)」ということだけを取り出して，場所的空間的に捉えることは当を得ていないであろう。これは例えば同心円を描いて外側と内側の円の名を入れ換える

2）　中村雄二郎, 場所, 200; 197。
3）　前掲書, 140。
4）　ロマ1, 4; 2; Ⅱコリント3, 17 (Schnackenburg, Johannesbriefe, Exkurs, Immanenzformeln)

ことによって図形的には描かれるかもしれないが，これはグラフィックとして像に対応するものであろう。しかしこの二つの円を統一させるにはどうしたらいいか分からない。感覚的表象の欠如が指摘されている[*5]。そこでまず「うちに」ということを取り上げると，それは第一に，この語は，ここ相互内在の文の中ではじめてその意味を獲得するということに注意を向けなければならない。「うちに」ということが相互内在の文を生み出すのでない。第二に，これを取り出して空間的「うち」として見た場合，相互内在文の理解にそれがどのように貢献しているかが判明でないと思われる[*6]。それどころかこれを取り出して空間的な内として見た場合，それは理解に全然寄与しないばかりか返って理解の妨げになるのではないか。例えば6, 56では55節によると，場所的理解に従えば，まず最初に「わたしもその人のうちにいる」が来て，その後に「わたしのうちにあり」ということが来るべきではないか。また「うちに」ということから出発して，それに「うちに」の主語と「うちに」に続く与格を統一されたものとして考えるのは正しいとは言えないであろう。それは上にあげた二つの規則に背くことになる。独断的と言われようと，ここではまず二つのパーソンが考えられ，その間の関わりとして相互内在が考えられるのである[*7]。まずここで例えば「うちに」ということに関しドイツ語で考えると，単に場所的というより，「Innigkeit（深み）」というようなことが考えられているとは言えないであろうか。さらにこれは相互的であるから，ここでそれを命と解することは適当でない。なぜなら命の付与はイエスによる一方的なものであり，相互に起こることではない (5, 21)。最後になったが，全く相互的なものを挙げるなら，それは「愛する」ということであろう。相互内在とは愛の完成としてのその相互性を表しているのではないか。「のうちにある」とはこのような意味での相互関係の完成として言われているのではないか。この「うちに」が愛であるという証左はまず15章を挙げると，15, 4.7の「わたしに止まる」が，9節ではっきりと「わたしの愛に止まれ」という呼びかけになっていることである。ここでイエスのうちに止まることは，イエスの愛のうちに止まることである。そしてこのイエスへの愛の

5）　Borig, Weinstock, 205.
6）　飯田，大全，I, 90以下．
7）　Borig, Weinstock, 216f.

うちにイエスが止まっている，と考えてもよいのではないか。このことについては，すでに14, 10には父とイエスとの相互内在が示され，イエスを見た者は父を見た（9節）と言われる。それは際立って愛について妥当すると考えてよいのではないか。14, 17には一方的な内在として，霊がわれわれのうちにあることとして現れて来る。14, 20は重大であるように見える。ここでイエスが父にあり，われわれがイエスにあり，イエスがわれわれにあることが示される。そして21節に，それはイエスを愛する者についてであることが述べられ，そこでおそらくは，その者が，父が愛する者として，父の内への内在へと指示されているのではないか。23節はそれの実証ではないか。そこでイエスを愛する者がイエスの言葉を守り，イエスの父がその者を愛し，いわば共に彼の内に住むのである。15節には，イエスの言葉（掟）を守るのはイエスを愛する者である，と言われている。それが21節に繰り返されるのであり，その戒めとは13, 34に見られる「互いに愛する」ということである。これについてはすでに述べた。そして14, 21にはこの戒めが取り上げられているのである[*8]。「言葉（logos）」については，14, 23.24; 15, 3.20; 17, 6.14.17.20など参照。次に内在は17, 21.23.26に見られるが，21節では，父がイエスのうちにあり，イエスが父のうちにあるように皆が一つになることが示され，23節では，イエスがわれわれにあり，父がイエスにあるのは，われわれが完全に一つとなるためであり，それは父が子を愛した愛で彼らを愛することであると啓示されていくのである。このことによれば26節に内在は，愛の内在として示されていくのである。すなわち父がイエスを愛した愛がわれわれのうちにあり，それはイエスがわれわれのうちにあるためである。なぜなら父がイエスを愛した愛は，イエスのわれわれへの愛であり，それはイエスがわれわれのうちにあることなのである。ここで愛があるということはそれが内在するということであり，それは愛する者が内在することであると言って間違いはないであろう。テキストの解釈によって内在の意味はこのように明らかにされていくと考えてよいであろう。まず何よりも必要なのは相互内在のもっと広いコンテキストとの関わりを見ていくことである。その相互のコ

---

8)　「掟（entolē）」については12, 49.50; 13, 34; 14, 15.21.31; 15, 10.12。特に13, 34と15, 10を比較参照のこと。

ンテキストにおける関わり，そしてそのそもそも成立に，14, 17の聖霊についての「それはあなたがたと共にあり，あなたがたのうちにある」との関係があり，それで，さらにそれを基礎にして14, 18以下のイエスの霊における再臨との関係を調べるべきであろう。この意味でのイエスの再臨と相互内在との関係は調査されずに放置され，全く未解決であると思われる。ここでは解釈の今後の展開を開くことに止める。特に警戒注意すべきは，「イエスがP（パーソン）の内にある」（J is in P→P is in J）というような，コンテキスト，それも大きなコンテキストを外した意味論の試みである。なぜなら「場所」はコンテキストによって生成されていくからである。文や場所の意味はコンテキストによって生まれていくのである。どの道、内容的には，聖霊の到来がすべての文の前提となる。そしてコンテキストと言っても文単位でなく，段落，章，別れの説話と色々の調査の可能性と必然性が残る。ここではイエスと信じる者の内在を基に，14章から17章へと，その形のそれぞれのコンテキストにおける意味の相互の展開の仕方を調べ，それが「愛」に向けて説明されていく跡を追おうとしたのである。あとは今後の課題として残ることである。

③ 次に最も重要な問い，「信仰」ということについて特に14, 1に関して若干の問いをたてたい。もちろんこのことに詳しく立ち入ることは，モノグラフィーの領域に入ることで不可能である。ついでに述べるなら20, 31に関してそれが希望することを内に含むことを述べた。しかし14, 1のように，それが愛の場合と同じように，命令形によっていわば要求されることが可能なことなのか。命令されて信じ，命令されて愛することが可能なのか。この命令形はなにを意味するのか。信じるとはなにを意味するのか。ちなみにWittgensteinについては"To believe in God means to see that life has a meaning"という言葉が伝えられている[9]。「言語と一体の生を有する人間は言語に拠って切り開かれ，創造される言語空間にその身を打ち立てる存在なのである」[10]。ここで取り上げたい事態は「言語と一体の生」ということなのである。ここで問題としたいのはこの「一体」という事態に

---

9) 亀田「場」, 73: Notebooks 1914-16, p.76, Oxford, 1979.
10) 同, 亀田, 73。

おいて「話し手」と「聞き手」という分け方が可能なのかということである。まず「聞き手」という者はそれぞれの一回的状況のうちにある。イエスいわば「人生の千変万化する個別的状況に応じて……無限の多様性をもって現れる」*11 と言えるのではないか。「聞き手」の状況がいわば無限であり，それに応じるのが「話し手」であるとすれば，それは「話し手」と「聞き手」が「一体」の状況についてしか語りえないのではないか。つまり，信じるということの意味は，その信じる者の状態の無限の可能性によって，無限な彩りを得てくるのではないか。そうとすればその意味は当然無限の彩りを得るのではなかろうか。そこで話し手と聞き手という分裂ははたして意味があるのか理解が難しいのである。信じる，ということは Glaubensvollzug (Hasenhuettl) として生きることの遂行であり，決して人間がこの問題は解決したとして背後にすることができない。そういうことが可能と考える者の信仰は，「ueberstiegen」*12 (凌駕された)「verstiegen」(大それた；思い上がった) ものなのである。その時あらゆることについての疑いが襲って来るものなのである。ところで「話し手─聞き手」という分析は神の言葉があたかも第三者に聞こえるかのように図式化することではないか。ところでヨハネ福音書は先ほど述べた神の言葉をただ，「話し手─聞き手」の「一体」というところで捕らえているようである。6, 44-46は，そのような趣旨であると考えられる。6, 44はヨハネ特有の，父が言葉のうちに「helkuein (引く)」しなければ誰もイエスを信じられないということなのである (helkuein: 新約聖書中ヨハネ5回，使1回：6, 44; 12, 32; 18, 10; 21, 6.11; 使16, 19)。21, 6.11も結局このことを言おうとしているのではないか。いったい父が「引く」ことのうちに起こる「聞く」ことを，いかにして「話し手」と「聞き手」に分けるのか。この分類は他者にできないのみならず，自分にもできない。このように書いたのは，わたくしの内にあるこの図式への抵抗感の表れかもしれない*13。クローデルは，「1886年12月25日，パリのノートル・ダム大聖堂の内陣の入り口にある2番目の柱の近くに参列者たちに混じって立っていた。まさにその時，全生涯を支

---

11) 岩田，アリストテレス，55。
12) Schlier Besinnung, 134.
13) 詳しくは，伊吹，ヨハネ福音書における信仰，97-141: in「信じること」G. ネラン編，新出版社，1974を見ていただく。

配する出来事が起きたのである。一瞬心は打たれ，『わたしは信じたのだ』（クローデル）」[*14]。ところで上に述べたように「信じること」がクローデルの場合のように信念の成立であることもあり，信頼でもあり，それは各人の状況に従い，色々な意味を帯びるものであるので，何よりもそのコンテキストが考慮され，意味が確定されるであろう。詳しくは立ちいれないが，この福音書には「信」という名詞は見られない。その動詞の形式については4種あり，Pisteuein eis＋対格　2. Pisteuein hoti　3. Pisteuein＋与格　4. Pisteuein 単独である[*15]。1についてはヨハネ特有の文体に数えられていて[*16]，36回のうち信仰の対象は常にイエスである。12, 41と14, 1も例外でない。とにかく全体としては次のことが言えよう。1の形式はイエスへのパーソナルな関係として，2はイエスの人格の説明であり，1を根拠付ける。3はイエスの言葉を受け入れること，4は一般的な表明と考えられてよいであろう[*17]。このように見ると14, 1は1の形式が2回現在命令形で書かれている。その前の tarassein に関しても受動の現在命令形である（「あなたたちの心はかき乱されるな」）。ここでいよいよこの命令形の性格についての重大な観察に入る。すなわち単なる命令形という形式がすべてを物語っているのではない。それには，「信じる」と同じく色々な色彩がある。第一信仰は6, 29で「神のわざ」であるとされている。ではここでの命令形の色彩とは何か。まず，第一の「心をかき乱されるな」という命令形はストア哲学者でも発することができるかもしれない。それに続く，あるいはそれを根拠付け，説明する前の文とはコンマによってつながれる，信じることについての命令形は，例えば，9, 7の「行きなさい」という命令形，すなわちそれに聞こうと思えばすぐできることとは違う。したがって14, 1のそれはまず「慰める」という意味に彩られているように考えられる。「心配しないで」という日常言語の事柄に属する。14, 2以下も明らかに慰める言葉である。そこで一つの動詞に思いいたる。それは parakalein という言葉である。この言葉に行き着くにはそれなりの思索が必要である。こ

---

14) 前掲書272; ポール・クローデル回心の記，中條忍訳。
15) Schnackenburg, Kom I, 510; Dodd, Interpretation, 179; Abbott, Vocabulary, Chapter I "Believing" §1463-§1561などその他参照。
16) Jeremias., Johanneische Literaturkritik, Theol.Bl.1947, 40f; Ruckstuhl, Einheit, 197; 204; 214; Schulz, S., Untersuchungen, 161その他。
17) 伊吹，前掲論文109f.

の動詞はもちろん特殊である。何故ならばそれをどう訳すかは別として，この動詞はよりによって新約聖書に109回も出るがヨハネ文書には1回も出ない。これは paraklēsis にもあてはまる（新約聖書中29回；パウロ：20回；ヨハネ文書0回）。LXX では，ヘブライ語ナハム ni, pi から由来することとして主に「慰める」という意味であり，ただヘレニズムに由来するマカバイ書がこの意味を知らない。パウロでは，ermahnen（勧告する），bitten（願う），troesten（慰める）が同じ比重で現れる[*18]。一般に「（慰めに満ちた話かけ）」[*19]と理解される。しかし，paraklētos の意味は Luther によって「慰め主」とされたが Schmitz によっては否定されている（前掲，802, 15）ここでは Beistand（弁護者），（助け手）の意味が正しいとされる。だが他に基準がなく，Ｉヨハネ2, 1からは決定されないのである。われわれはここで，「慰め主」の意に固執したい。というのはこれによって，別のパラクレートスの「別の（allos）」の意味がやっと解けるからである。すなわち，14, 1以下でイエスがはじめに命令形で語るのはまさに「慰める」の意味なのである。そして14, 1以下でイエスは明らかに「慰め主」として語っているのである。ここでイエスはパラクレートスなのである。だからイエスは突然「別のパラクレートス」（14, 16）について語り得る。これらの関連が見られないところで弁護者（advocatus）という意味が決められるのではないか。やはりすべてはコンテキストの無視に由来するのではないだろうか。これは一つの解決への筆者の提案である。（以前日本語でパラクレートスが parakalein に由来するという論文を読んだ記憶があるがコンテキストの裏づけがなかったため採用しなかった。）すなわち「信じる」ことはここで「慰められる」という意味なのである。助けられることを信じるのである。

④ 最後に祈りの成就について短く言及したい。さしあったてここでは14, 13. 14; 15, 7.16; 16, 23 などである。これは終末的な願いの成就を言い表している。ここに「何であれ（ti an aitēsēte）」; 16, 23（an ti aitēsēte）というような句がある。それはわれわれがイエスが父に願う関係と同じになる

---

18) 以上，Schlier, Vom Wesen der apostolischen Ermahnung, in: Die Zeit der Kirche, 75.
19) Schmitz, ThWbNT V, 773, 39.

(11, 42) 如くである。問題はこれがわれわれの経験と一致するかどうかなのである。それにはもちろん、ここでは一々立ち入れないが、コンテキストには前提が示されてあるであろう。しかし最終的に言われることは、われわれは何でも願うことができ、それは最終的に、すなわち終末において、それが永遠の命に向かうというふうに聞き入れられる、すなわち何でも願うことが何一つ無駄ではなく、それがそのように意味を持つということではなかろうか。引用する。「人間が神との対話に持って入る主題ともいうべきものは、その日の飢えと渇き、過去から背負っている重荷、将来に対する不安といった次元である」;「神との関係はただ精神的なものや超自然的な次元に限定されることは決してないのである」;「イエズスはわたしたち人間が自分自身として、つまり身体とその弱さによる具体的な悩みを持って神に近づいているということを教えている……まさに人間の苦悩に関わっていれる神の近さが感じ取られるのである」;「『食べる』ということは、人間が他に頼り、他を受け入れることによって自分自身になる、という、みずからの本質的なあり方を、単純な次元であるが実現していることだと言えよう」;「常に与えられつつあるという仕方でしか存在しない」[*20]。

⑤ 最後の疑問は「宗教的言語」というのである。それは日常的言語なのでないか。前者をあまり強調することは私には private language に近づく危険があるように思えてならないのである。だがここでは、このことについてはこれ以上立ち入らない。

⑥ 14章を段落により分けることは難しい。全体が緊密につながっている。仮に、
    14, 1-3:   励まし：行くことと再び来ること
    14, 4-11: イエスの父への道と父の啓示
    14, 12-14: イエスのわざの続行
    14, 15-17: パラクレートスの約束（第一パラクレートス句）
    14, 18-21: イエスの到来

---

20) リーゼンフーバー，主の祈り，33-35。

14, 22-24：父と子の到来
　14, 25-26：イエスの啓示のパラクレートスによる続行（第二パラクレートス句）
　14, 27-31：別れの言葉
とすることができよう。

イエスの父への道と父の啓示
(1-3節)

---

¹「あなたたちの心は，かき乱されてはならない。神を信じなさい，そしてわたしを信じなさい。²わたしの父の家にはたくさんの住居がある。もしそうでなければ，あなたたちに言っていただろう。というのは，わたしはあなたたちのために場所を準備しに行くのだから。³そして行ってあなたたちのために場所を準備したら，再び来てあなたたちをわたしのもとに迎え入れる。わたしのいるところにあなたたちもいるためである。

注　解

1節　ここでの舞台は未だ晩餐の席である。別れの説話のさらなる始まりにふさわしくイエスは弟子たちを，心が乱されぬよう勇気づける。このような十字架ないし死に関しての tarrasein（心を乱す）は，11, 33; 12, 27; 13, 21; 14, 1.27に出て，ラザロの死に関する11, 33以外は，12, 27と13, 21がイエスの死に関わり，14, 1と27はイエスの死による別離に直面する弟子たちに関わる。死という語は出ないが，このことの別離に直面して，心が乱れるのは当然のこととして前提されている[21]。14, 1.27が弟子に関わる。とにかく誰でも心が乱れるのである。すなわち心が乱れてはいけない，という倫理的な話ではない。心が乱れないほうがおかしいのである。すなわち心が乱れないなどと言っている人たちのための言葉ではない。弱い者であると言っている人たちへの言葉である。それを認めている人たち，その状態へ落ち入っている人たちへの呼びかけである。その上で，それを以下の別れの言葉によって，克服しなさいという呼びかけである。心の騒いでいるところへ以下の呼びかけが響くのである。「立て，さあここから出て行こう」（14, 31）という呼びかけが響くのである：ヘブライ11, 3参照。

21）　イエスに関しては，特に11, 33; 12, 27; 13, 21参照。

14章は1節の「あなたたちの心はかき乱されてはならない」(mē, tarasses-thō, humōn, he, kardia) と、27節の「あなたたちの心はかき乱されてはならない」(ここには「恐れてはならない (mēde, deiliatō)」とつく) で括られ明瞭に一つのユニットをなしている。従って14章は第一の別れの説話としてまとまっている。通常は13, 31が別れの説話の始まりとされるが、14, 1からその性格が強く出ている。イエスが心を騒がすということについては13章までであり (12, 27; 13, 21)、13, 21.27でイエスの時の受容とその下された決断が示されており、次の問題は残された弟子のことなのであり、イエス自身のことではない。14, 1は13, 33にうまく接続するという意見も出されたが、それは13, 33との関連で14, 1、すなわち心がかき乱されることを解釈することである。実際は13, 33の最後の言葉は、36節にくり返しの手法で再び取り上げられ、37節から38節へと展開していくのである。

「神を信じ、そしてわたしを信じなさい」という1節の「信じる」という主題は、10-12節に再び取り上げられる。さて1bc節は2-10節の導入と見ることが出来る。Pisteuein eis tina はヨハネの文体である[22]。この形式はほとんど全部イエスに使われており、神にはここだけで使われる。神を信じるとはヨハネ福音書でここだけに出るのである。すなわちこの唯一の例外はイエスの信仰から規定されていると考えられるのであり、その逆ではない。すなわちイエスを信じ、それによりイエスの父である神を信じるのであり、神を信じそこからイエスを信じるのではないのではないかという疑問が起こる。イエスこそが神なる父の啓示者だからである。それに対して、この場合は唯一の例外として、イエスが去って行ってしまうのだから、神を信じそれによって去って行くイエスを信じるということが言えるのであろうか。それはやはり難しいと思われる。これは交叉法 (Chiasmus):神:信じる＝信じる:わたし (a:b=b:á) の形で書かれている。信じることによって、心が騒ぐことが克服される。

2節 2節は1節との関連で読まれなければならない。すなわち「わたしの父の家にはたくさんの居所 (monē) がある」は、イエスの去ることとの関連で読まれなければならない。ということはイエスが去ると、イエスの

---

22) Ruckstuhl, Einheit, 197; 204; Schulz, Menschensohn-Christologie, 161.

もとにいるという居所がなくなってしまうという心配に対して，そういうことであれば前から言っておいたであろうということなのである。Monē は新約聖書でヨハネ福音書の14, 2と23だけに出る。この語は「止まる」(menein) から来る*23。そこで monē を menein する所として読む必要がある。Menein はヨハネ福音書で多く出るので，6, 56と14章と15章に限定して調べて見る（16章には出ない）。住居を得るということは，止まることができるという意味である。それは弟子たちのことであるから，弟子たちに限定して調べてみる。第一にここで聖霊の来臨が前提されて話されていることに注意を向ける必要がある。そして止まるという居住は，14, 17で聖霊が弟子たちのうちにいるということで，それは聖霊が開く次元に弟子たちが止まるということである。14, 9によればイエスはまだ弟子たちとともに止まっている。15章ではイエスは真のぶどうの木であり，弟子たちはその木に止まるのである（15, 4.5）。15, 6.7では「わたしのうちに止まる」と言われており，15, 9.10では「わたしの愛のうちに止まれ」，ないし「止まる」と言われている。すなわち多くの住居というのは，聖霊のことであり，また栄光化されたイエスの霊における現前のことであり，あるいはそこで明らかになるイエスの愛のことである。すなわち多くの住居とは，イエスと共にその去るイエスに従わず地上に残されていても，地上にこのような住居を作るためにイエスは行くのである。しかしここに天上の住居が共に考えられていることはもちろんのことであろう。今イエスに従わなくとも心を騒がすなということである。「そうでなければ」ということは現実に反することである。それは去っても聖霊を送ることがなく，14, 8で否定される孤児として残すということである。14, 23には「住居を作るであろう」（monēn... poiēsometha）と言われており，ここで14, 2の住居が地上に，しかも父とともに住むこととして実現することが明らかになる。こう見てくると，イエスの行くことは，まさに場所を準備することなのである。住居は天上にも地上にも準備されるのである。「たくさんの住居」という意味で，6, 56の聖餐によるイエスとの相互内在も居住の場所も考えられているのであろう。14, 23によれば愛がこの住居を可能にしているのである。そしてそれらの住居のすべてが，父の家と呼ばれている。

---

23) Heise, Bleiben, II.

3節 「そして行ってあなたたちのために場所を準備したら」とある。場所は居住するための場所である。他では場所の意味で用いられている[*24]。それは父のもとにある場所であるが（17, 24)、天上だけの場所ではない（14, 23)。「再び来て、あなたたちをわたしのもとに迎え入れる」は、ヨハネ福音書の中でも最も重要な言葉の一つであろう。この「来る(erchesthai)」は14, 18の「あなた方のもとに来る」によって明確化される[*25]。別離において問題とされるのはいわゆる仏教で「往相」と言われるものであろうが、それは霊において再び来るためなのである。「わたしのもとへ迎え入れる」は、最終的には天上の父のもとへの意味であるが、霊において地上に来る、いわゆる「還相」と呼ばれることが、ヨハネ福音書の全体の叙述、すなわちこの福音書を、そしてヨハネ神学を可能にしているのである。したがって世でいう「お迎えが来る」というのは救いを含んだ言葉である。すなわち地上のイエスは「行く（父のもとへ去る）ために来る」イエスなのであるが、そのイエスは「（霊において）来るために去る」イエスなのである。つまりこの統一がヨハネ福音書のイエスなのであり、そのことがここで決定的な仕方で明らかにされる。この意味でのイエスの来臨は、ここでは遠い未来の終末のことではない。ここに14, 1の「心を騒がせるな」という言葉の根拠があるのである。そうでなければ心を騒がせるのは当然のことであって、打ち勝つすべはないことになる。「わたしのいるところにあなたたちもいるためである」、すなわちすべては共にいることなのである。ここでは十字架の苦難が別離の苦難となっているが、それはこのように打ち勝たれる。「そしてわたしのいるところに」(hopou eimi egō) は、12, 26に全く同じ句が話されている。それは彼岸のことだけではないのである。この永遠に共にあることが救いの目的なのである。そしてここでは霊における現在終末論の再臨が考えられており、そしてまず第一にイエスの死と復活に関わる[*26]。イエスの成し遂げられた派遣の結果は彼の現在なのである[*27]。

---

24) Topos; 4, 20; 5,13; 6, 10.23; 10, 40; 11, 6.30.48; 14, 2.3; 18, 2; 19, 13.17.20.41; 20, 7.25（17回）。
25) Ibuki, Wahrheit, 216.
26) Dodd, Interpretation, 403.406; Lightfoot, Kom 226.
27) Heise, Bleiben, 90: Dodd, Interpretation, 405; Ibuki, Wahrheit, 215.216.

イエスの父への道と父の啓示

(4-14節)

───────────

 ⁴「そしてわたしが行くところ，その道をあなたたちは知っている。」⁵トマスは彼に言う。「主よ，われわれはあなたがどこへ行くのか知りません。それでどうしてその道を知っているのでしょうか。」⁶イエスは彼に言う。「わたしは道であり，真理であり，命である。誰もわたしを通らなければ父のところへ行けない。⁷もしわたしを知っていたならば，わたしの父も知っていただろう。今から彼を知っており，彼を見たのだ。」⁸フィリポが彼に言う。「主よ，わたしたちに父を示して下さい。そうすれば満足です。」⁹イエスは彼に言う。「フィリポ，これほど長い間わたしはあなたたちと共にいるのに，わたしを知っていないのか。わたしを見た者は父を見たのである。どうしてあなたは，『わたしたちに父を示して下さい』と言うのか。¹⁰わたしが父のうちにおり，父がわたしのうちにいることを信じないのか。わたしがあなたたちに語っている言葉は，わたし自身から語っているのではなく，わたしのうちに止まっている父が，そのわざを行っているのである。¹¹わたしが父のうちにおり，父がわたしのうちにいると言うわたしを信じなさい。それができなければ，わざそのものによって信じなさい。¹²まことにまことにあなたたちに言う。わたしを信じる者，かの者もわたしがするわざをするであろう。そしてそれよりもっと大きなことをするであろう。わたしが父のもとに行くからである。¹³そしてあなたたちが，わたしの名において願うなら，それをわたしはなすであろう。父が子において光栄を受けるためである。¹⁴あなたたちがわたしの名において何かを願うならば，わたしはなすであろう。」

注　解

4節　通常3節から4節への移行は難しいと言われるが[*28]，それは以下のようである。「わたしのいる所（3節）」，それは4節の「わたしが行く所」

───────────
28) Ibuki, Wahrheit, 209.

に属する。しばしば出た「行く（hupagein）」はヨハネの文体に属する[*29]。この「わたしがどこへ行くのか」ということで、13, 36のペトロの問いがまた取り上げられている。すなわち重要なテーマなのである。「その道をあなたたちは知っている」ということについて、6節にその道がイエスであるということが啓示される。ここでイエスは「どこへ行くか」という問いに関して、その「どこ」ということについてでなく、その「道」について語っている。それは何を意味するのであろうか。それは、「道」について分かっていれば、それが通じているところも分かるということである。これについてはここで再び、12, 26を参照する必要があると思われる。ここではっきりと「わたしに従いなさい」と言われている。すなわちイエスに従うことがその道であり、道とはイエス自身なのである。ここで「従う」（akolouthein）という語は出ないがこのモチーフが参考になるかもしれない[*30]。共観福音書によるとマルコ8, 34には「わたしのあとに従いたい者は、自分を棄て、自分の十字架を背負ってわたしに従いなさい」[*31]とある。イエスの弟子になるとはイエスに従うことである。イエスの十字架は、復活（命）への道である。この道はイエスの行く道である。そして「わたしが行く所」、それはここで言われていないが、もちろん「父のもと」である。注意すべきは道が分かるということにおいて、「どこへ」ということが分かるということであろう。

5節 トマスは言う[*32]、どこへ行くのかが分からない。それなのにどうしてその道が分かりましょう。これは一見まことに論理的な帰結である。通常は、行く目的地がわからなければ、そこへ行く道もわからないであろう。しかしこれは誤解である。「どこへ行くのか」という問いは、上記のように、すでに13, 36でペトロが尋ねている。それがここで再び取り上げられたのである。それに対し13, 36ではイエスは「今従うことは出来ない、後になって従うであろう」と答えている。この問いの重要性は、ここでこ

---

29) Schulz, Komposition, 82.
30) ヨハネの akolouthein については：1, 37.40.43; 10, 4.5.27; 13, 36.37; 21, 19.20.22.
31) マタイ16, 24; ルカ9, 23.
32) トマス：11, 16; 20, 24.26.27.29; 21, 2; マタイ10, 3; マルコ3, 18; ルカ6, 15; 使1, 13: トマスも8節のフィリポと同じく、福音書記者はここで伝承を利用したのであろうか。

の問いをまた取り上げている弟子の言葉だけでなく,すでに述べたように,13, 1; 14, 6.12; 16, 5.28などで「父のもとに行く」ということがたびたび述べられていることから明らかである。弟子たち(わたしたちには分かりません)にはこれが分からないという。弟子たちはイエスが死に赴こうとしていることは理解可能であろう。ただしこれが,よみがえらされて「父のもとに行く」ことであることが分からないのである。このことはユダヤ人において,すでに見られたことである(7, 35; 8, 22)。この「分からない」ということは,死と復活について分からないというだけでなく,同時に前に述べたように,死に行くことが,よみがえらされ,父のもとに行くことであるとして,本当に分かって,遂行され得るかどうかの問題である。このことが13, 36以来問題の焦点となっている。これがもし理屈の上のことであるならば,それは簡単なことであるかもしれない。すなわちこの弟子たちにとっての「分からない」は現在の読者にもあてはまる。

6節 ここでの「エゴ・エイミ(わたしは……ある)」文は,文脈の決定的な場所に出るし[33],また説話の頂点に出る[34]とも言えよう。それはここでのエゴ・エイミ文の準備として,これまで言われたことがあったという意味である[35]。ここで道,そして真理,さらに最終的に最後の目的である命が出る。まず4.5節以来問題となっている道について,それがイエスであるということが明らかにされる。この関連で道が最初にあげられていると考えられる。イエスが道であるということは,このイエスにおいてその道が導くところ,すなわち「どこへ」ということが明らかになるのである。父のもとへ行くということはイエスを通って,すなわちイエスにより,イエスにおいて遂行される。そしてイエスの道は真理を描いており,それはその道が命に至るという意味で真理なのである。それは復活へ導く道である。父への道が真理なのであり,父への道がよみがえり,すなわち命へ導くのである。そのようにしてイエス自身が道であり,真理であり,命なのである[36]。真理とは広い意味に取れば,父への道としてイエスの

---

33) Schweizer, Ego eimi, 9.
34) Zimmermann, Ego eimi, 272.
35) Ibuki, Wahrheit, 209.
36) 11, 25参照

父との一致に基づいており，その一致が道を開くのであり，もっと広く言えば，イエスが道，真理，命であることは，イエスの父との一致に基づいている。すなわち，道，真理，命は，その神的啓示語であるエゴ・エイミからいわば分析的に導出できるとさえ言ってもよいものなのである。それらはイエスの人格の啓示に他ならない[*37]。「誰もわたしを通らなければ父のもとに行けない」という言葉で6節は終わる。すなわちイエスは父のもとへいたる道である。ここで「どこへ」ということの道が明らかにされたところで，明瞭にそれが「父へ」ということであると答えられている。くり返せば，ここで「どこへいくのか」という「どこへ」[*38]は，「父のもとへ」として答えられている。「わたしを通らなければ」は，わたしを信じ，わたしに従わなければ，と理解できよう。イエスの行く道，死と復活を辿って父のもとへ行くのである。これはエゴ・エイミ文に続く，招き（Invitation）もまた確約もうちに含んでいる[*39]。父のもとに行くことが最終目的であり，命なのである。復活は道の終点とも言える。イエスが道であることは，己が苦しみを十字架とみなしてイエスに従うということであり（マルコ8, 34），それにおいてイエスの掟，13, 34の愛の掟を守り，実現し，復活して命にいたるということなのである。

7節　7a節「もしわたしを知っていたならば，わたしの父をも知っていたであろう」という言葉は8, 19b のファリサイ人への言葉とほぼ同じである。これは彼らが「あなたの父はどこにいるのか」と聞くことに対する答えであった。この問いについてはここでは父への道が啓示されており，ファリサイ人と比べて雲泥の差がある。このことの裏にはイエスの父からの派遣ということがあり，ファリサイ人はそれを理解できなかった。ここでは7b節で7a節が証証され，「今から彼を知っており，彼を見たのだ」と言われており，ここでの「知る」は「見る」に等しいとされる。それはイエスを知るということから来るのであり，この知るということは，6節のエゴ・エイミ文を理解するということである。この状況は今日のそれを反映しているのである。「今から（ap 'arti）」ということでそのことが言われて

---

37)　Ibuki, Wahrheit, 217.
38)　poû: 特に8, 14; 12, 35; 13, 36; 14, 5; 16, 5参照。
39)　Schulz, S., Komposition, 87.

いる。"ap' arti refers to the moment when Jesus having completed the revelation of the Father departs in glory. The last discourses as a whole represent this 'moment' of completion (cf. also 19.30, tetelestai)."[*40] これに反対して，これを13, 19と同じく「もうすでに」と訳すべきだと主張されることもある。こうすると霊によるアナムネーゼにおけるイエスの現在としてよりぴったりするかもしれない。しかしやはりこれは結果的には同じであるように思われる。要は現在のわれわれの状況との同時性が強調されているのである。それは信じても分からないことが多いという状態が，ここに現出されているということである。今からは，父を知っているのみならず，父を見ているのである。このことは1, 18とかかわり，5, 37とも関係する。また12, 45を思い出す必要がある。「わたしを見るものはわたしを遣わした者を見るのである。」このイエスを見る者が父を見るということは，派遣によって根拠づけられているのである。イエスにおいて父が完全に啓示される。

8-9節　フィリポはヨハネに8回も出る十二人の一人である[*41]。ここでのフィリポの質問の役割は，他の箇所のフィリポと関係はないと考えられる。この役割 (interlocutor) が彼に帰せられているのは伝承と関係があるかどうかは分からない。このような質問者は，われわれが答えを得るように立てられている。「父を示す」の「示す」(deiknunai) はヨハネ福音書に7回出て[*42]，5, 20の，父が子を愛して父のなすことをすべて子に示すということが，イエスの啓示の基本である。これに相応して，子は愛する弟子たちにすべてを示すのである。イエスはトマスに「すでに父を見たのだ」と言ったので，トマスは「父をお示し下さい」というのである。すでに見たのであれば，すでに示したのであり，これはまったくの無理解から出た言葉である。「すでに見たのだ」ということについて何も理解していないのである。「そうすれば満足する (arkein: 6, 7; 14, 8)」というのも全く場違いである。

　イエスの「これほど長い間わたしはあなたたちと共にいる。それなのに

---

40) Barrett, Kom.
41) 1, 43.44.45.48; 6, 5; 12, 21.22; 14, 9; その他マルコ3, 18; ルカ6, 14; 使1, 13; 使6, 5は使徒でないフィリポ。
42) 2, 18; 5, 20 [2回]; 10, 32; 14, 8.9; 20, 20.

わたしを知っていないのか。わたしを見た者は父を見たのである。どうしてあなたは『わたしたちに父を示して下さい』というのか」という言葉は，ヨハネ福音書を辿って来たわれわれにも言われているのである。「これほど長い間」はわれわれについて述べており，それはわれわれに疑問が浮かぶ都度，絶えず現前する問いなのである。父はイエスと共にいる (8, 29) ことに対応し，イエスは弟子たちとともにいるのである。ここではすでに世に背が向けられており，弟子たちへのイエスの言葉は教会を成立させる言葉である。ここでイエスのトマスへの答えは，これは「非難にみちた言葉」*43 と考えられるかもしれない。「見る」とはわれわれの救いから離れて，あたかも中性的に感覚的存在を見るように*44 起こるのではない*45。イエスは派遣された者としてそのわざをなし，それは父をあますところなく示すわざであり，われわれは父を見たのである。それはイエスを見ることに等しいからである。そのことはユダヤ人にも 10, 32 以下に父との相互内在の定式で示された (38節)。この「見る」ということは第一に，われわれの救いを見る，神の愛を見るということにおいて起こるのである。父を見るとはそれから離れて中立的な意味で起こるのではない。このことが起こるのがイエスの派遣の意味なのであり，「わたしを見る」は遣わされた「わたしを見る」ということである。イエスの「どうして (pōs)」という言葉はイエスの弟子たちの無理解に対する態度である。

10節 イエスは 10, 38 でユダヤ人に語ったように，自分の父との相互内在について語る。ここでの「わたしは父におり，父はわたしにいる」は 10, 38 では「父がわたしにおり，わたしは父にいる」と父とわたしの順が逆であるが，相互に違いは認められない。この相互内在は三つの仕方で陳述される。i) menein en（うちに止まる）: 6, 56; 14, 10; 15, 4.5.6.7; ii) einai en（うちにある）: 14, 10; 17, 21.26; iii) en（うちに）: 10, 38; 14, 11.20; 17, 21.23。Ⅰヨハネでは，i) menein en: 2, 6.24.28; 3, 6.24 [2回]; 4, 12.13.15.16; ii) einai en: 2, 5; 5, 20*46; iii) en: 4, 4*47。この相互内在はヨハネの神秘主義と

---

43) Bultmann, Kom.
44) Bultmann, Kom: Chrys.hom.74, 1.I.435a: tois tou somatos ophthalmois [肉眼で]。
45) 山岡，注解，503。
46) 5, 11参照。

いうふうに見られたこともあったが、これはイエスの存在についての究極の啓示であり、最後には愛に帰ると思われる[*48]。またその理解の手がかりは、やはりヨハネのキリスト論の中心たる派遣であって、この派遣についてはとりあえず世俗的な理解が手がかりになるかもしれないが、相互内在はもちろんイエスの派遣にのみあてはまる、イエスの派遣の絶対性である。それは絶対的なイエスのエゴ・エイミと等しい。この相互内在はエゴ・エイミを通して、1, 1b「神のもとにあるロゴス」へ帰る。この相互内在の言葉ののち、イエスはその言葉について —— それは今話されたこの相互内在についての言葉でもあるが、それが自分から話されているのではないと言う。「自分からでない」という決定的な句は、行いに関し5, 19.30; 8, 28、語りに関し7, 16以下; 12, 49; 14, 10: (7, 18参照) で用いられるが、このうち派遣と結合しているものは5, 30; 7, 17; 8, 28; 12, 49などである。イエスの言葉はイエスにある父がそのわざを行っているのである。それは相互内在の結果である。以下ここで信じるということがわざと結びつけられる[*49]。

11節 11節で、10節の「わたしが父にあり、父がわたしにある」という相互内在の句がそのままくり返される。このことを信じるべきなのである。もしそうでないなら、わざそのものによって信じよ、と言われる。このわざとは10節のわざと同じに取られるべきであろう。そうするとそれは父がイエスのうちにあり、なしているもので、それは10節によればイエスの言葉に他ならない。すなわち、ただイエスの言葉を信じるということである。それはイエスが自分から話しているのではなくて、父のわざだからである。イエスの言葉以外に信じるべきものはない。

12節 12節は「アーメン、アーメンあなた方に言う」という厳かな言い方で導入される[*50]。イエスを信じる者はイエスのしているわざをなす

---

47) Borig, Weinstock 215.
48) はじめに、参照。
49) Beutler, Angst, 49.
50) 5, 19.24.25; 6, 26.32.47.53; 8, 34.51.58; 10, 1.7; 12, 24; 13, 16.20.21; 14, 12.16; 20.23; アーメン、アーメンあなたに言う：3, 5.11; 13, 28; 21, 18.

であろう，と言われる。イエスのしているわざとは，父がイエスにあって行っているわざである。この同じわざをイエスを信じる者がなすのである。このことはイエスの去った後，信じる者がイエスに代わってわざをなすということである。「そしてそれよりもっと大きなことをするであろう」と続けて言われる[*51]。その根拠として，イエスが父のもとに行くことが挙げられる。それはイエスの名によって願うことがかなう時であり，聖霊が来る時である（20, 22）。そしてそれにより，イエスのなすわざよりより大きなわざがなされるという確約が与えられる。「より大きい」ということはイエスのわざが完結され，復活後の弟子たちの派遣と聖霊の到来によって，時間的ないし場所的な制約から解き放されてなされるという意味に解されてよいであろうか[*52]。そして12a節は弟子の派遣を意味している（20, 21）。すなわちわれわれは地上でイエスに直接出会わなかったことを，何らのマイナスと見なす必要がないのである。最後にこのことが，イエスが父のもとへ行くということで根拠づけられている。イエスが父のもとへ行くことが明らかにされ，その結果について語られている（6節）。

13節 イエスを信じる者が「より大きいわざ」をなす時，すなわちイエスが父のもとに行く時は，イエスの名によって何事もかなえられる時なのである。それはイエスの名によって，祈り願うことである。名については10, 3のところで取り扱った[*53]。ここで言われる名は記述文における名としての同定ではなく，呼びかけとしての直接性である。名は個としてのその人自身を名指し，呼び出すのである。その人がその人であるところが呼び出されるのである。名を呼ぶことは，その人の自己自身に的中する。呼びかけの「かけ」という方向づけは名によってのみ可能となる。それは名がその呼ばれる人に向かって矢のように走ることである。記述文においては，個有名は第三者の指示，そしてその名と名指された者との対応が問題となるが，呼びかけにおいてはその対応は前提としてその名の中にすでに含まれており，名のうちにその名を持つものに向かうという指示方向が

---

51) 5, 20参照。
52) Bultmann, Kom; Wikenhauser, Kom; Thuesing, Erhoehung, 115その他。
53) 1, 12; 2, 23; 3, 18; 5, 43; 10, 3.25; 12, 13.28; 14, 13.14. 26; 15, 16.21; 16, 23.24.26; 17, 6.11.26; 20, 31。

含まれており，すなわち名を呼ばれる者の認識が名の中に含まれており，またその深みが内蔵されており，それが同時に呼びかけの力なのである。「わたしの名において」ということは，この名の呼びかけによってという意味に他ならない。それはイエスのわざである。このイエスの名によって父に願うことは，何によらずかなえられることがここで約束されている。これは12節の終わりの，イエスが父のもとに行くことの結果であり，イエスの救いのわざが完結したことの結果である。これはまた父が子によって栄光を受けることであり，このことは祈りが聞き入れられることにおいて起こるのである。

14節 ここで13a節が再びくりかえされ，13b節の父が子によって栄光を受けることは，祈りが聞き入れられるということによって前後を挟まれている。救いの成就ということが，父が子によって栄光を受けることなのである。Aitein: 4, 9.10; 11, 22; 14, 13.14; 15, 7.16; 16, 23.24.26. このことは 15, 7.16; 16, 23.24.26に続けてくり返し強調される。これはイエスが救いを成就した時の重大な特徴である。13.14節ともに「なすであろう」(poiēsō) という確約で終わっている。これを信じることのうちに，すべての希望が生じ存続する。たとえ「希望」（elpis）という語は四福音書には使われておらず（Ⅰヨハネ3, 3），「希望する」(elpizein: マタイ12, 21; ルカ6, 34; 23, 8; 24, 21; ヨハネ5, 45) も中心的なタームではないにしても，希望自体についてはいわば間接的に強く語られているのである。祈りはまず，第一に願いであって*54，この祈りの成就において神の栄光が輝くのである（13節）。神の栄光とはそれゆえほめたたえられるべきものである。それはわれわれの救いと無関係なものではなく，救いそのものの輝きともいえる。父の栄光化はこのようにイエスの介在によって起こり，われわれの救いに関わることである。

---

54) 伊吹, ヨハネ, 251。

パラクレートスの約束（第一パラクレートス句）
（15-17節）

---

¹⁵もしあなたたちがわたしを愛するなら，わたしの掟を守るであろう。¹⁶そしてわたしは父に願い，他のパラクレートスをあなたたちに与えるであろう。彼が永遠にあなたたちと共にいるためである。¹⁷真理の霊を。それを世は受けることができない。というのは，世はそれを見もしないし，知りもしないからである。あなたたちはそれを知っている。なぜならそれはあなたたちのもとに止まり，あなたたちのうちにいるだろうから。

注　解

15節　「何事でもわたしの名によって願うならば」という14節の初めは，ここで「もしあなたたちがわたしを愛するならば」で受けられている。「名によって願う」，すなわちイエスの名を呼ぶということは，イエスを愛するということの結果である。そしてイエスを愛するならば「わたしの掟を守るであろう」と言われている*⁵⁵。ここでは13, 34の「わたしがあなたがたを愛したごとく互いに愛し合いなさい」という新しい掟が考えられている*⁵⁶。イエスを愛することは，イエスに愛された者が互いに愛し合うことである。14節の「わたしの名において」とはイエスの名を呼ぶことであり，それはイエスを愛する者がなすことなのである。従って15節で「もしあなたたちがわたしを愛するなら」と続くのである。そしてイエスの名を呼ぶことの前提が示される。それは互いに愛することである。互いの愛は共にイエスの名を呼ぶことに成立する。ここでイエスの名を呼ぶ者たち，すなわち教会の土台をなすところの者がもう一度省みられるのである。15

---

55)　掟（entolē）: 10, 18; 11, 57; 12, 49.50; 13, 34; 14, 15.21.31; 15, 10 [2回]; 12; Ⅰヨハネ2, 3.4.7.8; 3, 22.23 [2回] 24; 4, 21; 5, 2.3; Ⅱヨハネ4.5.6 [2回]。
56)　Ⅰヨハネ3, 18.23; 4,21; 5, 2.3; Ⅱヨハネ5参照。

第 14 章（15-17節）

節が突然に別のことが切り出されているかのような印象は外観だけのものである。この後「愛する（agapan）」は14, 21 [3回]。23.24.28.31に出る。21節は15節とほぼ等しい内容が繰り返されている。15節から24節を取りまとめているものは愛である*57。

16節　16-17節までは第一のパラクレートス句である。「そしてわたしは父に願い」とある。すなわちこのイエスの父への願いはイエスを愛し信じる者たちへのイエスの答えである。父はイエスの願いに答えて他のパラクレートス（助け主）を送る*58。Paraklētos: 14, 16.26; 15, 26; 16, 7; Ⅰヨハネ2, 1; すなわちヨハネ文書にのみ見出される。「他の」というのはイエスがパラクレートスであることを前提にしている。聖霊はここで人格的な存在として示される。このパラクレートスについて説明がないのは，それがすでに知られたものとして前提とされているとしか考えられない。しかしパラクレートスについては16-17節がその説明になっている。そのパラクレートスはいつまでも弟子たち，ないし信じる者たちとともにある。それは彼らの住居（monē）となるのである（14, 2）。それはイエスとちがい父のもとに去ることはない。弟子たちのもとに止まる者である。すなわちそれはイエスに代わる者なのである。

17節　パラクレートスはここで15, 26; 16, 13と同じく真理の霊と呼ばれている。それは聖霊のことである（14, 26）。この名称については Qumranとの関係が注目されている*59 それは真理に導く霊なのである（16, 13）。世はそれを受けることができない。なぜなら世はそれを見もしないし，知りもしないからである。世は聖霊と何の関係もない。この場合の世は，信仰を決定的に拒否しているものである。誰でも信じる者は聖霊におけるキリストの現前を必要とするのは言うまでもない。この世が聖霊を見ず，また知りもしないということは，逆に弟子たちが聖霊を見，そして知ることである。聖霊を見る，また知るとは何を言うのであろうか。それは18節に述

---

57) Bultmann, Kom.
58) 前置き，Ⅲ参照。
59) その他：Betz, Paraklet 参照。クムランとの相違については，Braun, Qumran u.NT, Ⅱ, 122 参照。

べられる，聖霊と共に帰って来るイエスを見，知ることを意味するのであろう。世はもはやイエスを見ないし知りもしないが，弟子たちはイエスを見るのである（19節）。なぜかというと聖霊は弟子たちとともにある。それは弟子たちのうちにいるということである。「いるだろう」（estai）の代わりに「ある」（estin: Bd it cur pesh）という読みもあり，この場合未来の先取り（The presents anticipate the future gift; Barrett, Kom）と言われる。しかしアレフは estai を取っている。16節の「あなたたちとともに：16節」（meth 'humōn）は教会での霊の現在を意味し，ここでの「あなたたちのうちに」（en humin）は個々人を意味するというふうに区別され得るであろうか[60]。イエスの場合そのような区別は認められない[61]。むしろ「あなたたちのうちに」という仕方で「あなたたちとともに」あると解せられるのではないであろうか。そして「あなたたち」というのは同時に教会をも意味しているであろう。そこには互いに愛しあうということがなされているのである（13, 34）。霊を知っていることの理由は，霊があなたたちのもとに止まり，あなたたちのうちにいるからである。それは感覚によって実感されることではない。しかしわれわれが超自然的な喜びに満たされるとき，この喜びのもとである霊を感じ取ると言われることはできるであろう。しかし感じとれないからといって，霊が不在であるとは言えない。霊は永遠に共にあるのである（16節）。霊を知っているとは基本的に霊においてイエスに出会うことなのである。

---

60) Barrett, Kom.
61) 13, 33; 14, 9.16.30; 16, 4を14, 20と比較せよ。

イエスの到来
（18-21節）

───────────

¹⁸「わたしはあなたたちをみなし児として見棄てない。あなたたちのもとに来る。¹⁹まだすこしの間，そして世はもはやわたしを見ない。しかしあなたたちはわたしを見る。というのは，わたしは生きており，あなたたちも生きるであろうからである。²⁰かの日には，あなたたちは，わたしがわたしの父のうちにおり，そしてあなたたちがわたしのうちに，そしてわたしがあなたたちのうちにいることを知るであろう。²¹わたしの掟を持ち，それを守る者，かの者はわたしを愛する者である。そしてわたしを愛する者はわたしの父に愛されるであろう。そしてわたしも彼を愛し，彼にわたしを現すであろう。」

注　解

18節　孤児（［マルコ12, 40］；ヤコブ1, 27）とはイエスが去ってしまったままの状態をいう。彼らは「子」（13, 33）であり，イエスは彼らを孤児にはしない。すなわちイエスは帰ってくるのである（28節）。このことが聖霊を送ることの後に続くのは，そのことの説明はないが，それが聖霊の到来と一つの出来事であり，イエスが聖霊において現在することに他ならない。イエスが来ることは終末論でいうところの再臨であり，ここに現在終末論がはっきりした形を取って約束される。弟子たち（われわれ）が望むのは，孤児として残されず，ただひたすらイエスの現在なのであり，ここで別離は克服されることがはっきりと確約される。

19節　「まだすこしの間」，そして世はもはやイエスを見ない。イエスが父のもとに行くまで少しの間である。世は聖霊を受けることができず，それとは何の関係もないので（17節），世はイエスをもはや見ないのである。これは世にとって裁きを意味する。しかし弟子たちは聖霊を受けるの

で，聖霊においてイエスを見るのである。「まだ少しの間」とは，別離の不在から再会までが常に「すこしの間」であるという希望を表している。続く根拠づけの文（hoti）においてこのことは復活との関係において明らかにされる[*62]。すなわち，「というのはわたしは生きており（復活）」とあるが，イエスが来るのは，その復活の顕現に等しく，復活の現れであり，「あなたたちも生きるであろうからである」。ここではすでに復活した者が語っている。「生きるであろう」という未来形はわれわれの復活として将来の永遠の生命にのみかかるのでなく，それは現在において起こるイエスとの霊における再会をも意味する。そこでわれわれは生かされるのである。別離は「生きるであろう」という目前にある希望の実現の始まりなのである。

20節 「かの日には」とは聖霊の到来する日，復活者が来る日，終末の日である。その日に起こることが相互内在の形で約束される。10節と11節では父とイエスの相互内在が語られたが，このイエスが父にあり，父がイエスにあることは，ここで「わたしはわたしの父にあり」として相互形ではなく語られ，われわれはその父にあるイエスにあり，イエスはわれわれにあることを知ると言われる。このわれわれの本来的な存在の認識はイエスのうちにある存在，かつイエスがそのうちにある存在の認識である。ここでは存在に認識が追いつくことが課題なのである。かの日についての約束はこの内在の実現でクライマックスに達したのである。

21節 この節は17, 23.24.26の比較において読まれねばならない。さてここでは再び15節のテーマであるイエスへの愛について語られる。16節から20節はこの間に取り込まれているのである。ここでは15節のように，愛すれば掟を守るというのとは逆に，掟を守る者はイエスを愛する者であると言われる。どちらも同じことを言っている。そしてイエスを愛する者を父は愛するのである。17, 23においてもイエスとわれわれとの間，父とイエスとの間の内在ののちに父のわれわれへの愛について語られる。父はイエスを愛するように，イエスにあるわれわれを愛する。ここではイエス

---

62) Bultmann, Kom.

を愛する者は父によって愛され，さらにその上にイエスがその者を愛すると言われる。ここで父によって愛されるという信じる者と父との関係が，父の直接の愛によって言い表される。その上でイエスもこの者を愛すると言われる。そしてさらにこの愛は何をもたらすかが述べられる。それは「わたしをあらわす」ということである[*63]。愛するということは己を，愛する相手にあらわすことなのである。5, 20参照。イエスがあらわされたとき，われわれはイエスをさらに知り，さらに愛することが出来る。愛は常に自らを，愛する者として現すのであり，それはさらなる愛を可能にするのである。それは，愛は愛によってのみ答えられるということであって，愛に答えることができるのは愛以外に何ものもない。この「あらわす」はまた，弟子たちへの復活者の顕現であり，イエスが来るという終末の出来事なのである[*64]。愛は愛する者へと自分をあらわす。それは愛するためなのである。

---

63) Emphanizein: マタイ27, 53; ヨハネ14, 21.22; 使23, 15.22; 24, 1; 25, 2.15; ヘブル9, 24; 11, 14。
64) Bultmann, Kom.

父と子の到来
(22-24節)

---

²²イスカリオテでないユダが彼に言う。「主よ，どうしてわたしたちにあなた自身を現そうとし，世にはそうしないのですか。」²³イエスは答えて彼に言った。「誰かがわたしを愛するならば，わたしの言葉を守るであろう。そしてわたしの父は彼を愛するであろう。そしてわれわれは彼のところに来て，彼のもとに住居をとるであろう。²⁴わたしを愛さない者は，わたしの言葉を守らない。そしてあなたたちが聞いている言葉はわたしのものではなく，わたしを派遣した父のものである。」

注　解

22節　ここでイスカリオテでないユダが質問する。聞く者の無理解による問いをテーマの展開のために用いるのは福音書記者の手法である[*65]。このユダは，ヨハネ福音書でここにいきなり出て来る。ルカ6, 16; 使1, 13には「ヤコブのユダ」として言及されている。このユダはここにある質問をする役目だけを担っているのである。この問いは愚問であり，愛する行為として己を現すという21節にイエスによって言われたことが全然理解されていない。世はイエスを愛する者ではなく，イエスの愛の対象として述べられておらず，したがって己を現す対象としても挙げられていないのである。すなわちこの意味で復活者も世に己を示すことはなかった。復活者の顕現は愛の行為であったのである。また霊におけるイエスのわれわれへの現前は，その愛の行為なのである。しかしユダの言う「世に現す」とは終末の再臨として考えられているのであろう。ここで全世界の前の来臨が考えられているからである。それゆえこのユダの問いは教会の問いを代表

---

65)　Dodd, Interpretation, 404.

し*66，特にここで現在終末論へと注意が向けられていると考えられる。

23節　イエスはユダの問いに直接答えることをせず，15.21節の後三度目に「わたしを愛する」者について語る。イエスを愛して掟を守る者（15.21節），その者にはパラクレートスの派遣とイエスが来ることが約束された（16節）。ここで間接的にユダの問いは答えられている。世はイエスを愛してはいないのである。15.21節の掟はここでは「言葉」と言われている。イエスの言葉は常に掟ないし戒めを含むのである。それは弟子たちが互いに愛し合うという掟である（13, 34）。愛は互いに愛することを命じる。愛は他者へと向かう。それがイエスの愛するという言葉を守ることなのである。そしてそのうちに答えとしてのイエスへの愛が遂行される。このようにイエスを愛する者を，父は愛するのである。ここまでは21節と全く同じことが語られる。父の愛は21節の「愛される」という受動形とちがって能動形で語られる。イエスが愛し（21節），父が愛するとき何が起こるのであろうか。21節ではイエスがその者に己自身をあらわすということであったが，ここでは「われわれは彼のところに来て彼のもとに住居（monē）をとるであろう」と言われる。来るというのは，愛の求める近接の秘密である。ここで2節の住居（monai）について再び語られる。終末時にイエスのみならず父が来るということは一回的であり，これ以上エスカレートできない現実を示している。それは父にいるイエス（20節）の来臨の結果である。2節ではまだ住居が問題になり，それを探すことの答えとして言葉が語られたが，ここでは父とイエスによってわれわれが住居とされるのである。われわれは住居を探す時，終局的に父とイエスによってわれわれ自身が住居とされるのである。これもまた究極の現実であって，最後の啓示であり，他の何ものによっても凌駕されない救いの現実である。テキストの読みとしての単数形（eleusomai; poiesomai: De syc）は21節へと合わせたというより，この複数形を畏れたのではないであろうか。神がその民と共に住むことは，終末の出来事として旧約聖書やヨハネの黙示にも述べられているが*67，ここでは個々人について述べられているのである（auton）。これは「わたしが父におり，父がわたしにいる」（11節；20節）

66）Dodd, Interpretation, 395.

の帰着するところである。そしてこの再臨は復活において現実となる。

24節　23節の「わたしを愛するならわたしの言葉を守る」が「わたしを愛さない者はわたしの言葉を守らない」と否定形でくり返される。このことは15.21.23.24節とくり返され，リフレーンのように続く言葉を導入する。啓示の出発点は，わたしを「愛する者」ということである。すなわちこのことがここで強調される課題であり，啓示の展開の出発点である。イエスの言葉は，守るべき掟へと話しかけるのであり，それを基としてさらなる言葉が与えられて来たのである。そしてこれらのすべての言葉はイエスの言葉であるが，イエスから出るイエスの言葉という意味ではなく，イエスを遣わした父の言葉である。すなわちイエスはこれらの言葉を話すために父から遣わされたのであり，それらは父の言葉なのである。イエスの一存で話しているのではない。これによって父の愛が分かる。

---

67)　出37, 26f; ザカリア2, 14; 黙21, 3.22.

イエスの啓示のパラクレートスによる続行
(第二パラクレートス句)
(25-26節)

---

²⁵「これらのことをわたしはあなたたちのもとに止まっている間に話した。²⁶だがパラクレートス，父がわたしの名で派遣する聖霊，かの者があなたたちにすべてを教え，わたしがあなたたちに話した一切のことを，あなたたちに想い起こさせるであろう。」

注　解

25節　この節でこれまでのことが一応締めくくられる。「これらのことをあなたたちのもとにとどまっている間に話した」という現在完了形は単なる回顧ではなく，これからはどうなるかということを導入する句なのである。したがって注意は次の言葉に向けられる。この「話した」ことを，パラクレートスは再び話し想い起こさせてくれるであろう。「あなたたちのもとに止まっている間」は今や閉じられるイエスの地上の存在を顧みて，今や別れの時が来ているということを表現する*68。それは別れによって制限されているとはいえ，本質的なことは話されたのだということである。そして今や将来の展望が開かれるのである。そして次に第二のパラクレートス句が続く。

26節　ここでパラクレートスは聖霊と呼ばれている。第一パラクレートス句では真理の霊と言われていた。「しかし（だが）(de)」とはイエスが止まっているときは（25節）過ぎてしまうがという意味である。イエスの名では，高められたイエスにおいてという意味である。パラクレートス

---

68) Bultmann, Kom.

が来るとき，すべてを教え，イエスの話した一切のことを想い起こさせるであろう*69。すべてに「イエスの話した一切のこと」が含まれるであろう。教えるとは思い起こさせることである。このすべての中にはイエスの十字架と復活についてのこと，また別れの意味が，もっとも重要なこととして含まれている。2回にわたって「すべて（panta）」が強調されている。「すべて」（panta）とはイエスの言葉のすべてであり，それは聖霊により解釈されて教えられる。それは想起と呼ばれる。そしてそれはイエスの想起に他ならないのである。それは啓示者としてのイエスを想起せしめ現前させるのである。このことにおいてイエスはわれわれのもとに来るのである。すなわちここでは，イエスの話の内容だけが考えられているのではないと言えよう。この第二のパラクレートス句で，第一パラクレートス句がパラクレートスの存在を説明したのに対して，ここではその最も根本的な働きが述べられている。それに対し第三，第四，第五パラクレートス句はそれをさらに個々の働きとして述べていると考えてよいのではないであろうか。このもっとも基本的なパラクレートス理解は，イエスが己を啓示するという点でイエス自体にも妥当する。そしてⅠヨハネ2, 1の恐らくは「弁護者」という意味のパラクレートスの働きはこのイエスの働きの一環を示していることになろう。

---

69) Hupomimneskein: ルカ22, 61; ヨハネ14, 26; Ⅱテモテ2, 14; テト3, 1; Ⅱペトロ1, 12; Ⅲヨハネ10; ユダ5。

別れの言葉

(27-31節)

---

²⁷「わたしはあなたたちに平和を残し,わたしの平和をあなたたちに与える。世が与えるようにではなく,わたしはあなたたちに与える。あなたたちの心がかき乱されてはならない。恐れてはならない。²⁸あなたたちはわたしがあなたたちに『わたしは行くが,またあなたたちのもとに来る』と言ったのを聞いた。もしわたしを愛したならば,わたしが父のもとに行くのを喜んだはずだ。父はわたしより偉大であるから。²⁹わたしは今起こる前にあなたたちに言った。起こる時あなたたちが信じるためである。³⁰わたしはもはやあなたたちと多くは語らないであろう。世の支配者が来るからである。彼はわたしにおいて何もできない。³¹しかしわたしが父を愛し,そしてわたしが父がわたしに命じた通りに,そのようにしていることを世が知るために,立て,ここから出て行こう。」

注　解

27節　「わたしはあなた方に平和を残す」は,去り行く者の別れの挨拶である。そしてそれは単なるイエスの願いではなく,別れにさいしての賜物なのである。それは世を背後にした者の平安である[70]。ということは26節と無縁なものとして考えられ得ないであろう[71]。「わたしの平和」とはイエス自身の所有する平和である。「わたしの喜び」(15, 11) 参照。それはまたイエスに父から与えられたものであろう。それはイエスが父にあり,父がイエスにあることの平和である (10.11節)。この平和とは聖霊の来ることによってわれわれに与えられるのであり,それは第一に聖霊におけるイエスの現前なのである。別れの説話の最後である16, 33では「わた

---

70) Bultmann, Kom.
71) Eirēnē: 14, 27 [2回]; 16, 33; 20, 19.21.26。

しのうちにあってあなた方が平和を持つために」と言われていることから，それはこのことから明らかであろう。それはイエスの世に勝つ勝利なのである。それは世が与えることの出来ないものであることは明らかである。すなわちわれわれの心はかき乱されてはならないのである。否，かき乱されるであろうがそこに止まってはならないのである。ここで14, 1の言葉が再び最後にくり返される。そしてまた「恐れてはならない」と強く言われる[*72]。心は恐れにおいてかき乱されるのである。しかし平和が与えられる。この平和はイエスの別れの贈り物であり，自分が努力して生み出すものでなく与えられるものなのである。われわれはそれを受ければよい。これはイエスの確約であるからわれわれはそれを信じればよい。受けるには，疑っては受けることができない。

28節　「あなたたちはわたしがあなたに『わたしは行くが，またあなたたちのもとに来る』と言ったのを聞いた」。「わたしは行くが，またあなたたちのもとに来る」というこの言葉で，これまでの別れの言葉は要約されている[*73]。イエスは去るにさいして再び来るという確約を与えたのである。続く「もしわたしを愛したならば」は，15.21.23.24の「わたしを愛する」を受けている。それならばイエスが父のもとに行くのを喜ぶはずである。この言葉もまた「父のもとへ行く」ことについての解説である。これはイエス個人の問題として言われているのではないであろう。イエスが父のもとへ行く結果としての救いの到来である。なぜならイエスは行くために来たが，今や来るために行くのである。そしてイエスに関して，イエスが父のもとに行くのを喜ぶはずである。またそれは，イエスの救いのわざの完成であるから喜ぶはずである。ただし「行く」とは死を意味し，それは自然的次元の理解ではない。「父はわたしより偉大であるから」はほとんど同語反復とも言えるのではないか。なぜなら父は父である。そして父はイエスの送り主なのである。「遣わされた者は彼を遣わしたものより大いなる者でない」[*74]。ただし In hac Trinitate nihil prius aut posterius, nihil majus aut minus というような三位一体論から見た言述ではない[*75]。父が子

---

72) deilian は新約聖書でここだけ。
73) 「あなたたちのもとに来る」については 14, 3.18.21.23 参照。
74) 13, 16 参照。

にすべてを与えるのである*76。イエスは派遣の使命を果たして父のもとに行くのである。弟子たちは自分たちのためにもそれを喜ぶべきである。父のもとに行くことに、派遣の使命の完成があるのである。そして聖霊の到来も可能となり、それは弟子たちのためである（16, 7）。

29節 今までの啓示をまとめ、再び「父のもとへ行く」（28節）という別れの現実へともどる。その別れが起こる前に「またあなたたちのもとへ来る」（28節）ということについて言われたのである。ここで別れの説話は、父のもとへ行くという状況に直面してイエスが再び来るという確約として性格づけられている。それは別れが起こる時われわれが信じるためであったのである。イエスの不在に直面するときの、われわれが信ずべきことが語られているのである。信じることだけがこのイエスの再来まで持ちこたえることであり、それは14章においてくり返されたイエスへの愛なのである。

ちなみに「父のもとへ行く」についての陳述は次のようである*77。

metabainein: 13, 1
hupagein: 7, 33; 8, 14.21f; 13, 3.33.36; 14, 4f.28; 16, 5.10.17
poreuesthai: 14, 2f.12.28; 16, 7.28
erchesthai: 16, 7
aperchesthai: 16, 7
aphienai: 16, 28
anabainein: 3, 13; 6, 62; 20, 17

30節 時は切迫している。世の支配者が来る時が刻々と迫っている。この言葉はすでに18, 1への接続を暗示する。すなわち31節の最後の言葉「立て、ここから出て行こう」へ続くのである。「世の支配者（ho archōn tou kosmou [12, 31; 16, 11]）が来る。」これに似た言葉はマルコ14, 42「立て。行こう。見よ。わたしを裏切る者が来た」（マタイ26, 46）に見られる。すなわちこれは古い伝承の語の変形である*78。この言葉はゲッセマネの

---

75) Barrett, The Father, 144; Thuesing, Erhoehung, 210以下参照。
76) 3, 35; 6, 37.39; 10, 29; 17, 2.6.7.8.11.22.22その他参照。
77) Thuesing, Erhoehung, 209より。

シーンの終わりにある。ここで時が迫るにつれて世の支配者がその姿を現すのである。世の背後には隠れてその支配者がいた。受難の時にそれは現れる。しかし世はその支配のもとにある限り世なのであって，それは支配するやいなや打ち勝たれるのである[*79]。それはすべて時が来るという視野のもとで語られる。しかし8,44では「悪魔」として語られていた。彼は「人殺し」である (8, 44)。12, 31の勝利の言葉と違い，ここではまさに脅迫的な響きがある。勝利の言葉は16, 33を待たねばならない。この支配者はここで脅迫によって支配している。「もはやあなたたちと多くは語らないであろう。」それは言われるべきことがみな言われてしまったからではない。イエスの言葉は，時ということによって限られている。ここでの試練の時イエスはもはや語らないのであり，またイエスの語りに「多くは語らない」という限界が置かれるのである。このような時があることをわれわれは知るべきなのであるが，そのこと自体がイエスの救いの到来が近いことを告げ知らせる鐘の音なのである。イエスは父に従うのであって，この支配者は実際にはイエスの上に何の力も持っていない，しかし力を持っていると錯覚しているのである。死が近づく時姿を現すとは，死が彼の人間の上への完全な支配として現象し，また同時にそれは仮象なのである。死として支配するや否やその支配は打ち砕かれる。死の支配者が姿を現すとき人間は最高のそして最後の危機にあり，そしてまた救いが最も近い時なのである。この支配者の支配は仮象であり，「彼はわたしにおいて何もできない」のである。Kai en emoi ouk echei ouden はセム語的表現と考えられる[*80]。これは究極的な救いの言葉である。すなわち世の支配者はイエスの上に力をふるってもイエスを支配することはできない。イエスを父から離すことはできない。「わたしにおいて」とはイエスは父にいること (en tō patri) を思い出させる (10.11.20節)。

31節 イエスは世の支配者に己を引き渡す。それは父が命じたことなのであり，それは世が，イエスが父を愛していること，イエスが，父がイ

---

78) Bultmann, Kom.
79) 12, 31: 注解II参照。
80) Bultmann, Kom; Er hat kein Anrecht an mir, keinen Anspruch auf mich [彼はわたしに何を請求する権利もない]；Barrett, Kom: he has no claim upon me.

エスに命じた通りに行うことを知るためなのである。それは最終的には世の救いのためなのである。愛する（agapan）は，父と子の間では，ここだけでイエスの父への愛をさし，他はすべて父の子への愛である[81]。命じる：entellesthai: 14, 31; 15, 14.17: は父に関してはここだけで，他はイエスについてである[82]（イエスは互いに愛することを命じる：15, 17）。すなわちそれはすでに述べたように世の救いのためなのであり（17, 21.23），ここでの世はイエスによって，その支配者から自由になる世が考えられているのである。世がイエスの父への愛を知ることによって，世の支配者はその支配を失う。「立て，ここから出て行こう」（マルコ14, 42；マタイ26, 46）は，上記のようにゲッセマネのシーンを閉じる言葉で，イエスはそこですぐに逮捕されるのである。そこでこの言葉は18, 1に続くと考えられる。受難物語が続くのである。したがって15.16.17章は後からの挿入というふうに考えられた。しかしこの言葉は15章が高められたイエスの言葉として聞かれるための福音書記者の指示であると受け取りたい[83]。そして16章から別れの言葉はさらに続くのである。16章も父への還帰したイエスを前提とするという説[84]には賛成できない。例えば16, 5は還帰をこれからのこととして前提し，その後の流れも14章に似ている。

---

81) 3, 35; 15, 9; 17, 24.
82) Bultmann, Kom.
83) はじめに，参照。
84) Zmmermann, Struktur.

第 15 章

1「わたしはまことのぶどうの木であり，わたしの父は栽培者である。2わたしの内にあって実を結ばないすべての枝を父が刈り取る。そして実を結ぶすべての枝を父は刈りこむ。それはより多くの実を結ぶためである。3あなたたちは，わたしがあなたたちに語った言葉によってすでに清い。4わたしのうちに止まれ。そしてわたしもあなたたちのうちに止まる。枝がぶどうの木に止まらないならば，自分から実を結ぶことが出来ない。そのようにあなたたちもわたしの内に止まっていないなら（実を結ぶことが出来）ない。5わたしがぶどうの木であり，あなたたちは枝である。わたしに止まり，そしてわたしも彼に止まるなら，この者は多くの実を結ぶ。わたしなしにあなたたちは何もなすことができないからである。6誰かがわたしのうちに止まっていないなら，枝のように外へ投げ出され枯れてしまう。そしてそれらを集め火に投げ込み，焼かれてしまう。7あなたたちがわたしのうちに止まり，そしてわたしの言葉があなたたちのうちに止まるなら，何でも望むことを願いなさい。あなたたちに成るであろう。8あなたたちが多くの実を結び，わたしの弟子になることにおいて，父が栄光を受けるのである。9父がわたしを愛したように，わたしもあなた方を愛した。わたしの愛のうちに止まれ。10わたしが父の掟を守り，その愛に止まっているように，あなたたちがわたしの掟を守るなら，わたしの愛のうちに止まる。11これらのことをあなたたちに語った。わたしの喜びがあなたたちの内にあり，あなたたちの喜びが満たされるために。12これがわたしの掟である。わたしがあなたたちを愛したように，あなたたちが互いに愛しあうことである。13人がその友のために命を棄てること，これより大きな愛を誰も持つことはない。14わたしがあなたたちに命ずることをあなたたちが行うなら，あなたたちはわたしの友である。15最早あなたたちを僕と呼ばない。僕はその主人のなすことを知らないからである。あなたたちを友と言った。わたしがわたしの父から聞いたことを，すべてあなたたちに知らせたからである。16あなたたちがわたしを選んだのでなく，わたしがあなたたちを選び，あなたたちが行って実を結び，その実が残り，あなたたちが何であれ父にわたしの名において願うことを，あなたたちに与えるようにと，あなたたちを立てた。17互いに愛すること，これをあなたたちに命じる。18もし世があなたたちを憎むなら，あなたたちより先にまずわたしを憎んだということを知りなさい。19もしもあなたたちが皿からであれば，世は自分の者を愛する。あなたたちは世からの者でなくて，わたしがあなたたちを世から選び出したので，それゆえ世はあなたたちを憎むのである。20わ

たしがあなたたちに言った言葉を想い起こしなさい。『僕はその主人より大いなる者でない』と。彼らがわたしを迫害したのであれば，あなたたちをも迫害するであろう。もしわたしの言葉を守ったなら，あなたたちのそれを守るであろう。[21]しかしわたしの名のゆえに，あなたたちにこれらすべてを行うであろう。わたしを派遣した方を知らないからである。[22]わたしが来て彼らに語らなかったならば，彼らに罪はなかったであろう。今や彼らの罪について何の言い訳も持たない。[23]わたしを憎んでいる者は，わたしの父を憎んでいる。[24]彼らの間で他の誰もしなかったわざを，わたしが彼らの間で行わなかったとすれば，彼らには罪がなかった。しかし彼らは見てわたしとわたしの父を憎んだ。[25]だが彼らの律法に書かれている言葉，『ゆえなくわたしを憎んだ』という言葉が満たされるためである。[26]わたしが父からあなた方に送るパラクレートスが来た時に，父のもとから出てくる真理の霊が来る時，その方がわたしについて証しするであろう。[27]そしてあなたたちも証しする。初めからわたしと共にいるのだから。」

はじめに

① 相互内在について14章の始めに述べたがもう一度簡単に考察したい。それはここで教会を成立させているものとして考えられている。相互内在は，15章では初めに4節にて語られる。今やイエスは，われわれのために十字架の上で命を捧げ栄光化された者として（14, 31！），このことについて詳しく語る。「内にあること」，それは言葉によって可能となる（3.7.20[2回]．22節）。そして愛は内にあるという特徴をもつ。それは見ることも出来る（24節）（十字架！）。真なる言葉は染み入るように人間の内部へ向かい，それが心の最も深いところに到達した時，そしてそこに留まる時，人間はそれによって生きる。そのような言葉は表面的なものの正反対であり，真の出会いの場所を開く。その場所が愛する人間の住むところなのであり，それは「出会い」とでも呼びうるようなものとして可能になる。その言葉とは愛の言葉であり，愛そのものである。イエスが愛によってわれわれのうちに止まる。その愛のうちにわれわれが止まる。それが相互内在であり，それは他のいかなるものでもない。すなわち受けた言葉のうちに止まり，その愛によってわれわれは「清められる」（3節）。「わたしの内に止まれ」（9節）。それはイエスが父の掟を守り，その愛に止まっているようにである。（9-10節）。愛の掟とは愛することである。実を結ぶことである。イエスは自分の喜びがわたしたちのうちにあり，われわれの喜びが満たされるためにこれらのことを話したのである。愛の「うちにある」に次ぐ第二の特徴は喜びである。それはイエスの喜びがわれわれのうちにあることである。イエスの喜びとは，父から愛されることの喜びである。それは自分からなすのではない（4節）。憎悪は，父なる栽培者がぶどうの枝を剪定するように，切り捨てて下さる。われわれはイエスから選ばれたのであって，われわれがイエスを選んだのではない。そしてわれわれが願うものは何でも与えられる（16節）。愛は愛だけを願うのであって，その時何でも与えられる。その「何でも」というのは，愛である。愛は他のものを

願うことはできない。愛の喜びは愛であり，愛の願いは愛である。「互いに愛し合う」という命令をわれわれは受けた。これがイエスの唯一つの命令であり，それはわれわれの行為の源泉が，われわれに内在する愛であるということである。すべての出来事はこの行為によらなければならない。そして教会であるぶどうの木については，ここではいかなる制度的な職制についても語られていない。

② ここに教会について述べられているが，それらの要点をまとめると，1. 教会は信ずる者の集まりであり，それはイエスとつながってのみ生きている。2. そのつながりはイエスの愛において成立して，その命はその愛を受け，そこに止まることである。3. そのことによって多くの実がもたらされる。4. 父はそのようにぶどうの木を剪定する。5. イエスの愛は父がイエスを愛したその愛である。6. その愛はさらに愛という実を結ぶ。7. ここにおいては愛以外のなにものも教会の基準として挙げられていない。次に，10章でも教会について述べられていたので，以下ざっとまとめてみたい。1. イエス自身が教会をなす羊を牧する者である。羊はイエスにのみ従う。2. イエスはその命を捨てて自分の羊を守り，それによって羊は命を得る。3. イエスは彼らを守り，永遠の命を与え，誰もイエスの手から，そして父から彼らを奪うことはできない。15章では愛について語られそれが命であるとされている。また15章では特にイエスを信じる者同士の愛の関係が語られている (15, 17)。また10, 16は15, 16と相応すると言ってよいであろう。言われていることは基本的に10章と合致している。すなわち信じる者とイエスとの関係である。10章では牧者とその声を聞き，つき従う羊として教会の形成が描かれるが，15章ではぶどうの木としてすでに存在する教会の構造と，信じる者同士の関係が愛として強調される。それ以上のこと，特に一つの法体系としての教会（教会法）の姿は，ここでは見えて来ない。

15章は，途切れることのないイエスの一つの言葉からなっている。

区分
1-8節： ぶどうの木と枝
9-17節： イエスの愛に止まることと相互の愛
18-25節： 世の憎しみと迫害
26-27節： パラクレートスと弟子の証し

ぶどうの木と枝
（1-8節）

---

¹「わたしはまことのぶどうの木であり，わたしの父は栽培者である。²わたしの内にあって実を結ばないすべての枝を父が刈り取る。そして実を結ぶすべての枝を父は刈りこむ。それはより多くの実を結ぶためである。³あなたたちは，わたしがあなたたちに語った言葉によってすでに清い。⁴わたしのうちに止まれ。そしてわたしもあなたたちのうちに止まる。枝がぶどうの木に止まらないならば，自分から実を結ぶことが出来ない。そのようにあなたたちもわたしの内に止まっていないなら（実を結ぶことが出来）ない。⁵わたしがぶどうの木であり，あなたたちは枝である。わたしに止まり，そしてわたしも彼に止まるなら，この者は多くの実を結ぶ。わたしなしにあなたたちは何もなすことができないからである。⁶誰かがわたしのうちに止まっていないなら，枝のように外へ投げ出され枯れてしまう。そしてそれらを集め火に投げ込み，焼かれてしまう。⁷あなたたちがわたしのうちに止まり，そしてわたしの言葉があなたたちのうちに止まるなら，何でも望むことを願いなさい。あなたたちに成るであろう。⁸あなたたちが多くの実を結び，わたしの弟子になることにおいて，父が栄光を受けるのである。」

注　解

1節　ぶどうの木は旧約聖書からとられた主題であると考えられる[*1]。14章の終わりで述べたごとく，15章は高められたイエスの声と考えたい。テーマはイエスの高挙によって形成された教会というぶどうの木の話である。このことを如実に示しているのが，この章を始めるエゴ・エイミ（I am）＋霊的画像文である。これは1-2節および4b-6節に明らかである。さてこの突然のエゴ・エイミ文での始まりは，ヨハネ福音書で一回的である。なぜなら8章は「イエスは彼らに再び言った」という導入文で始まってい

---

1)　Borig, Weinstock, 79以下，その他参照。

る。すなわち15章での「エゴ・エイミ」による突然の初めは上述のように，14章とぷっつり切れていて，いかにもこの言葉が天から響くという印象を与える。この高められたイエスの言葉は，さし当たって15章の終わりまで続くと考えてみたい。しかしこの言葉が開かれるのは以前と同じ切迫した状況であることは，18-25節の世の憎しみと迫害というところにはっきりと示されている。このエゴ・エイミ文に続いてイエスの父が栽培者であることが続けられている。栽培者の意図はひとえにぶどうの木が多くの実を結ぶことであることは自明の事柄である。この実を結ぶということは，4節，5節，8節に強調され，それは8節に「父が栄光を受ける」ことであるとされるのである。父については8.9.10.15.16.23.24.26 [2回] 節で語られる。さしあたって8節が初めの話をまとめている。父が栽培者であるということは，すべてが父のわざに帰し返されるということである。「まことの」[*2]は「ぶどうの木」が比喩としての単なるたとえではないことを示す。自然のぶどうの木がむしろこの現実の現れとして理解されるべきなのである。しかし人間の能力はこのことに理解の助けを得る。この「栽培者」という言葉は，ただちにぶどうの木の実りに思いをはせることになる。

2節 「わたしのうちにある枝」という言葉は，枝がぶどうの木の一部であることを示す。「わたしにつながっている」という訳は（協会訳，新共同訳）適当とは言えない。この「内にある」ということは，4節に内在として展開される。この節での切り取られる枝ということが「うちにある」という訳を妨げているのであろうか。このことは実を結ぶことの前提を述べているのである。ここではぶどうの木の枝が，この木がよりよく実を結ぶために，実を結ばないものが父なる栽培者によってすべて剪定され切り取られることが書かれている (hairei)。実を結ぶものはさらに豊かに実らせるために刈りこまれる (kathairei: 新約聖書でここだけ)。これは多すぎる新芽などを取り除くことであろうが，実際にはこれも剪定という仕事に属することであろう。そしてすべてはより多くの実を結ぶためである。すなわち切り棄てるということは，それが目的ではなくあくまで多くの実のためである。それは相互の愛の実現のためであろう[*3]。またルカ13, 6-9,

---

2) alethinos: 1, 9; 4, 23.37; 6, 32; 7, 28; 8, 16; 15, 1; 17, 3; 19, 25.

実らないいちじくの木のたとえ参照。

3節 「清い (katharos)」: 13, 10.11; 15, 3。ここでは洗足の場合とのつながりはさほど明瞭でない。以下参照: "Judas being gone there is now no exception. But 'clean', which is in 13: 10 meant 'cleansed of sin', is now given a more active sense and virtually means 'capable of bearing fruit.'"[*4] ここでの katharos「清い」は2節の kathairein (きれいにする) と関係していよう。ここで急に「あなたたち」と言われ、ぶどうの木の画像へと関係づけられる。中間的ただし書きとも取れる。あなたたちはすでに「わたしがあなたたちに語った言葉によってすでに清い」、の「語った言葉」とはこれまで語られたすべての言葉がまとめられて意味されていると思われるが[*5]、直前の13章34節や14章の15.21.23節などの愛についての言葉、そして掟 (entolē) という言葉を考えても、それがぶどうの木の剪定ということを意味していることが明らかであろう。「すでに清い」とはそれらの言葉、イエスの語った言葉が聞き受け取られ実行されることを意味していよう。そう受け取れば、それはすでに断定的確約でもある。それは教会の制度によるものでもなく[*6]、ひとえに語られたイエスの言葉の語る力による。3節はこう見てくると2節と4節の間に必然的に位置することになる。3節がなければ2節の剪定の話と4節の「わたしのうちに止まりなさい」という言葉がつながらない。なぜなら4節の言葉はもはや剪定されないということであって、その前提は3節に述べられた「清い」ということだからである。

4節 「わたしのうちに止まりなさい」(aor. imp.) とは「すでに清い」ということの実現に他ならない。すなわち断定的約束に続いて、促しとしての命令形が来るのである。イエスのうちに止まることは、イエスが彼らのうちに止まることである。すなわち命令形に続いてこの叙述文が来る。ここには「止まる (menein)」が省略されている。それは最初の「止まる」ことへの答えであり、約束でもある。それは相互の関係を表す。そしてそ

---

3) 12節; Barrett, Kom.
4) Macgregor, Kom.
5) "whole message"; Borig, 42, 110.
6) Bultmann, Kom.

れは二つの異なったことが言われているのではなく，一つの関係が述べられているのである*7。「わたしのうちにとどまりなさい。そしてわたしもあなたたちのうちに止まる」の「そして」は，「わたしのうちに止まれば，そうしたら」という条件的なものではない。(「そうすれば」という協会訳は問題であろう。)枝はすでにぶどうの木に止まっているのである。さてここではイエスと彼の者の間の内在の関係はぶどうの木に即して説明されている(「ごとく……そのように [kathōs－houtōs]」)。すなわちぶどうの木と枝の関係は枝が木に止まることであり，「に止まる」は相互の関係である。そしてそのことの結果は，最終の目的である実を結ぶことである。枝は「自分から」(aph' heautou) 実を結ぶことはできない。この「止まる」という語は止まっても実を結ばなかったということの可能性を否定している。そして「止まる」ということは実を結ぶことへ向かって述べられている。Menein という語は4-16節までに4 [3]．5.6.7 [2]．9.10 [2] 16節などに計11回使われ，全体を貫通する動詞となっている。すなわちぶどうの木と枝の関係として，実を結ぶことに最も本質的な前提となっている。すなわち「止まる」ことがすべてなのである。すなわち4節は最も重要な陳述である。もちろんそれは呼びかけである。この動詞はヨハネ福音書とⅠヨハネ及びⅡヨハネで66回用いられ他の新約聖書での52回を凌駕している*8。

　5節　再び1節のエゴ・エイミ文がくり返される。「まことの」は省略されている。これによって4節に述べられたことが確約として強調される。エゴ・エイミ文のくり返しは6, 37.41.51; 10,11.14に見られる*9。しかし正確にはここでは1節のくり返しでもなく，また新しい発端というよりもクライマックスと考えられよう*10。ここで「枝」は複数になっている(それ以外は2.4.6節と単数)。エゴ・エイミ文に相互内在の文が続く。ここでは5, 1で父なる栽培者の意図が実を結ぶことであることが明瞭であるのを受けて，ぶどうの木と枝についてである。すなわち1節のエゴ・エイミ文に比べて進展があると言えよう。すでに述べたようにこのエゴ・エイミ文に

---

7)　das Ganze, Borig, 45.
8)　Borig, 199.
9)　Bultmann, Kom.
10)　Borig, 45.

は実を結ぶという確約がついている。実を結ぶということについてはすでに4回も述べられた。ここでのそれはそうすることができるという可能性や能力の話しではなく,「多くの実を結ぶ」という断定である。その前提は相互に「止まる」ということである。人間に希望を与え,それを確かなものにするのはこの約束であり,未来の出来事を確固たるものとして断定することである。そして確約は希望を可能にする。またなぜ希望（elpis）という語が福音書には全く使われていないという説明ともなり得るであろう。分かりきったことであるが,枝はぶどうの木の一部であるから,ぶどうの木に止まっているのであり,ぶどうの木も枝のうちに止まっているのである。ぶどうの木は幹と枝から成り立っていてすべてがイエスであり,幹がイエスで枝が弟子たちではない。5節は4b節をエゴ・エイミ文によってそのクライマックスとして明らかにしている。ここでは4b節と比べて実を豊かに結ぶことが「多くの実」という言葉で強調されている。反復によって強調がなされる。2節では実を結ぶことが,ぶどうの木に止まることの条件であったが,ここでは止まることが確定され,それが多くの実を結ぶことへつながる。最早止まらないことは考えられていないのである。最後にぶどうの木と枝が実を結ぶ関係は,「あなたたちにはわたしなしには何もできないからである」[11]という付加によってなお力強く明らかにされる。「わたしなしには何も……ない」は,根本的には人間の被造性を明らかにしている[12]。イエスがありそしてすべてが可能なのである。これは強い信頼を呼び覚ます言葉である。出来たことはすべてイエスがあったからである。そしてイエスは「ある」のである（エゴ・エイミ）。このことはイエス自身については,父との関係で5, 19.30などで言われた。

6節 5節に言われたことの否定面である。ぶどうの木に止まるか,止まらないかのいずれかしかない。第三の道はない。ここではぶどうの木に止まっても実を結ぶ可能性はないということではなく,止まらないから実を結ぶ可能性はないのである。ここでは止まっている枝が剪定されるのではない。すなわち自然の意味での剪定という事柄はもはや妥当していない。

---

11) 4節の「自分から」参照。
12) Bultmann, Kom.

すなわち「枝のように」と書かれている。これは5節を踏まえて言われている。それは切り取られ外へ投げ出され枯れる[13]。すなわちここで審判の用語が，切り取られ集め燃やされるというふうに，切られ棄てられた枝の運命に即して語られている。審判については，決してそれ自体救いへの誘いと約束と切り離されて主題となってはいない。「わたしのうちに止まらないなら」と，救いの裏面として救いに止まるべきことが強調されているのである。そのために切り取られた枝の運命が語られているのである。

 7節　(「もし」an に代わる ean はヨハネの文体に数えられる)[14]。「に止まる」(menein en) は4.5.6.7.9.10節と続いていく。6節の「わたしに止まらない」に代わって，再び「わたしに止まる」ことについて語られる。ここで述べられるその展開とは何であろうか。その前にここでは「わたしがあなたたちのうちに止まる」に代わって，「わたしの言葉 (rēmata) があなたたちに止まる」と言われている。イエスの言葉が止まることは，イエス自身が止まることである。人の言葉は，それを話す者自身であるとは一般にも制約された意味で妥当するであろう。言葉が止まるということには，それを絶えず聞くということが含まれる。またイエスに止まるとはイエスがうちに止まり，言葉を話すことなのであり，イエスに止まるとはその言葉を聞くことなのである。それを聞き，「言葉によってすでに清い」(3節) ということが実現する。言葉とはそれとは異なる実体があり，その上でそれが言葉を話すのでなく，言葉がその者なのである。そのように言葉を聞く者として，何でも望むことを願えと言われている。「そしてあなたたちにかなえられるであろう (passivum divinum)」。その望むこととは，聞いた言葉への答でもあり，それはぶどうの木に止まることであり，止まって多くの実をつけることに他ならないであろう。すなわちここで何を望み何を願うかは，その基本において決定されている。望みは聞いた言葉の実現であるだろう。それは，ぶどうの木に止まり多くの実をつけることである。しかしこのさい「何でもあれ望むこと」という言い方に注目すべきではな

---

13)　「外へ投げ出される」(eblēthē exō)：マタイ5, 13; 21, 39参照。「集める」(sunagousin)：マタイ13, 30.40参照。「燃やされる」(kaietai)：マタイ3, 10.12; 7, 19; 13, 30.42; 18, 8; 25, 41参照。

14)　Ruckstuhl, Einheit, 195.

いだろうか。それはイエスの言葉がわれわれのうちに止まるなら，文字通り何でも望むことを願えということである。それはわれわれが神の意思にかなって祈ることが出来るということとは，多少ニューアンスが違うのではないだろうか。むしろそれはその時われわれが願うことが何であれ，多くの実をつけることに通じるということが言われていると考えてよいであろう。その願いがかなえられることは，多くの実をつけることへと向かっていくのである。イエスのうちに止まる者の願いは無視されることはない。ここに，この「止まる」ことの成就がすでに遂行されるのである。イエスに止まる者は，そこにさらに止まるという願いの上に，また願いを持つのである。そして願いの成就は常に救いのしるしともなる。願う者は希望のうちに生きるのである。「何でも」という言葉は14, 13にも見られる[15]。祈りとは願いなのであり，その成就は，常に救いのしるし，ないし前兆であり，最終的には救いそのものの成就である。したがってイエスの言葉は，最後に願いの成就を約束するのである[16]。なお「うちに止まる」ということは「まもられた」(geborgen) ということをも意味するであろう。

8節 (en touto......hina はヨハネ的とされる)[17]。「多くの実を結び」については5節参照。8節によって，7節の「何でも望むことを願うこと」が，「多くの実を結ぶ」ことにつなげられることが分かる。そして「多くの実を結ぶ」ことにおいてイエスの弟子になることが実現する[18]。それは弟子であることが，まさにその者になることにおいて実現するのである。弟子は多くの実を結ぶことで (5節) 弟子であることになるのである。「父が栄光を受ける」ことにおいて最後の目的は果たされる。この意味で，ここで「栄光を受ける」といわれ，これまでいわれたことは8節で終結に達したのである。父は初めの (1節) 栽培者へ帰る。2節で父は実を結ぶようにする栽培者なのである。これからのテーマは多くの実を結ぶこと，そして父の栄光について語ることである。多くの実を結ぶことは，以後それが愛であることとして明らかにされて行く。

---

15) 14, 14; 16, 23.24.26参照。
16) 16, 23参照。
17) Ruckstuhl, Einheit, 294.
18) 8, 31参照。

イエスの愛に止まることと相互の愛
（9-17節）

---

⁹「父がわたしを愛したように，わたしもあなた方を愛した。わたしの愛のうちに止まれ。¹⁰わたしが父の掟を守り，その愛に止まっているように，あなたたちがわたしの掟を守るなら，わたしの愛のうちに止まる。¹¹これらのことをあなたたちに語った。わたしの喜びがあなたたちの内にあり，あなたたちの喜びが満たされるために。¹²これがわたしの掟である。わたしがあなたたちを愛したように，あなたたちが互いに愛しあうことである。¹³人がその友のために命を棄てること，これより大きな愛を誰も持つことはない。¹⁴わたしがあなたたちに命ずることをあなたたちが行うなら，あなたたちはわたしの友である。¹⁵最早あなたたちを僕と呼ばない。僕はその主人のなすことを知らないからである。あなたたちを友と言った。わたしがわたしの父から聞いたことを，すべてあなたたちに知らせたからである。¹⁶あなたたちがわたしを選んだのでなく，わたしがあなたたちを選び，あなたたちが行って実を結び，その実が残り，あなたたちが何であれ父にわたしの名において願うことを，あなたたちに与えるようにと，あなたたちを立てた。¹⁷互いに愛すること，これをあなたたちに命じる。」

注　解

9節　これから最終的な語りとして，今まで語られたことがすべて愛のことであったと明らかにされる。8節の栄光が，この愛の輝きであることもまた明らかにされる。これまで愛（アガペー）という語は出てこなかったが，今や9.10「2回」．13節に，「愛する」（agapan）は9.12.17節に出る。「……のごとくまた」（kathōs...kai）はヨハネ的文体とされ[19]，単なる比較ではなく根拠づける[20]。この9a節はヨハネ福音書の愛の根本構造を短い

---

19) Ruckstuhl, Einheit, 194.
20) Bl.−Debr. 453, 2.

文で明らかにしている非常に重要な文である。こうして13,1に述べられたイエスの愛は，父がイエスを愛した愛に相応したものであった[*21]。すなわちイエスの愛が分かれば分かるほど父の愛が分かるのである。ここで1節に言われた栽培者としての父と，ぶどうの木とその枝の関係が愛によって言い表されている。くり返すと，この文はヨハネ福音書のアガペーの根本に据えられるべき文であって，今まで父のイエスへの愛とイエスの弟子たちへの愛が述べられたが，その二つの愛が等しいものとして述べられている。イエスの弟子たちへの愛は，父のイエスへの愛と比べられているのみならず，後者が前者を根拠づけ，前者は後者の現れでありその啓示である。「わたしもまたあなたたちを愛した」の「愛した」（aor.）という形は，命を与えるために命をすてるという十字架の愛が遂行されたということを示し，ここで高められたイエスが話していることを示していると考えられる。

9b節の「わたしの愛に止まれ」は「わたしもまたあなたたちを愛した」ということに対する答えとしての命令形なのである。4.5.6.7節の「わたしに止まる」の「わたし」は「わたしの愛」になる。これは「言葉」（7節）のところでも述べたように，わたしという実体があり，その作用として愛があるのでなく「わたし」は端的に愛なのである。この愛に止まることがイエスのうちに止まることであり，これがすべてなのである。そしてこれは多くの実を結ぶことになる。ここでは，われわれの愛についてはイエスの愛にとどまること以外には何も話されない。それがすべてを含み，また多くの実を結ぶことになるからである。われわれの愛は，イエスの愛が父の愛に対する答えであったように，イエスの愛への答えである。イエスの愛に止まることがその答えなのである。イエスが父に愛される者として，このことによってのみ規定されているように，われわれもイエスに愛される者としてのみその存在の規定を受ける。ここで愛はひとえに愛されることへの答えとして規定されている。4節以下の「わたしのうちに止まる」ということは，ここで明瞭に「わたしの愛に止まる」として開示された。後者は端的に前者を説明する[*22]。すべてが愛によって説明されているの

---

21) イエス＝beloved: 3, 35; 5, 20; 10, 17; 15, 9; 17, 23f. 26; エフェソ1, 6; コロサイ1, 13: Taylor, Name, 159f.
22) Borig, 61, 210.

である。これまで約束されてきた「永遠の生命」も愛によって説明された。愛は命を与えることに他ならないからである。1-12章を貫く「命」という語は13-17章で後退し,「愛」によって取って代わられるという。「命」(zōē),「生きる」(zēn),「生かす」(zōopoiein)は1-12章で50回,13-17章で6回使われるのに対し,「愛」,「愛する」は1-12章で6回使われるのに対し,13-17章で31回使われている*23。ぶどうの木は愛によって成立しているぶどうの木なのである。命は愛として啓示され現れたのである。愛は命を与えることに他ならず,愛が命なのである。父の愛がぶどうの木に命を与えている。8節の「父が光栄を受ける」ということはここで明らかにされている。「栄光を受ける」とは,栄光に輝くと言ってもよいであろう。それは父の愛の輝きがイエスの愛において,さらに弟子たちにおいてイエスの愛によって輝くことである。さらにイエスによって愛された者としての共同性をもととして,横のつながりである共同体が成立する。枝もぶどうの木において一つの共同体をなし,それが教会なのである。教会の真の姿とは,それが教会の制度によって支えられているのではなく,その逆に制度は愛に仕えるものとしてのみその存在理由を持つのである。既存の制度に合致するものが愛にかなうものなのでない。愛,それも無条件の愛に仕えるものとして制度はあり,それに反する制度は改変され,排除されなければならない。また同時にそれについての何を差し置いてもなされるべき反省が教会の第一の使命であり課題であり,その革新であり,教会に命をもたらすものなのである。ぶどうの木の説話にさいし教会制度について語られないのはこのことが自明の事柄であるからなのである。なぜ語られていないのかとうことについても深い自省が必然的に求められている。

10節 9b節の命令形に続いて,いかにこの「愛に止まること」が実現していくかが示される。それは掟を守ることである。この掟を守ることにおいてもイエスの父に対する関係が,弟子のイエスに対する関係と平行して置かれこれを基礎付けている。イエスが父の掟を守ったので,父の愛のうちにあると同様に,弟子たちはイエスの戒めを守るならイエスの愛のうちにあるのである。イエスについては14,31にすでに明瞭に言われており,

---

23) Dodd, Interpretation, 398; Borig, 63, 219.

第 15 章（9-17節）　　　　　　　　　　　　　　　161

ここですでにイエスの十字架の献身が実現したことについて語っている(tetērēka: perf.)。そしてまたこのことは、イエスを愛する弟子たちを無限に高めることでもある。すなわちイエスの父との関係が、弟子のイエスとの関係において実現するのである。「愛に止まる」ために掟を守ることが言われている[*24]。これが12節、17節にくり返される。このことがイエスの教会について決定的に重要であることがこれ以上はできないという形で強調されている。ここでは直接にこれまで言われたことからは「実を結ぶこと」が考えられる。それは12節に明らかにされる。12節は10節にさかのぼり掟の内容を明らかにする[*25]。14, 15.21.23でも掟ないし掟を与えるということは愛との関連で用いられている。そのさい複数とはっきりした区別は認められないが、複数はすでに述べたように単数の多様性における広がり[*26]と解し得よう[*27]この愛するという掟を守ることが命なのである(12, 50)。この掟ということは、愛の実行の命令ということである。教会ということについて言えば教会法というものは各法が愛の実行ということによって直接に基礎づけられていなければならず、制度を確保するために基礎づけが行われるのではない。また「愛に止まる」ということが神秘的な静観的な態度を意味すると言っているのでもない[*28]。

11節　ここで12節にこのイエスの掟について語られる前に、「これらのことをあなたたちに語ったのは」ということで、これまで語られたぶどうの木についての言葉が何を意味し、何をもたらすかが話される。あたかもこの話しの結果イエスに満ち溢れたものについて話されるごとくである[*29]。ここで満ち溢れたものは喜びである。それはすべての悲しみや不安や心配や恐れが消失したことを意味する[*30]。そのことは「わたしの喜びがあなたたちのうちにある」ことである。イエスの喜びとは父の愛に止

---

24) Entole: 10, 18; 11, 57; 12, 49. 50; 13, 34; 14, 15.21.31; 15, 10 [2回]. 12; entelessthai: 14, 31; 15, 14.17.
25) Wikenhauser, Kom.
26) Ausstrahlung ...in der Mannigfaltigkeit: Borig, 65.
27) Dibelius, Joh15, 13: in Botschaft I, 205, 1; Bultmann, Kom. 6, 7; Schrenk, ThWbNT II, 550, 31以下参照：複数は合法性［Gesetzlichkeit］への容認ではない。
28) Borig, 66.
29) 16, 24; 17, 13参照。
30) 16, 20.21参照。

まってあることである。そしてイエスがうちにあること（2.4.5.6.7節），そしてイエスの言葉がうちにあること（7節），イエスの愛に止まること（9.10節），それらは喜びが満ち溢れてくることである。それはイエスの喜びがうちにあって満ち溢れるのである。父によって愛される喜びである（9節）。ここでも父とイエスの関係がイエスと弟子たちの間に実現する。愛の結果として喜びが満ち溢れる。愛は喜びを溢れさせ，喜びは愛と切り離しえない。喜びはその本質を愛から，愛されることから受け取る。イエスの喜びはまた弟子たちを愛する喜びであるとも言える。愛される喜びと愛する喜びは一つである。弟子たちの喜びは，イエスに愛されることのみならずイエスを愛することでもある。ヨハネ福音書では，イエスについても弟子についても愛されるということが愛することの出発点になっている。この節で，喜びがそれも満ち溢れる喜びが愛に属することが明らかになった。これは終末的な出来事である[31]。

12節 10節の掟がここで取り上げられて，明確にされ，その相互の愛[32]は「イエスがあなたたちを愛した」ということによって規定され根拠づけられる。根本的にはイエスの語るのはただ一つの掟である[33]。ここでイエスに愛される者同士の関係が主題になる。これはぶどうの木についての話の展開とも言えるが，もともとその話は実を多く結ぶことへと向いていたのである。すなわち，それは互いに愛するということを包含していたのである。イエスに愛される者同士にも，同じように愛，それもイエスが愛したその愛が妥当し実現するのである。そのことによってヨハネ福音書の教会論が完成する。この教会論にはイエスの愛以外の原理はないのである。縦からの関係が横の関係を構築する。「あなたたちを愛したように」という「……ように（kathōs）」は単なるあり方の比較でなく，その根拠づけと力の源泉を意味する。互いの愛はイエスの愛によって枯れることなく，一瞬一瞬に現実に力づけられていくのである。

13節 この言葉は一般的に言うと諺的にとられるおそれがあるが，一

---

31) Chara: 3, 29; 15, 11 [2回]; 16, 20; 21.24; 17, 13.
32) 13, 34参照。
33) 10節参照（Bultmann, Kom）。

回的にイエスの十字架の愛をさしている。これは13, 37.38節と比較して明らかである。これを最高の愛として12節の互いに愛することの最高の形態を示している。「友」はここで複数（philoi）で使われているが一般の友ということを締め出すことなく，この関連では「愛する者」と解すべきであろう。「愛される者（agapētos）」の代わりに「友」と言われるのは，それが愛の最高の記述として用いられていることを意味している*34。13節は12節との関連で解釈されなければならない。そうでないならそれはコンテキストから取り出され単なる諺になってしまう恐れがある。すなわち「わたしがあなた方を愛したようにあなた方も互いに愛しなさい」という，12節の「わたしがあなた方を愛したように」の説明がまず13節でなされる。「命をすてる（psuchēn tithenai）」*35 はヨハネ的表現とされている*36。これは15章と同じく教会論的な10章の良き牧者について言われている。このことからここでは一般的な意味ではなく，一回的にイエスが命を棄てることを指す。このイエスの愛が最大の愛であり，ここで弟子たちは「友」と呼ばれている。すなわち13節は一般的に愛を意味するのではなく，イエスの愛について述べている。ここで愛というものが単なる感情的なものから区別され，人にとって最も大切なもの，すなわち命を棄てるということを最大の愛とする。この言葉に対して，敵のために命を棄てるのが最大の愛ではないのかと*37問うことは理由があるかもしれないが，ここではイエスの愛が弟子たちの互いの愛を定めるという視野から言われているのである*38。ここでは救済論でなく教会論の基礎づけとして言われていると言えるかもしれない。またそれはイエスの愛を定める，「父がわたしを愛したように，わたしもまたあなたたちを愛した」（9節）という父の愛に相応するものだからである。父のイエスへの愛が愛の究極の根拠であり，それは愛される者の愛としてあり，その答えであり，直接には敵への愛としては性格づけられない。愛される者の愛ということの上にその愛の輝きとして，はじめて敵への愛が可能になっているのではないか。またここでは父

---

34) Bultmann, Kom.
35) 10, 11.15.17; 13, 37.
36) Ruckstuhl, Einheit, 298.
37) ロマ5, 6 以下参照。
38) Bultmann, Kom.

のイエスへの愛は，イエスの命を棄てるその愛であったということが言われていることになる。そして敵への愛を最大の愛とすれば，父のイエスへの愛は最大の愛ではなくなってしまう。これは愛される者の愛として，イエスの愛する者へ向かう愛であって，そこに父の子への愛を映し出し，さらに父のイエスの弟子たちへの愛も輝くのである。この言葉によってイエスは十字架の愛を説明し，イエスを信じる者同士に何が最高の愛であるかを示したのである。それと同時に愛は喜びであり（11節），それが父の愛へと帰り，自然的な事柄の超越を示すことになる。

14節 10節の「愛に止まる」ことと同じように（ean［もし……ならば］を比較せよ），13節で述べられたこと，すなわちイエスの命の献身において「友」とされること，あるいは「友」であることがいかにして実現されて行くかが語られる。弟子たちは15節にあるように，たとえこの言葉がなくてもすでに13節によって実際は「友とよんだ」のである。10節の掟を守ることは，ここでは「あなたたちに命じることを行う」と言われている。友とされたこと，すなわち友であることはイエスの命じることを行うことにおいて遂行される。

15節 ここでは友の反対として「しもべ（doulos）」という語が出る[*39]。8, 34には「すべて罪を犯すものは罪の奴隷である」と言われている。奴隷の反対概念は自由人であるが，奴隷としもべとはニューアンスの違いがあろう。しもべはその主人が何をするか知らない，と言われる。イエスは弟子たちを友と呼んだ（完了）のである。これはまず一方的なことである。しかし友の関係は可逆的なものであるからイエスは主であると同時に友であるということが許されよう。そして友と呼んだ理由が挙げられている。しもべは主人が何をするかを知らないが，イエスは父から聞いたことをすべて知らせたからである。「すべて」とはまずもって9節に結集して言われたことである。父のイエスへの愛をもって愛する愛は，13節に明確にされ，友とは最大の愛をもって愛される者なのである。このように愛される者は最早しもべではないのであり，イエスが何をするか，そして何におい

---

39) 13, 10参照。

て友とされるかを知っているのである。それを知らされたものは，愛を告げられた者であって「愛される者」すなわち友 (philoi) なのである。これは高められた者の立場から言われている。13節に言われた献身は「友と呼んだ」という出来事なのである。そして友はしもべと違って，主人が友としてその者のために命をすてたことを知っている。それは同時に弟子たちに「わたしの愛に止まれ」(9b節) ということが命じられることである。それが友であるということに答えることなのである[*40]。

16節 15節の友ということが，「友と呼んだ」という言葉に従って，まず一方的にイエスによって起こったのであり，世間的な互いの同等の関係ではないことが示される。「わたしはあなたたちの友である」と言われていないのは，弟子たちがイエスとは独立してイエスを友としたのではないからである。このことはそもそも「信じる」，「弟子となる」ということにも妥当する。弟子たちの側でもイエスを友として選んだのではない。友という関係はイエスの選びによって成立した。そしてそのことに伴って課題と約束が与えられるのである。それは二重の「ために (hina)」文によって表されている。第一の「ために」の文には再びぶどうの木の話が出る。「あなた方を立てた」というのはこの文にかかると見てよいであろう[*41]。それは弟子たちが実を結び，その実が止まるためである。実とはイエスの愛の結実であり，17節に言われる相互の愛である。「止まる」とはそれが止むことがないことを示すが，「永遠の生命まで」ということも含意されよう。「行って実を結び」の「行って」は単に冗語的 (pleonastisch) な言い方[*42]ではなく，「選び定める (立てる): eklegesthai と tithenai」は宣教に関わるとも主張される[*43]。ここでぶどうの木という形象は捨てられている。これはぶどうの木において示された愛が，閉鎖的なものでなく，すべての人に妥当するという非常に重要な，また決定的な言葉である。すべての人が招かれている。もちろん宣教を示すとも言えようが，正確にはここで示された愛を伝え実現させることである。ヨハネ福音書の愛が閉鎖的で

---

40) 「友」: マタイ11, 19; ルカ7, 34; 12, 4など。
41) Schnackenburg, Kom その他。
42) Bultmann, Kom.
43) Thuesing, Erhoehung, 111f; Lagrange; Barrett; Bernard.

はなく，その反対にすべての人が招かれているということを明確に強調している。さて以上のことはすでに「……のために立てた」ということによって確約であると見なされるが，それに第二の確約が続く。それはすでに7節に述べられた，求める祈りの成就である。7節と異なりここでは「わたしの名によって父に求める」とあり「与えられるであろう」は「父が与える」となっている[44]。イエスの名においてとはイエスに愛された者として，またイエスの仲介を求めることでもあり，イエスを呼び求めることでもある。17節の結語を除けば，これは最後の確約である。すべてが行きついたところである。これを超えては何も言われていない。祈りは願いであり，願いは当然ぶどうの木が多くの実を結ぶことである。しかしここで「望むものは何でも」（7節）は「願うものは何でも」と書かれている。選びはこの願いがかなえられることでその目的に達するのである。これは愛のうちにあり喜びが満ち溢れること（10.11節）と関係している。7節によればそれはイエスのうちに止まることから招来する。願いがかなえられることが最後の確約なのである。希望が絶えることはないのである。これは18節以下の世の迫害に対して言われたと考えてもよい。絶望や不安は確約が果たされないということの前取りしてしまうことであり，それに対してこの言葉が与えられている。

　17節　1-17節のぶどうの木についての話を閉じる言葉である。それは互いに愛せよという命令である。そして最後の命令である。愛は命令をうちに含むのである。1-8節が一つのまとまりではあるが，このことは掟（entolē）として12節に述べられている。12節も区切りとして言われ，このくり返しによって12-17節をくくっているとも言える[45]。13, 35によれば，このことによってイエスの弟子であることが認められるのである。このことが世におけるイエスの弟子の共同体のしるしとなるのである。それはぶどうの木が多くの実を結ぶことであり，ぶどうの木はこのことへ向かって育成する。それは父およびイエスの愛の現れである。もし1-8節のテーマを「わたしのうちに止まれ」として，9-17節のテーマを「わたしの愛のう

---

44) 14, 13; 16, 24.26参照。
45) Lattke, Einheit, 164.

ちに止まれ」(9節)と簡易化して考えるならば，15章で愛という言葉がテーマとして導入されていることになる。愛という言葉はもっとも重要な言葉ながら，その動詞形に比して7回しか出ない[*46]。それにもかかわらず15章はその4回が用いられている(「愛する」も4回)。なおここでは「信じる(pisteuein)」と言う語は見られない。ここですでに信仰を前提としてすべてが愛に集中していると考えられる。また命という語さえ出てこない。そして17節は「互いに愛し合え」というイエスのテスタメントとしてこの段落を閉じる強い命令形である。この章における最後の，愛についての言葉である。

---

46) 5, 42; 13, 35; 15, 9.10 [2回]. 13; 17, 26. なお「愛する」[agapan] は3, 16.19.35; 8, 12; 10, 17; 11, 5; 12, 43; 13, 1 [2回].23.34 [3回]; 14, 15.21 [3回]. 23 [2回]. 24.28.31; 15, 9 [2回]. 12 [2回]. 17; 17, 23 [2回]. 24.26; 19, 26; 21, 7.15.16.20 に出る。

世の憎しみと迫害
（18-25節）

---

 [18]「もし世があなたたちを憎むなら，あなたたちより先にまずわたしを憎んだということを知りなさい。[19]もしもあなたたちが世からであれば，世は自分の者を愛する。あなたたちは世からの者でなくて，わたしがあなたたちを世から選び出したので，それゆえ世はあなたたちを憎むのである。[20]わたしがあなたたちに言った言葉を想い起こしなさい。『僕はその主人より大いなる者でない』と。彼らがわたしを迫害したのであれば，あなたたちをも迫害するであろう。もしわたしの言葉を守ったなら，あなたたちのそれを守るであろう。[21]しかしわたしの名のゆえに，あなたたちにこれらすべてを行うであろう。わたしを派遣した方を知らないからである。[22]わたしが来て彼らに語らなかったならば，彼らに罪はなかったであろう。今や彼らの罪について何の言い訳も持たない。[23]わたしを憎んでいる者は，わたしの父を憎んでいる。[24]彼らの間で他の誰もしなかったわざを，わたしが彼らの間で行なわなかったとすれば，彼らには罪がなかった。しかし彼らは見てわたしとわたしの父を憎んだ。[25]だが彼らの律法に書かれている言葉，『ゆえなくわたしを憎んだ』という言葉が満たされるためである。」

注　解

18節　ここから愛の反対である憎しみについての話が始まる。それは世の憎しみである。その意味はこの愛において成立しているぶどうの木は，必然的に憎しみの対象になるということである。ぶどうの木は中立的な世界に存在するのではない。世の憎しみという場合，世があってそれが憎しみを実行するということではなくて，むしろ逆にイエスに対する憎しみが生まれ，それが世を形成するというべきであろう。すなわちぶどうの木が栄えること，それが多くの実を結ぶことを妨げようとする力があるということが明らかにされる。これは弟子たちが知るべきこととして，彼らに語

られるべき必須のことなのである。従ってこの話がぶどうの木の話の直後に続く[*47]。この憎しみはイエスに対する不信仰の世から来る。15章では世の中立的な態度については語られていない。父の，イエスのそして弟子たちの愛と，世の憎しみはコントラストをなしている。世はイエスを信じない人の世であるが，世はその支配者を持っている[*48]。しかしイエスは世に勝ったのである（16, 33）。世が弟子たちを憎むのは，弟子たちより先にイエスを憎んだことを知らなければならないと言われている。すなわち憎しみの根底はイエスに対する憎しみである[*49]。弟子たちへの憎しみはイエスに対する憎しみの現れである。それはイエスへ向かっている。イエスと関係なく弟子たちへ向けられる憎しみについてここで語られているのではない。逆にすべての世の示す憎しみとはイエスに対するそれに帰るのではないか。18節以前には，愛が語られているのに，なぜそもそも愛を求める人間が，愛する者たちに対して憎しみを向けるのかは腑に落ちない。ここに世の矛盾と不透明さがあり，本来的なものからの堕落がある。悪の不透明さである。悪はそもそもなぜそれが存在するのかさえ分からないほどに不透明なものなのである。そしてまさに上述したように，ここで世とはこの憎しみを持つものをさすと言ってもよいであろう。18節はこの憎まれる場合に，それはイエスへの憎しみから来るのであり，それをイエスに属する者として身に引き受けなければならないと言っている。ここではこれらの思考がどのような二元論から由来するか，あるいはこれは当時のユダヤ教をさしているのかというような歴史的背景には立ち入らない。むしろ世というものに反省が向かなければならない。

19節　世はイエスを憎むのであり（18節），弟子たちはイエスの者であるから憎まれるということが言われている[*50]。世は中立でも無関心でもない。それは愛をも知っている（philein）。自己愛としての自分のものへの愛である。倒錯したものであれ，愛なしには存在が不可能なのである。世は倒錯した愛によって倒錯して存在している。ここで3回「世から」と

---

47)　Ⅰヨハネ2, 9.11; 3, 13.15; 4, 20参照。
48)　8, 44; 12, 31; 14, 30; 16, 11.
49)　7, 7参照。
50)　マルコ13, 13平行参照。

いう表現が出る。「……から (ek)」という由来が存在を規定し，憎しみの働きとなる[*51]。この世からということは，その者にとって「自分から」ということである。この世にとって自分がすべてであるということである。すなわちこの世がすべてであるということである。これに対し弟子たちは「世から」の者でない。そのような者として世にある。イエスが世から選び出したのである[*52]。ヨハネ福音書では「選び出す」のはすべてイエスであり，荘重な「わたし (egō)」という主語に続くのである[*53]。しかし彼らは父がイエスに与えた者たちである (17, 6)。イエスによって世から選び出されたということは，ただ世において選び出されたということでなく，「世から」[*54]という存在の由来に代わって，世にありながら「世からでない」という新しい存在の由来を受けたということである。従ってその存在は世にあるが (17, 11)，世に属するものではないのである。それはイエスと同様の存在を受けたことであり，16節に言われているごとく，イエスがこの世から選び出したのであって，弟子たち自身によっては不可能なことなのである。世によれば，世にある以上，世からの者でなければならない，すなわち「自分から」であって，そうでないこのような異質な者の存在が世にあることを容赦できない。その憎しみはイエスにおいて明らかにされたのであって，行き着くところはその存在を抹殺することであった。

20節 引用されたイエスの言葉は洗足の後の13, 16にある。「思い出す」[*55]はここではイエスの受けた迫害に関して，自分たちの運命についてその言葉を思い起こすことである。イエスを信じる者は，そのことで世から栄光と賛美を受けるのではない。イエスは迫害されたのである。弟子であることはイエスとの運命共同体にいることである。しかしそれは救いのしるしなのである。迫害[*56]とは前節の憎しみがいわば心の状態であったのに対し，それに起因する行動を意味する。すなわちここですでにイエ

---

51) 17, 14参照。
52) 「選び出す」(eklegesthai)：マルコ3, 20；ルカ6, 13；9, 35；10, 42；14, 7；ヨハネ6, 70；13, 18；15, 16.19；使1, 2.24；6, 5；13, 17；15, 7.22.25；Ⅰコリント1, 27［2回］；エフェソ1, 4；ヤコブ2, 5。
53) Schrenk, ThWbNT IV, 377, 40.
54) 8, 23；17, 6.14；18, 36参照。
55) mnemoneuein: 15, 20；16, 4.21.
56) 5, 16も参照。

スの受難が前提されている。この迫害の言葉に続いて励ましの言葉が続く。「わたしの言葉を守ったとすれば，あなたたちの言葉を守るであろう。」この肯定面は「僕はその主人より偉大ではない」という言葉にすでに含まれている。主人になされた同じ反応を僕は受けるのである。すなわち世にあって弟子たちの言葉を聞く者たちも出てくるのである。

21節　憎しみそして迫害は，イエスの名のために起こる。それはヨハネ福音書のキリスト論の核心である派遣ということによって起こる。またここでの言及によって派遣がキリスト論の中心であることが分かる。イエスという名は，父から遣わされた者の名なのである。「名のために」とは迫害者がイエスを遣わした方を知らないということを意味する[*57]。

22節　派遣した方を知らないということは，イエスが来て話さなかったならば起こりえたかもしれない。しかしイエスは世へ来て世へ話した。イエスが来て話すということは，派遣した方を知らせることに他ならないのである。「来て話す」ということが派遣した方を明らかに示すことであって，それで十分なのである。それにもかかわらずその方を認めないということが罪に他ならない。罪とは派遣されたイエスが示す派遣した父を認めないことである。イエスの啓示はそれ以上明らかなものはなく，父を知る上に十分であるので，そこに何らの弁解の余地もない。イエスが話したということは，福音書に書き記されたことによってあらゆる時代に妥当するのである。

23節　迫害者は神を憎むとは言わないかもしれない[*58]。彼らはイエスを憎むのである（18節）。なぜならイエスが父なる神を示すということを拒否して，そう話すイエスを憎むのである。神から派遣された者として唯一の仕方で神を啓示するイエスを，イエスがそのようなことをすることによって憎むのである。喜んでそれを認め受け入れようとしない。それは結局神のこのような派遣の仕方を憎むことであって，それはさらにそのよう

57）　7, 22; 8, 19; マルコ 13, 13 参照。
58）　8, 41 参照。

なイエスの父なる神を憎むことに他ならない。彼らは弁解の余地がないという仕方で神を憎むという，最終的な罪に落ち込むのである。したがってイエスを憎むということが最終的な罪なのである。

24節　22節は24節にパラレルに構成されている。両節とも「もし……ならば」で始まり，「罪がなかったであろう」と続く。24節には「誰も他の者がしなかった」という付加がつく。そして「だが今や (nun de)」と続く。ここでは22節の「話す」に代わって「行う」といわれている。両方で言葉とわざについて話されているのである。他の者が行うことのないイエスのわざにおいて，彼らはイエスとイエスの父を「見た」，そして憎んだのである。世の者についても，父を見ると言われている。しかしそれは本当に見ることではない。そしてその結果，イエスを憎み，それはイエスの父を憎んだということである。22節の罪が23節のイエスを，したがってイエスの父を憎むことであるということがここで繰り返されている。ここで言われていることは最終的であり，従って「だが今や」は終末的な「今」なのである。イエスが絶対的な意味での父の啓示者であるということが原因で，イエスが話しわざをなし，それを示したにもかかわらずイエスは憎まれ，退けられ，その結果イエスの啓示する父なる神が憎まれ退けられる。それが不信仰であり罪なのである。イエスを憎むことによって，イエスの父なる神を憎むということで，罪というものが最終的に明らかにされている。イエスが啓示する父なる神以外に神はないのである。罪はこの啓示が受け入れられないことであって，それは第一に道徳云々という問題ではない。さらに「憎む」[59]ということは11回の使用のうち6回は15章で世について使用されている。それはすでに愛の反対を意味することであって，世の憎しみというものを，イエスを信じその愛に止まる者は世と分かち合うことはないということなのである。それが15, 1-17に18-25が対置されている意味でもある。また憎しみ一般に，イエスに対する憎しみが隠されて現れているということなのであって，それはイエスを憎む者だからといってこれを憎むことも言外なのである。このことは正しく認識されなければならない。

---

59)　3, 20; 7, 7［2回］; 12, 25; 15, 18［2回］. 19.23.24.25; 17, 14。

25節 この引用は詩篇35, 19「無実なわたしを憎む者」または詩篇69, 5「理由なくわたしを憎む者」と考えられている。イエスは憎まれるようなことは何もしていない。人間の頭で分からないことについて弟子たちは旧約聖書の預言にその解決を求めたのである。旧約聖書はここで詩篇も含め律法と呼ばれている。そしてこの律法は強調されて，距離をとり「彼らの律法」と呼ばれている（「あなたがたの律法」：8, 17; 10, 34）。ということは最終的に人間の知恵で分からないことは神の叡智に属するのであってそこに答えが見出されるのである。「彼らはわたしを理由なく憎んだ」ということは，信仰する者にとってはまさにそれ以外言い表しようのないことを言い当てている。イエスの愛が憎しみを呼ぶということだからである。言葉の成就ということは「言葉が満たされるため（hina plērōthē ho logos）」として，12, 38; 13, 18; 15, 25; 17, 12; 18, 9.32; 19, 24.36などに聖書の成就として用いられている。すなわちヨハネ福音書に描かれているイエスのもたらす救いに関しての事柄は，すべてが人間にとって理解されることではない。ただそのことが躓きの種にならぬように聖書の成就として説明されねばならぬのである。憎しみ，すなわち罪のないイエスが憎まれたということは十字架の出来事に通じ，なぜこれが救いとして必要であらねばならなかったのかは，最終的には人間の理解を上回る神の救いの意思に属しているのである。

パラクレートスと弟子の証し（第三パラクレートス句）
（26-27節）

───────

²⁶「わたしが父からあなた方に送るパラクレートスが来た時に、父のもとから出てくる真理の霊が来る時、その方がわたしについて証しするであろう。²⁷そしてあなたたちも証しする。初めからわたしと共にいるのだから。」

注　解

26節　26.27節は第3番目のパラクレートス句である。25節は16, 1にも続き得ることから二次的挿入と考えられることもある。14, 16.26では父がパラクレートスを派遣するのであるが、ここでは16, 7と同様、イエスがパラクレートスを派遣するとある。「父から」ということは「父から出る」ということであろう。このことについては、教義学からして聖霊の永遠の父からの processio の考えが読み取られることもある。イエスが送るということはここで高められたイエスが強調されており、高められたイエスが語っていると取られ得る。25節とのつながりは何であろうか。それは第一に15章で言われてきたことについて、聖霊と弟子たちの証言ということからそのことの真理が明らかにされることを意味すると言えよう。第二に25節がやはり十字架を指示し、その結果としての聖霊の到来を述べているのかもしれない。すなわちこのコンテキストにあって、この証しは世に対してのそれであり、真理の霊は真理について証しするのであり、イエスがいわれなく憎まれたということを証しするのである。この証しは永久に絶え間なくなされるのであって、イエスを拒否するものの罪とその不合理が永久に白日のもとにさらされていくのである。聖霊は14, 17; 16, 13と同じく真理の霊と呼ばれている。それは16, 13に言われるごとく、｜信じる者をあらゆる真理に導くからである。同時にそれは真理であるイエス*⁶⁰による霊である。

27節 弟子たちが証しするということは，聖霊が弟子において証しすることである。このことは共観福音書にすでに述べられている[*61]。そこでは会堂で弟子たちが答えるときは聖霊が答えてくれるという約束である。この箇所と15, 27は伝承の上で何らかの関係にあるのかもしれない。16, 2には会堂による迫害について語られている。どのみちこの証しということは法廷的な背景を持っていることがうかがえるであろう。この「証言する」は，14, 26の「一切のことを思い起こさせる」ということを前提にしている。「初めからわたしと共にいる」という意味は，地上のイエスに関して弟子たちがそのすべてを証しするということであり，それから抜かされることはないという意味であろう。

---

60) 14, 6; 14, 24 参照。
61) マタイ10, 20; マルコ13, 11; ルカ12, 12（Betz, Paraklet, 178参照）。

第 16 章

1「あなたたちが躓かないようにと，これらをあなたたちに話したのである。2 人はあなたたちを会堂から追放するであろう。それどころかあなたたちを殺す人が，みな神に仕えると思う時が来る。3 彼らは父もわたしも知らなかったのでこれらのことをするであろう。4 しかし彼らの時が来る時，わたしがあなたたちに言ったそれらのことを想い出すために，これらのことをあなたたちに話した。これらのことをあなたたちに初めから話さなかった。あなたたちと共にいたからである。5 今やわたしはわたしを派遣した方のところへ行こうとしている。そしてあなたがたの誰も，『どこへ行くのですか』とわたしにたずねない。6 しかしこれらのことをあなたたちに話したので，あなたたちの心を悲しみが満たした。7 しかしわたしはあなたたちに真理を言う。わたしが去ることはあなたたちに益である。わたしが去らなければ，パラクレートスはあなたたちの所に来ないであろう。しかしわたしが行けば，彼をあなたたちのもとに派遣するであろう。8 そしてかの者が来たならば，罪について，義について，また裁きについて世を暴くであろう。9 罪についてとは，人々がわたしを信じないからである。10 義についてとは，わたしが父のもとに行き，あなたたちがもうわたしを見ないことである。11 裁きについてとは，この世の支配者が裁かれたということである。12 あなたたちに話すことがまだたくさんある。しかしあなたたちは今耐えることが出来ない。13 だが，かの者，真理の霊が来る時には，あなたたちをすべての真理のうちに導くであろう。というのは自分から語るのではなくて，聞くことを語り，来るべきことをあなたたちに告げ知らせるであろうから。14 かの者はわたしの栄光を現すであろう。わたしから受けてあなたたちに告げるだろうからである。15 父が持っているすべてのものはわたしのものである。それゆえ『わたしから受けてあなたたちに告げる』と言ったのである。16 少しすればあなたたちは最早わたしを見ない。そしてまた少しすればわたしを見るであろう。」17 そこで彼の弟子たちのある者たちは互いに言った。「『少しすればあなたたちは最早わたしを見ない。そしてまた少しすればわたしを見るであろう。そしてわたしは父のもとに行く』と，われわれに言うこのことは何のことか。18 そして『少しすれば』というのは何のことだ。われわれは何を話しているか分からない。」19 イエスは，彼らが彼にたずねたいと思っていることを知り，彼らに言った。「少しすればあなたたちはわたしを見ない。また少しすればわたしを見るだろう。と言ったことについて，互いに議論しているのか。20 まことにまことにあなたたちに言う。あなたたちは泣き嘆くであろう。世は喜ぶであろう。

あなたたちは悲しむであろう。しかしあなたたちの悲しみは喜びになるであろう。21女が産む時は，彼女の時が来たので悲しむ。しかし子供を生む時は，人が世に生まれたことの喜びのために，最早苦しみを想い出さない。22ところであなたたちは今悲しんでいる。しかしわたしは再びあなたたちを見るであろう。そしてあなたたちの心は喜ぶであろう。そしてあなたたちの喜びを誰もあなたたちから取り去りはしない。23かの日には，あなたたちはわたしに何も訊ねないであろう。まことにまことにあなたたちに言う。わたしの名において父に何かを願うならば，彼はあなたたちに与えるであろう。24今まであなたたちはわたしの名において何をも願わなかった。願え，そうすれば受けるであろう。あなたたちの喜びが満ち溢れるためである。25これらのことをあなたたちに謎の言葉（パロイミア）で話した。最早あなたたちに謎の言葉（パロイミア）でなく，父についてあなたたちにあからさまに告げる時が来る。26その日にはあなたたちはわたしの名で願うであろう。わたしはあなたたちに，わたしがあなたたちのために父に頼むであろうとは言わない。27というのは，父自らがあなたたちを愛する。なぜならあなたたちはわたしを愛し，わたしが神から出たことを信じたからである。28わたしは父から出て世に来た，わたしは再び世を去って父のもとに行く。」29彼の弟子たちは言う。「見て下さい。今あなたはあからさまに語っています。そして何らの謎の言葉（パロイミア）も話していません。30わたしたちは今あなたがすべてを知っており，誰かがあなたに尋ねる必要がないことを，知っています。このことで，あなたが神から来られたことを信じます。」31イエスは彼らに答えた。「今信じるのか。32あなたたちがめいめい自分のところへと散らされ，わたしを一人残す時が来る，いや来ている。しかしわたしは一人ではない。父がわたしと一緒にいるからである。33わたしのうちにあってあなたたちが平和を持つために，これらのことをあなたたちに話した。あなたたちは世で苦難を持つであろう。しかし勇気を持て。わたしはこの世に勝ったのである。」

はじめに

　13章から16章に至る別れの説話の分類の仕方はいろいろとなされており，通常は14, 31の，すなわちすでに何度か述べた14章の終わり方から，ここで区切りがあるとして13, 31-14, 31を第一の別れの説話とし，15-16を第二の別れの説話とするのが一般的のようであるが，ここでは15章を高められたイエスの上からの声として解し，16章を第一の別れの説話とパラレルないわば第二の別れの説話とみなしたい。そのさい16, 1の「これらをあなたたちに話したのである」を地上のイエスの声に戻ったものと考えたい。また16, 4b以下に新しく別れの説話が始まるという読み方については[1]，そこで新しい語りが始まりはするが，16, 1-4a までの部分は4a節が1節と同じく「これらをあなたたちに話したのである」としてこの部分を括り，また1節をくり返し，そこから16章の主要な内容へと移るものとしての，16章の第二の別れの説話の導入部としたい。すなわち高められたイエスによって初めて顕在的に成立する教会と，その迫害について述べた15章を受けたものとして，ここでは16章を14章に続く第二の別れの説話と解したい。
　次のように分類することが可能であろう。
　　1）16, 1-4a：　　迫害についての予告
　　2）16, 4b-11：　　パラクレートスの到来と裁き
　　3）16, 12-15：　　真理の霊の教え
　　4）16, 16-24：　　別離と再会
　　5）16, 25-33：　　終末と約束

1）　Schnackenburg, Kom; Bultmann, Kom.

迫害についての予告
（1-4a節）

───────

¹「あなたたちが躓かないようにと，これらをあなたたちに話したのである。²人はあなたたちを会堂から追放するであろう。それどころかあなたたちを殺す人が，みな神に仕えると思う時が来る。³彼らは父もわたしも知らなかったのでこれらのことをするであろう。⁴ªしかし彼らの時が来る時，わたしがあなたたちに言ったそれらのことを想い出すために，これらのことをあなたたちに話した。これらのことをあなたたちに初めから話さなかった。あなたたちと共にいたからである。」

注　解

1節　「……のためにこれらのことを語った（tauta lelalēka humin hina）」[*2]。これは4節にまたくり返される。それは，ここでは15章の高められたイエスの言葉が，地上のそれに帰ったと解することが出来るのではないだろうか。この言葉は弟子たちが躓かないためであった。躓く（skandalizein）は他に6, 61参照（マタイ福音書に多く用いられる：14回）。この言葉は旧約聖書およびユダヤ教に由来する[*3]。それは信仰から離反することを意味している。ここで，来るべき苦難や迫害の予告やパラクレートスの到来について語られたのは，信仰からの離反を妨げるためである[*4]。これらのことについて理解していることは，当然迫害に耐える力を与える。迫害は選びの証しであり，イエスの運命に与ることである。それが弟子たる者の辿る道である。何もかもが分からなくなって，信じることを止めるということが防がれなければならない。マルコ14, 27.29平行には，イエスの受難に躓く

---

2) ：14, 25 ; 5, 11 ; 16.1.4.33参照。
3) Staehlin, ThWbNT VII, 343, 37以下。
4) Staehlin, aaO.358, 8以下。

ことが述べられている[*5]。すなわち信仰はこのことをも認容している信仰でなくてはならない。

2節 会堂からの追放（aposunagōgos: 9, 22; 12, 42; 16, 2: 新約聖書でこの3回のみ見られる）について語られる[*6]。それはキリスト教のユダヤ教からの独立を意味する[*7]。それ以前はまだ会堂に属していた可能性を指している。だがそれどころか追放だけではすまされず，「殺す」ということが，神の名において行われるであろうと言われる。それは迫害の極致であって，イエスの運命を分かち合い，主に倣う者となることである。ユダヤ教からの独立は religio licita（許可された宗教）に準ずることをも失い，それはローマ帝国の迫害の可能性にもさらされることである。ユダヤ教によるローマへの告訴も勘定に入れなければならないであろう[*8]。ユダヤ教は，キリスト者を神を冒瀆する者[*9]と見なすであろうと言われる。もしそうならそのような者を殺すことは神への奉仕であるという理屈も出るであろう（latreia はヨハネ福音書でここだけ）[*10]。無論このような考えはイエスの教えには妥当しない。このように信仰とは，命をかけた行為となる。しかし信仰からの離反を防ぐために語られたということは，主の言葉が力を与えるということでもある。迫害における神の沈黙は，聖霊におけるこのような言葉の力によって破られているのである。

3章 迫害の理由は，迫害者が父もイエスも知らないということに由来する（8, 19）。15, 21に言われたことがくり返される。イエスを知ることにおいて父を知れば，冒瀆ということは消滅する。反対に17, 3には，父とその派遣したイエス・キリストを知ることが永遠の生命である，と書かれている。ここでこの「知る」ということがすべてを決定する。

4a節 1節に言われたこと，「……のためにあなたがたにこれらのこと

---

5) マタイ24, 10平行も参照。
6) 90年以後：Schnackenburg, Kom..
7) 使11, 26参照。
8) 使18, 12参照。
9) 10, 33参照。
10) Wengst, Kom 参照。

を語った」がくり返される。「彼らの時」は迫害者のそれを指すのであろう。すなわち「彼らの時が来る時，わたしがあなた方に言ったそれらのことを思い出すために」語ったのである。「躓かないように」と比較する時，「思い出すこと」（mnemoneuein: 15, 20; 16, 4.21）によってそれは防がれるのである。「思い出す」は15, 20でやはり迫害に関して使われている。この「思い出す」は聖霊の「思い起こさせる」（14, 26）によって可能となるのである。聖霊はイエスの言葉を勇気を与える力として響かせる。それはイエスの言ったことの単なる記憶をもたらすのでもなく，単なる予知が躓きを妨げるのでもない。言葉はここで力として働くのである。そしてこのことのうちに聖霊の働きによる証しが弟子によって遂行されるのである（15, 26.27）。殺されることは証人（martus）となることである（黙17, 6）。

パラクレートスの到来と裁き（第四パラクレートス句）
（4b-11節）

---

^{4b}「これらのことをあなたたちに初めから話さなかった。あなたたちと共にいたからである。⁵今やわたしはわたしを派遣した方のところへ行こうとしている。そしてあなたがたの誰も、『どこへ行くのですか』とわたしにたずねない。⁶しかしこれらのことをあなたたちに話したので、あなたたちの心を悲しみが満たした。⁷しかしわたしはあなたたちに真理を言う。わたしが去ることはあなたたちに益である。わたしが去らなければ、パラクレートスはあなたたちの所に来ないであろう。しかしわたしが行けば、彼をあなたたちのもとに派遣するであろう。⁸そしてかの者が来たならば、罪について、義について、また裁きについて世を暴くであろう。⁹罪についてとは、人々がわたしを信じないからである。¹⁰義についてとは、わたしが父のもとに行き、あなたたちがもうわたしを見ないことである。¹¹裁きについてとは、この世の支配者が裁かれたということである。」

注　解

4b節　「これらのことをあなたたちに初めから語らなかった」、の「初めから」と5節の「だが今や（nun de）」とをペアーとして取る時、4b節以下はこれまでを閉じる言葉でなく、5節以下の言葉の初めとして受け取るほうがよいであろう。4a節は16, 1「これらのことを語った」に相応してこれまでのことを閉じることになる。その場合しかし、「だが（de）」にあまり重きを置かなければ、4b節は1-4節を閉じるものとして取ることも可能ではあるであろう[*11]。4b節は、今やイエスが弟子たちとともにいる時が終わり、終末の新しい時が来るその状況に話が導入されて行く。

16, 4b-33は14章の別れの説話と平行する第二のそれと位置づけることが

---

11)　Wikenhauser, Kom.

出来よう。15章を第二のそれとするならば，第三と言われることになろう[*12]。しかしながらこれを福音書記者の14章のそれを補う他の手による[*13]と考える必要は認められない。

5節　別れを特徴づける「今や」という言葉で始まる。その今やとは，イエスが自分を派遣した者のところへ行こうとしている「今」である。もし弟子たちが派遣の意味を完全に理解したならば，派遣された者は派遣した者のところへ帰ることが派遣ということに含まれていることを知るはずである。それを知らせるためにイエスは「わたしを派遣した方」と言うのである。ここでは「父のもとへ行く」（14, 6.12; 14, 28）のかわりにそう言われる。さらに派遣の完結は，救いの完結なのである。そしてそれは13, 36の説明で述べたごとく，別れの説話の主導的な問いである。すなわちこの「行く」ということはイエスの死と復活を意味している。これは単に修辞的（rhetorisch）にここでの状況を強調しているのではない[*14]。イエスはここで再びイエスの父のもとへ行くことが死と復活を意味していることへの注意を喚起するのである。この二つの出来事は「行く」こととして，すなわち一つのこととしてしか理解され得ないのである。しかしこのことはここでは展開されずに，16節以下でさらに問題とされ，17節に再び「わたしの父のところへ行く」ということがどういうことなのか，問いが立てられる。そして，ここで復活は「しばらくすれば再びわたしを見る」として主題化される。しかし弟子たちはイエスが去ることを，別れないし死としてしか捉えない。従ってイエスは「どこへ行くかだれもたずねない」という。ここでは，イエスを遣わした者のところへ行くという，それに続く「どこへ行く」ということの答えがすでに先取りされている。すなわちこのように救いの出来事の完結としてイエスを派遣した方のところへ行くのに，それはどういうことかと誰もそのことについて関心を示し訊ねようとしない。しかしこのことはユダヤ人にとっては謎であったが[*15]，弟子たちにとってまさにこれが別れの説話の主題なのである[*16]。これをもって

---

12)　Behler, Abschiedsworte.
13)　Schnackenburg, Kom.
14)　Schnackenburg, Kom.
15)　7, 33; 8, 14.21.

イエスの「そしてあなた方の誰も『どこへ行くのですか』とわたしにたずねない」，という言葉が言われる。死に打ち克つこととしてこのことが決定的なのである。すなわちすでに述べたように，イエスが去るにさいして「どこへ行くか」ということが決定的に大事なのである。これまでは救いに関してイエスの派遣のどこから，すなわちイエスが父のもとから来たということを信じることが主題的であったが，今やこの派遣に関してイエスがどこへ帰るかが問題なのである。しかしこの問いはすでに13,36でペトロによってたてられ，14,4では，イエスによってどこへ行くのかその道はあなた方に分かっていると言われ，主題化されていた。この問いに対してイエスは「わたしの行く所に今はついて来ることはできない」，「後になってからである」と36節で受けて答えている。「どこへ (pou)」は別れの説話では，13,36;14,5;16,5に出るが，ついでに見ると「所へ (hopou)」は，13,33.36;14,3.4に見られ，「行く (hupagō)」は13,3.33.36;14,4.5.28 (15,16);16.5.10.17に出る。16,10.17では「父のもとへ行く」といわれ，17節では「それはいったい何のことなのか」と弟子たちが問うている。13,36のペトロが問うたということはここでは無視されているのであろうか。一つの答えは，別れの悲しみのために，弟子たちはイエスの去る「どこへ」ということを忘れてしまっている，ないし分からなくなっているのだということである[17]。それは16,17で弟子たちによって初めて主題化される。弟子たちは別れという状況に沈みこんで，それが何のためであり，救いにとってなぜ必然的であるかを考えず，またイエスにたずねることをしないのである。13,36のペトロの問いは，イエスが去ることに関して，イエスが何か生命の危険の中に赴くのではないか，という危惧をもっているだけなのではないかという疑いが，36節のイエスについて，行って命をも棄てると言われていることから察しられるのではないか。つまりそれは死について妥当する。そういう危惧からだけイエスがどこへ行くかと聞くことは見当違いであることが，38節のイエスのペトロの三度の否認の言葉から窺えよう。確かにイエスは死に赴くのであるが，肝心なことは死は「父のもとへ行く」ということを意味しているということである。死とは生の終わ

---

16) 13, 36; 14, 5.6.12.28; 16, 5.10.17.28.
17) Tillmann, Kom; Holtzmann, Kom.

りとして現れるいわば闇であって，それは「父のもとへ行く」ということをも，その闇のなかに隠匿する力を持っていると考えられる。死を父のもとへ行くとして理解することは，すでに死を終わりでなく生の初めとして理解することなのであり，それは未来への展望なのである。従って第二の別れの説話はこの言葉で始まっている。「父のもとへ行く」ということは救いへの展望を開くのである。このことが分かるということに重点が置かれている。

　6節　「これらのことをあなたたちに話した」が三回目に言われている（1.4.6節）。「これらのこと」は，迫害も含めて別れの状況一般に関わるのであろう[18]。このイエスの言葉の弟子たちに引き起こした反応は「悲しみ（lupē）」であった。この語はヨハネ福音書では16章のみに出る：16, 6.20. 21.22。この悲しみはイエスが父のもとへ行くということが別れという面だけから，捉えられていることに起因する。事実それは別れである。イエスが父のもとへ行くということが救いの完成であるという展望と希望は，別れということに隠されてしまっている。弟子たちの，そしてわれわれの無理解が示されているのである。しかし実際にこの救いは，理解のし難さとそれと共に必然的に生じてくる信じる者の悲しみを伴うということもまた真なのである。そしてそれは克服される悲しみなのである。

　7節　ここから第四のパラクレートス句が始まる。イエスは弟子たちの悲しみに対して真実を告げる（ここでの真理：alētheia とは真実の意味である）[19]。「益がある」（sumpherein: 11, 50; 16, 7; 18, 14）。この動詞は11, 50と18, 14では，「一人の人間が民の代わりに死ぬのは益がある」というカイアファの預言に関わり，この福音書ではこの動詞はイエスの死と聖霊の到来についてのみ使われている。ここに述べられるのは悲しみを克服する真実である。ここからパラクレートスについての約束が導入される。イエスが去らなければパラクレートスは来ない。イエスが行くならば，イエスはパラクレートスを送る。ということは，聖霊はイエスが父のもとに帰り，父

18）　Bultmann, Kom.
19）　Barrett, Kom.

からイエスが派遣するからであって，聖霊はイエスの代理者なのである。それは悲しむ（6節）必要がないということであって，弟子たちはイエスとともにいると同じ状況に置かれる。それはイエスが聖霊において弟子のもとに帰って来るということなのである（14, 18.28）。ここに聖霊が悲しみ（lupē）に対して「慰め主」（consolator）と呼ばれる根拠がある。聖霊は人が悲しんでいる時，慰めるために来る者であり，そのことにおいて聖霊の働きは，信じる者という限界をこえて働くと考えられよう。こうして聖霊において人はイエスに出会うのである。悲しみが否定されるところで人はイエスに出会う。弟子たちにとってこの出会いは悲しみが完全に否定されるところから，地上のイエスとの出会いと同質の，否それ以上のものである。なぜならパラクレートスの来臨は，イエスが行くことによってその救いのわざを完成したことを意味し，その完成された救いのわざの力が弟子たちの上に及ぶことに他ならないからである（7, 39）。地上において弟子たちはイエスに出会うが，聖霊は受けていないのである。そして聖霊の到来は，それが固持され所有化されるのでなく，絶えず新しく約束が与えられ，新しく到来するという弟子たちの別れの情況なのである。そして与えられるのはイエスの救いのわざがなされることであり，イエス自身が聖霊において到来することであったのである。弟子たちもここで始めて救いを完成したイエスの現前にあずかるのであって，これが完全な啓示におけるその都度新しいイエスの現前であり，それはまた地上のイエスを知っていたか知らなかったかという相違を消滅させるものなのである。高められる前のイエスは，その救いのわざにおいて完全に啓示されたイエスではないからである。だが「行く」ということにおいて完成される救いは，われわれにとってはいまだ完成されたものではなく，「行く」ということによって起こるイエスの不在は，その都度克服されはするが，悲しみをも伴うのである。そうでなければ喜びは悲しみに代わって起こるものではない。悲しみに落ちこむたびにそれは喜びによって克服されるものなのである。世におけるすべての悲しみは究極的にはこのイエスの不在と関わり，それは同時にその克服の可能性を，すなわち信じる者にとってのイエスの「行く」ことにおける聖霊の到来を，そして将来の救いをうちに含むものとなったのである。この救いの確実性が開く将来は，まだその救いの現在の完結ではない。聖霊とその働きは所有されるものではなく，その都度新しく開か

れる将来であり，その都度新しく与えられる賜物なのである。

8節 この聖霊の働きとして真っ先に世の罪を，すなわち世の真の姿を「白日のもとにさらけ出すこと」(to expose)[20]が挙げられる。3, 20では，それはイエスが光として世に来たことと関連がある。ここでは，いわば内なる弟子に向けてではなく外へ向けられた働きである。しかしながらこのことは信じる者にとって正に救いの中心的な事柄なのである。聖霊の到来の言葉は，ここで裁きということについて始まるのだが，それは世の裁きとして，信じる者に関係のない話なのではなく，救いについての中核的な言葉なのである。裁きについての話は，救いについての話なのである。この点が重大であり，誤解されてはならない[21]。すなわち上述したように「白日のもとにさらす」のである。ここでなぜ「裁く」と言われてないのかは，「裁き」の意味については11節に正確な意味での説明があるからであろう。ここではいわば広い意味で言われているのである。この語に同時に「回心へと促す」という意味が含まれているという示唆もあるが[22]，少なくともここではそれについてはとくに強調されてはいないと考えられる（このことは審判についての3, 20についてもそう言われ得るであろう）。聖霊の到来においてイエスの勝利が確定したことが示され（16, 33），それが世の罪の裁きである。この働きがここで挙げられるのは，15, 18以下の世の迫害に対してであり，また15, 26以下の第三パラクレートスにおける，「証し」というテーマとも関係するであろう。もしそうなら，これは言外に言われていることになるが，弟子たちの証しもこの罪を証明し確定することに含まれるのである。罪の確定は証しによって起こる。もちろん証し自体はそれを受け入れるという余地を残している[23]。さて聖霊の「白日のもとにさらす」ことは，罪について，義について，裁きについてと三つが，冠詞がつかず，挙げられている。続いて説明があるからであろうか。ここでの聖霊の働きは3, 19以下のイエスの働きと同じであり，同一なので

---

20) Barrett.
21) Elegchein: 3, 20; 8, 46; 16, 8: jmdn.einer Sache ueberfuehren, jmdm.etw. nachweisen (Bauer, Wb)：上掲 Barrett も参照。
22) Buechsel, ThWbNT II, 471, 19.23.23, 6：「霊の罰する職務について語られてはならない」。
23) Blank, Krisis, 335.

ある。さてこの解釈は難解とされている[*24]。もちろんすべてユダヤ思想に由来する。いずれにしても終末論的な，世という規模での審判を意味する法廷的用語として語られている。それらは法廷においてなされる三つの主題である。法廷においては，罪が問題となり，その基準は義であり，裁きがなされる。これらのことについて決着がつけられるのである。そのさい世は誰がこのことを行っているのか知ることがないであろう。14, 17によれば世は聖霊を見もしないし，知りもしないからである。それは世がこれらすべてを認めないということである[*25]。その意味でこの審判での勝利は，世に隠されたものということになろう。もちろん最終的に，世がそれを知るに至るという終末がそこに含まれていることもまた真である。聖霊は世の終わりの人の子の機能を果たすのである[*26]。

9節 9節から11節にかけて各節ごとにこの三つ，すなわち罪，義，裁きについての説明が，「……からである (hoti 文)」(説明 [explikativ] であり原因 [kausal] ではない) という附加によってなされている。この節では罪について，それは人々がわたしを信じないからである，と言われる[*27]。Hamartia: 1, 29; 8, 21.24 [2回]. 34 [2回]. 46; 9, 34.41 [2回]; 15, 22.24; 16, 8.9; 19, 11; 20, 23。ここで15, 22.24が取り上げられているということは，15, 18以下が問題になっているということである。「信じない」は，現在形でその態度が破棄されるまで続くことを意味する[*28]。しかしイエスが来た以上，彼らには言い逃れる道はない (15, 22)。イエスが来たことによって，信じないという態度が白日のもとにさらされるのである。イエスに対する世の態度は自己自身の態度の固持であり[*29]，その態度を変えないことである。世はすべてに関して「自己から」という誤謬に陥っている。それはイエスを無視することに通じる。言葉を聞いても聞かず，わざを見ても無視することである[*30]。それは何よりも「世から」という自己の存

---

24) Betz, Paraklet, 192: 宗教史的資料については，Blank, Krisis, 335, 53.54; Betz, 192以下など，また Bultmann, Kom; Test.Jud.20; Sap, 1, 7-9; その他の Kom 参照。
25) Bultmann, Kom.
26) Blank, Krisis, 335, 55他。
27) 3, 15; 15, 22.24参照。
28) Blank, Krisis, 336.
29) Bultmann, Kom.

在の由来を固持することである (15, 19)。端的な罪（単数）とは以上のことにつきる。複数の罪があるとすると，すべてはここに帰着するのである。その意味で信じれば，あとの行為が重大でないとは言われていないのであって，それらは「信じない」ということ，「世からの者である」ということに帰着するということなのである。聖霊はこの関係をも明らかにすると言わねばならない。15章によれば信の行為として最も強調されているのは愛であり，不信という罪の行為として強調されているのは憎しみである。

　10節　義 (dikaiosunē) とは元来パウロの用語である。ロマ書だけで33回も出るのに対し，ヨハネ福音書ではここの箇所，すなわち16, 8.10の2回出るだけである。もちろんここでパウロから義の意味を考えることは避けられねばならない。それは複数の注解書に見られる危険であるとBlankは書いている[31]。参考になる「義なる (dikaios)」という形容詞はヨハネ福音書で全部で3回出て，裁き (krisis) との関連で5, 30; 7, 24に見られる。イエスの裁きは義である (5, 30)。Dikaiosはその他，17, 25に「義なる父よ，世はあなたを知りません（認めません）でした」と言われる。そのように，このような救いを与えた父，ならびにイエスが義であり，信じる者たちが神と遣わされた者である子を知ることが義である[32]。それを知らない世は不義である。結局，17, 25によれば，父を知らないということが義を知らないということになる。それによれば義について裁くということは，父を知らない（イエスを通し）ということについて裁くということになる。しかしここ10節には説明がついている，すなわち「義についてとはわたしが父のもとに行き，あなたたちがもうわたしを見ないことである」。ここで「世がわたしを見ない」と書いてないで，「あなたたちがわたしを見ない」と書いてあることが理解を困難にしているのではないか。(「世が見ない」ということについては7, 34; 8, 21; 12, 36; 14, 19[33] 参照)。しかしこのことが最も重要なことなのである。それは第一にこれが別れの説話であり，別れが問題になっているからであろうが，それは，その別れという現実の

---

30)　15, 22.24; 9章参照。
31)　Krisis, 336, 55: Barrettはロマ3, 21-31へと指示する。
32)　Blank, Krisis, 336, 55参照。
33)　Schnackenburg, Kom.

うちに神の救いである義が現れるということである。第二にはこの別れが現実となり，弟子たちの悲しみが現実となるたびに，世の不義が表されるということであろう。それは世の救いのなさが現れるということである。信じる者がイエスを見ることができない，その意味でここに述べられている別れの状態にあるということは，厳しいそして冷酷な一面の現実なのである。しかしそれは聖霊の来臨によって救いとして顕わにされるのである。それは信じる者がイエスを見ず (20, 29)，言葉の宣教によって信じるということであり (15, 22)，しかしながらまさにそのうちに後述する，「義」すなわちイエスによる救いとイエスの勝利が (16, 33) 顕れることなのである。それはさらに重要なことを言明している。というのはこのことにおいてヨハネ福音書は，通常の伝統的かつ黙示的な終末論すなわち，終局的なイエスの勝利者の来臨ということが言葉の宣教のうちに起こるということを明示するのである。イエスを見ることができないということのうちに，まさにそのことのうちに義である救いの完成が現れるのである。ここで終末の来臨 (parusie) から宣教の言葉へと重心が移される[34]。すなわちイエスの言葉が響くところで，世の罪と不義が裁かれる。世にとってこの勝利は隠されており[35]，罪の本質も隠されている[36]。義としてのイエスによる救い，そしてその別れとはイエスの十字架という救いの出来事であり，その現前であり，それがそこで現れる世の不義に対する神の最終的な義であり，それがこの裁きの基準なのである。前に述べたことであるが，もう一度強調したい。ここで十字架の救いと言い，「死」という語を避けたのは，13章から17章について「死」という語も「死ぬ (apothneskein)」という語も一度も現れない。イエスは父のもとに行くのであり十字架上で死ぬのだが，死ぬということはイエスにとっても，また信じる者にとっても，父のもとに行くことなのである。通常の意味では死ぬのであるが，世の味わう死を死ぬのでなく，父のもとへ行くのである。すでに 8, 51.52 に永久に死なないし，死を味わわないと言われている。別れの説話の主題は，父のもとに行くこととしての死の克服なのである。これは驚くべきことと言えるが，イエスの言葉の首尾一貫した帰結なのである。以上筋道から離れたよ

---

34) 以上 Stuhlmacher, Gerechtigkeit Gottes, 198.
35) Krupton: 7, 4.
36) Bultmann, Kom.

うであるが,最も大切なことなので重複だがここに述べた。先を続けると,十字架の死について何が義であるかということを,聖霊は世に向かって白日のもとにさらすのである。すなわち世の救いのためのイエスの十字架上の死が義であって,この救いのためにイエスを送った父が義なる神であり (17, 25), 世がイエスの死を救いとして受け入れないことが不義であり,それを救いとして受け入れることが義なのである。この義ということについて世の罪は白日のもとにさらされる。世は世の救いが十字架であり,その救いが義であるということが明白にされることにより,その救いのなさということについて暴かれるのである。世の救いである義を認めないことによって,その救いのなさが明白にされるのである。イエスが父のもとに行くこと,言い換えれば弟子たちがイエスを最早見ないということにおいて,イエスは裁きの法廷におけるイエスの勝利なのである (16, 33)。イエスが父のもとに行くことは世から姿を消すことであり,このこと自体が世の不義として聖霊によって明らかにされるのである。義の啓示とはイエスが最早世にいないことであり,世はイエスを探すが無駄であり,イエスは見られることがない。そのことにおいて世の不義が裁かれている。このことが聖霊の顕示する義である[*37]。十字架は常に義として現れる。それは十字架が義の基準ということである。世はイエスの救いの出来事によって不義として現れる。多面イエスと信じる者は義として現されるということになる。イエスが見えないこと,そしてその意味での近付きがたいことこそが,イエスの勝利の顕現であり,王座についた裁きの勝者としての力の証示なのである[*38]。信じる者はイエスを見ないという冷酷な現実において,まさに義として顕されるのである。ただこのイエスの義化だけに目を向けるならば,すなわちイエスが法廷の場で義なる者とされるというイエスの義化のみに注目するなら,多少ニューアンスが違ってくるのではないか[*39]。代表的な解釈として Bultmann を挙げると,彼によれば,義とは神からイエスに認められた義であって終末的な意味での勝利である。以上すべてのことが遂行されるのが聖霊の働きなのである。

---

37) Blank, Krisis, 337以下も参照。
38) Stuhlmacher, Gerechtigkeit Gottes, 198.
39) これについては詳しくは,Blank, Krisis, 337および337, 56に挙げられている多くの注釈者 [Bultmann; Barrett; Strathmann; Wikenhauser, Schlatter など] 参照。

11節　ここで、「罪」と「義」に続いて「裁き（krisis）」についての説明がなされる。裁き（krisis）とはこの世の支配者が裁かれることであり、kekritai（krinein）という完了形で表されるようにそれはまさに今起こったのである。これは高められたイエスの視野から言われている。「世の支配者」という意味の「支配者（archōn）」はヨハネ福音書では12, 31; 14, 30; 16, 11に出て、12, 31; 16, 11では「この世の支配者」という「この世」という強調した形で言われている。「世」とは「この世」に代わられるが、「この世」とは「このアイオーン」という黙示文学的終末論の背景のもとで語られている。パウロでは「このアイオーン」という規定に代わってまた「この世の」という規定が使われ、それによって置き換えられている[*40]。またヨハネでも「この世へ来た」（9, 39）の代わりに「世へ来た」（16, 28; 18, 37）と言われるのである[*41]。このことはこの「支配者」というのは黙示文学的終末論の視野から最終の審判（いわゆる公審判）として語られていることが明らかである。最終の審判が十字架によって起こったのである。12, 31を見れば、「裁かれる」ということは、この世の支配者が追い出されることであって、支配者が失墜すれば、支配されていた者は自由になる。支配者が支配の権力を失うからである。あえて言うなれば「この世」は消滅するのである。世の罪が取り除かれ（1, 29）、罪が許されるのである。救われるのである。罪とは終局的にはこのことを見た上で、世の支配者のもとにとどまることを選ぶことに他ならない。すなわちここに至って初めて、9節の「罪」、いな罪ということ一般の本性が明らかにされたのである。それは世の支配者の支配を選ぶことなのであるが、ここではまさにその支配の力が破壊されたということが言われているのである。そしてそれは聖霊において進行中なのである。もし多くの者が世の支配者のもとにつき、罪が蔓延していれば世の支配者は自己の者を持ち、その支配者が失墜する、すなわち裁かれるとは言われないであろう。「裁かれる」とはそれでは救いのタームではないのか。十字架は罪の許しであり世の救いなのである。十字架による勝利は、聖霊の到来においていつまでも確固たる確定的なものなのである。最終的なものなのである。最終の審判はすでに行われたの

40）　Ⅰコリント3, 19; 5, 10; 7, 31; エフェソ2, 2.
41）　詳しくは伊吹、ヨハネ、193参照。

であって，あとはその審判が，その裁きが，救いとして聖霊において起こり続けるということなのである。聖霊は常にこの出来事を現実のものとするのである。9-11節において，こうして罪について，義について，裁きについて，その本質が最終的に明らかにされた。そしてここにおいてパラクレートスがなぜ「慰め主」と言われるか，なぜ「助け手」と言われるか，なぜ「代願者」と言われるかも，その根底的な意味で明らかにされたのである。くり返しになるがこの第四パラクレートス句の持つ決定的な意味がここで明らかになったのである。

　最後に一つ，裁きについて重要な問題が取り上げられなければならない。もし十字架が確定的にすべての人の救いであり，それが聖霊によって遂行されるなら，例えば15, 6に言われた，外に投げ捨てられて枯れ，集められ火に投げ入れられ焼かれてしまうという言葉は，何なのか。これは裁きの他の面であり，このような言葉を視野に入れるということは，人が，すべての人間が皆救われるということをすでに起こった既成事実として受け取ること，すなわちそれを安全性として所有化することが出来ないこと，救いが人間の考えに全く還元されてしまわないということを表している。それが裁きについての他の面なのであり，滅びに至る裁きの可能性なのである。既成の事実でないことは，希望される事柄なのであり，人はこの希望に従って行為することを神から求められているのである。すなわち裁きは神の事柄であって，最終的には人間の思考を超えているということなのである。滅びについての言葉は，決してそれ自体が最終的な目的として述べられていないことはすでにふれた事柄である。滅びについての言葉は救われることへの動因として語られ，自己目的のために語られているのではない。

真理の霊の教え（第五パラクレートス句）
（12-15節）

---

¹²「あなたたちに話すことがまだたくさんある。しかしあなたたちは今耐えることが出来ない。¹³だが，かの者，真理の霊が来る時には，あなたたちをすべての真理のうちに導くであろう。というのは自分から語るのではなくて，聞くことを語り，来るべきことをあなたたちに告げ知らせるであろうから。¹⁴かの者はわたしの栄光を現すであろう。わたしから受けてあなたたちに告げるだろうからである。¹⁵父が持っているすべてのものはわたしのものである。それゆえ『わたしから受けてあなたたちに告げる』と言ったのである。」

注　解

12節　7節から11節までの節の数から言えば，これまでで一番長い第四パラクレートス句を終えて話される言葉であり，同時に新しい第五パラクレートス句（13-15節）を導入する。「まだ多くある」：8, 26参照。それは啓示のその都度の無限と言ってもよい言葉である。すなわち第五パラクレートス句へ向けて読まれるべき言葉である。「今耐える」の「今」（arti）：2, 10; 5, 17; 9, 19.25; 13, 7.19.33.37; 14, 7; 16, 12.24.31。このうち13-16章の間では（17章以下は出ない），13, 7. (37). 16, 12.31に特に注目する必要がある。この歴史的状況としての今は，もちろんまた常に妥当するが，何よりも聖霊の到来を目前としている，そう言ってよいなら，いわば聖霊のまだ来ていない状況が全面的に出て，続くパラクレートス句への指示となっている。この意味で13, 7のように「今」に，「しかしこの後」が続くのである。12節の意味は「今耐えられない」の「耐えられない（bastazein）」の理解にかかっている。この語は通常具体的な「運ぶ，背負う，担う」：十字架を背負う，などまたその他，転用された意味「（困難，苦痛など）耐える，我慢する」[*42]で用いられる。そうとするとここには十字架の奥義が含ま

れるのである。しかしこれは13節での「聖霊はあらゆる真理に導く」(この真理は16, 7の真理，真実と違う意味合いで言われているのではないだろうか)への導入語である。12節が16, 12-15の「弟子たちの共同体におけるパラクレートスの働き」という段落に組み入れられているということは[43]，13節と強く結びついているということである。ということはこのbastazeinはその「すべての真理を担う」，すなわち「理解する」という意味で言われているのである。それゆえむしろ次のように解すべきであろう：「啓示の真理……それをすべて打ち明ける (erschliessen) ことはできない。彼らの精神的な把握力が……障害となっている」[44]；「地上のイエスの時点で弟子たちの無理解が指摘された (12節) 後，それとは対照的に，弟子たちの共同体を真の理解に導く聖霊の働きが，再び取り上げられることになる」(山岡健，新約聖書注解Ⅰ)。これは必要な理解の能力にかかわることである[45]。まとめて言うと，この今「担うことができない」ということは，聖霊が来ればという聖霊の助けを予想させる句であって，まさに次に続くパラクレートス句を準備するものであり，そこからその意味が規定される。信じる者はこの世にある。しかしそのすべての希望を聖霊から受けるのである。この12節は15, 15の「父から聞いたことをすべてあなたたちに知らせた」ということと矛盾しない[46]。15, 15は高められたイエスの声として言われているからである。「まだたくさんある」は，ここで言われているよりはるかに多くのことが聖霊によって告げられるからである。

13節 13-16節は第5番目のパラクレートス句である。それは最後のパラクレートス句としてこれまでの句のクライマックスである。この句は第一パラクレートス句の現在形と違い，未来を開くものとして未来形が多く使われている：hodēgēsei; lalēsai; ta erchomena; anaggelei; doxasei など。そして「かの者が来る時」の「かの者」は，「真理の霊 (14, 17; 15, 26; 16, 13)」と言われている。この場合の真理とは「真実 (Wahrhaftigkeit)」をもうち

---

42) Barrett: endure, support; Bauer, Wb: マタイ20, 12; 黙2, 2; ertragen koennen, v. goettl. Geheimnissen; Buechsel, ThWbNT I, 597.
43) Schnackenburg, Kom.
44) Tillmann, Kom; また Zahn, Kom など参照。
45) Ibuki, Wahrheit, 296.
46) Bultmann, Kom.

第 16 章（12-15節）

に含むものである。真実とはその言葉において信じうる確固たるもの (pistis, bebaios etc.) であり，それゆえ同時に確約でもあり，それはその成就を信仰において現在先取りできるものである。これはヘブライ思想の真理概念に由来する[47]。'emet は chesed と結合して現れることが多い[48]。この最後のパラクレートス句で，この真理の霊の「真理」ということは信実を含む「すべての真理」ということから最終的に解明された[49]。そこへ導くから「真理の霊」と言われるのである。その他のさらなる意味については詳しくは，Ibuki, Wahrheit, 273-310参照。だがそれについて述べる前に，動詞の「導く（hodēgein）」はヨハネ福音書でここだけに出るが，「道（hodos）」は1, 23; 14, 4.5.6に出てここで，14, 4以下が問題になる。ここで言えることは，14, 6の「わたしは道である」ということから，その導く道はイエスだということである[50]。すなわちわれわれは独力でこの道を辿る必要はなく，聖霊がわれわれを導くのである。したがって14, 5でトマスによって言われたように，その道を知らなくても聖霊がそこへ導いてくれるのである。イエスは14, 6で「わたしは道，真理，命である」と言う。すなわち導かれる場所は真理であり，それが「命」なのである。ここで二つの読みが問題となる。一つは Nestle に採用されている読みで「真理へ（eis tēn alētheian pasan: BA pauci）」であり，他は Aland による「真理に（en tē alētheia pasē: アレフ DL［θ］al.）」である。この場合テキストとしてはどちらも等価値と言えるであろうから決め手は，J. A. Bengel によって proclivi Scriptioni praestat ardua と規定され，一般に lectio ardua（難しい読み）が原初のものとされる[51]。すなわち後者に分がある。ところが eis も en も元はヘブライ語の be に帰するのである。だからそこから両者が別れたのではないか。ここでは道の現実化は真理において起こるのである。だがここではただ「真理」でなく「すべての真理」と言われる。この

---

47) Quell, ThWbNT I, 233, 12以下参照；Bultmann, 同，38以下参照。
48) 創32, 11; 47, 29; 出34, 6; ヨシュア2, 14; 2サムエル2, 6; 15, 20; 詩25, 10; 26, 3; 40, 11.12; 57, 4; 61, 8; 85, 11; 89, 15; 108, 5; 117, 2; 138, 2; ホセア4, 1; ミカ7, 20 etc.; ヨハネ1, 17の「恵みと真理［hē charis kai hē alētheia］」はここへ帰る；またロマ3, 3-7; 15, 8以下など参照；詳しくは Ibuki, Wahrheit, 200参照。
49) Bengel, Gnomon, 409: veritas est una, tota; Platon, Apologia, 177-8: 甲斐，「信実を語る」参照。
50) 詳しくは Thuesing, Erhoehung, 161以下参照；Ibuki, Wahrheit, 302: Aktualisierung des hodos.
51) Zimmermann, Methodenlehre, 49.

panta は16, 30に出る。また13, 3のそれと深い関係にある。さてこの「すべての真理」という言葉は人を震撼させる言葉である。それは人によって語られるあらゆる真理全体をも総括する (Platon, Apologia, 17b: humeis de mou akousesthe pasan ten alētheian)。真理がその全体において語られるということが可能なのである。それは、「その折々の」[52]と解せられるのでは不十分である。この「pasē」は14, 26の「panta」を受けている。そしてその全体において語られる真理ないし真実の本質とは、「自分から語るのでなく聞いたことを語る」ということである。まず真理はその全体において人間の「自分から」の語りではないものとして明かされる。この「自分から」ということについては、すでに説明してあるが[53]、これは「ヨハネ・キリスト論で決定的な地位を占めている」[54]のみならず、聖霊論についても決定的である。そして語られることの由来が、真理ないし真実を決定するのである。その由来は真理に対立したものとしては虚偽（自己のdoxa）、であり、このことに立ち入れば、名誉、名声、栄誉（自己の timē）であり、金銭 (chrema) である[55]。ここでこの三者の間の関係を考えると、それらはアマルガムをなしているが、共観福音書について言えば、名誉より金銭が問題となっている場合がある（武士や学者などの場合前者を取るが）、普通は世の中では圧倒的な形で「金銭」が飛びぬけているのではないか。まず、第一に現在の世は金銭で動いている。そのために人は右往左往している[56]。だが忘れてはならないことは[57]、日ごとのパンを食べるための金銭は神に祝せられたものである。それはさておきこの三つが常にアマルガム状態となっているとは言えないのでないか。名を棄てて実をとる者もいるのである。ヨハネでは世は己が doxa のために動くが、実際に現にある世は「自分からである」。そしてその言葉は究極的には虚偽である。それは不透明なのであり、それがために問題が問題を呼んで絶えず論争される。では「自分からでない」とはいかなることであろうか。それは肯定面から言えば、まず「聞くことを語る」ということであり、「言葉が

---

52) jeweils: Bultmann, Kom.
53) 伊吹、注解 II, 7, 17の項参照；また伊吹、ヨハネ、198参照。
54) 伊吹、上掲。
55) Platon, Apologia, 29d8-e3.
56) マルコ10, 23.24; ルカ18, 24; 使4, 37; 8, 18.20; 24, 26: フェリクス。
57) マタイ5, 11; ルカ11, 3も参照。

話す」*58 ことを聞くことである。そしてその言葉とは聞かれた言葉についてであるが，そこには誰からとは書いてない。今さら自明のことだからである。それはイエスの言葉であり（12, 48），イエスは自分から語るのでなく，父から聞いたことを語るのである：7, 17; 8, 26.28.38.40; 12, 49.50; 14, 10。イエスはそれゆえ真理を語るのである：8, 40; 1, 17。神の言葉がイエスという人間の言葉において話される。すなわちイエスから聞いたことと，父から聞いたことは同じである*59。ここでは，これまで信じる者たちが，イエスから聞いたことの展開（Entfaltung）や，より深い洞察（Verstaendnis）が考えられているのでもない*60。ヨハネ福音書では理解の深みにグレードはつけられない。しかしながらここに新しい教義（ドグマ）決定の可能性が基礎づけられることもあったのである。だがここで考えられているのは，そんなことでなく，最も基本的な，根源的経験に対して「心の眼（エフェソ1, 18)」が開かれるということであろう*61。真の命（14, 6）に向けて，愛に向けて眼が開かれるのである。そしてそれはすべての生きている状況において起こるべきことなのである。この真理は「恵み」なのであるから（1, 14.16.17：パウロ100回)，神以外誰にも doxa が帰され得ない。このことがすべての真実であって，それは世の終わるまで起こりうることに関する真実で，このことが変わることはない。これは，「それは来るべきことをあなたにつげ知らせるであろう」，ということによって確約される。次の動詞は「知らせをもたらす（anaggellein: 4, 25; 5, 15; 16, 13.14.15)」という意味に取ってはいけないのだろうか*62。それは聞いたことを「話す（lalein)」と比べて，知らせを待つというニューアンスがあるのではないか。何の知らせなのか。それは「来るべき者」である，すなわち復活者についての「事柄，知らせ」と考えたい。erchomena は peri patros とパラレルとなる。すなわちここでの anaggellein*63 は，いずれにしてもパロイミアがパレーシアで告げられることである（16, 25)。それは預言というようなことではなくて，将来に向かって開かれている命が，絶えずあからさま

---

58) 伊吹，注解II, 8.
59) Bultmann, Kom.
60) Wikenhauser, Kom
61) エフェソ1, 13: ho logos tes aletheias.
62) Schniewind, ThWbNT I, 63, 29f: aggelia, aggelos 参照。
63) Iヨハネ1, 5参照。

に光のうちに置かれるのである。将来が絶えず光に照らされて，絶えずより明るく復活において永遠の命へと愛へと照らし出されていくのであり，その中（真理）にわれわれが身をおいているということである。それは終末における全真理の射程であり，展望が開かれるという出来事が光の出来事なのである。なぜならそれはパレーシアに，光の開けに向き合っているからである。

14節　その光はイエスの愛の輝きである。イエスの栄光化である。聖霊はイエスを栄光化するのである[*64]。この栄光化は，重大な意味を持つ。つまりヨハネ福音書におけるイエスの栄光はすべてこの聖霊による栄光化なのである。それは聖霊のこれまで述べられたすべての働きの総決算とも言える。また14, 26の「あなたたちに想い起こさせるであろう」という句と，一つの句として読まれねばならないであろう。すなわちアナムネーシスとはただ過ぎ去ったことを単に未来のこととして提示するのではないし，ただ新しく現在のこととするのでもなく，そのことが栄光の出来事として絶えず未来へ向けて現前するのである。それは「〈再―現前化〉re-praesentatio の相のもとにおいて」のみとらえられるが，「いかなる形にせよ客体化されたいわゆる，現前存在者として，〈充実した現前〉を持った実体的なものとして考えられない」し，「〈現前の形而上学〉によってはとらえられない」[*65]。くり返すがヨハネ福音書の地上のイエスの現在における顕れは，すべてこの聖霊の働きの上に成立し，それによって可能になっているのである。この福音書は，その意味では歴史化されてそこから端なる歴史的イエス像が抽出されることを望んでいないのである。なぜならそれは聖霊と絶縁し，コピー化可能な実体化されたキリスト像であり，真実のイエスの否定へとつながっていく危険がある。イエスの栄光を見ることのうちには常に聖霊が働いているのである。そしてこの栄光化の未来形は世の終わりまで将来を開いていく終末形であり，確約である。「もし信じるなら神の栄光を見るだろうと言ったではないか」（11, 40）。「わたしから受けて」とは何であろうか。

---

64)　7, 39参照：Thuesing, Erhoehung, 159参照。
65)　坂部恵, 仮面の解釈学, 5以下参照。

15節　それは15節の「父が持っているすべてのもの」である*66。なによりも13, 3「父がすべてを彼の手に与えたこと」参照。ここでは第一にイエスが，父から受けた栄光について考えるべきであろう。しかしそれはまたその栄光としての愛であり，その輝きとしての光であり，命であり，信じる者たちであり，霊であり（3, 34），またクリシスでもある。それは「父が持っているすべてのもの」が，すべてイエスのものであることである（15, 19.20）。ただし子は父と同様な仕方ですべてを所有しているのでなく，父から与えられそれを受けるというかたちで永遠に所有しているのである。「あなたたちに告げるであろう」とは，そのイエスの栄光を顕すことである。「告げる」は13節の終わりと14節の終わりと15節の終わりに主句反復的（anaphorisch）にくり返されている。栄光の輝きは聖霊により告げられる言葉において，顕れる。それは全く新しい別の啓示をもたらすことではない。こうしてふり返れば13節と14節はパラレルであり，さらにそれは25節の「あからさま（parrēsia）」に「告げること（apaggelein）」とパラレルである*67。このようにして「すべてを示す」という父と子の関係は，子と信じる者たちの間に実現する：5, 20。彼らはイエスから「すべて」を聞き，その「友」となるのである：15, 15。ちなみに「パロイミア」における語りは12節に言われる「あなたたちは今担うことが出来ない」という現実に相応する。

聖霊の働きについての概観*68

16, 13：

「導くであろう」（hodēgēsei）　　　　「すべての真理において」（en tē alētheia pasē）

「話すであろう」（lalēsei）　　　　　「聞いたこと」（hosa akouei）

「知らせるであろう」（anaggelei）　　「来るべきこと」（ta erchomena）

16, 14：

「栄光化するであろう」（doxasei）　　「わたしを」（eme）：「告げ知らせるであろう」（anaggelei）

---

66)　3, 34以下 Thuesing, Erhoehung, 155も参照。
67)　Ibuki, Wahrheit, 300.
68)　Thuesing, Erhoehung, 145.

「受け取るであろう」（lēmphetai）	「わたしから」（ek tou emou）（「父が持っているものは何でも」）比較せよ。
15, 26:	
「証しするであろう」（marturēsei）	「わたしについて」（peri emou）
14, 26:	
「教えるであろう」（didaxei）	「すべて……」（panta…）
「想い起させるであろう」（hupomnēsei）	
	「わたしがあなたたちに言ったこと」（panta ha eipon humin egō）
16, 25:	
「告げ知らせるであろう」（apaggelō）	「父についてあからさまに」（parrēsia peri tou patros）[*69]

　一般に言ってパラクレートスの働きについて，進展して行く展開が見られると言えよう。第一のパラクレートス句（14, 16f）は全体を導入しつつ聖霊の「もとに，うちにある」という「ある」を明らかにする。第二のパラクレートス句（14, 26）では聖霊の教えることと想起させることがその働きとして述べられ，第三パラクレートス句（15, 26f: 普通は第二の別れの説話とされる）ではひたすら「証し」が取り上げられ，それは16, 4b-11に罪を認めさせることへと展開する（第四パラクレートス句）。16, 12-15が最後のパラクレートス句であり，全体のクライマックスとしてのイエスの栄光化に達する。この最後の二つのパラクレートス句で最も豊かな展開が見られる。それもそれぞれ「世」へ向けてと「内」（教会）へ向けてである。このような全体の把握はパラクレートス句のあらゆる「置き換え」説を無効にするはずである。

　さて「真理の霊」（14, 17; 15, 26; 16, 13）の働きについては，16章では13節 b.13節 cd.13節 e.14節，15節が互いに相応する。それらは根本的には霊の同じ働きを述べていて，また互いに説明し合っている。すなわちそこで14, 26の「教える」と「想い起こさせる」の相互関係に類似している。「真理の霊」の陳述については，イエスに関わるものに注意を向ける必要があ

---

69) Thuesing, Erhoehung, 145.

る。14, 16では派遣ではなく, 「与える」とあり, すでに述べたように, 3, 16にはイエスに関して使われている。すなわちイエスとパラレルの形であり, したがってイエスの派遣とパラレルなのである。「他の (allos)」は 5, 32で父が「他の証しする者」とされる (8, 18参照)。霊の到来に関して, イエスとのパラレルが認められる。霊の派遣については14, 26; 15, 26; 16, 7で述べられる。ここで pempein が用いられる。イエスに関して24回, 霊に関して3回である。父はヨハネ福音書で決して ho aposteilas me として表されない。そのことは pempein で派遣の根源, 出所, その由来, その出発点が強調され, apostellein でその活動と委譲された権限が強調されることを示すと言えよう。15, 26:「わたしが父からあなた方に派遣するパラクレートス, 父から出る真理の霊」は注目に値する。洗礼者ヨハネについては「神から (para theou) : 冠詞なし」として apostellein が使われ, 彼の証言における神の権威が強調される。これに反して15, 26の「父から (para tou patros)」は, 父のもとにおける聖霊の由来が強調されている。このことは上に述べたそれに続く「父から出る真理の霊 (para tou patros ekporeuetai)」によって承認される。これは霊の神的由来を表すもので, イエスの神的由来 (exerchestai: 8, 42; 13, 3; 16, 27; 28. 30; 17, 8) をも述べる。16, 27と17, 8では exerchesthai は para と結びついている。すなわちそれぞれイエスとパラクレートスについての陳述の並行性は機能的なことについてではなく, 本質的なことについてなのである。聖霊 (中性) を男性のパラクレートスで言い表すことは, 霊をパーソンとして, しかも神的なパーソンとして言い表すのであり, このことを福音書記者は望んだのである (Wikenhauser, Kom)。そしてこの霊が真理の霊と言われることは, これもまた機能的なものでなく, 本質的なことに帰り, それゆえ「真理」はその根源において神についての本質を表し, いわば本質的真理から機能的真理が顕れるのであってその逆ではない。真理の霊は単に真理を開示するから, そう呼ばれるだけでなく, それを開示するものへと指示し真理と呼ばれるのである[70]。

　この思想は現在不当にもドグマ的として排斥されている。派遣は神の真実, その真理にしたがって行われ, その真実と真理は神の存在に帰する。

---

70) Tillmann, Buechsel, Weiss, Kom

では真理ないし真実が何かはこの霊の厳密な規定から読み取れ得るか。それは愛の一致としての父と子の一性なのである。そのことはすでに述べた15, 26から読み取れる。またそれは派遣ということから読み取れるのである。14, 26では父がイエスの名において派遣し、イエスの名においてということは、14, 20の「父におけるわたし」から説明可能である。それは「イエスの父との一致 [Einheit] において」ということに他ならない[*71]。15, 26と16, 7ではイエスが霊を送る。この相違はそれが異なった手によるということから説明するよりも、イエスによる派遣は「高められたイエス」を強調したいからなのである。ここには三位一体の思想が示唆されているかもしれない。この思想はただし記述的な実体ということからでなく、「呼びかけ」の秘密に存すると思われる。示唆されているという意味合いは、それはパラクレートス句が、ここで言おうとする本来的な対象ではないということである[*72]。そしてペルソナということを言うとすれば、ここでは聖霊が行為者（acteur）であるということであって[*73]、ousia ないし Boetius 以来の substantia という概念とはまだ無縁であろう。ただし Filioque の問題への展望は開かれていると言ってよいのではないだろうか。

---

71) Bultmann, Kom.
72) 以上について詳しくは、Ibuki, Wahrheit, 306-310.
73) 黒田、行為と規範、69以下。

別離と再会
（16-24節）

---

[16]「少しすればあなたたちは最早わたしを見ない。そしてまた少しすればわたしを見るであろう。」[17]そこで彼の弟子たちのある者たちは互いに言った。「『少しすればあなたたちは最早わたしを見ない。そしてまた少しすればわたしを見るであろう。そしてわたしは父のもとに行く』と、われわれに言うこのことは何のことか。[18]そして『少しすれば』というのは何のことだ。われわれは何を話しているか分からない。」[19]イエスは、彼らが彼にたずねたいと思っていることを知り、彼らに言った。「少しすればあなたたちはわたしを見ない。また少しすればわたしを見るだろう。と言ったことについて、互いに議論しているのか。[20]まことにまことにあなたたちに言う。あなたたちは泣き嘆くであろう。世は喜ぶであろう。あなたたちは悲しむであろう。しかしあなたたちの悲しみは喜びになるであろう。[21]女が産む時は、彼女の時が来たので悲しむ。しかし子供を生む時は、人が世に生まれたことの喜びのために、最早苦しみを想い出さない。[22]ところであなたたちは今悲しんでいる。しかしわたしは再びあなたたちを見るであろう。そしてあなたたちの心は喜ぶであろう。そしてあなたたちの喜びを誰もあなたたちから取り去りはしない。[23]かの日には、あなたたちはわたしに何も訊ねないであろう。まことにまことにあなたたちに言う。わたしの名において父に何かを願うならば、彼はあなたたちに与えるであろう。[24]今まであなたたちはわたしの名において何をも願わなかった。願え、そうすれば受けるであろう。あなたたちの喜びが満ち溢れるためである。」

注　解

16節　16, 16-30は16-24で切らずにまとまって理解すべきではないだろうか。これらの節は最後のパラクレートス句に密着し、いわばぴったりと接着した展開となっているように思われる。しかしながら16-33節を全体として見る可能性ももちろん開かれている。Barrettは全体として見て次の

ように書いている："This paragraph gathers together the striking language of the last discourses — of going and coming, grief and joy, tribulation and peace, asking and receiving, seeing and not seeing, parable and open speech, unbelief and faith, the world and God. Most of this language is marked by a studied ambiguity"（Kom）．いずれにしろこれらのつながりを解きほぐして解釈していかねばならない。「少しすればあなたたちは最早わたしを見ない。そして少しすればわたしを見るであろう」[*74]。このイエスの切り出しは唐突のように見える。しかし16a節では7節を受け，イエスの去って行くことについて述べており，16b節は13-15節の結果（Bilanz）である。このように読んでくれば16a節がイエスの死に関わり，16b節がイエスの復活に関わることは一目瞭然であろう。しかしそれならばこの言葉が弟子たちによって理解されないのはなぜか。それはまだ聖霊が来ないので，ここで弟子たちの不理解が再び強調されているというのであろうか。それではこの言葉は別れの状況にいる弟子たちにとって重要であるが，われわれには分かり切っていて，むしろ17節でくり返されて退屈をさそうものとさえなっているのであろうか。しかし実際は，ここに弟子たちの不理解とわれわれのそれが同質のものとして描かれているのである。それが続く17節で明らかにされていく。

17節 ここでイエスの言葉が寸分たがわずくり返される。「そこで弟子たちのある者たちは互いに言った」。ここで疑問を投げているのは弟子たち全部でなく，そのある者たちである。しかし，これは彼らが弟子すべてを代表しているのである。このイエスの言葉のくり返しに，なお「わたしの父のもとへ行く」ということがどういうことか，という疑問がつけ加えられている。この言葉は16節にはない。なぜないことがつけ加えられているのか。すなわちこの附加が決定的に重要だと思われる。すなわち「父のもとへ行く」ということが，「しばらくすればわたしを見ないが，しばらくすればわたしを見る」ということを意味しているのだ，ということがここで言われている。この「行く」ことは，イエスの死と復活，そしてこれ

---

74) 初めの「見る」には theorein が二度目の「見る」には horan が使われている。意味の相違は認められない。

がイエスとの聖霊における再会をも含むことである。聖霊における再会は，見ないという仕方で見ることなのである。「父のもとへ行く」ということが，死と復活だということなのである。これは確かに死と復活について「パロイミア」（25節）で話しているのであり，それを別れと再会として解釈している。だがこの二つの出来事が決して分かたれず，それらがイエスを見るという，イエスとの関わりにおいて，出会いということにおいて解釈されているのである。命とはイエスを見ることなのである（1, 4）。「そして『わたしは父のもとに行く』とわれわれに言うこのことは何のことか」，とつけ足されているこの問いは，すでにふれた如く，13, 36にペトロにより始まって，トマスによってくり返され（14, 5），16, 5.10.17にはそれぞれ「わたしを派遣した者のところへ」，ないし「父のもとへ」とイエスにより答えられている。ちなみに16節の hoti hupago pros ton patera（父のもとへ行くこと）は，このことをイエスがここで言っていないため，10節から取られた付加とも取れるが，いずれにしても，弟子たちはこのことが別れの説話の核心であることを理解したのである。換言すれば，弟子たちを通じて福音書記者は，そのような核心としてこの問いを提出したのである。それはこの問いが決定的に重要であるからなのである。この問いはくり返し，ここまで持ち越されて来た。このくり返しは福音書記者の手法であって，イエスの言葉を特に強調し，われわれの注意と思考を集中させるための手段なのである。18節を見れば分かる通り，くり返しながら，少しずつ展開していくスパイラル的な文体はヨハネ的であり，それゆえこの言葉が鍵である。もちろんこの問いは，別れの説話の主題とも言える。すなわち18節では「父のもとへ行く」が，ミクロンすなわち「少しすれば」ということとの関係において問題となっているのである。以上のように，「父のところへ行く」のに，行ってしまうのでなく，「少しすればわたしを見るであろう」とは何を意味しているのか。ここでは「見る」ということで，すでに述べたように，復活と，聖霊の授与におけるイエスの現前の仕方とが二重に語られていると考えられる。なぜなら復活は弟子たちと異なり，それを言葉によって信じる人たちについても，「見る」として言われていることだからである。すなわちここで父のところへ行くということが，しばらくすればイエスを見るという決定的なことをそのうちに含んでいるということなのである。くり返せば，この問いの附加によって，この「行

く」ということの決定的な意味が，すなわち，「再び見る」ということ，すなわち復活がこの「行く」ということに隠されている，ということが明らかにされているのである。それがさらに20節以下の悲しみから喜びへの転換の裏に，この復活がますます鮮明に現れて来る。

18節　このことは，さらに次の問いに移行しそこに集積する。「少しすればというのは何のことだ。われわれは何を話しているのか分からない (ouk oidamen)」。mikron（少しすれば）：13, 33; 14, 19; 16, 16 [2回]. 17 [2回]. 18.19 [2回] は，別れの説話だけに出て，それも9回出る（ただし「mikros」：7, 33; 12, 35参照）。次の19節がそれについての最後の言葉となる。弟子たちは復活が分からないので何もかも分からなくなってしまっている。ここでは17節の2回の「少しすれば」は，「見る」と「見ない」が重なって一つとなっている。両者は「少しすれば」という時間性のうちに一つとなっている。ここで弟子たちが分からないと言うのは，実際はこの弟子たちとは，また「われわれ」のことであり，すでに述べたように，「分かる」とは単に「知っている」ことではなく，その希望によって「立つ」，すなわち生きることが出来るということである。すなわち現在に関しては，少しすればイエスを見ない，また少しすればイエスを見るという，この「ミクロン：少しすれば」という時間性は，聖霊におけるイエスの現前の時間性であり，それは「見る」と「見ない」の同時性としての「今」なのであるが，その時間は，十字架と復活において継起として展開される[75]。この意味で「少しすればというのは何のことだ」として，このことがわれわれへのイエスの現前の時間性として，特別に強調されている。「見ない」ということのうちに，「見る」ということが起こり，その両者の関係が「少しすれば」ということである。

19節　「イエスは，彼らが訊ねたいと思っていることを知り，彼らに言った。」すなわち弟子たちは尋ねることを，ちゅうちょしていたのである。それはたずねたいという思いをせき止めるほどの謎であったのではないか。「イエスは彼らが彼に訊ねたいと思っていることを知り彼らに言った。

---

75) 伊吹，注解II，序文，9-13参照。

『少しすればあなたたちはわたしを見ない。また少しすればわたしを見るだろう。』と言ったことについて互いに議論しているのか。」これは16節，17節に続いて3度目のくり返しである。これに続いて弟子たちの泣き嘆くことと世の喜ぶこと，弟子たちの悲しみについての言葉が続く。ここでイエスはこの「少しすれば」という言葉を，イエスの死までの時と，その時からイエスの復活による再会の時とに分けて，というふうに答えていない。そのことが吟味されなければならない。ここでのイエスによる16節の言葉の弟子たちのくり返しは，「見る」と「見ない」がイエスの死と復活との関わりで取り上げられているのみでなく，上記のごとく，霊におけるイエスの現前の「少しの間」（ミクロン）という性格が問題となっていることを示すのであろう。ミクロンとはやはりそう簡単なことではなかったのである。福音書記者は弟子たちへの言葉をわれわれへ向けたものとして考えている。

20節　このイエスの答えは「まことにまことにあなたたちに言う」ということで始まる。あと23節でこの導入の句は最早使われない[*76]。このアーメンは「それがそうでありますように」ということで，そのことの実現を神自身がキリストにおいて「しかり，確かにそうなる」と言われる。「しかり」がイエスにおいて実現されるのである。なぜなら神の約束は，確かに彼において「しかり」となったからである[*77]。しかもこの「しかり」がヨハネ福音書では，常にイエスによって重ねてくり返されているのである[*78]。アーメンは，常にその確約をもとにした未来への出発への促しなのであり，人間を覚醒させる。それに次のような対比が続く。ここでイエスは「少しすれば」の意味はこうだ，というふうに説明しない。それを悲しみと喜びの時として明らかにする。それが本質的なことなのである。それは悲しみの時は，少しすれば喜びの時に変わる，というその「少しすれば」が，真実であるからである。この「少しすれば」は，信仰においてのみ，このイエスの言葉を信じることによってのみ理解可能な「少しすれ

---

76) 1, 51; 5, 19.24.25; 6, 26.32.47.53; 8, 34.51.58; 10, 1.7; 12, 24; 13, 16.20.21; 14, 12; 16, 20.23.
77) Ⅱコリント1, 19-20.
78) Schlier, ThWbNT I, 339, 18; 341, 40: es steht fest und es gilt; 言葉を信実にして堅固なものとして立てる。ヨハネ福音書では25回出て，典礼のうちで重ねて言われたのか。

ば」なのである。それが上に述べた「アーメン,アーメン」という確約なのである。「あなたたちは泣き*79,嘆く*80であろう」に「世は喜ぶであろう」*81が対置される。「泣く」ことは「悲しむ」という,より持続的な状態にとって代わられる。このイエスを見ないことにおいて,われわれが悲しむということにおいて,すなわち,イエスを見ないということにおいて,世は喜ぶ。そして悲しみの本質は別離である。だが,次の「あなたたちは悲しむであろう」*82に,「世は喜ぶであろう」というような世の反応の対比がない。世はイエスを見ないことにおいて喜ぶのである。次に「しかしあなたたちの悲しみ*83は,喜び*84になるであろう」とある。マリア・マグダレナは墓の外で泣いていたが(20, 11),それは喜びに変わるのである(20, 22参照)。すなわち「世が喜ぶであろう」の代わりに,弟子たちの喜びについて書いてあるということである。世の対比があるとすれば,世が泣き悲しみ愁うであろう,ということになるはずであるが,実際は,世は喜ぶのである。なぜなら世は依然としてイエスを見ないからである。しかしこのことは信じる者たちの喜びの前に,最早言及するに値しないのである。さて以上のことは,一方にイエスを最早見ないという世の喜びがあり,弟子たちの側ではイエスを見るという喜びがある。これまでの二つの「少しすれば」ということは弟子たちにとっては,まず憂いであったがそれは喜びになる,という意味で一つになったのである。弟子たちに取って「少しすれば」は「憂い」であったが,それは同時に「少しすれば」「喜び」となるという性格を有することになる。従って弟子たちは「少しすればとは何のことだ」と言ったと考えられる。というのは,それはわれわれにとっての今においては,常に「喜び」とか「悲しみ」とか不変に画然と分けられているものではないからである。われわれは主を見ないという悲しみのうちに,霊において主と出会い,悲しみは喜びへと変わるのである。ミクロン(「少しすれば」)という時間性は,前述したように主の現前の時間性なのである。そしてそれは永久の喜びへ向かっている。「確約の意味は,

---

79) klausete; klaiein: 11, 31.33; 16, 20; 20, 11.13.15.
80) thrēnēsete; thrēnein: 16, 20.
81) charēsetai; cheirein: 3, 29; 4, 36; 8, 56; 11, 15; 14, 28; 16, 20.22; 19, 3; 20, 20.
82) lupēthēseste; lupein; 16, 20; 21, 17; lupē: 16, 6.20.21.22.
83) lupē: 16, 6.20.21.22.
84) chara: 3, 29 [2回] : 15, 11 [2回] : 16, 20.21.22.24.

しかしながらただ悲しみに喜びが少しの後に続くということではない。というよりはむしろ喜びが悲しみにその起源を持つということなのである。「悲しみは必然的にキリスト教的実存に属する……」*85。しかしこの言い方は十全ではない。それは喜びから悲しみへとふり返って見られているからである。むしろ悲しみの真っ只中にあって、それは喜びへ向かっているというその方向が、約束の言葉によってエスカレートして実現する*86。すでに喜びへの期待として、悲しみのうちにあって喜びが先取りとして存在する。これが世俗的には、前向きに生きると言われることなのである（gratia は natura にも現れる）。パウロは苦しみの真っ只中で現れるべき栄光に期待する（ロマ8, 18）。そして被造物全体の産みの苦しみについて語っている（同8, 23）。これがキリスト教実存のあるべき姿なのである。「苦しみにもかかわらず、否そのうちにおいて主と等しくなるであろうまさにその苦しみのゆえに」喜ぶ*87。悲しみは喜びを生み出す。そしてその際、悲しみ（lupē）と喜び（chara）の比重は、このテキストで言えば悲しみの4回に対して、喜びはなんと10回である。そして最後に悲しみは消え（16, 21）、喜びは増大し、心から満ち溢れてしまうのである*88。喜びが心の容量を凌駕している。最後の言葉は喜びであり、したがってそれは終末的であり、その本質は再会である。喜びは終末的性格を有し、すべては喜びへと向かっているのである。悲しみは喜びによって打ち勝たれていく。

　まさにそのことを次の節でイエスは「パロイミア」（隠された言葉）として語るのである（25節）。

21節　ヨハネ福音書には珍しくたとえのような形式で悲しみと喜びについて語られる。ただここでは「パロイミア」として性格づけられていて、それを単にたとえとすればパロイミアも単なるたとえになってしまうので、気をつけねばならない*89。また古いたとえの解釈（Juelicher）のよう

---

85) Bultmann, Kom.
86) Lupē humon eis charan genēsthai＝あなたたちの悲しみが喜びのうちへと成る：これは sich in Freude verwandeln より強い表現であると言える。多分 eure Trauer eskaliert [escalate] in die Freude と言えるのではないか。
87) Schlier, Philipperbrief, 56.
88) 16, 24; 17, 13: plēroun; また plērēs: 1, 14参照。
89) 伊吹、注解II, 296以下参照。

に tertium comparationis を悲しみと喜びにして，アレゴリーの要素を見ることにも気をつけるべきである*90。ここではミクロンが「時が来る」というヨハネ的な表現で点としての時に収斂している*91。ちなみにヨハネ福音書の中でたとえ的なものとして普通 8, 35（奴隷）；10, 10（盗人）；11 以下（良き牧者と雇い人）；12, 24（一粒の麦の種）などが挙げられる*92。ここでの悲しみ (lupē) と喜び (chara) は，20節のそれを受けている。苦難 (thlipsis: 16, 21.33) はもちろん新約聖書では多く見られるが，ここでは33節を先取りしている。ここでは詳しくは立ち入れないが，「時が来る」というのは全くヨハネ的な終末論的な意味である。それは苦難の時なのであるが，すでに救いの中に組み込まれている。出産の時の「悲しみ (lupē)」というのは，20節の「悲しみ」に準じて言われているのでこの事象に全く適しているとは言えないであろう。しかし協会訳の「不安」とか新共同訳の「苦しみ」という訳にすると，20節との並行性が見えてこなくなる。この「悲しみ」は，これから来る苦しみを前にしてのそれと考えるべきであろう。事実，苦しまねばならないということは悲しいことであろう。実際に続く句では「悲しみ (lupē)」は「苦難 (thlipsis)」で受けられている (D579c は lupē としている)。しかし子が生まれれば，独りの人間が世に来たということで，その苦しみのことは喜びのあまり想いだしもしない。忘れてしまうのである。それは苦しみの完全な消失を意味する。この完全ということは記憶からも消し去られるということであろう。それは喜びの力による。喜びが支配する。このような苦難は，新しい命の喜びへと向けられた苦しみであって，世の否定的な苦しみとは違う。また努力の結果目的を達成して，その勝利の道をふり返るような喜びでもない。その時苦しみは喜びに変質して存在するのである。ここで言われている最も重大なことは，このような苦しみの後に，その苦しみを忘れさせ，消してしまうような喜びが待っているという，そのような苦しみの本質ではないだろうか。苦しみが神の確約によって，絶対的な仕方で喜びと結ばれ，消されてしまうということであろう。それは十字架と復活をつなぐ神の絶対的な「そして」であり，苦難は喜びへのスタートである。

---

90) イザヤ 26, 16-19; 66, 7-14参照；また黙 12, 2 参照；さらに Bultmann, Kom 参照。
91) 女につく冠詞はセム語的：Schnackenburg, Kom.
92) Schnackenburg, Kom; Dodd, Tradition, 366-387.

22節 16-22節は，どう見てもパロイミアの語りを取り扱っているように見える。特に21節はその語りが，パロイミアと特徴づけられる10, 1-5に類似している。それに対して22-24節はパレーシアの語りのように思われる。それにもかかわらず，25節ではこれらすべてがパロイミアとされ，パレーシアの語りが将来に約束されている。このずれは何を意味するのであろうか。このことについてはここで問題提起のみをしてそれについては25節で取り扱いたいと思う。

さてここでは，kai humeis oun nun men lupēn echete を「ところであなたたちは今悲しみを持つ」と訳しておく。すなわちイエスの言葉は21節の子を生む女の「悲しみ (lupē)」をここで受けている。恐らく21節には不適当な表現ではないかと思われたこの女の「悲しみ」という表現は，この弟子たちの別れの悲しみから決められていたのであろう[*93]。協会訳は lupē を21節に合わせて「不安」と訳したので，訳がここでも「不安」となり適合せず，不正確となった。新共同訳は21節の lupē を「苦しみ」とし，22節を「悲しみ」と訳し，同一語の訳が不統一となっている。それはそうとしてこの導入は，パロイミアの語りをパレーシアで受けているように感じられる。すなわちこの弟子たちの「悲しみ」に対して，しかし (de) と続けられる。すなわち今悲しんでいるということは，21節にしたがえば産みの時が来たということである。そして前節に語られた子供の生まれた時の喜びが，「わたしは再びあなたたちを見るであろう」に相当する。ただしこの「再び」は「少しすれば」ということある。ここでは最早「少しすればあなたたちはわたしを見ない」という言葉はない。その悲しみについては最早語られず，悲しみの真っ只中で，すなわち産みの苦しみの中で，志向は到来しつつある喜びへと向けられている。「しかしわたしは再びあなたたちを見るであろう」。「そしてあなたたちの心は喜ぶであろう。そしてあなたたちの喜びを誰もあなたたちから取り去りはしない」。すべての不安は，20, 20「それで弟子たちは主を見て喜んだ」を読めば氷解するであろう。喜びの本質は命を意味する，愛する者との再会にある。しかしそれは十字架を忘れるということではない (20, 20)。それは愛のしるしだからである。そして自分が命を受けたということが端的な喜びなのである。

---

93) lupē はこの福音書では16, 6.20.21.22の4回。

それは単なる心的過程ではない。「しかしわたしは再びあなたたちを見るであろう」（14, 18），という確約だけから生きていけるという力をこの言葉が与える。悲しみの中に，まさにその悲しみのゆえに喜びが来ることを知る。それは第一に弟子たちと復活者との再会をさす，そしてわれわれの終焉の後，われわれが出会うイエスとの再会をさすが，それは霊においてすでに今始まっているのである。ここで再び，あの2回の「少しすれば」の意味が1回に溶解してわれわれの実存を規定し支える。16, 16の二つの「少しすれば」は，14, 19の示すように，ここでは一つの「少しすれば」であり，別離において再会が現前している。しかし14, 19によれば「世はもう決してイエスを見なくなる」のである。この喜びは誰からも決して取り去られることはない。もう別離は永久にないのである。それはまた人がそのことに慣れてそれが当たり前のように変質することもない。それはイエスがそして父が絶えず新しく再会を与えるからである。それは物在性として見るのとは異なる。だがそれは再会の喜びの瞬間が永遠であるということであり，あらゆるおよそ思考し得る限りの再会の喜びはここに集約される。そのような確約がここで与えられている。くり返しになるが，あらゆる悲しみはそれへ向けられている。この意味で，再会の喜びは別離の悲しみに似合うような，それに「相応する」（korrespondieren）[*94]ものではない。悲しみは満ち溢れることがあったとしても（16, 6），それは本来的に喜びについてこそ言えることなのである（3, 29; 15, 11; 17, 13; また1, 14: plērēs; 1, 16参照）。なお喜びについては15, 11参照。そして悲しみと喜びを通じてそれらは「愛」に貫かれているのである。

23節 23節以下は喜びについて語られる。「かの日」とは22節との関連で再会の日であり，それは同時に終末の日である。すなわち喜びが最早決して取り去られることがないゆえにそれは終末を意味する。それは「かの日」[*95]，すなわち「終わりの日」[*96]である。それはすなわち復活の日なのである。「たずねる：(erōtan)」は1, 19.21.25; 4, 31.47; 5, 12; (8, 7); 9, 2.15.19.21.23; 12, 21; 14, 16; 16, 5.19.23.26.30; 17, 9 [2回]. 15.20; 18, 19.21;

---

94) Bultmann, Kom.
95) ekeinē tē hēmera: 14, 20; 16, 23.26.
96) hē eschatē hēmera: 6, 39.40.44.54; (7, 37).

19, 31.28に合計27回出る。ちなみにマタイ4回；マルコ3回；ルカ15回；新約聖書総計は62回であり，以上のようにヨハネ福音書の使用はその3分の1を超えている。それだけイエスの言葉について，訊ねるべきことが多いと言えるであろう。そしてこのヨハネ福音書の使用の中で重要なのは，ヨハネ的誤解を含む弟子の無理解である[97]。弟子たちはこれまで無理解において尋ねる者として性格づけられていた[98]。したがって erōtaō を，続く「aitein＝願う」の意味で理解し重点を「わたし (eme)」－「父 (ton patera)」の対置に見出すのは間違っている[99]。このことは続く24a節で23a節への関りが何も見出せないことからも明らかである。また erōtan は願うという意味を持っている（その他「尋ねる」は使1, 6だけ）。願いとしてマタイ15, 23；ルカ4, 38；ヨハネ19, 31参照[100]。「別れの説話のうちで，尋ねることはイエスと彼の者の間で特別なニューアンスを持っている。16, 23によれば，それは弟子たちがイエスに何も尋ねる必要がない，という救いの未来に属している。「そのうちで『知ること』と『認識すること』がそのような中心的な概念であるような神学においては，『尋ねること』は不完全さとしてのみ感じられ，それの克服がキリストとの究極の最も深い共同体を可能とする」[101]。この終末の日には「何も尋ねないであろう」ということは具体的にはいったいなにを意味するのか。哲学者は「なぜそもそも存在者があり，むしろ無がないのか」という問いを立てる。一般の人は，「わたしの上になぜこのようなことが起こったのか」という問い，そして「なぜこのようなことが起こるのか，それは何の意味を持つのか」というような問いを立てるであろう。実際は，この「何も尋ねない」ということは，まずコンテキストから答えられなければならないであろう。19節に，イエスは弟子たちが尋ねたがっているのを知り，とあるが，この弟子たちの疑問は，17節および18節に関わっている。23節の「尋ねる」は，まず第一に16-22節に関係している。そのうちで「わたしの父のところへ行く」ということは，13, 36のペトロの質問以来，縦糸のようにつながって来た。

---

97) 2, 22；4, 33；6, 7.60；9, 3；11, 8.12.16；13, 6.22.36；14, 5.22；16, 17.18.29.31；20, 25など。
98) Bultmann, Kom.
99) Bultmann, Kom.
100) Greeven, ThWbNT II, 683, 37以下。
101) Greeven, 同上。

16, 5にふれられたこの問いが17節で弟子たちによって立てられている。そして28節では、このことはイエスによって答えられている。この関連で「その日」とはイエスが父のもとに行った日である。これに答えて29節で弟子たちが、イエスはパレーシアで話し、パロイミアで話していないと言う。このことは、25節のイエスの言葉を受けている。26節は23節bにパラレルである。そしてそれは結局17節に帰る。ということは、16節のイエスの言葉への問いが第一に考えられているのであり、それはイエスの死と復活という救いの秘密である。したがってこのことから言えば、弟子たちは救いについて何も問うことがないということになるであろう。この救いについて問うことがないのは、また次の意味をも含んでいると考えられよう。すなわち、21節には産む女の悲しみが述べられるが、子が産まれたときには喜びのあまり、苦しみを思い出さないと言われている。そして22節にはこの喜びについて述べられる。この関連からいうと、「なにも尋ねない」ということは、「尋ねる」ということが表している過去の悲しみや苦しみは、すべて喜びに飲み込まれてしまい（Ⅱコリント5, 4！）、もはやそれを思い出すことがない。したがってすべての疑問は消失してしまうという救いの状態を言っている、と考えられる。あらゆることの意味についての疑問の答えは、救いと「喜び」なのである。

　続く「まことに、まことに」は、ほとんど20節の「まことに、まことに」で導入された確約が満たされたこと、そしてさらに確約が与えられることと受け取られる。「わたしの名において父に何かを願うなら、彼はあなたに与えるであろう」。この主題は26.27節に再び取り挙げられる。「願う（aitein）」：4, 9.10; 11, 22; 14, 13.14; 15, 7.16; 16, 23.24.26[102]。なお新約聖書翻訳委員会訳の新約聖書には以下の注がついている。「この動詞はこの文書では、イエスを主語とする時には『頼む』の意味だが、それ以外の人を主語とする時は通常『訊ねる』という意味で使われる。23節後半-24節・26-27節との関連でみる限りは前者の意味だが、同時に25-30節の主題の導入として、両義的に用いられているようである」（367）。もちろん「訊ねる」ことと「願う」ことは関連があるであろう。「願う」ために「訊ねる」からである。しかしここではerōtanは「訊ねる」として理解すべきで

---

102) Staehlin, ThWbNT I, 191以下参照。

あろう*103。Luther: fragen; Bible de Jérusalem: vous ne me poserez plus aucune question. ちなみに Bultmann は「訊ねない」ことと「信頼」や「確信」の意味でのパレーシアの関連をⅠヨハネ3, 21; 5, 14を挙げて明らかにしようとしていることを述べておく。「願う」との関連における「名（onoma）」については，14, 13.14; 15, 16; 16, 23.24.26参照。この箇所はすべて「別れの説話」に限られる。14, 13「そしてあなたたちが，わたしの名において願うなら，それをわたしはなすであろう。」14, 14「あなたたちが，わたしの名において何かを願うなら，それをわたしはなすであろう。父が子において栄光を受けるためである」。15, 16「それはあなたたちが，わたしの名において父に願うことをあなた方に与えるためである」。16, 23「わたしの名において父に何かを願うならば，彼はあなたたちに与えるであろう」。16, 26「その日にはあなたたちは，わたしの名で願うであろう。わたしはあなたたちに，わたしがあなたたちのために父に頼むとは言わない。というのは父自らがあなたたちを愛する……」。これらすべての箇所のコンテキストとの関連の徹底的究明は残念ながら注釈書の枠を超えてしまう。ここでは当該の最も短いコメントに止める。「わたしの名で」ということは，何よりも名は呼ぶものとして，イエスがそれに答えるということであり，16, 26によればイエスが父に頼むというパラクレートス的な役割を意味していると考えられる。すなわち「わたしの名で」ということは，イエスの仲介を意味するように思われる。この身を棄てて去って行くイエスによって願うのである。この願いとその成就は，いずれにしても終末の救いの日が来たことのしるしである。なぜならば人間は「願う存在」であり，終末とは，その人間の希望の成就を意味するからである。しかるにここでは，なぜ「問う」必要のないこと，喜びに満ち溢れたことが，願いの成就の可能ということなのかということである。この喜びに満ち溢れた状態は，願う存在としての人間の願いがすべてかなえられる日なのである。そしてその願いとは，喜びが与えられることに他ならない。そしてその「願いの成就」については，22節に心が喜びに満たされ，その喜びが決して取り去られないという約束が与えられている。つまりここでは，そのこと，「父に求めることは何でも」与えられるということは，喜びが決して取り去られ

103）　詳しくは Bultmann, Kom.

ることがないということを意味している。ちなみに次のことも忘れられてはならない。「低い者」としての人間の願いは，まず「日ごとのパン」[104]に向いている。このことはヨハネ福音書の6,5以下から明らかである。イエスがフィリポを試したというのは，イエスは人々が何よりも今パンを必要とするかどうかを知っており，イエスがそれを与えるという信仰を持つことを，フィリポに要求したのである。したがって「願い」は精神化されていると考えるのは間違いであって，「願い」には「何でも（何であれ）」（14, 13; 15, 16）；「何かを」（14, 14; 16, 23）（以上新共同訳）という言葉がついている。16, 24ではその「何か」が終局的に，それが与えられる「喜び」として明らかにされている。それは結局イエスがわれわれを見ることなのである（22節）。

24節　「今まであなたたちはわたしの名において何をも願わなかった。」「今まで」は受難と復活の起こった，つまり別れが再会となった「今」と対比されている[105]。「わたしの名において」[106]は，イエスがパラクレートス（代願者：Ⅰヨハネ2, 1）の意味に近い者として理解されているようである（14, 16）。「願え，そうすれば受けるであろう」について：「この表現は共観福音書のイエスのロギオン，マタイ7, 7平行を思い起こさせる。それはまたⅠヨハネ3, 22; ヤコブ4, 3に余韻を引いている。ヨハネ学派がいくつかの古い伝承であるイエスの言葉を大切に守り考量した新しいしるしである……」[107]。ヨハネから言えば，この言葉は終末的である（共観福音書では神の国の到来を表す）。さてここで（24節c）の願い，受けることは，「あなたたちの喜びが満ち溢れるためである」と言われている。すなわち喜びが満ち溢れるということは，喜びのうちに願い受けることにおいて，その喜びが文字通りさらに遂行されて満ち溢れてしまうことなのである。この願いは喜びの欠如から起こるのではない。それは22節の「あなた方の心は喜ぶであろう」という喜びから生まれてくるのであり，またそれは喜

---

104)　マタイ6, 11参照。
105)　ちなみに，「今」(arti)：ヨハネ2, 10; 5, 17; 9, 19.25; 13, 7.19.33.37; 14, 7; 16, 12.24.31: Total 12回；マタイ7回；マルコ；ルカ0回；NTではTotal 36回。
106)　14, 13.14; 15, 16; 16, 23参照。
107)　Schnackenburg, Kom Ⅲ.

びが満ち溢れるためなのである。喜びは願いとなり，それは喜びの横溢に至る。ここでの主題となる喜び（chara）は20節に始まり21節，22節［2回］と展開し，24節でその頂点にいたる（17, 13参照）。しかるにその先が25節を踏まえて26節へと展開されて行く。しかしそこへ進んで行く前に，24節の「あなたたちの喜びが満ち溢れるためである」は，14, 13「そしてあなたたちがわたしの名において願うなら，それをわたしはなすであろう。父が子において栄光を受けるためである」と比較される必要がある。父が子において栄光を受けるのは，「あなたたちの喜びが満ち溢れる」ことにおいてなのである。父の栄光とはここで父の愛が輝くことであり，それは信じる者の喜びが満ち溢れることにおいてなのである。イエスとの再会において満たされる心の喜び（22節）は，求めることが与えられることにおいて満ち溢れるものとなる（24節）。ここに一層の強調が見られるが，その願いは出会うことが止まるということではないだろうか。

終末と約束
（25-33節）

---

²⁵「これらのことをあなたたちに謎の言葉（パロイミア）で話した。最早あなたたちに謎の言葉（パロイミア）でなく，父についてあなたたちにあからさまに告げる時が来る。²⁶その日にはあなたたちはわたしの名で願うであろう。わたしはあなたたちに，わたしがあなたたちのために父に頼むであろうとは言わない。²⁷というのは，父自らがあなたたちを愛する。なぜならあなたたちはわたしを愛し，わたしが神から出たことを信じたからである。²⁸わたしは父から出て世に来た，わたしは再び世を去って父のもとに行く。」²⁹彼の弟子たちは言う。「見て下さい。今あなたはあからさまに語っています。そして何らの謎の言葉（パロイミア）も話していません。³⁰わたしたちは今あなたがすべてを知っており，誰かがあなたに尋ねる必要がないことを，知っています。このことで，あなたが神から来られたことを信じます。」³¹イエスは彼らに答えた。「今信じるのか。³²あなたたちがめいめい自分のところへと散らされ，わたしを一人残す時が来る，いや来ている。しかしわたしは一人ではない。父がわたしと一緒にいるからである。³³わたしのうちにあってあなたたちが平和を持つために，これらのことをあなたたちに話した。あなたたちは世で苦難を持つであろう。しかし勇気を持て。わたしはこの世に勝ったのである。」

注　解

25節　「これらのことをあなたたちに話した」（14, 25）は「慰めの言葉」が終わりに近付いたことを示す[*108]。前の22節の注に，16-21節がパロイミアという性格を示しているように見え，それに対して22-24節は一転してパレーシアの語りのように思えるのに，なぜここで「これらのことをパロイミア（複数）で話した」と言われるのかという問いにふれた。そしてさ

---

108) Schnackenburg, Kom.

らに26-28節へとこのパレーシアの語りは続いていくように思われる。それでは，この25節の中断とも思える節では何が明らかにされているのだろうか。25節では明らかに，これまでの語りをパロイミアとしている。それによって明らかにされることは，パロイミアとパレーシアがここで書かれている字面で暗示されているとしても，それで分類されるものではなく，その都度，聖霊によってすべてのパロイミアがパレーシアとしての言葉の意味において顕わにされて来るという事態を指しているということである。すなわち何節から何節までがパロイミアであるとか，パレーシアであるとか確定するのは適当でない。そして26-28節には，「その日には」ということで，23節の「その日には」が受け継がれている。そして字面から言えば全くパレーシアのような語りが28節まで続く。それに対して29節でも，弟子たちはそのような対応を示している。しかし31節のイエスの反応はネガティブである。聖霊なしにはパレーシアは不可能であると解せられる。25節ではパレーシアの時が来るであろうと言われているだけである。そのことによって26-28節のパレーシアの語りが，今はそのものとして開かれてはいないのであると考えられる。25節は形の上では，パレーシアの語りの真ん中にそれは弟子たちにとって現在はパロイミアであることを言い，同時に字面の上でも16-22節をそのパロイミアの形として示したのだ，と推定するよりほか道がなさそうである。さらに大切なことは，イエスの言葉のパロイミアという性格は，この世でイエスの救いの出来事が起こった時に完全に消滅するのではない。もしそうならイエスのパロイミアの語りは歴史的に過ぎ去ったことであり，全く背後になったのである。そうではなくてわれわれの生にはパロイミアがあり，それがパレーシアになるという希望のうちに成立している。そして救いの完結までは，この希望の実現がある一方，パロイミアは究極的に言えば消え去るのではない。またその日のことを語っても，その日にならないので分からないのである。25節は26-27節を，その日のこととして語り，パレーシアの語りを現在はパロイミアであることを明らかにする機能を持っていると仮定したい[109]。この語りは実際は，イエスの死と復活において明らかになり，それが聖霊において起こる[110]。しかし究極のわれわれの救いまで，パロイミア，す

---

109) パロイミアについては伊吹，注解II, 10, 6の項参照。

なわち別れの言葉はその性格を保つのである。すなわち別れの言葉はパロイミアとして，つねに現在のうちへと語りかけるのである。ちなみにパロイミアという語はⅠヨハネには出てこないが，その反対のパレーシアは，ヨハネ7, 4.13.26; 10, 24; 11, 14.54; 16, 25.29; 18, 20; Ⅰヨハネ2, 28; 3, 21; 4, 17; 5, 14に出る。ここで注意すべきはⅠヨハネ3, 21; 5, 14であり，ここでは祈りが聞き入れられる確信（喜び）がそう呼ばれている。たしかに「あからさまに」話すということは聖霊において起こるが，24節の願いが聞き入れられることの確信でもある。問うことのないこと，すなわちすべてがあからさまになり，24節の祈りが聞き入れられるという確信は一体をなしていて，この二つは喜びの性質でもある[*111]。しかしⅠヨハネでは parrēsia は paroimia に対して使われているわけではないので，Ⅰヨハネにおけるその使用と区別することが必要ではないだろうか[*112]。願いが聞き入れられることは26.27節にさらに続けて語られる。すなわちパロイミア（謎の言葉）とは，イエスの死と復活が起こり，聖霊が来ないと理解できない言葉である。パレーシアは聖霊が来て理解できるということのみならず，イエスの名で父に祈れば必ず与えられるという確信と喜びであり，すべてが霊においてあからさまに，すなわち理解できるように語られる。問うことのないことはたしかに不安と心配からの自由を意味する[*113]。ここではこれまでの時（einst）と今（jetzt）が対置されている。ここでは聖霊についての言及はないが，イエスの言葉は聖霊においてあからさまに未来の展望を開くのである（再会と永遠の命）。その時がいまや来るのである（復活と霊の到来）。イエスの言葉は聖霊なくしては理解しがたい言葉（パロイミア）であり，霊において理解し得る言葉（パレーシア）である。それは言葉の単なる理性的理解とは関係がなく，むしろ言葉への確信がその中枢をなすと言えようか。しかしこれらは以前に述べた「少しすれば（mikron）」に相応し，同時的にパロイミアとパレーシアの性格を持つことになる。そのような時が来る。これは終末的な時であってイエスの聖霊における現前がその時なのである。最後になったが，このイエスがパレーシアで告げるのは，

---

110) 13節以下：lalein; anaggelein 参照。
111) Bultmann, Kom.
112) Schlier, ThWbNT V, 879以下参照。
113) Bultmann, Kom.

父についてなのである[114]。これがイエスの啓示のすべてである。「父について」告げること，啓示することが啓示者としてのイエスの役目であったし，今後もそうなのである：1, 18; 3, 35; 5, 17.26その他。

26節 「その日」，すなわち父についてあからさまにされる日とは，23節の「わたしの名において父に何かを願うならば，彼はあなたたちに与えるであろう」という日であった。救いの完成とは，信じる者が父に願って与えられる日なのである。この aitein という語は11回中，別れの説話で9回使われている：14, 13.14; 15, 7.16; 16, 23.24 [2回]. 26。われわれの存在が，神に対してまず第一に願う存在であることが，明らかにされたのである。24節によれば，救いとは，与えられて喜びが満ち溢れる日なのである。つまりそれは喜びを願う日なのであり，それは永遠の満ち溢れる喜びとなるのである。このことがここで再び取り上げられるが，そのさい「わたしがあなたたちのために父に頼むであろうとは言わない」とある。そのさい，すなわちイエスの父のもとでの「頼む」ことにヨハネ福音書は erōtan を用い[115]，aitein は人が頼む場合に使われる[116, 117]。erōtan は「訊ねる」の意味で使われる。ここでは，イエスは「最早父に頼むとは言わない」[118]。これはパラクレートスの役目であろう。

27節 それは「父みずからがあなたたちを愛する」からである（14, 23）。これが23節また15, 7.16に対し新しいことである。すなわち，これまでは直接の神との関係でなく，いわば「イエスの名を引き合いに出して（unter Berufung auf）」祈ることが出来たのである。しかし今弟子たちは，いわばイエスと並びイエスの場所を占めたのである[119]。それはなぜか。ここで第一に愛が挙げられ，第二に信仰が挙げられている。「なぜならあなたたちはわたしを愛し，わたしが神から出たことを信じたからである」[120]。

---

114) 告げる：apaggellein はヨハネ福音書でここだけ；Ⅰヨハネ1, 2.3参照。
115) 14, 16; 16, 26; 17, 9.15.20。
116) 4, 9.10; 11, 22; 14, 13.14; 15, 7.16; 16, 23.24.26。
117) Schnackenburg, Kom.
118) ロマ8, 23。
119) 3, 35; 5, 20参照。Bultmann, Kom.
120) 8, 42参照。

ここではイエスを愛するがゆえに信じたと言われ，信じたがゆえに愛したという順序ではない。信じさせるのは愛であったのである。その愛は確かにイエスの愛への答えである。別れの説話では，15, 19の世の愛を除いては，ここだけでphileinが用いられ，他はagapanであるが特別な意味の相異はないように思われる。そして父の愛は，弟子たちのイエスの愛に依存するということではなくて，それへの答えであると解される。

28節 あからさまになされる話（25節）を指示する最後の言葉は，「わたしは父から出て世に来た。わたしは再び世を去って父のもとに行く」というものである。これはイエスの派遣の全体について述べられ，弟子たちは，イエスが神から出て来たことを信じたのであるが，今やこの別れの説話では，イエスが去って父のもとへ行くこと，すなわち別れの必然性，イエスの「どこへ行くのか」という問いが主題であった[*121]。すなわち27節の「父から来る」ということに対して，「父のもとに行く」という理解は言及されていなかった。したがってここでのイエスの言葉はこの点に重心があると見てよいであろう。

29節 このイエスの言葉に対する弟子の返答，すなわちイエスが今「あからさまに」語って，パロイミアでは話していないということは，再び彼らの無理解を示しているものとなった。彼らは彼らが理解していないことが分からないほど，少ししか理解していない[*122]。すなわちイエスは別れの説話で，これまでとは違って別れについてたしかに「あからさまに」話すのだが，しかしそのことが全く「あからさまな」話になるのは，その時が来た時である（25節）。その時とはくりかえすが，聖霊の来る時である（16, 13）。それゆえ弟子たちの言うことはある意味では正しいのだが，やはり正しくないのである[*123]。すなわちここでは「父のもとに行く」ことの理解にかかわる。

30節 さらなる弟子たちの答えは，彼らが自分たちの理解に止まって

---

121) 7, 35; 8, 14; 12, 35; 13, 1.3.33.36; 14, 2.3.4.5.12.28; 16, 5.7.10.17 参照。
122) Behler, Abschiedsworte, 247.
123) Bultmann, Kom.

いることを示すものであろう。弟子たちは「今」というが，それは本来聖霊の到来した時のことである。すなわちイエスがすべてを知っており，またそれについて語るので (29節)，誰かがイエスに尋ねる必要がないということであろう。29節について述べた弟子たちの理解のゆえに，ここで再び27節のイエスが神から出て来たという信仰へ帰る。しかし別れについて，イエスが父のもとへ行くことについての理解には言及されない。くり返すが，そもそも派遣ということは派遣された者が派遣した者のもとへ帰ることを前提としている。しかし聖霊なくしては，人はパレーシアの深みへは下りていけない。またこの意味で，16, 12 に「あなたたちに話すことがたくさんある。あなたたちは今耐えることができない」と言われたのであり，ここでの弟子たちの理解はイエスの来歴についてであり，イエスが父のもとに行く，すなわちイエスとの別れ，十字架のつまずきが弟子たちの理解を超えているということである。やはりこの「今」は無理解の「今」なのである。ただしこの「今」は，救いの完成まで動かぬものとして，全く過去のものとなることはない。イエスは行くために来たのであり (13, 3)，今や来るために行くのである (14, 18)。このことの理解は弟子たちの言葉からは窺えない。

31節 イエスの答え「今信じるのか」の「今」は30節の「今」である (13, 38の問いと比較せよ)。これは二重の意味を持つであろう。すなわちイエスの来歴に関しては，「今」やっと信じるのか，ということであり，これから起こることに関しては「今」もう信じるのか，という意味であろう。これを疑いの問い[124]と呼べるであろうか。いずれにしても二重の意味を含んだ問いである。

32節 31節の続きとして「今」について語られる。「見よ，あなたたちがめいめい自分の故郷 (ところ) へと散らされわたしを独り残す時が来る，いや来ている。しかしわたしは独りではない。父がわたしと一緒にいるからである」。受難は始まったのである。「自分の故郷へ散らされ」というのは21章に関係づけられてはいない。それはイエスが見棄てられ独り残され

---

124) Schnackenburg, Kom.

る時である。イエスの苦難の表現でもある。この時が来たことは，17, 1につながる。17章はあたかもイエスが独りである印象を与える。マルコ14, 27には「わたしは羊飼いを打つであろう。そうすると羊たちは散りぢりにされてしまうであろう」（マタイ26, 31）というゼカリア13, 7「羊飼いを撃て，羊の群は散らされるがよい」の引用がある[125]。18, 4-9ではイエスが弟子たちを去らせるのであり，この相違からこれは受難史の伝承と見なされる[126]。これはマルコ福音書では過越の食事の後，ハレルを歌いオリーブ山へ行く時に置かれている。ここでは10章の命を棄てて羊を守る牧者[127]との対比が描かれている。すなわちイエスの十字架は弟子たちの躓きである。イエスは全くの孤独のうちで十字架にかかるのであるが，「エロイ，エロイ，ラマ，サバクタニ」[128]という十字架上の言葉はこの福音書にはなく，「しかしわたしは一人ではない。父がわたしと一緒にいるからである」とある。考えようによっては，これは「エロイ，エロイ」というイエスによる呼びかけの最深の解釈ではないであろうか。すなわち共にいない者に対し呼びかけはできない。

33節 「これらのことをあなたたちに話した」は，別れの説話を締めくくる（16, 25; 14, 25）。それは，「わたしのうちにあってあなたたちが平和を持つために」なされた。これは別れの説話における溢れるほどの約束への指示でもある。この約束はイエスのうちに根ざしている。イエスのうちに平和がある。平和（eirēnē）: 14, 27 [2回]; 16, 33; 20, 19.21.26。苦難が起こるが，イエスが世に勝ったということにおいて，すなわちこのイエスにおいて，信じる者が平和を得るのである。この苦難（thlipsis: 16, 21.33）とは，16, 21の産みの苦しみの苦難に他ならない。したがって勇気を持つべきなのである（tharsein: 16, 33のみ）。敵対的な世においては苦難があるが，イエスはそれに打ち勝ったのである。この完了形は勝利がすでに勝ち取られたものとして宣言されている[129]。そしてわれわれの勝利の保証である。

---

125) ヨハネ10, 12参照。
126) Dodd, Tradition, 56以下。
127) 10, 12-15参照。
128) マルコ15, 34; マタイ27, 46参照。
129) Loisy, 797: comme si la victoire était déjà remportée.

この勝利の言葉（nikan）は，福音書でここに一回出るだけであるが，Ⅰヨハネに受け継がれている（Ⅰヨハネ2, 13.14; 4, 4; 5, 4.5; nikē: 5, 4）。ちなみに別れの説話では（13-17章）ユダヤ人は例外的に13, 33に出るのみで，敵対的な世について語られる。それは，「イエスの者」と「世の者」とがここで二者択一で現れるからである[*130]。最後の言葉は勇気を持たせるものである。そしてイエスの勝利において，信仰者は最終的に平和を持つことができる。イエスの勝利が最後の言葉である。

---

130) 15, 19参照。

第 17 章

¹イエスはこれらのことを話した。そして彼の目を天にあげて言った。「父よ，時が来ました。子があなたの栄光を現すため，あなたの子に栄光を現して下さい。²あなたが彼に与えたすべての者に永遠の生命を与えるために，彼にすべての肉への権能を与えて下さったように。³永遠の命，それは唯一の真実なる神であるあなたと，あなたが派遣したイエス・キリストを知ることです。⁴わたしは，わたしが行うようにあなたが与えたわざを成し遂げ，地上であなたの栄光を現しました。⁵父よ，今や世がなる前にあなたのもとでわたしが持っていた栄光で，あなたのもとでわたしの栄光を現して下さい。⁶わたしはあなたが世からわたしに与えた人たちに，あなたの名を現しました。彼らはあなたの者でした。そしてあなたは，彼らをわたしにお与えになりました。そして彼らはあなたの言葉を守りました。⁷今，彼らはあなたがわたしに与えたすべてのものは，あなたからのものであることを知りました。⁸なぜならあなたがわたしに与えた言葉を，わたしは彼らに与えました。そして彼らは受け入れました。そしてわたしがあなたから出て来たことを真に知り，あなたがわたしを派遣したことを信じました。⁹わたしは彼らのためにお願いします。この世のためでなく，あなたがわたしにお与えになった者のためにお願いします。なぜなら彼らはあなたの者であり，¹⁰またわたしの者はみなあなたの者であり，あなたの者はわたしの者であり，そして彼らのうちにあって栄光を受けたのです。¹¹そしてわたしはもうこの世にいません。そして彼らはこの世にいます。そしてわたしはあなたのところへ行きます。聖なる父よ，あなたがわたしにお与えになった彼らを，あなたの名においてお守りください。わたしたちがそうであるように，彼らが一つであるために。¹²彼らと共にいた時，あなたがわたしに与えて下さったあなたの名のうちに，わたしは彼らを守りました。そして保護しました。聖書が成就されるために滅びの子を除いては，彼らのだれも滅びませんでした。¹³今わたしはあなたのもとに行きます。そしてわたしの喜びを，彼らが自分のうちに満ち溢れるものとして持つために，世にあってこれらのことを語っています。¹⁴わたしは彼らにあなたの言葉を与えました。そして世は彼らを憎みました。それはわたしが世からのものでないと同様，彼らがこの世からのものでないからです。¹⁵彼らを世から取り去ってくださるようにとは願いませんが，彼らを悪から守ってくださるようにお願いします。¹⁶彼らはわたしが世からの者でないように，世からの者ではありません。¹⁷彼らを真理において聖別して下さい。あなたの言葉が真理です。¹⁸あなたがわたしを世に遣わされたように，わたしも彼

らを世に遣わしました。[19]そして彼らのために，わたしはわたし自身を聖別します。彼らも真理において聖別されるためです。[20]しかしわたしはこの人たちのためだけでなく，彼らの言葉によってわたしを信じる者のためにも願います。[21]みなが一つでありますように。父よ，あなたがわたしのうちにおり，わたしがあなたのうちにおり，彼らもわたしたちのうちにありますように。世があなたがわたしを遣わしたのだということを，信じるように。[22]わたしもあなたがわたしに与えて下さった栄光を彼らに与えました。わたしたちが一つであるように，彼らも一つであるためです。[23]わたしが彼らのうちにあり，あなたがわたしのうちにあり，彼らが一つへとまっとうされた者となり，それは世があなたがわたしを派遣し，あなたがわたしを愛したように，彼らを愛したことを知るためです。[24]父よ，あなたがわたしにお与えになった者，彼らもわたしがいるところにわたしと共にいることをわたしは望んでいます。彼らが世の初め（基礎づけ）の前にあなたがわたしを愛したためにわたしにお与えになった栄光を見るためです。[25]義なる父よ，世はあなたを知りませんでしたが，わたしはあなたを知っていました。そしてこの者たちは，あなたがわたしを遣わしたのだということを知りました。[26]そしてわたしは，彼らにあなたの名を知らせました。そして知らせましょう。それは，あなたがわたしを愛した愛が彼らのうちにあり，そしてわたしが彼らのうちにいるためです。

は じ め に

　17章は，16世紀のプロテスタント神学者キュトラエウス（Chytraeus: 1531-1600）以来受け継がれて大祭司の祈り（praecatio summi sacerdotis）と呼ばれる[*1]。Bultmannは「愛する」ことへの完成として，13, 1がこれを導入すると理解しこれに接続させる。それは聖餐の位置を占める感謝の祈りとして理解されることになる（Kom）[*2]。

　しかし一方，これは派遣された者の最後の任務遂行の際の祈りであり，かつ同時に帰還する者の報告と願いと考えられる。この祈りにおいて，派遣された者は，彼に与えられた者たちのためのパラクレートスとしての役割を果たしていると思われる[*3]。すなわち11b以下の弟子たちや，彼らによって信じる者たち，世が信じるための祈りである。

　受け取りようによっては，17章は16, 33の「わたしは世に勝ったのである」として，勝利の祈りとも受取れる。その見方とは，この祈りが19章の受難の深みとしての祈りをなしていることである。19, 18a「彼らはそこでイエスを十字架につけた」には，その深みにイエスの祈り17, 1があると考えられる。17, 2は十字架を王座として明らかにしている。17, 4.5は19, 30の「為し終われり」という言葉の深みから立ち上った言葉と解せられる。それどころか17, 18の派遣は20, 21のそれにかかわり得る。17, 20以下は，弟子の派遣によって信じる人たちのための祈りである。17章の祈りはこのように派遣された者のわざの報告と，その帰還の祈りであるように受取ることができる。それは受難の出来事の深みにあり，そこから立ち上って来る祈りの言葉と解される。17, 1と，17, 4の間にすべての受難の出来事が横たわっており，17, 5-26はその間に立ち上ってくる祈りであると考えられる。その場合下記の区分はそのまま通用するであろう。いずれにせよ17

---

1) 　Schnackenburg, LThK, Hohepriesterliches Gebet.
2) 　ルカ22, 32参照。
3) 　14, 16:「他のパラクレートス」: Ibuki, Wahrheit, 117.

章は13, 1で始まることの頂点であり，"the climax of the thought of the whole gospel"[4]と呼べるであろう。

またこの17章の祈りには Beraka の構造が思い浮かばれるという[5]。ただし大幅の変更があり，eulogein ないし eucharistein の代わりに doxazein が置かれ，24-26の最後の願いは24節の doxa の強調によって5節に相応すると思われる。さらに17, 5: Kai nun[6]は Beraka の願いの性格を表すと言われる。詳しいことはここでは省略する。

17章の区分

1 1-5節：イエスの栄光化のための祈り。すなわちイエスの栄光化の願いとして性格づけられる。初めと終わりに2回くり返され全体をなす。それは彼の者における栄光化であり（10節），彼の者のためのそれであり（19.26節），したがって続く願いと離されず，これらを内に含むものであり，その根拠と基礎付けとなる。

2 6-19節：現在の弟子のための祈り。6-8節は弟子たちのための救いのわざを述べる（4節参照）。弟子たちのための祈りの根拠付けと言える。願いは9節に導入される。そして弟子たちについての言葉が続く。11b-16節は決定的な形での保護の願いであり，12節はすでになされたイエスによる弟子たちの保護を述べる。14-16節は世に取り残された（11a節）弟子たちの状況の故に，さらなる保護の動機づけとその必然性における願いである。17-19節は弟子たちの聖化のための祈りである。17a節が強調された願いであり，17b-19節はこの願いの展開である。

3 20-23節は弟子たちによって信じる者たちが一つになることの願いであり，イエスと父が一つであり，そのイエスに信じる者が受け入れられることを示す。その際20-21節と22-23節がパラレルの形ですべての者の一致が願われる。21節と23節はそれぞれ世の信仰と認識がその目的として挙げられる。

4 24-26節：24節で信じる者たちの救いの完成という最後の祈りが始まる。25-26節はこの願いに属する。25節は彼らの信仰を述べ（知ること），

---

4) Dodd, Interpretation, 420.
5) 詳しくは，Ibuki, Wahrheit, 118: Stuiber, A. RAC, VI, 901以下参照。
6) 17, 13も参照。

26節は彼らの最後の救いの完成が愛ということにおいて述べられる。すなわち父のイエスを愛した愛が彼らのうちにあり、イエスもまた彼らのうちにあることである[7]。

---

7) この区分については，Becker, Johannes 17, 58; Malatesta, Structure.

イエスの栄光化のための祈り
(1-5節)

───────────

¹イエスはこれらのことを話した。そして目を天にあげて言った。「父よ、時が来ました。子があなたの栄光を現すため、あなたの子に栄光を現して下さい。²あなたが彼に与えたすべての者に永遠の生命を与えるために、彼にすべての肉への権能を与えて下さったように。³永遠の命、それは唯一の真実なる神であるあなたと、あなたが派遣したイエス・キリストを知ることです。⁴わたしは、わたしが行うようにあなたが与えたわざを成し遂げ、地上であなたの栄光を現しました。⁵父よ、今や世がなる前にあなたのもとでわたしが持っていた栄光で、あなたのもとでわたしの栄光を現して下さい。」

注　解

1節　「これらのことを語った」[8]と16, 33がもう一度くり返されて、続く「そして」によって深い切れ目がある。「眼を天にあげて」は深い祈りの態度を表す。イエスが地上で祈りをとなえることを表している。「父よ、時が来ました」、と単なる「父」という呼びかけで始まるこの祈りは、19, 18の「彼らはそこでイエスを十字架につけた」、という時の祈りに当たると考えたい。時とは十字架の時である[9]。これは栄光化の祈りである[10]。すなわちイエスの死の完遂（19, 30）のための祈りに他ならない。それは子が父の栄光を表すためであって、そのことは子の上に父の栄光が現れることに他ならない。このことにおいてヨハネ福音書では十字架と復活が決して分けられず一つのこととして述べられている。このような仕方で、父の栄光が子の上に現れることによって、父は栄光化される。子の栄光化と

---

8)　14, 25; 15, 11; 16, 1.4.25.33.
9)　2, 4; 7, 30; 8, 20; 12, 23.27; 13, 1.
10)　17, 1.4.5.10.

父のそれは一致し，この栄光においてヨハネ福音書のイエスは見られているのである。このためには17, 23.24が顧慮されなくてはならない。特に24節の「世の初めの前にあなたがわたしを愛したためにわたしに与えて下さった栄光」に注意すべきである。この世の初め（1, 1）の前の栄光とは父の子への愛に由来し，栄光とは愛の力の輝きなのである。すなわち子が父の愛を輝かせるために，あなたの子の愛の力の輝きを表して下さい，という祈りである。この栄光を「天上の世界のあり方」と解し，それへの還帰がここに願われていると解することは[*11]適切でないであろう。

2節 初めの祈りである1節の願いは，この節に述べられていることに「応じた」(kathōs) ことなのである（これは根拠付けとも受取られる）[*12]。すなわちこのことの終結的な願いとも言える。すなわちそれは以下のことに応じてなのである。すなわち「子に与えたすべての者に永遠の生命を与えるために」(hina 文) ということは，イエスを信じる者は父が子に与えたのであって，イエスを信じるということはその人を父が子に与えることである[*13]，ということを明らかにする。父が子に与えるのは，永遠の生命を得させるためである。そして，そのためにすべての肉へ，すなわちすべての人間への権能を与えたのであり，そのことに応じてイエスは1節の祈りを捧げるのである。このことは十字架がすべての権能の現れとしての王座であることを示唆している。この権能は子の栄光化に応じる事柄である。

3節 2節の永遠の生命を受けこれを明示する。したがって3節は中断のようにも聞こえ，挿入と主張されることもある。「永遠の生命」(hē aiōnios zoē) という書き方はここだけであるし（それ以外は zōē aiōnios），このような定義は読者への教えであって祈りの類型に合致しないなどという理由が挙げられている[*14]。もちろんこの祈りは読者のために書かれているということは争えない事実である。「永遠の生命」とは，3, 13以下によれば間接的にではあるが，人の子が挙げられるのを見ることが，永遠の生命であ

---

11) Bultmann, Kom.
12) Bultmann, Kom; Becker, Johannes 17, 64.
13) 与える：didonai: 特に6, 37.39.65; 10, 29; 13, 3; 17, 6.7.9.11.24参照。
14) Becker, Johannes 17, 73.

ることが述べられている。「唯一まことの神」は伝統的な言い方であり[15]，ユダヤ－ヘレニズム的宣教に属し[16]，イエス・キリストは他に1, 17しか出ないが，それに「あなたが遣わした」という句がつく。神が子を派遣したことが荘厳な仕方で言い表されている。「知る」とは遣わされた子と父を信じることであり，17, 8では「知り……信じる」として語られる。「知る」(ginoskein) は17章では17, 3.7.8.23.25 [2回] に使われている。信じることが最初のイエスに対する態度であり，「知る」はその到達点としても語られるが (6, 69; 10, 38)，その逆についてもまた語られ得るのである (16, 30; Ⅰヨハネ4, 16)。すなわちこれらは一体であり，真の信仰は知ることであり，それはまた信じることと離され得ない。しかしここでは，永遠の生命として信じることの到達点である「知る」が強調されていると考えることが可能である。イエスを信じることが永遠の生命であることが言われてきたが[17]，最後にこのことが神をも知ることとして明確に述べられている。

4節　これは3, 16にしたがって，イエスが派遣された者の使命を完全に成し遂げた者の報告と受取れる。しかしこれは同時に彼を信じた者が聞くためでもある。「成し遂げる」(teleioun)：4, 34; 5, 36; 17, 4.23; 19, 28では十字架の出来事が考えられており，ここではこの祈りは19, 28.30の「成し終われり」[18]の深みにある祈りなのである。すなわち，2節に十字架の王座への示唆があるごとく，最初の1節と4節の間にすべての受難の出来事があり，6-26節はその間に深みから立ち上る祈りであると解し得よう。すなわち父を栄光化したのである。1節の願いはここで受けいれられている。それは成就したのである。受難はイエスが父の栄光を集約的に表す場であった。

5節　父の栄光を表すとは，その栄光がイエスにおいて現れることである。「そして今 (We ʻattah: kai nun; 使4, 29: kai ta nun)」で救いのわざの遂行

15）　Ⅰテサロニケ1, 9なども参照。
16）　Becker, Johannes 17.
17）　3, 15.16.36; 5, 24; 6, 40.47; 20, 31.
18）　tetelestai: consummatum est: telein: 19, 28.30.

が述べられた後，願いが述べられる[19]。その栄光は世が創造される前にイエスが父のもとで持っていた栄光である。「父のもとで」[20]「世がなる前に」は，24節の「世の初めの前に」に相応し，「あなたのもとで持っていた栄光」は，24節で「あなたがわたしを愛したためにわたしに与えて下さった栄光」なのである。すなわちこの栄光は，24節でさらに詳しく「愛」ということから説明されている。5節と24節は inclusio として括られている。父の栄光を現したこと，それは父の栄光がイエスのもとで現れることに他ならない。すなわち子が父の栄光を現した限り，子の栄光が現れるのである。この願いは1節に対応している。この子の栄光化は，ここでは述べられていないが復活へと向かっている。復活とはこの十字架の上でイエスが父の与えたわざを完遂したことであり，派遣の目的を成し遂げたことであり，そのためにイエスが父のもとで持っていた栄光が，十字架上のイエスの肉体をも，愛の献身としての栄光の現れに変えることなのである。

---

19) Stuiber, Eulogia, RAC V 902; Laurentin, We 'attah-Kai nun.
20) para soi; 1, 1: pros ton theon 参照。

現在の弟子のための祈り
（6-19節）

───────────

⁶「わたしはあなたが世からわたしに与えた人たちに、あなたの名を現しました。彼らはあなたの者でした。そしてあなたは、彼らをわたしにお与えになりました。そして彼らはあなたの言葉を守りました。⁷今、彼らはあなたがわたしに与えたすべてのものは、あなたからのものであることを知りました。⁸なぜならあなたがわたしに与えた言葉を、わたしは彼らに与えました。そして彼らは受け入れました。そしてわたしがあなたから出て来たことを真に知り、あなたがわたしを派遣したことを信じました。⁹わたしは彼らのためにお願いします。この世のためでなく、あなたがわたしにお与えになった者のためにお願いします。なぜなら彼らはあなたの者であり、¹⁰またわたしの者はみなあなたの者であり、あなたの者はわたしの者であり、そして彼らのうちにあって栄光を受けたのです。¹¹そしてわたしはもうこの世にいません。そして彼らはこの世にいます。そしてわたしはあなたのところへ行きます。聖なる父よ、あなたがわたしにお与えになった彼らを、あなたの名においてお守りください。わたしたちがそうであるように、彼らが一つであるために。¹²彼らと共にいた時、あなたがわたしに与えて下さったあなたの名のうちに、わたしは彼らを守りました。そして保護しました。聖書が成就されるために滅びの子を除いては、彼らのだれも滅びませんでした。¹³今わたしはあなたのもとに行きます。そしてわたしの喜びを、彼らが自分のうちに満ち溢れるものとして持つために、世にあってこれらのことを語っています。¹⁴わたしは彼らにあなたの言葉を与えました。そして世は彼らを憎みました。それはわたしが世からのものでないと同様、彼らがこの世からのものでないからです。¹⁵彼らを世から取り去ってくださるようにとは願いませんが、彼らを悪から守ってくださるようにお願いします。¹⁶彼らはわたしが世からの者でないように、世からの者ではありません。¹⁷彼らを真理において聖別して下さい。あなたの言葉が真理です。¹⁸あなたがわたしを世に遣わされたように、わたしも彼らを世に遣わしました。¹⁹そして彼らのために、わたしはわたし自身を聖別します。彼らも真理において聖別されるためです。」

注　解

　6節　イエスの栄光化の祈りの後に，ここから6-19節と長い弟子たちへの願いが始まる。6-11a節まではその祈りの根拠付けと受け取れる。6-8節は信じる者の性格付けと言える。イエスを信じた者は，父が「世から」選び出しイエスに与えたのである。これは神の選びという最後の秘儀である。名を現すとは本質を現すことであるが，それはまずここでは，イエスを遣わしたその父自身ということである（26節の項参照）。父が彼らを選び出したその父であるということである[*21]。ここで「あなたが世からわたしに与えた人たち」が「彼らはあなたの者でした。そしてあなたは彼らをわたしにお与えになりました」と強調される。彼らの選びが永遠であったことが，彼らのイエスへの信仰において現れたのである。イエスはそれらの人を父から授かったのである。彼らは以前より父に選ばれた者であって，イエスの啓示において父がイエスに与えたのである（3, 35; 13, 3）。「そして彼らはあなたの言葉を守りました」。この言葉とは，8a節の「あなたがわたしに与えた言葉」である。すなわち言葉というのは，イエスの話す父の言葉であり，父という名の啓示であり，それは父の救いのプランであり，愛の啓示とその掟であり，かつ言葉がわざであることによるその実現である。すなわち8節には言葉を受けることが，イエスが父から出た者であり，父がイエスを遣わしたことを信じることであり，それは言葉がこのことの啓示であることを意味する。守るとはそれを受け入れそこに止まるということである[*22]。

　7節　ここでは6節の「言葉を守る」ことの結果が述べられる。「言葉を守る」ことにおいて，今彼らは父がイエスに与えた全てのものが，父からのものであると知ったのである。すなわち言葉とはこのことの啓示である。このすべてのものとは救いに関するものであり，イエスへの救いの全権付

---

21) Bietenhard, ThWbNT V, 271: あなたの名［onoma sou: 12, 28; 17, 6.11.12.26］；父の名：5 43; 10, 25.
22) 「言葉」（logos）；6.14.17.20；(rēmata)：8節参照 (Ibuki, Wahrheit, 119以下)。

与をさす。ここでは彼らが子の父への関係について知ったことが記されている。イエスのものがすべて父からのものであること，すなわち自分たちもまたこのようにして父からイエスに与えられたのである。

8節　7節の説明である。ここで7節の「あなたがわたしに与えたすべてのもの」は，「あなたがわたしに与えた言葉」と言われている。弟子たちはこの言葉を受け入れたのである。そしてこの言葉を受けることによって，「あなたがわたしに与えたすべてのものが，あなたからのものである」ことが分かるのである。そして言葉を受けることにおいて，イエスが父から出て来たことを真に知り，父がイエスを派遣したこと（3.23.25節）を信じたのである。言葉とはこのことの開示である。ここでは「知る」と「信じる」が同じ意味で用いられている[*23]。この「知った」は7節の「知った」とパラレルであり，すべてが父からのものであるということは，イエスが父から出たことを意味する。イエスの神的由来がここではイエスの派遣を基礎づけている。言葉を与えることの目的はこの認識である。それは永遠の生命を目指している（3節）。

9節　ここでイエスの願いが述べられる。この願いは不信の世のためではなく，父がイエスに与えた者たちのためである。もちろん神の愛は究極的には世に向けられているが（21.23節），それは彼ら，信じる者たちを通じてなのである。「世」（kosmos）: 17, 5.6.9.11 [2回]. 13.14 [3回]. 15.16 [2回]. 18 [2回]. 21.24.25と17回も出る。最も多く出る章である。17, 5で言われているように，この世は神によって創られたものである。しかしイエスを信じる者は，父がイエスに与えた者という意味での父の者なのである。すなわちイエスは「あなたがわたしにお与えになった者」のために願う。なぜなら彼らは父の者であったからである。

10節　そしてイエスのものはすべて父から受けたものであり，父のものはイエスのものである，なぜなら父は子にすべてを与えるからである。そしてこの与えられた者においてイエスは光栄を受けたのである。なぜな

---

23)　Schlier, Glauben, 285.

らこの与えられたこと，すなわち父の愛の力の輝きが彼らのうちにおいて，イエスのものとして輝き出るからである。彼らが信じることにおいて，父がイエスに与えたという愛が輝き出るからである。

11節 10節において述べられた2つのこと，信じる者が父の者であり，イエスが彼らにおいて光栄を受ける，ということに加えて，イエスは現在の別れを願いの理由として挙げる。イエスは先取りして言う。「わたしはもはや世にいません。」イエスは父のもとへの途上にあり，最早完全な仕方で世のうちに生きているとは言えない。彼らを残して父のもとに行くのである。父はここで「聖なる父」と呼びかけられる。わたしを聖別して世に送った父（10, 36）という呼びかけであろう。イエスは父がイエスに与えた者たちが（17, 6），「あなたの名」すなわち父という名，すなわち彼らの父であるという事実において守って下さい，と祈る。すなわち世にあることが，「守られてある」というあり方であることを祈る。それが彼らの世にあるあり方となるように。信じる者は，守られてあるということによってのみこの世に存在し得る。そしてその守られてあるということは，父とイエスが一つであるように，彼らが一つであることにその実現を見る。守られてあるということにおいて彼らは一つであり，一つであることは守られてあることの現れであり，それは父と子が一つであるようにである。この考えは21-23節にさらに展開される。22節にも「わたしたちが一つであるように，彼らも一つであるためです」と言われる。

12節 イエスは地上で弟子たちと共にあった時，イエスに与えられた父の名——それはイエスの父による全権委任を指す——によって弟子たちを守った。「保護する（phulassein）：12, 25.47; 17, 12」は「守る（tērein）」より強い意味だと言われるが，ここでは同じ意味で使われていると考えられる[*24]。守るということが強調されるのは，信仰者の存在が脅かされていることを示すものである。ここに一つの例外がある。イエスを引き渡したユダである。ユダはここで「滅びの子」と呼ばれる（IIテサロニケ2, 3）。それはセム語的表現である。「滅び（apōleia）」はヨハネ福音書ではここだ

---

24) Barrett, Kom; Schnackenburg, Kom 参照。

けに出る。一般に終末の滅びを意味する（マタイ7, 13; ロマ9, 22; フィリピ3, 19; ヘブル10, 39: Ⅱペトロ2, 1; 3, 7黙17, 8.11）。「滅びる（apollunai）; 3, 16; 6, 12.27.39; 10, 10.28; 11, 50; 12, 25; 17, 12; 18, 9」12b節「聖書が成就するために滅びの子を除いては」は後からの追加と主張されることもある[*25]。「聖書が成就されるために」（hina hē graphē plerōthē）は13, 18; 19, 24その他[*26]にも見出される。ここでは13, 18の句が考えられているのであろう。ユダについては、すでに述べたが、13, 2によれば、悪魔がすでにユダの心にイエスを引き渡すという裏切りを吹き込んでいた。すなわちその思いがユダの心に浮かんだのである。しかしそれはサタンによって入れられた思いであって、まだイエスを引き渡すという外的な行為となっていない。ユダはその思いを打ち消すことも出来たかもしれない。そしてイエスは、イエスを引き渡す者であることのしるしとして、13, 26によると「ひと口のパンをひたして取り、イスカリオテのシモンの子ユダに与える。」その後彼のうちにサタンが入ったのである。イエスは彼に「なすことを急いでなせ」と言うのである。これは促しというより命令に近い。そしてそれは一体ユダに言われたのかユダの中のサタンに言われたのか最早はっきりしない。ここでユダとサタンとはいわばアマルガムとなっていて、われわれはそれらを分けて認識することが出来ない。世の悪にはサタンが介在している。それはわれわれが決してユダを滅びへと定めることが出来ないということを意味する。それがわれわれは裁くことが出来ないということの意味であり、それが出来るのは父とイエスのみなのである。「聖書の成就するために」ということは、聖書は単なる予言でなく救いを告げるものであるから、ユダの出来事は救いのそれに組み込まれていると考えなければならない。すなわち全体は救いの成就のために起こったのであり、またそのことがここで告げられているのであって、それ以上のことは救いの出来事の神秘に属するものとしてわれわれの考えを超越していると取るべきであろう。いずれにしてもこのこと全体は救いへの指示を意味している。サタンさえこの救いに使われていると考えられる。他方ユダは、第一に自分を引き渡すイエスの愛の強調、第二に教会の中へ現在もなお侵入している悪の

---

25) Barrett, Kom; Schnackenburg, Kom 参照。
26) 18, 9の項参照。

第 17 章（6-19 節）　　　　　　　　　　　　　　247

シンボルとしての意味を持っていると考えられる。

　13節　11節の「そしてわたしはあなたのところへ行きます」、ということがここでくり返される。これは別れの説話のテーマであった。ここでこれは死の直前の祈りとして妥当する。その時が「今」なのである。そしてそれは喜びに他ならない。父のもとに行くというイエスの喜びを、弟子たちが満ち溢れるものとして持つためにイエスは述べる。「喜び (chara)」*27。イエスは「世にあって」、すなわち十字架の受難の頂点にあって「わたしの喜び」について語る。この喜びとは苦難の頂点におけるイエスの喜びなのである。すべての苦難は父のもとに行くことにつながっているのである。そしてこの喜びが弟子たちのうちに満ち溢れることを祈るのである。苦難とは父のもとに行くことなのであり、この意味で喜びに他ならない。すべての苦難はこの父のもとへという方向を示す。この喜びが満ち溢れることについては、15, 11; 16, (22). 24 について語られた。ここでは悲しみが喜びに変わるということでなく、苦しみのただ中の喜びについて語られるのである。すなわち弟子たちもまた、この世にあって苦難の只中で、喜びが満ち溢れることが願われるのである。その喜びは苦難の中でのイエスの喜びなのである。それは父のもとへ行く喜びであり、誰もが救われる喜びである。

　14節　8節の、イエスが、言葉を彼らに与えたことがここでくり返される。これは続く15.16節を導入する。すべてのくり返しは、さらなる深みへと導く。この言葉を受けること、イエスを信じることは、自己の存在の由来を世からでなく、真理（17節）から受けることであり、それがために世はそのような存在を憎むのである。この憎みについてはすでに15, 18.19.23.24.25において語られた。この存在は、世からの者として世を目的として、世にしたがって生きる者でない。この存在によって世から世へと世に生きることは虚偽となり、世がそのような生の目的を与えるということにおいて、世は虚偽とされてしまうのである。それを世は憎むのである。イエスが世からの者でないことを、すなわちイエスが真理を与え、世に存

---

27)　3, 29; 15, 11; 16, 20.21.22.24; 17, 13.

在の源泉と持たず，そこに究極の目的を見ないこと，そのような世の否定を世は憎むのである。弟子はこのような者として世から憎まれる。

15節 イエスはそのような世からでない人間存在を，世から取り去って下さいとは祈らない。それは第一に，世における生が神から与えられた生であり (1, 3)，人間がそれを受け，生き抜くことが欠くべからざる使命であり，またそれは21節にあるように，イエスを信じるように，世に遣わされる存在であるからである (17節)。イエスが祈るのは，彼らが悪から守られることである[28]。「悪から」ということでそれが「悪しきこと」か「悪しき者」[29]か分からない。悪しき者としてこの世の支配者[30]が考えられるとしても，それは「悪から」ということと同じ結果になる[31]。「解放されるべき悪の領域は，人間自身にも測り難いほどの深い内的悪，理解の暗やみ，意思の歪み，心の冷淡さに始まり，人間の究極的完成を妨げるような体の弱さ，不正な社会秩序，被造物が服せしめられている虚無[32]にまで及ぶ」[33]。

16節 14c節のくり返しである。それはなぜ彼らが悪から守られねばならないかを強調する。信じる者の存在は，イエスから受けたものでイエスと同じく世からのものではない。

17節 世からの者ではないということは，父の言葉を受けたことを意味する。その言葉が真理である。すなわち世からの者でないということは，真理からの者であるということである (18, 37)。真理とは，そこで「生」が真の生となるものである。言葉については6節参照。イエスは彼らが真理，すなわちこの言葉において聖別されることを願う。聖別の意味は，ただ世俗の領域から選び出すということでは十分でないであろう。神への奉仕のためその光栄のためにそれはなされる。10, 36では，それはイエスに

---

28) 11節参照；マタイ6, 13；ルカ11, 4参照。
29) Ⅰヨハネ2, 13.14; 3, 12; 5, 18.19.
30) 12, 31; 14, 30; 16, 11.
31) Bultmann, Kom.
32) ロマ8, 20参照。
33) リーゼンフーバー，主の祈り。

ついて派遣に関して言われている。それは派遣に関しての全権を与えるということであると考えられる[*34]。父の言葉が真理であり，それを伝えるためにその言葉，すなわち真理のうちに聖別されなければならない。父の言葉とは，父が自分の者として選び出す言葉であり（14節），そのような言葉こそが真理なのである（18, 37）。父の言葉によって起こることが真理なのである。そのことにおいて弟子たちは派遣について全権を与えられなければならない。

18節 父がイエスを派遣したように，イエスは弟子たちを派遣した[*35]。イエスはここですでに復活後の派遣がなされたかのように祈っている。すなわち派遣はこの苦難において，それをもととしてなされたのである。それは福音書記者が自分のいる時の視点から述べているというより[*36]，派遣は十字架というイエスの時になされたのである。弟子たちが世に残っており（11節），世にあること（15節）は，世に派遣されてあることなのである。

19節 派遣のために弟子たちは真理において聖別される。それは父の言葉のために聖とされ分けられることである。そこでは20節において語られるように，彼らが父の言葉をさらに与えるということが前提とされている。そしてその彼らのためにイエスは己を聖別する。それはイエスが彼らのために命を捧げることである。そのことは「……のために（huper）」ということで言い表される[*37]。また「ただ一度イエス・キリストの体が捧げられたことにより，わたしたちは聖なる者とされたのです」[*38]。イエスは「神の聖なる者」である（6, 69）。イエスが命を捧げることにおいて，命を与える言葉の宣教が可能となる。すなわち弟子たちが真理において，命を与える言葉において聖別されるのである。イエスのこの自己の聖別が弟子たちの聖別の根拠をなしている。

---

34) Ibuki, Wahrheit, 148；エレミア1, 5も参照。
35) 20, 21; 4, 38参照。
36) Barrett, Kom.
37) 6, 51; 10, 11.15; 15, 13；Ⅰコリント11, 24; 15, 3；マルコ14, 24平行。
38) ヘブライ10, 10参照。

弟子たちによって信じる者が一つになるための祈り
（20-23節）

———————

[20]「しかしわたしはこの人たちのためだけでなく，彼らの言葉によってわたしを信じる者のためにも願います。[21]みなが一つでありますように。父よ，あなたがわたしのうちにおり，わたしがあなたのうちにおり，彼らもわたしたちのうちにありますように。世があなたがわたしを遣わしたのだということを，信じるように。[22]わたしもあなたがわたしに与えて下さった栄光を彼らに与えました。わたしたちが一つであるように，彼らも一つであるためです。[23]わたしが彼らのうちにあり，あなたがわたしのうちにあり，彼らが一つへとまっとうされた者となり，それは世があなたがわたしを派遣し，あなたがわたしを愛したように，彼らを愛したことを知るためです。」

注　解

20節　20-23節は弟子たちの言葉によって信じる者たちのための祈りである。そしてさらに，21節には最後に「世が信じるため」であり，23節は「世が知るため」と言われる。弟子たちの言葉によって信じる者たちの祈りは，最後に世のための祈りになる。「言葉」は20節で最後に出るが，それについては6.8.14.17節参照。弟子たちは世に遣わされたのである（18節）。すなわち彼らは父の言葉を守っただけでなく，それを宣教する。それによって人々はイエスを信じるに至る。言葉は信仰を起させ，それへと導く。この信じるすべての人たちのためにイエスは願いを述べる。「この人たちのためばかりではなく」，ということによって「この人たち」ももちろんこの祈りに含まれる。

21節　その信じる人たちのための願いとは，皆が一つになることである。この願いは21.22.23節と続いて行く。それは弟子たちについてすでに11節で述べられたが，そこでは「わたしたちが一つであるように，彼らも

一つとなるため」と述べられていた。すなわちここで，信じる者たちが一つであることが言われる前に，弟子たちが一つであることが願われていた。ここでは，信じるということが，その人たちが，「父がわたしのうちにあり，わたしが父のうちにいるように一つになる」と相互内在の形で言われている。この一つになるということにおいて，これ以上より一つになるということは存在しない。それはしかし，信じる者たちが信仰において，確約への希望において，愛において，世からの者でないということにおいて，一つであるということによって実現していくということである。それは彼らが父とイエスの一つであることを信じることにおいてである。すなわち信じることにおいて，父とイエスの一つである関わりがその者たちのうちに実現していくのである。それは彼らが父とイエスのうちにいることなのである。それはすでに2世紀初頭になされたように，この一致は外的なオーガニゼーションのそれとして言われているのではない[*39]。ブルトマンは使徒教父イグナチウスがすでにこのような意味でこの箇所を理解していることを報告している。すなわちエフェソ5,1でイグナチウスは司教との結合をイエス・キリストと父との一致のように理解しているのである。Mg 7, 1においても，監督や長老への関係をイエスの父への関係と比べている。このような比較は適切でない。監督と信徒の関係がここに述べられているのではない。信じる者たちと職制の間に，父とイエスの関係を読み込むことは誤りであると考えられる。信じる者たちの一致はイエスへの信仰によるが，監督との結合は監督への信仰によるのではない。しかしもっと問題なのは，父がイエスを遣わしたと信じる人々を（23.25節），すなわち彼の者たちを，司教がいろいろな別の理由で破門（excommunicatio）して来た，という教会の現状ではないのだろうか。この共同体からの締め出しと追放は，23節で言われている愛，そして13, 34; 15, 12.17のイエスのいわば教会への最も強い命令，その掟，戒めに反するのではないか厳しく自省する必要があるであろう。さて話をもどすと，すでに述べたように，彼らの一致は，父とイエスの一致の信じる者たちのうちの現実化であり，その一致は十字架，すなわちイエスの時において最も顕著に顕れる。それはここにすでに述べたように，「父よ，あなたがわたしのうちにあり，わ

---

39) Bultmann, Kom.

たしがあなたのうちにある」ごとくと，相互内在（14章：はじめに参照）の形で言われている（10, 38; 14, 10.11）。この内在については最後の26節でその意味が明らかにされる（26節の項参照）。これはイエスが自分自身において父を啓示するということの根拠である。ここには三つの「……のために（hina）」という文がつけられていて，第二番目のそれは「彼らもわたしたちのうちにあるために」ということであり，信じる者の一致が父とイエスの一致のうちに取り入れられることを意味する。それは，それ以上の仕方はないという一致であり，またそれは信じる者の存在のあり方であり，その存在の源泉であり，それは父と子の一致のあり方から言って思考の能力を超えたものである。それは信じる者の一致の内に，父と子のそれが顕れるということでもあろう。すなわち信じる者の一致とは，最終的には人間の思考を超えている。だがそれにさらに第三の「……ために（hina）」文が続く。それは「世があなたがわたしを遣わしたことを信じるために」ということである。ここで初めて世が救いの対象として浮かび上がる。9節では願いが，世のための願いではないと言われていた。14節では世の憎しみについて語られた。すなわち信じる者が一つであることのうちに，父と子が一つであることが顕れ，それがイエスについて，父がイエスを派遣したということが信じられるにいたるのである。すなわち信じる者の一致にはこのような責任が課されている。信じる者の一致においてイエスとは誰であるかが現れるからである。さてこの世に関する願いは23節に再び述べられる。つまりイエスの弟子たちのための祈りは，最終的には世のための祈りとなる。

22節 ここで，父がイエスに与えた栄光を，イエスもまた信じる者たちに与えたことが述べられる[*40]。「与えた（dedōka）」は完了形で書かれている。それはイエスが十字架上ですでに与えたからである。これは17, 4に対応すると考えられる。この父の栄光を与えることは，父がイエスに与えた（11節）父の名を与えること（6節）であり，父がイエスに与えた言葉を与えること（8節）である。それは父が与えたものを与えるという，これ

---

40) Schnackenburg, Kom は autois を弟子たちと取る。しかし Thuesing, Erhoehung, 181参照：20-23節は信じる者たちのための祈りである。

らの文の構造の並行性から理解し得る。イエスが父から得た栄光を信じる者に与えたということは，父とイエスが一つになるように信じる者が一つになるためである。すなわち栄光を得るということは一つになることであり，イエスの栄光は父とイエスの一致に根ざしている。さらにそれは父に根ざしている。父が一致をイエスに与えたのである。栄光はこの一致の輝きなのである。信じる者はこの栄光を得る。これはイエスの与えうる最後のものである。それから次に，それには21節のように，「……ために」という文がつく。それは「わたしたちが一つであるように，彼らも一つであるため」である。21節-23節を通じて信じる者が一つになるというイエスの願いが貫通している。すなわち父の持つ栄光をイエスが受けることは，父とイエスが一つであることの現れであり，その栄光がイエスに現れ，イエスがその栄光を信じる者たちに与えたことのうちに，信じる者たちが一つとなるのである。ここでは栄光を与えることが一つであることの現れとされている。当然イエスの栄光を受けることは，受けた者がその栄光によって規定され一つのものとなることである。ここでの「栄光 (doxa)」は17章では，他に5.24節で出る。それを考慮する必要があるであろう。5節では，イエスが世のなる前に父のもとで持っていた栄光と言われ，この栄光は24節で，「世の初めの前にあなたがわたしを愛したためにわたしに下さった栄光」とある。5節の栄光，そして22節の一つである栄光は，24節で愛したための栄光と呼ばれている。栄光の説明のためにここで先取りして述べる。今「愛する」について見ると，それは17章では23.24.26各節に集中して出る。「愛（アガペー）」は26節に出るのみである。17章は26節の「愛する」と「愛」ということによって終わる。22節の栄光はここで明らかにされていると考えられる。否それのみならずヨハネ福音書全体の「栄光」概念がここで，最終の場で最終的に明らかになったと考えるべきである。「愛したために」栄光が与えられるということは，栄光が一つであることの輝きであり，それは愛という意味での一つである栄光の輝きであると理解されるべきである[*41]。ここで栄光を，愛したために与えられる何か別のものと考えることは正しくない。栄光が一つであることの輝きとすれば，一つであることの愛が栄光となって輝いたのである。それは5節と

---

41) Thuesing, Erhoehung, 182.

24節で「世のなる前」とされている。ここですべては初めの1, 1へ帰るのである。それは1, 14で受肉において輝き出たのであるが，それはこの十字架上で栄光が輝き出ることでもあった。一つであることが愛ということによって説明された。信じる者が一つであることは，15, 12.17で「互いに愛する」と言われたことと同じであった[*42]。イエスは十字架上で父の栄光，すなわち父の愛の輝きを十字架上にあるということで輝き出さしめたのである。それは父の愛に対するイエスの答えであったのである。

23節 イエスの祈りはクライマックスに近づく。ここでは「わたしが彼らのうちにあり，あなたがわたしのうちにあり」，とある。内在についての最後の言葉である。父がイエスにいるということが，父がイエスを愛したと言い換えられている。21節には「彼らがわたしのうちにある」と言われた。このことは「わたしが彼らのうちにある」と同じことを指していると考えられる。すなわちある場所のうちにあるという，空間的場所論的思考が相互内在の言い表すところではない。逆にこの愛のうちということが場所として説明されるのである。彼らがイエスのうちにあることは，イエスが彼らのうちにあることなのである。イエスが彼らのうちにあることは，彼らの存在，そしてその内的な考えや思いを初めとするすべてが，そしてその身体による行為が，すなわち身体がイエスによって規定され，その愛によって動かされているということなのである。それは逆に彼らがこのような仕方でイエスのうちにあることである。そしてそのイエスとは，父がそのうちにある者である。それは彼らが一つへとまっとうされた者となるためなのである (teleioun: Ⅰヨハネ2, 5; 4, 12.17.18)。「まっとうされる」とは完全な (teleios: この語はヨハネ福音書には出ない) 者となることなのである (Ⅰコリント13, 10で愛をさす)。それは一つとなることである。またこれは救いがまっとうされたことなのである。それは何のためかが「……のために」という hina 文で続けられる。21節の最後の hina 文は，世がイエスの派遣を信じることであった。それはここでさらに深化される。すなわちここで彼を信じる者たちの最後の目的が述べられる。「それは世が，あなたがわたしを派遣し，あなたがわたしを愛したように，彼らを愛した

---

42) Thuesing, Erhoehung, 182.

ことを知るためです。」第一に、イエスの父による派遣を世が知るためである。それは彼を信じる者たちが信じたことであった。そして第二に、なぜイエスが派遣されたかが述べられる。それは父が子を愛したように、そのように彼らを愛したことを世が知るためである (3, 16)。ここでは、「父がわたしを愛したように、わたしもあなたがたを愛した」という 15, 9 と異なり、父がイエスを愛したように彼らを愛した、と父の直接の愛が言われている。彼らは父の子への愛をもって愛された。それが派遣の本質なのである。派遣とは愛の行為であり、その愛とは父の子への愛と同質である。派遣とは父のイエスへの愛の出来事に属し (3, 35; 17, 6.9)、それは、派遣によって信じる者となった人々への愛の出来事なのである。派遣は父と子が一つであることの開示であり、それは父の子への愛の開示であり、さらに派遣によって信じる者となった人たちへの愛の実現である。いまや 13, 34; 15, 12.17 の実現にすべてが掛かっている。それが実現することが世が信じること、否、知ることの道であり、世に勝つのは圧力という屈服させる力ではなく、愛であり愛が最強の力なのである。それが世の憎しみ (14 節) に勝つのである。結局最後の目的は、世が父の愛を知ることなのであり、すべてはそのためになされ、かつ起こった。初めに言われた 3, 16 へ帰るのである。17, 23 が 3, 16 の行き着くところであった。すべての救いの行為の、そして神の救いのプランの行き着くところなのである。そしてここでは「信じる」とは言われず「知る」と言われている。祈りはここでひたすら「一つ」ということへ向かっている (17, 11.21.22 [2回].23)。そしてこれ以後それは「愛」へ向かって行く (agapan: 23 [2回].24.26; agape: 26)。17 章ではこれ以前には「愛」も「愛する」も使われていない。

信じる者たちの救いの完成のための祈り
(24-26節)

---

²⁴「父よ，あなたがわたしにお与えになった者，彼らもわたしがいるところにわたしと共にいることをわたしは望んでいます。彼らが世の初め（基礎づけ）の前にあなたがわたしを愛したためにわたしにお与えになった栄光を見るためです。²⁵義なる父よ，世はあなたを知りませんでしたが，わたしはあなたを知っていました。そしてこの者たちは，あなたがわたしを遣わしたのだということを知りました。²⁶そしてわたしは，彼らにあなたの名を知らせました。そして知らせましょう。それは，あなたがわたしを愛した愛が彼らのうちにあり，そしてわたしが彼らのうちにいるためです。」

注　解

24節　24節で，信じる者の救いの完成という最後の願いが始まり，25-26節へと展開する。

　さらなるイエスの願いは，「父よ」という4度目の呼びかけで始まる（1.11.21.25節）。すべての信じる者が，「あなたがわたしにお与えになった者」（2.6節；6, 37.39）と呼ばれる。愛が語られたのちに，「わたしは望んでいます」という愛の望むことが語られる。ここで17章で1回限りの「望む；欲する（thelein）」という動詞が出る。愛は何を望むのであろうか。それは愛する者と共にいることなのである。すなわちイエスの願いは，父がイエスに与えたイエスを信じる者たちが，イエスのいるところにイエスと共にいることなのである。イエスはイエスの愛のこの実現を願うのである。それはイエスのあこがれであり，憧憬であり，思慕であり，愛の告白である。14, 3のように最早いろいろな「止まる所（monē）」について語られる必要はない。止まるところは一つだけ，それは愛である。ここでこれまでの「願い（erōtan）」（17, 9.15.20）の代わりに1回だけ「望む（thelein）」が用いられている。これはこれまでの願いの総決算である。これまでの願

いは別れにさいしての別れのためのそれであったが、いまや共にいるための願いである。そして信じる者がイエスと共にいることは、彼らが天地の創られる (katabolē はここだけ) 前からイエスの持っていた、すなわち父から与えられていた栄光、それはイエスの栄光化によって輝くのであるが (5節；Ⅱコリント4,6)、それをイエスと共に見るためである。その栄光は (5.22節；doxazein: 1.4.5.10)、この最後の箇所で初めて明瞭にイエスへの父の愛の輝きとして示されている。それは父が子を愛したその愛の輝く場所である。最早信じるのでも (8.20.21節)、知る (3.8.23節) のでもなく、見るのである。「見る (theorein)」は17章でここだけに出る。イエスを見る者は父を見ることになる (12, 45)。イエスは、彼の者が、父が子を愛したその愛の輝きで照らされ、その場所にあることを望む。子は愛される者として、その愛で愛するのである。したがって父の子への愛を見ることは、イエスの子に与えられた者への愛を見ることでもある。その場所が、イエスが自分に与えられた者への愛を、究極の輝きをもって示すことの出来る場所なのである。それは愛の源泉の場所である。そしてそれはまた父が彼の者を愛する輝きでもある (23節)。イエスはこの愛の輝く場所に、愛する者たちとともにいることを願うのである。愛する者がいかに彼が愛される者であるかを見るためである。そこに父が、イエスの愛する者たちに、彼らが父から子への愛によって、イエスに与えられたことが輝きつつ浮かび上がってくるのである。思い返せば「与える (didonai): 2 [3回]. 4.6 [2回]. 7.9.11.12.14.22 [2回]. 24 [2回]」ということがいかに多く (15回とともにヨハネ福音書で最多の章である) ここで語られたことか。愛は与えるのである。

25節 「義なる父よ」と最後の呼びかけでここでの言葉は始まる。この呼びかけは典礼に受け入れられているという[*43]。それはこの救いの実行こそが神の義だからである (16, 10の項参照)。「義なる (dikaios)」: 5, 30; 7, 24; 17, 25。25節の内容からすると「義」とは自分を知らしめるということに関わっている。それは父が救う者だということ、愛する者だということである。そのことの開示とは26節によると愛に他ならない。義は最終

---

43) Bultmann, Kom.

的には愛として開示され，義なる父とはイエスを愛し，イエスの者たちを愛する父なのである。世は父を知らなかった。不思議なことに「知らない」と現在形では言われていない*44。知ることの可能性を示してそう言われているのか，これももう回顧されて言われているのか。それに反してイエスは遣わされた者として父を知っていた。ここでこの世でのイエスが回顧されている。イエスはもうこの世にいないかのように語られている。イエスの死，その業の完成は目前なのである（それに比して13節には「世にあって語っている」とある）。さらにイエスの者たちが，「あなたがわたしを遣わしたということを知った」のである。この節では「知る」という語が3回も出て，この中心となっている*45。世の不知に対してイエスと彼の者の知が語られる。この父と遣わされたイエスを「知る」ことは永遠の生命である（3節）。そして彼の者にとってその知ることの対象は，「あなたがわたしを遣わした」ということである。ヨハネ福音書のキリスト論と救済論の核心は派遣である。そのことにおいてこの両者は一つのものとなっている。それにおいて救われる信仰とは，父がイエスを派遣したことを知ることなのである。21節には「世があなたがわたしを遣わしたのだということを信じるように」といわれ，23節では同じく世について「世があなたがわたしを遣わしたことを知るために」と書かれていた。どちらも一語も違わずこのことが書かれている*46。この語は13-16章の別れの説話では一度も出ない。ただし16, 30参照。（また pempein は4回出る：15, 21.26; 16, 5.7。）それはそこでは最早イエスの来たことでなく，イエスの行くこと（父のもとに）が問題となっているからである。

26節 祈りの最後の言葉である。25節の「知る」に相応して，「知らせた」と言われる。「知らせる（gnōrizein）」は15, 15とここに2回出る（エフェソ書で奥義に関し重要な役割を果たしている：1, 9; 3, 3.5.10; 6, 19.21; ヨハネの手紙には出ない）。ここでは「あなたの名を知らせた」と言われるが，25節によればこれに相応するのは，「そしてこの者たちは，あなたがわた

---

44) 7, 28; 8, 19.55; 15, 21; 14, 7も参照。
45) 3.7.8.23参照。
46) su me apesteilas=11, 42; 17, 8.23.25; apostellein: 3, 17.34.5, 36.38; 6, 29.57; 7, 29; 8, 42; 10, 36; 11, 42; 17, 3.8.

しを遣わしたのだということを知りました」(25節)，ということであり，26節はこれを受けているので，「名を知らせる」ということは，「父がイエスを遣わした」ということを知らせることであるということが分かる。すなわち父の名とは「イエスを遣わす父」ということである。名 (onoma) はイエスの名という意味で多く使われている*47。父の名が「イエスを遣わす父」ということだとすると，その名を知らせるとは，父がイエスを派遣したということを知らせるのと同じことになる。「名」とはここで，正に人間に向かって用いられるもので，この姿勢を示す父の名である。そして17章には現れない「派遣する (pempein)」という動詞で言われる「わたしを派遣した父」(5, 37 ; 6, 44) や「わたしを派遣した者」*48 は，まさに父の名と考えてよいであろう。その他「わたしを派遣する者」*49 参照。イエスは派遣の目的にしたがって，父の名を啓示した。イエスはここで「そして知らせましょう」と将来を展望しまたその約束をする。未来が開かれたのである。その「知らせる」については，「知らせました」から，それがいかにして行われるかが推し量られる。イエスはすべてのことを知らせたのである (15, 15)。15, 15を読めばそのことから話がいかにして愛ということに移行するかが分かる。父の名を知らせることは，その愛を知らせることなのである*50。イエスを遣わした父という神の確定記述から，必然的にその愛が導き出される。イエスの祈りの最後の言葉は「愛」である。父がイエスを派遣したということは，父がイエスを愛した愛が向けられたということである。父の名は最終的に，われわれを愛する神ということなのである。それはわれわれを愛する父ということなのである。「それはあなたがわたしを愛した愛が彼らのうちにあり，そしてわたしが彼らのうちにいるためなのです」。父がイエスを愛した愛で彼らを愛すること，その愛が彼らのうちにあることが知らされることが，われわれの将来として開かれた。ここではイエスはすでに未来のことを語っているのである。父の彼らへの愛がイエスへの愛として啓示され，イエスは父の愛する愛その者

---

47) 1, 12 ; 2, 23 ; 3, 8 ; 12, 13 ; 14, 13.14.26 ; 15, 16.21 ; 16, 23.24.26 ; 20, 31, 父の名としては，5, 43 ; 10, 25 ; 17, 6.11.12.26 などに，主に17章で用いられている。
48) ho pempsas me : 8, 16.26.29 ; 12, 49 ; 16, 5 ; 14, 26 [ho pempsei ho pater] も参照。
49) : 4, 34 ; 5, 23.24.306, 38.39 ; 7, 16.18.28.33 ; 9, 4 ; 12, 44.45 ; 15, 21.26 ; 16, 5.7 ; 20, 21。
50) 3, 16参照。

であるから，その愛が彼らのうちにあることは，イエスが彼らのうちにあることである。その愛はイエスを愛した愛であるから，17章の祈りは究極の愛の未来へ向かった実現として，未来を開きつつ終わっている。父が子を愛した愛，これがアガペーの本質であり，これが根源的な愛であり，そこから由来するものが真の愛であり，その愛が信じる者のうちにあることが，イエスの彼らのそしてわれわれのうちにある内在に他ならないのである。ここに今や内在とは何を意味するのか最後になって明らかにされたのである。そしてこの愛の力は輝いている（1, 5）。これがわれは世に勝てり（16, 33）の意味なのであり，それは勇気を持つことであり，今こそ世が裁かれ，世の頭が追い出される時なのである（12, 31; 16, 11）。世はイエスに対する戦いにすでに敗れた。愛は勝利したのである。十字架の上のイエスの祈りはすでに愛の光である勝利の光のもとにある[51]。世はその頭の支配を離れ，世であることを棄てイエスに従う[52]。十字架の勝利の光，愛の栄光の光がすでに輝き出したのである。イエスの栄光が現れた。1節の祈りは聞き入れられて17章の祈りは終わるのである。これらの言葉は本来言い表し得ないことを言っているのであり，その言葉の限界が祈りの内容を反復させているのである。ともかくも最後の言葉は愛であった。

---

51) 4.5節参照。
52) 12, 19参照。

第2部後半：イエスの受難と復活
(18, 1-19, 42)

はじめに

　第四福音書の受難・復活物語は，別れの説話を勘定に入れると，驚くべきことにこの福音書の半分近くを占めている。すなわち各節の長さを見ても，マルコ福音書が14.15章で119節に対し，ヨハネは13-19章までで237節の長さである。ここでは詳しいことは省くが，ヨハネ的文体が目立ち，それはヨハネが固有の資料により，それに手を加えたことを示している。しかし以下はその伝承の再構成を目的とすることではないので，解釈に重要である限り顧慮する。

　狭義の受難物語の長さに関しては大体のところ，計算が合っていれば以下の通りである。すなわちほぼ同じ長さと言えようか。

　　マタイ福音書　　26, 47-75; 27, 1-62　　90節
　　マルコ福音書　　14, 43-72; 15, 1-47　　76節
　　ルカ福音書　　　22, 47-71; 23, 1-56　　81節
　　ヨハネ福音書　　18, 2-40; 19, 1-42　　81節

　第四福音書の共観福音書からの差異はまず，そのイエスの死の日付にある。これは13章のところで述べたが，以下もう一度簡単に目を通すと，イエスは過越の祭りの前夜に屠られる小羊に相当する（19, 14.33; 1, 29.36）。そして最後の晩餐の物語，13, 1-30はヨハネに固有であり，晩餐はあたかも過越の食事のように見えるが，肝心の聖餐の制定であるパンとぶどう酒の話は6, 51c-58に先取りされている。ヨハネ福音書ではゲッセマネの話が抜けるので，キドロンの向こうにある園についてから逮捕されるまで，何がなされたかは記されていない。あるいは14, 31によって決めれば15-17章は本来ここに配置することが出来たのかもしれない。その園の場所をユダは熟知していた，すなわち「イエスは弟子たちと共に，度々ここに集まっ

ていたからである」(18, 2)。これは最初の集会 (ecclesia) の場であるとも言え，そこでイエスが何かを語ったか，ハレルを歌ったのかもしれない (マタイ26, 30; マルコ14, 26)。ユダはここですでに抜けている (13, 30)。とにかく，くり返すがユダはその場所を熟知していたのである。そうでなければ，多くの巡礼者の中でイエスを探すのは無理であったろう。自分の時が来たのを知ったイエスと，何も知らず，散って行く弟子たちの間の会話は何も伝えられていない (マタイ26, 30f; マルコ14, 26f)。それはすでに別れの説話になされたのである (16, 32)。それに続く，ペトロの否認の話は (マタイ26, 33f; マルコ14, 29f; ルカ22, 33f)，ヨハネでは，別れの説話13, 38に移されている。ゲッセマネの話はなく，ヨハネ福音書ではすぐに逮捕の場面が続く。ここでイエスは最早沈黙のうちで父と繋がって時を過ごしたとされたのかもしれない。所詮すべては想像の域を出ない。共観福音書では，ゲッセマネの園での出来事の終わりの，「立て，行こう。見よ，私を引き渡す者が近付いた」[*1]，というイエスの言葉に続いて逮捕の場面が来る。続くイエスの逮捕の場面では，ユダは傍に来ず，案内人に徹している。ヨハネではユダの接吻の話などはない。ペトロだけが剣で立ち向かい，マルコスという僕の右の耳を切り落した (マタイ26, 51; マルコ14, 47; ルカ22, 50では「一人が」)。その僕の名は，ヨハネだけにマルコスとある。ここでは弟子たちが逃げるのは主の配慮であり，共観福音書とは全く違っている (マタイ26, 56; マルコ14, 50)。とにかく彼らは勝手に散り散りに逃げたのでない。イエスの命令どおり去ったのである。ここでイエスが縛りあげられたのは，ヨハネのみにある (ただしマタイ27, 2; マルコ15, 1)。

　さて以上大雑把に概観したが，ここで以下イエスの逮捕からイエスが十字架につけられるまでを以下のシーンに分けて見たい (4章参照)。大体において，福音書記者は説明をせず (18, 32を除く)，登場人物の動きと共にそれらに語らせている。

第1幕：18, 12-14：　アンナスの所へ連行される。
第2幕：18, 15-18：　大祭司の中庭におけるペトロの否認。
第3幕：18, 19-23：　アンナスの尋問。

---

1) マタイ26, 46; マルコ14, 42; ヨハネ14, 31参照。

第4幕：18, 24： イエス，大祭司カイアファのもとへ送られる。
第5幕：18, 25-27： 中庭でのペトロの2回，3回目の否認。
第6幕：18, 28： イエス，カイアファのところから官邸へと送られる。
第7幕：18, 28-32： 訴状を述べる。訴えられた者の引渡し。「時は夜明けだった。」ユダヤ人たちは，彼らは穢れを受けず過越の食事が出来るように官邸に入らなかった。ピラトが出て来る。ピラトとの問答。32節は重要な説明で12, 33に対応する。
第8幕：18, 33-38a： ピラトは，官邸に入りイエスとの問答。ピラトとの前のイエスの証言。
第9幕：18, 38b-40： ユダヤ人への通達と，彼らのバラバの選び。
第10幕：19, 1-3： 兵士たちによる鞭打ちと嘲り。
第11幕：19, 4-7： イエス引き出される。Ecce homo!（見よ，人を！）。
第12幕：19, 8-11： 訴えられた人（イエス）と二度目の話し合い。
第13幕：19, 12： ユダヤ人との二度目の談合。
第14幕：19, 13-16： もう一度イエスを引き出した上，判決。結局イエスをユダヤ人へ引き渡す。彼らはイエスを引き取った。

　くり返し見てみると，イエスはアンナスの家に連れて来られるが，この大祭司はカイアファの前任者（13節）で彼の義理の父である（13節）。ペトロが中庭に入ることが出来たのは，「他の弟子」の頼みが聞き入れられたからである（15節以下）。中庭に入るときペトロの最初の否認がなされる（17節）。共観福音書の大審院における偽りの証言の話はない。これについては，ルカが一番詳しい。ここではイエスに対する尋問はアンナスによって行われ，彼らの背景にサンヒドリンがあるという言及はない（19節）。それは11, 47以下にすでにあったのである。そこではイエスは愛する者（ラザロ）に命を与え，それに代わっていわばリンチを受けることであった。アンナスのところで，イエスは一人の僕によってたたかれ，抗議する。このシーンは共観福音書にはない。裁判の宣告らしきものは何もなく，イエスはアンナスによって，監視のもとにカイアファに送られる（24節）。ここではマルコやルカの伝承と全然違う。すなわちここでマルコやルカが資料となることは不可能であって，ヨハネ固有の伝承に立ち返る。

　イエスの受難史は，すでにたびたびふれたが，日付から言えば，1, 29.36でイエスが神の小羊とされていることによるごとく，共観福音書の

ように過越の日ではなく，その前日の神殿で小羊が屠られる時がイエスの死の時である。すなわちニサンの14日にイエスは十字架につけられる（共観福音書によればニサンの15日）。ヨハネによればニサンの15日は過越の第一日の土曜の安息日となる。すなわち，ニサンの15日，過越祭第一日はヨハネでは土曜日の安息日なのに対し，共観福音書では金曜日ということになる*2。すなわちイエスの十字架に架けられた日は，曜日が金曜日で同じであるが*3，日付としてはヨハネ福音書が一日早いということである。結果的には二つの異なれる伝承があったことになる*4。この二つの日付についての最終的な説明は，カレンダーの違いに関する仮定も含めて，その解決ももたらされていない*5。なおニサンの14日が金曜に当たるのは，紀元後30年4月7日ではないかという*6。共観福音書にあるように，十字架刑が過越という大きな祝日に行われたということは，蓋然性があるであろうか。通常は司法は祝日には行われなかったという*7。

さて大雑把に，比較して見るとヨハネの受難物語は，その構成においては全体的には共観福音書と合致するが，共観福音書同士が異なるよりも，もっと異なっている。そのうちではマルコとマタイの大幅の合致があるがもちろん相違もある。

　マルコになくてマタイにあるもの
　　26, 52-54（抵抗の禁止）
　　27, 3-10（ユダの最後）
　　27, 19（ピラトの妻の夢）
　　27, 24以下（ピラト手を洗う）
　　27, 51-53（イエスの死の後の奇跡）
　　27, 62-66; 28, 11-15（墓の番）
　ルカはマルコが土台になっていて，その上に別の伝承をもっていたと考

---

2) 大貫，ヨハネ，128。
3) マタイ27, 62；マルコ15, 42；ルカ23, 54；ヨハネ19, 31.42。
4) 13, 1の項参照。
5) Schweizer, Abendmahl, RGG I, 17（くわしくは Str.-B.II, 812以下。また Schnackenburg, Kom III, 38以下。）
6) ブリンツラー，裁判，105。
7) Mommsen, Strafrecht, 363.

えられる。そしてマタイがマルコと違うより，その違いはもっと大きい。省略や順序の変更がある。またすでに書かれていたと思われる特別な資料がある（例：十字架上のイエスの言葉）。ルカに抜けているものは，マルコ14, 33以下；39-41（イエスが3回祈りに赴く）など。

ここでマルコ福音書の受難史とヨハネのそれと比べたいのであるが，スペースの関連で省略する[*8]。

ルカの特別資料
 22, 35-38： 剣について
 22, 43以下： 血の汗
 23, 6-16： ヘロデの前のイエス
 23, 27-31： 十字架の道行きの途中の婦人たち
 23, 39-43： 良い盗賊
 23, 34.43.46：十字架上の三つの言葉
 23, 48：   見物人たちの反応，など。

ヨハネ福音書の特徴
 群集の不在（後述）；ユダヤ人だけが出る。
 ゲッセマネ，なし。
 ユダの接吻，なし。
 大審院の前のイエス，なし。
 キレネのシモンによる十字架の助け，なし。
 酢のぶどう酒を飲ます，なし。
 十字架上のイエスへの罵り，なし。
 3時間の闇，なし。
 共観福音書の十字架上の言葉，なし。
 イエスの死のさいの特別の出来事，なし。
 百夫長の告白，なし[*9]。

ピラトに関して，ヨハネの物語の特徴となるスタイル[*10]として，二つの

---
8) 詳しくは Becker, Kom 559 以下。
9) 以上，Wikenhauser, Kom 314 参照。
10) Windisch, Erzaehlungsstil, 202.

裁きの場が区別されている。総督官邸の前のテラスで（ユダヤ人のいる所），ピラトはユダヤ人たちと話す。官邸の中にイエスは止まる（どこかは分からない）。その間をピラトが行ったり来たりする。しかし一体総督ともあろう者が，子供の使いのように右往左往するだろうかという疑問もある。

受難史の本質について
① ここで第一に強調すべきは，イエスの死は，イエスが行う自らの能動的行為であるということが，ヨハネでは強調されていることである：「だれもわたしからそれを奪わない。しかしわたしは自分からそれを棄てるのである」（10, 18）。しかし「そこではイエスのその死が十字架の刑死であったという屈辱的なかたちはほとんど視野に入ってこない」[11]という記述は果たして妥当するのか。もちろん能動的な死であれば「受難史」という命名も適当ではないかもしれない。それは「能動史」と呼ばれなくてはならないであろう（Aktionsgeschichte）。そこで哲学的文法というような難しいものではなく，普通の初歩の文法の能動形と受動形の区別に注意してみる必要がある。通常，ある一つの事態は以下のように二様に記述される。

　　A) イエスは己を引き渡した。能動形：行為（action, Handlung）
　　　＝ユダはイエスを引き渡した。
　　B) イエスは引き渡された。受動形：出来事（event, Vorgang）

しかし，これは全体から見て，一つの出来事として記述されるであろう。なぜなら結果的に見てそうだからである。それは歴史的な事件として見てもそうなのである。さてなおこの二つの間の関係は，因果関係として把握可能であろう。AがBの原因であり，Aの結果としてBが生じたという因果関係とは普通どのような場合であろうか。第一に，AはBより前に生じた。第二にAとBの間には，もしAが生じなかったなら，Bも生じなかったであろうという関係がある（AはBの必要条件）。第三にAが生じた以上はBもまた生じるであろう（AはBの十分条件）。この三つが満たされればそういう関係であると考えられる[12]。今ここで原因という言

---

11) 大貫，ヨハネ，178。
12) 黒田，行為と規範，61。

葉を使い「理由」については言外とした*13。これが正しいとするとイエスは，Bの結果を知ってそれを身に引き受けたことになるのである。ここですべての議論は氷解するのではないか。すなわち能動的な行為だからと言って，イエスの屈辱的な刑死という視野は背景に退くという記述は妥当しないであろう。したがって以下の受難史の解釈では，そのような死が前景におかれるのである。

② 次なる疑問に移る。一体十字架の苦難を詳述することは，受難史の意図に反しているのであろうか，ということである。そこでは，この出来事は，「そこで彼を十字架につけた (hopou auton esthaurōsan)」という半行で示されているのみである (19, 18)*14。もう一回問うと，ここでの十字架刑についての詳述はいったいテキストの意に反するものであろうか。私がここで述べたいのは，十字架刑についての実態の開陳と，受難物語で述べられている「十字架につける」という意味とのかかわりである。正確に言えば，つまりこの短い記述の意味が，その詳しい描写によって生じる「写像」から説明されてよいのかということなのである。しかしそれは誤解であると考えられる。つまり「十字架につけられる」ということについての，詳しい現実の個々の描写が「十字架」という語の意味を担い，それを指し示しているのであろうかということである。しかしそれが誤解であることは，ある「赤い」ということの描写によって，その「赤」を指し示すことが出来ないことに似ている。それは逆であって，その「赤い」という語の意味を知っていると同様に，「十字架」ということの意味を知っているから，われわれは十字架を指し示し，その恥辱的な死に思いをはせることが出来るのである。それは「十字架」という言葉が話すということの現象である*15。H. Braunがキリスト教は一つの「言語現象」であると言った言葉は正しいと思われる。それは，ケーリュグマ（宣教の言葉）を考えた時はっきり理解できる。したがってただ「十字架につけられた」，という簡単な半行がケーリュグマの中心なのであり，これだけ書いてあるから恥辱的な刑死ということは背景に退いたとは言えない。くどいようだが，たとえ

---
13) デイヴィドソン，行為と出来事，参照。
14) 詳しいことはこの節のコメントを参照していただきたい。
15) Die Sprache spricht. 伊吹，注解 II, 8参照。

を死と埋葬ということにとって、少し長くなるがここで自己引用をすることを許していただきたい。例えばⅠコリント15, 3fから、「死んだ」ということと「葬られた」ということを取ってみる。「ここで死と埋葬という何か前言語的な事実ないしはそれの『像』(Bild) があって、それは言語的には、死と埋葬と名付けられているから、その記号的対応にしたがって『死んだ』、『葬られた』というふうに言われたのではない。ここでは何かを見て、その心的イメージまたは像をもとに、それに相応する言葉を選び出して表現したのでもなく、何かを見て、しかるのちにこれを死と埋葬として解釈したのでもない。ここには思考や解釈というプロセスは特に加わっているとは考えられないのである。起こったことは、死であり、それを見て死んだと言うことは、死ぬという事態と同時に、死という言葉が生起したのと同じであり、死という事実と死という言葉は分けられておらず、一つなのである。くり返すようだが、何かを見て、しかるのちにそれに対応する適当な言葉を捜すというプロセスはなされていない……『わたしたちの罪のために』という語が『死んだ』という語に加えられた時、それははじめて解釈されたものとなるのである。『葬られた』という場合も、今は普通には『お葬式があった』と言うであろうが、何か言葉になっていない出来事があり、それにあたる言葉を検索して、それが葬式と呼ばれているからそういうのではなく、葬式という言葉で呼ばれるものがそこで行われているのである」*16。あえて言えば「十字架」という語をわれわれは像なしに理解し、それに聴く。われわれは言語を操作し、それを使って考えるのである。(だからルカは使徒言行録で十字架という語を避けようとしたのである)。われわれは「今日大学へ行く」という言葉を、まず大学の建物と教室をイメージし、そこへの道筋と電車をイメージして言うのではない。したがって十字架という言葉の説明を以下の叙述でしているのであって、一度その意味を把握すればそれで十分なのである。十字架と簡潔に書かれているから、その現実が背景に退き、強調されていないとは言えない。

③ 実は問題はまだまだある。そのもっとも重要なものの一つは、十字架と復活の関係である。十字架の理解に復活が関係していることは言をまた

---

16) 伊吹、再考、111f; 丹治信春、言語と認識のダイナミズム、1f; Wittgenstein, PU §329; 335; Hacker, Meaning and Mind III, 350参照。

ない。上に引用した 10, 17 について熟考すればよい。例えば後に述べる十字架が「王座につくこと（Inthronisation）」を意味するという視野は[17]，復活がなければたちまち崩れ落ちてしまう。それは単なる刑死となる。その点について「高められる」と「栄光に挙げられる」ことをもう一度吟味する必要が生まれる。

そもそもヨハネ福音書において，イエスの「復活」について述べられている箇所は 20, 9 を除いてない。それ以外は信じる者の復活を述べるのみである[18]。これは或る意味で驚くべきことである。われわれは問題をイエスについて死と復活という図式で考えることになれている。同じく「死（thanatos）」についても，イエスの死について語られるのは 2 箇所，12, 33 と 18, 32 の 2 箇所であり，それはイエスが「高められる」という死に方を示すためである。あとは信じる者に関して「死」について言われている[19]。「死ぬ（apothneskein）」については，11, 50.51 に大祭司の口から言われ，18, 14 に再び述べられている。また 12, 24 参照。「死ぬ」についても，例えば 19, 7 を除いて，イエスを信じることの関連で述べられているのみである[20]。イエス自身については，「霊を引き渡す」（19, 30）と書かれている。共観福音書のいわゆる受難の予告に対し（マルコ 8, 31; 9, 31; 10, 33 平行），「殺される」という死と復活に分けられず，ヨハネでは「ねばならない（dei）」は「高められる」と結合している（3, 14; 1, 24）。もちろん「殺す（apoktei-nein）」はイエスについて使われるが，これは人から見た視野なのである[21]。しかしイエスの死は「命をすてる」と言い表される[22]。しかしこのことは 10, 17 に強調して，それが分かち難く「それを再び取るため」ということと結合されている。結論としてヨハネ福音書ではイエスの死と復活は分かたれず，「高められる」，「栄光化される」という事として解されている。このことは何を言おうとしているのか。それは基本的に両者が一つとして理解されなければならないということである。人はここで間違いをおかしているのではないか。われわれはイエスの死と復活を分けて理解すること

---

17) 19 章：「はじめに」参照。
18) 5, 21.29; 6, 39.40.54; 11, 24.25 など。
19) 5, 24; 8, 51.52; 11, 4.13; 21, 19.
20) 4, 47.49; 6, 49.50.58; 8, 21.24.52.53; 11, 14.16.21.25.26.32.37; 21, 23 など。
21) 5, 18; 7, 1.19.20.25; 8, 22.37.40; 11, 53.
22) 10, 11.15.17; 15, 13.

に慣れ（Ⅰコリント15, 3ff），この二つの出来事を後から，「高められる」ないし「栄光化」されるとして理解するように試みるのではないか。しかしヨハネにとっては，それは一つの出来事である。このイエスの事例に従えば，人が死ぬ時，あるいは死への病にかかった時が，栄光化の初めであるのである。言い換えれば，死に復活が分かたれない一つのこととして続くのである。このように理解しなければいけないのではないか。

　このようなことを考慮した後，さらにこの二つの出来事について続いて考察したい。さて十字架について言えば，12章までは「自己のドクサを求めない」ということがすべてであったかのように思えるのだが，ここではそれを超えて，さらに「辱められる」ことが主に倣う道として開かれる。Ⅰコリント13, 7：「愛はすべてを忍び，すべてを耐える」；13, 8：「愛は決して滅びない」ということである[23]。ここで愛というキーワードがすでに出てしまったが，以下それにしたがって十字架と復活の関係を述べる。先の引用はパウロであるが，ヨハネにとってもこれは本質的であると考えられる。たとえば，これは十字架と復活の解釈と考えられる別れの説話のアガペーについて調べれば十分であろう。以下愛を軸として十字架と復活のかかわりについて述べたい。すなわち十字架上に示されたイエスの愛が，命をそして復活を根拠づける。他方この愛の復活が，十字架を王座につくことの遂行として，愛の勝利として根拠づける。この愛の同一性が十字架と復活を一つに結び合わせる（zusammenhalten）。それゆえこの二つの出来事はその根底において一つである。それはただ一つの愛の出来事である。ドクサとは愛の輝きである。このさい十字架は facta である。しかし愛の遂行としてでなければ，そしてそれによる解釈なしには何ものでもない。復活は十字架を「王座に上ること」として輝かせる。そしてその逆も妥当する。復活は前後関係としての時間の中では十字架を背後のものとし，それによって theologia victoris が可能になるが，それは theologia crucis によって根拠づけられており，この二つの二者択一の選択は不適当であるばかりか危険な誤謬である。教会は同時に十字架と復活の双方であることを意味する。なぜならすでに述べたように復活は愛の遂行であって，愛は十字架に刻印されているからである。したがってヨハネ福音書における十字架

---

23) Ibuki, Agape, 参照。

の意味とは愛であって，イエスは愛が命に導くことの証人であり，「真理の証人」であって，それを啓示し世の憎しみを滅ぼすことがイエスの死の意味であり，ヨハネ福音書におけるイエスの死の意味とは，何よりもこれによって特徴づけられる。結局は死と復活を一つの出来事として解することは，それが愛の出来事であるということである。

区分としては次の如くである。
1. 18, 1-11：　イエスの逮捕
2. 18, 12-27：アンナスとカイアファの前のイエス，ペトロの否認
3. 18, 28-32：ピラトへの引渡し
4. 18, 33-38：最初の尋問
5. 18, 39-40：バラバの釈放

第 18 章

¹これらのことを話してから、イエスは彼の弟子たちと共に、キドロンの谷の向こうへ出て行った。そこには園があって、そこへ彼はその弟子たちと共に入って行った。²彼を引き渡すユダもその場所を知っていた。イエスはそこでしばしば彼の弟子たちと共に集まっていたからである。³さてユダは一隊の兵士と、大祭司たちとファリサイ人の人々からの下役たちを引き連れ、ともしび、たいまつ、武器をもってそこへやって来る。⁴そこでイエスは彼の上に来るすべてのことを知って、出て行き彼らに言った。「誰を探しているのか。」⁵彼に答えた。「ナザレのイエスを。」彼らに言う。「わたしである(エゴ・エイミ)。」イエスを引き渡すユダも彼らと一緒に立っていた。⁶彼が彼らに、「エゴ・エイミ」と言ったとき、後ずさりして地に倒れた。⁷そこで再び彼らにたずねた。「誰を探しているのか。」彼らは「ナザレのイエスを」と言った。⁸イエスは答えた。「わたしはあなたたちに『わたしである』と言った。わたしを探しているなら、この者たちを去らせなさい。」⁹「あなたがわたしに下さった者、そのうちから誰も失いませんでした」という言葉が満たされるためであった。¹⁰そこでシモン・ペトロは剣を持っていて、それを抜き大祭司の僕を撃ち、その右の耳を切り落とした。その僕の名はマルコスであった。¹¹そこでイエスはペトロに言った。「その剣を鞘に入れなさい。父がわたしに与えた杯、それを飲むべきではないか。」¹²そこで一隊の兵士と千人隊長とユダヤ人の下役たちは、イエスを捕らえ、縛り、¹³そしてまずアンナスのところへ連行した。というのはカイアファの義父であったからである。¹⁴カイアファは、一人の人が民のために死ぬことは益があると、ユダヤ人に忠告したあの人物であった。¹⁵イエスにシモン・ペトロともう一人の弟子がついて行った。かの弟子は大祭司と知り合いであった。そして大祭司の中庭にイエスと共に入って行った。¹⁶しかしペトロは門の外に立っていた。そこで大祭司の知り合いである他の弟子は、出て行って女の門番に言い、ペトロを中へ連れ込んだ。¹⁷するとペトロに下女の門番は言う。「あなたもあの人の弟子の一人ではないでしょうね。」彼は「そうではない」と言う。¹⁸僕たち、下役たちが寒かったので、炭火を起こし立って暖をとっていた。ペトロも彼らと共に立って暖をとっていた。¹⁹大祭司はイエスに、彼の弟子と彼の教えについてたずねた。²⁰イエスは彼に答えた。「わたしは公然と世に語った。わたしはいつもすべてのユダヤ人が集まる会堂や神殿で教えた。かくれては何も語らなかった。²¹あなたは何をわたしにたずねるのか。何を彼らに語ったかは、聞いた人たちにたずねなさい。見よ、この人たちがわたしが語ったことを知っ

ている。」 ²²彼がこれらのことを語った時，そばに立っていた下役の一人は，「大祭司にそのように答えるのか」と言って，イエスに平手打ちをくらわせた。²³イエスは彼に答えた。「もしわたしが悪しく話したならば，その悪いことについて証ししなさい。しかし正しいなら，なぜわたしを打つのか。」²⁴アンナスは彼をしばったまま，大祭司カイアファのもとへ送った。²⁵シモン・ペトロは立って暖まっていた。そこで人々が彼に言った。「あなたも彼の弟子の一人ではないだろうな。」かの者は否定して言った。「そうではない。」²⁶大祭司の僕たちの一人で，ペトロがその耳を切り落とした者の親戚の者が言う。「わたしはお前を園で彼と共に見たのではないか。」そこで再びペトロは否定した。そしてすぐに鶏が鳴いた。²⁸そこでイエスをカイアファのところから総督官邸に連れて行く。明け方であった。そして彼らは汚されず，過越の食事を食べるために，総督官邸に入らなかった。²⁹それでピラトは彼らのところへ，外へ出て行った。そして言う。「この人に対してどんな訴えを提出するのか。」³⁰彼らは答えて彼に言った。「この者が悪事をした者でないなら，彼をあなたに引渡しはしないでしょう。」³¹ピラトは彼らに言った。「あなたたちが彼を引き取れ。そしてあなたたちの律法に従って彼を裁け。」ユダヤ人たちは彼に言った。「わたしたちには誰をも殺すことが許されていません。」³²どのような死に方で死ぬことになるかを示そうとして言った，イエスの言葉が満たされるためであった。³³そこでピラトはふたたび総督官邸の中へ入った。ピラトはイエスを呼んで彼に言った。「あなたはユダヤ人の王か。」³⁴イエスは答えた。「あなたがそれを自分から言うのか。それとも他の人たちがわたしについてあなたに言ったのか。」³⁵ピラトは答えた。「一体わたしがユダヤ人であるのか。あなたの民と大祭司たちが，あなたをわたしに引き渡したのだ。何をしたのか。」³⁶イエスは答えた。「わたしの王国はこの世からのものではない。もしわたしの王国がこの世からのものであったなら，わたしの部下たちが，わたしがユダヤ人に引き渡されないために戦ったであろう。しかしわたしの王国はここからのものではない。」³⁷そこでピラトは彼に言った。「それではあなたは王なのだな。」イエスは答えた。「わたしは王であるとあなたは言う。わたしは真理のために証しするため，そのために生まれ，そのためにこの世に来たのである。真理からの者はみなわたしの声を聞く。」³⁸ピラトは彼に言う。「真理とは何か。」そしてそれを言ってから，再びユダヤ人のもとに出て行って，そして彼らに言う。「わたしは彼に何らの罪状も見出さない。³⁹ところで，過越に一人を釈放するという慣例があな

たたちにある。あなたたちにあのユダヤ人の王を釈放することを欲するか。」 40彼らは再び叫んで言った。「この者ではなくバラバを。」バラバは強盗であった。

イエスの逮捕

（1-11節）

---

^{1}これらのことを話してから，イエスは彼の弟子たちと共に，キドロンの谷の向こうへ出て行った。そこには園があって，そこへ彼はその弟子たちと共に入って行った。^{2}彼を引き渡すユダもその場所を知っていた。イエスはそこでしばしば彼の弟子たちと共に集まっていたからである。^{3}さてユダは一隊の兵士と，大祭司たちとファリサイ人の人々からの下役たちを引き連れ，ともしび，たいまつ，武器をもってそこへやって来る。^{4}そこでイエスは彼の上に来るすべてのことを知って，出て行き彼らに言った。「誰を探しているのか。」^{5}彼に答えた。「ナザレのイエスを。」彼らに言う。「わたしである（エゴ・エイミ）。」イエスを引き渡すユダも彼らと一緒に立っていた。^{6}彼が彼らに，「エゴ・エイミ」と言ったとき，後ずさりして地に倒れた。^{7}そこで再び彼らにたずねた。「誰を探しているのか。」彼らは「ナザレのイエスを」と言った。^{8}イエスは答えた。「わたしはあなたたちに『わたしである』と言った。わたしを探しているなら，この者たちを去らせなさい。」^{9}「あなたがわたしに下さった者，そのうちから誰も失いませんでした」という言葉が満たされるためであった。^{10}そこでシモン・ペトロは剣を持っていて，それを抜き大祭司の僕を撃ち，その右の耳を切り落とした。その僕の名はマルコスであった。^{11}そこでイエスはペトロに言った。「その剣を鞘に入れなさい。父がわたしに与えた杯，それを飲むべきではないか。」

注　解

　1節　「これらのことを話してから」（tauta eipon）は，17, 1の，「イエスはこれらのことを話した「（tauta elalēsen）」と酷似している。ここからヨハネ福音書記者は，彼に伝承され，かつまた彼が手を入れた受難物語へ入って行く。しかしヨハネ個有の痕跡もある。この18, 1以下は自然的には14, 31に接続する。14, 31はマルコ14, 42平行で，ここではイエスと弟子たちは，過越の食事の終わりのハレルを歌った後，かんらん山へ向かうのである*^{24}。ルカでは「いつもの通り（secundum consuetudinem）：22, 39」とあ

るが，これは18章2節に当たる。ヨハネではゲツセマネのシーンは削られていて[*25]，それを閉じるマルコ14, 42；マタイ26, 46がヨハネ14, 31に移されている。こう見るとヨハネ17章は，ゲツセマネの祈りの代わりの位置にあるとも言えるであろうか。こう言うとおかしく聞こえるかもしれないが，もしヨハネ福音書のイエスが，ここでゲツセマネでのように祈れば，それは聞き入れられてしまうのである。「わたしの父よ，もしできることならこの杯がわたしから去っていきますように……」マタイ26, 39（マルコ14, 36；ルカ22, 40ff）を，「父がわたしに与えた杯，それを飲まないであろうか」（18, 11）や，「父よわたしの願いを聞き入れて下さって感謝します」（11, 42），また「父よ，わたしをこの時から救い出して下さい。だがこのためにわたしはこの時に来たのだ」（12, 27）と比較する必要がある[*26]。すなわち17章の祈りは聞き入れられることが確実なのである。ヨハネによれば終末的に時がさらに進んでいるのであろうか。さて，この時，町は巡礼客がいっぱいでごったがえしていたであろう。彼らはケドロン（ヘブライ語でQidron）の谷の向こうへ出て行った。この谷は冬の雨で出来た溝である。そこに園があって，そこへイエスは弟子たちと共に赴く。その園はマタイ（26, 36）；マルコ（14, 32）でゲツセマネと呼ばれる（ルカ22, 39）。

2節　2節で上記の場所についての説明がある。そこでイエスは彼の弟子たちと一緒にしばしば集まっていた。(sunēchtē: sunagō: 4, 36; 6, 12.13; 11, 47.52; 15, 6; 18, 2)。従ってユダはその場所を知っていた。この場所は生前のイエスの，教会の前身とも言える所であろう[*27]。共観福音書によればゲツセマネと呼ばれる。さてここから何があったかはここに記されていない。場所としては本来15.16.17章がここにふさわしいのであろうが，うまく挿入できなかったのであろうか。むしろヨハネはこの部分を「栄光化された者(doxastheis): 13, 31以下」として位置づけたかったのかもしれない。そして18, 1で視線は，突如地上に戻ったとも言えようか。いずれにしても17章はここへ属すると言ってもよいのではないだろうか。私見によれば，

---

24)　マタイ26, 30；マルコ14, 26参照。
25)　12, 27以下参照。
26)　また別れの説話における願いの成就：14, 13；15, 7；16, 24；Ⅰヨハネ5, 14など参照。
27)　ルカ21, 37参照。

17章は受難物語，特に19章の深みであるように思われるのだが，そして福音書では，叙述が多次元的にできないために前後して平行に並べてあるように思われる。このような例としては，マルコ13, 24.25は27節と平行に見られなければならないし，黙12, 7-10は13以下と平行に読まれなければならないであろう。しかしこのことについてはすでに語った。

3節 ここでユダについて，共観福音書は「十二人の一人のユダ」と書いている：マタイ26, 47；マルコ14, 43；ルカ22, 47。しかしユダが一隊の兵士(speira)，すなわちローマ兵を引き連れて来るというのは異様である。さらに12節には一隊の兵士と千人隊長 (chiliarchos) が出る。共観福音書にはローマ兵のことはふれられていない。この兵隊は過越の祭りの間アントニア兵営で特に騒乱にそなえて警備に当たっていたということになる。ローマの軍勢：speira[28]は Legion の10分の1であり，100か600人の装甲歩兵からなる。さらに12節の千人隊長が1000人の長ならば[29]，たとえ全部の兵士が来たのではないにしても信じがたい兵士の数であり，おそらくいかにユダの密告が大げさなものであったとしても，これだけの軍隊が動くことは考えがたい。またこの裏に何があったか，ここで全然ふれられていない。このためには，ユダヤの指導層側とピラトの接触があったのでなくてはならないはずである。イエスを指導者とする人民の反乱が考えられた可能性があろうが，群集（ochlos）は12, 34を最後にヨハネ福音書には出て来ない。（もちろん6, 41のように群集がユダヤ人にとって代わられるという例はあるが）。19, 6と15の「十字架につけよ」と叫ぶのは，祭司長や下役のことで，群集の騒乱とは関係ない。（受難史における群衆 [ochlos]：マタイ26, 47.55；27, 15.20.24；マルコ14, 43；15, 8.11ff.15；ルカ22, 6！.47；23, 4.48！）もちろんイエスの逮捕にさいし，弟子たちの抵抗が考えられたかもしれないが，それはローマ兵の出動を必要とするほどの規模であるとは考えにくい。ローマ兵の出動はピラトの許可によるもので，反乱の暴徒が前提とされているはずである。またイエスが，政治的王として告発されたことが考えられるが，そうするとローマ兵が，その後イエスをアンナスの所へ連行することなど

---

28) マタイ27, 27；マルコ15, 16；ヨハネ18, 3.12；使10, 1；21,31；27, 1.
29) chiliarchos：マルコ6, 21；ヨハネ18, 12；使21.31.32.37；22, 24.26.27.28.29；23, 10.15.17.18.19. 22；24, 7.22；25, 23；黙6, 15；19, 18.

なお疑わしい（12節以下）。アントニア兵営へ連れて行かれるはずである。もちろんユダヤ人とローマ兵によって敵対的なコスモス全体を代表させるのは意味があるかもしれない。しかし一つの可能性として，資料にあったものをヨハネはローマ兵と解したのであって，これらは本来，神殿警察の意であったと取ることが可能であると考えられる。またルカ22, 52には「神殿守衛長（stratēgoi）」という名が現れる。これはレビ人たちを指揮する祭司である。しかしこれは「軍指令官」をも意味しうる[30]。ここら辺に伝承の乱れがあったのであろうか[31]。とにかくここで speira はレビ人からなる神殿警察と解したほうが納得がいく。これは LXX でローマ兵ではない兵士に適用されている[32]。また chiliarchos は，ヨセフスによればユダヤの軍事組織を指しているという[33]。これらによりここではローマ兵ではないという説にしたがうことにしたい。さて満月であったにもかかわらず[34]，松明や明かりや武器があった。マタイ27, 47；マルコ14, 43；ルカ22, 47では群集がイエスの逮捕に加わっている。しかしヨハネ福音書のように群集が現れないほうが自然である。なぜなら群集はイエスの入城の際，イエスをメシアとして歓呼の声で迎えているからである（マタイ21, 9）。マルコ11, 32によれば祭司長，律法学士，長老たちは群集を恐れていたとある。また特にヨハネ12, 19参照。

 4節　4-9節は福音書記者の手になると言われている[35]。イエスは自分の身に起ることをすべて知っていた。これはヨハネ福音書のイエスの特徴であり[36]，共観福音書にはない。イエスは出て行き，彼らに「誰を探しているのか」，と聞く。「探す（zētein）」ということは，本来的には反撥しながら，それなくしては生きられないから探すのである

 5節　彼らが「ナザレのイエスだ」と答えると，イエスは「エゴ・エイミ

---

30) Bauernfeind, ThWbNT VII, 704, 25.
31) Dauer, Passionsgeschichte, 27f.
32) ユディト14, 11；Ⅱマカベア8, 23；12, 20.22.
33) ブリンツラー，裁判, 88; Schnackenburg, Kom 251.
34) Haenchen, Kom.
35) 詳しくは Dauer, Passionsgeschichte, 30以下，間垣，キリスト論, 227, その他参照。
36) 17, 1参照。

(わたしが［それで］ある)」と答える。このエゴ・エイミは二つの意味を持った一つの語として現れる。一つは、わたしがそれだという意味と、他は絶対的・神的啓示句としてのエゴ・エイミである。ナザレのイエスが神の子として顕示されたのである[*37]。「イエスを引き渡すユダも彼らと一緒に立っていた」。すなわちこれはユダヤ人の代表者への答えであって、ユダヤ人への自分が誰であるかという正式の告知である。ユダが兵隊を連れているのでなく、案内役としてそばに立っていたのであり、イエスは近寄りがたいのである（それに反して、マタイ26, 49; マルコ14, 45; [ルカ22, 48も参照] のユダの接吻)。ユダには、「イエスを引き渡す者」という名がついている[*38]。この「引き渡す (paradidonai)」という語は、この後はユダヤ人について使われる：18, 30.35.36; 19, 11。ユダはそもそも敵対的なユダヤ人の代表者として考えられているのであろうか。しかしそこでは自分を引き渡すイエスの愛が強調されている。いずれにしてもユダにはこの重要な役割が帰されているのである。しかしこれについては再考を有する。これがよく言われるように、召された者がこのようなことをすることを告知するのは、「われわれを震撼させるためである」ということももちろんであり、すでに述べたように教会が、全く清い教会であるということを否定することも、もちろんであるが、そしてまたそれをイエスが予知していることも、イエスが十字架という運命を肯定していることを現すが、十二弟子（ルカ；マタイ：使徒）の召命の伝承にある。ここでイエスが引き渡されるということが静かに起こった。イエスが己を引き渡したからである。

6節 イエスの言葉の結果、彼ら（……ユダヤ人の代表）は後ずさりして地に倒れた（使9, 4以下など参照)。神的啓示に撃たれたのである。ここではユダは接吻どころかイエスに近付くことも出来ない[*39]。

7-8節 8a節までは、すなわち、6-8a節は二度同じことがくり返されている。イエスは「誰を探しているのか」(20, 15) と同じことを問う。すでにふれたし、中断するが、この「探す (zētein)」という動詞はヨハネ福音

---

37) 伊吹、注解 II, 103f.
38) 6, 64.71; 12, 4; 13, 2.11.21; 18, 2.5参照；Popkes, Christus Traditus, 174f.
39) Haenchen, Kom は詩27 [26], 2; 35 [34], 4を挙げる。

書で重要な意味を持っている[*40]。これにはイエスを求めるポジティブな意味と、世がイエスを捕らえようとするネガティブな意味があるが、なぜ世がイエスを捜し、無関心ではいられないかと言うと、それは世が被造性を根拠としてあり、光と命と真理を求めているからである。世はイエスにつきまとう。しかし世は世という自分を固持する。残念ではあるがここでは立ち入ってこれ以上言及できない。さて二度目の問いには彼らが倒れることは書かれていない：「倒れる（piptein）」については、ルカ10, 18; 20, 18; 22; 使9, 4; 22, 7（わたしは地面に倒れた）。イエスは言う。「わたしはあなた方に『わたしである』、と言った。わたしを探しているならこの者たちを去らせなさい」。この言葉によって「わたしである（エゴ・エイミ）」の意味が明らかになる。すなわち彼らを救うために自分を引き渡すのである。これがイエスの「エゴ・エイミ」という存在のすべてである[*41]。従って二度目のこの「エゴ・エイミ」は、これまで解釈されてきた「エゴ・エイミ」のうちもっとも重要である。共観福音書のように弟子たちは逃げるのではない[*42]。イエスが捕えられる代わりに、彼らは何の害も受けず去ったのである。イエスの言葉は命令として実行された。彼らは救われたのである。ここでヨハネ福音書記者は、はっきりとイエスの死の意味を記している。そして弟子たちを去らせた（しかし16, 32）代わり、イエスは孤独になり、ただ父と共にいる[*43]。救いのわざをイエスは孤独のうちに遂行する。

9節　ここには福音書記者の解説がある。それはイエスの語った言葉の成就である。イエスが弟子たちを去らしめたのは、彼らが逮捕から逃れるということだけでなく、救われるということであり、失われないということのしるしであったのである。「言葉が満たされるため（hina plērōthē ho logos）」という言い方は、18, 32を除きすべて旧約聖書にかかっており[*44]、ここはイエスの言葉が対象とされる。これはもちろん読者がそのイエスの

---

40) 1, 39; 4, 23.27; 5, 18.30.44; 6, 24.26; 7, 1.4.11.18.19.20.25.30.34.36; 8, 21.37.40.50; 10, 39; 11, 8.56; 13, 33; 16, 19; 18, 4.7.8; 19, 12; 20, 15: 新約聖書117回中ヨハネ34回。
41) 伊吹、注解、21参照。
42) マタイ26, 56; マルコ14, 50。
43) 8, 29; 16, 32参照。
44) 13, 18; 15, 25; 17, 12; 19, 24.36。

言葉 (17, 6.12) を思い出すためであり、ここですでに救いが遂行されたことを示すのである。すなわちイエスの受難そのものが、これまで述べられてきたすべての者の救いのためであることが明らかにされる。なぜ受難が必然的であるかについては述べられていない。

10節　シモン・ペトロという呼び方はヨハネ福音書に特有であり[45]、このほかは、マタイ16, 16とルカ5, 8だけである。ペトロは剣を抜いて大祭司の僕に切りかかり右の耳を切り落とした（マタイ26, 51; マルコ14, 47にはただ「耳」; ルカ22, 50には「右耳」とある。）右手で右の耳を切り落とすのは難しく左の耳の方が容易であると言えようか[46]。僕の名はマルコスと言った。マタイ26, 51; マルコ14, 47; ルカ22, 50ではペトロの名も僕の名もあげられていない。「一人が」となっている。ルカ21, 51ではイエスがその耳を再びつけ治癒する。ヨハネでは18, 26では、それを見ていたマルコスの親類が登場する。マタイでは、イエスはもし戦うなら神から12のlegionの天使が来る、と伝えている。ここでのことは18, 17のペトロの否みを準備する。ペトロはもちろん命を賭しての行為に出たのである[47]。

11節　イエスは「剣をさやにおさめよ。父がお与えになった杯は飲むべきではないか」と言う。これはマタイ26, 42と似ている[48]。すなわちこれはゲッセマネでの言葉である[49]。ただしここでは杯を飲む決意がすでになされている。ヨハネ福音書のイエスは杯を飲まねばならぬことをすでに知っている。イエスは弟子たちを去らせるのである。それはイエスが自分の命を棄てて弟子たちに命を得させるのである（10, 10）。マタイ26, 56; マルコ14, 51は、逮捕について聖書が成就されることを語る。マタイ26, 56; マルコ14, 50ではこの出来事の後、弟子たちは皆イエスを棄てて逃げてしまう。マルコ14, 50は一人の少年も結局逃げてしまうことを伝えている。一般に復活でなく、理解しにくい受難にこそ、聖書の成就がしばしば

---

45) 1, 40; 6, 8.68; 13, 6.9.24.36; 18, 10.15.25; 20, 2.6; 21, 2.3. 7 .11.15.
46) Haenchen, 519.
47) この項について、Dodd, Tradition, 56参照。
48) Dodd, Tradition, 78参照：ルカ22, 42：ヨハネ、12, 27-8以下：Dodd, Tradition, 69参照。
49) マルコ14, 36; ルカ22, 42参照。

言われるのである。いかに初代教会が受難を理解しようと苦闘したかが窺える[*50]。

---

50) 1-11節までのルカとの近似や共観福音書との詳しい関係については Dauer, Passions-geschichte, 49以下，特に60参照。

アンナスとカイアファの前のイエス，ペトロの否認
（12-27節）

---

¹²そこで一隊の兵士と千人隊長とユダヤ人の下役たちは，イエスを捕らえ，縛り，¹³そしてまずアンナスのところへ連行した。というのはカイアファの義父であったからである。¹⁴カイアファは，一人の人が民のために死ぬことは益があると，ユダヤ人に忠告したあの人物であった。¹⁵イエスにシモン・ペトロともう一人の弟子がついて行った。かの弟子は大祭司と知り合いであった。そして大祭司の中庭にイエスと共に入って行った。¹⁶しかしペトロは門の外に立っていた。そこで大祭司の知り合いである他の弟子は，出て行って女の門番に言い，ペトロを中へ連れ込んだ。¹⁷するとペトロに下女の門番は言う。「あなたもあの人の弟子の一人ではないでしょうね。」彼は「そうではない」と言う。¹⁸僕たち，下役たちが寒かったので，炭火を起こし立って暖をとっていた。ペトロも彼らと共に立って暖をとっていた。¹⁹大祭司はイエスに，彼の弟子と彼の教えについてたずねた。²⁰イエスは彼に答えた。「わたしは公然と世に語った。わたしはいつもすべてのユダヤ人が集まる会堂や神殿で教えた。かくれては何も語らなかった。²¹あなたは何をわたしにたずねるのか。何を彼らに語ったかは，聞いた人たちにたずねなさい。見よ，この人たちがわたしが語ったことを知っている。」²²彼がこれらのことを語った時，そばに立っていた下役の一人は，「大祭司にそのように答えるのか」と言って，イエスに平手打ちをくらわせた。²³イエスは彼に答えた。「もしわたしが悪しく話したならば，その悪いことについて証ししなさい。しかし正しいなら，なぜわたしを打つのか。」²⁴アンナは彼をしばったまま，大祭司カイアファのもとへ送った。²⁵シモン・ペトロは立って暖まっていた。そこで人々が彼に言った。「あなたも彼の弟子の一人ではないだろうな。」かの者は否定して言った。「そうではない。」²⁶大祭司の僕たちの一人で，ペトロがその耳を切り落とした者の親戚の者が言う。「わたしはお前を園で彼と共に見たのではないか。」そこで再びペトロは否定した。そしてすぐに鶏が鳴いた。

注　解

　12節　ここに千人隊長が出て来る（既述）。一隊の兵卒とユダヤ人と共にイエスを捕え縛り上げる。兵卒についての疑義についてはすでに述べた。イエスを縛るのは，マタイ27, 2; マルコ15, 1ではイエスをピラトに送る時である。ここでは24節にこのことが再び述べられている。すなわちイエスは縛られたままカイアファのところへ送られた。

　13節　イエスはアンナスの所へ送られる。アンナスは6-15年に大祭司であった。このことについていくつもの仮定がなされている。すなわち19-23節のアンナスの質問は大祭司の質問の前に行われたものではないか，というのはカイアファのもとにおける大審院の質問は，ヨハネ福音書に抜けていることについてである。現今のテキストでは24節の続きの28節を読むと，カイアファはイエスが一端そこへ送られるが（24節），28節で素通りしてまたすぐ総督官邸のところへ送られることになる。すなわちアンナスによる質問についてかなり詳細に述べながら，カイアファのところで起こる重大な決定について何も述べていない。共観福音書によればカイアファの所へつれて行かれることが決定的であり，そこで最高法院の協議があるのである[51]。そしてイエスは死に定められる[52]。この協議がヨハネにない。また最高法院ではヨハネのアンナスのもとでと同じように，イエスがたたかれる[53]。さらにヨハネでは，15節と16節と19節および22節でアンナスは大祭司と呼ばれている。しかるに13節では，わざわざカイアファがその年の大祭司であると記されている。これらのことによって色々な仮定がなされた。すなわち，24節はもともと13節の後ろにあったものであると仮定し[54]，すなわちアンナスのもとで行われたのはカイアファの前でのことであったとする試みがある。しかしこの仮定については，どう

---

51)　マタイ26, 57; 27, 1以下；マルコ14, 53以下；ルカ22, 54; 66以下。
52)　マタイ26, 66；マルコ14, 64；ルカ22, 71。
53)　ヨハネ18, 22；マタイ26, 67；マルコ14, 65；ルカ22, 63。
54)　Lagrange 他。

してそれなら今の順序が生まれたのかという説明が出来ない。また18, 19-24が後からの挿入という説もある[55]。しかしよく考えると，福音書記者は14節の後方指示で，わざわざ11, 50節の大審院の決定へと注意を喚起している。25-27節のペトロの話は，24節の後に28節が続くと，カイアファについての記述があまり簡単でおかしいので，巧みに入れられていると考えることはできないだろうか。18b節を25節はそのままくり返している。すなわち18b節の「ペトロも彼らと一緒に立って暖をとっていた」は，25節の「さてシモン・ペトロは立って暖をとっていた」と続けられている。ペトロの話は，アンナスとカイアファのもとでのことの裏の話として技巧的に分けられ，カイアファの尋問がないのをカバーしているように見える。次にアンナスが大祭司と呼ばれていることについては，ルカ3, 2; 使4, 6にカイアファと並んで大祭司として言及される。この問題についてまた20節の項参照。大祭司の職にあった者は，退位後もこの名称を保持することができたという[56]。なぜヨハネが，カイアファのところでの尋問について言及していないのかという問いについては，さしあたりそれが伝承によると考えておきたい[57]。ただしヨハネが，共観福音書の叙述を既知のものとして前提としているゆえここで言及がない，また異邦人キリスト者たちがユダヤ法による裁判に興味を持っていなかったからという答えには賛同できない[58]。

14節 イエスは大祭司のしゅうとであるアンナスのもとへ送られる。そのままとれば，アンナスがカイアファに代わって尋問をしたということになる。カイアファの尋問はない (28節)。このカイアファが「一人の人間が民のために死ぬことは益がある」とユダヤ人に忠告した人物であった。これは11, 50のまさにヨハネ的な後方指示である。上述したように，大審院の決定はすでにあったと言っているのではないだろうか。付け加えると，このカイアファの思想は正に典型的行為功利主義である[59]。同時にイエ

55）以上 Wikenhauser, Kom 320 参照。
56）ブリンツラー，裁判，118。
57）詳しくは Dauer, aaO. 67 以下参照。
58）ブリンツラー，aaO, 120f 参照。
59）黒田，行為と規範，115。

スの死が民のためであることを明らかにしている。しかしその思考事態は徹底的に正義の規範に反するものである。「その年の大祭司」ということは，ここでは祭司長の職務が一年となっているように読まれる。

15節　15-18節および25-27節は，ペトロに関して非常に技巧的に挿入されている物語で，これによってイエスの裁判の話が中断される。シモン・ペトロともう一人の弟子がついて行った。この他の弟子は大祭司の知り合いであって，大祭司の中庭にイエスと共に入って行った。この他の弟子は愛弟子と考えられる。この点については反対意見が多いが[*60]。Dauer, Passionsgeschichte 74, によれば愛弟子と考える解釈者は，Loisy, Strathmann, Schick, Macgregor, Hoskyns, Haenchen, Benoit, Wilkens, Volter など。Dauerはこれに反対している[*61]。ここでは「他の弟子」が単数で出て来て，冠詞がないことも，反対意見の一つの理由にあげられる。しかしこの弟子はイエスと共に入る。これはやはり愛弟子と考えられる。なぜならここにカリスマ的教会の代表者が，職制的教会の代表者と共に挙げられていると考えられるからである。この弟子が中庭に入るのを可能とするために，「知り合い」と書かれている可能性もある。いわば13, 24のように，愛弟子がペトロに主へのアクセスを提供すると考えることができる。このようなことが考えられるのは，このことは共観福音書にないばかりでなく，共観福音書ではペトロは誰の助けも借りず，中庭へと入っているからである[*62]。それに反し，ここでは他の弟子が大祭司の知り合いであったので，ペトロが中へ入れたことになっている。このことから1, 32の弟子はこの人物であったという可能性が強くなったのではなかろうか。この「他の弟子」がペトロをイエスの近くに連れて来る役を果たしているのである。

16節　ペトロは外の門のところで立っていた。他の弟子が大祭司の知り合いであることがくり返され，その弟子が門番の女に話し，ペトロを内へ入れてやる。何が話されたかは書かれていない。どのような知り合いであったのかは全然分からない。これはヨハネの構成であるかもしれない。

---

60)　Kragerud, Lieblingsjuenger, 94以下参照。
61)　前掲書75。
62)　マルコ14, 54; マタイ26, 58; ルカ22, 55。

魚を納入していたなどという根拠はない*63。

17節 ペトロが中へ入ると門番の女が、彼も弟子の一人ではないかと言い、ペトロは否認する。第1回の否認である。この「否認する」という言葉は信仰を告白するの反対の意味と取ってよいであろう（arneisthai: 13, 38; 18, 25.27）。

18節 僕や下役は寒い時であったので*64、炭火を起こし、そこに立って当たっていた。彼らはイエスの逮捕に参加したのだろうか。ペトロは彼らに混じり立って当たっていた。

19節 大祭司と呼ばれているのは、すでに述べたようにアンナスと考えられる（使4, 6参照）。イエスはなぜアンナスのところへ送られたのだろうか。その答えは、すでに述べたように14節（11, 50）にあろう（ただしここではカイアファが決定したと言われず、「助言した [sumbouleusas]」と言われている。しかし結局決定されたのである）。さて彼はイエスに弟子のことや教えのことを尋ねた。これは共観福音書での大審院の尋問に相当する。すでに述べたように、なぜイエスが大祭司のしゅうとであるアンナスのところへ連れて行かれたか、その理由がここではやはり明らかでない。

20節 イエスは彼に答えた。「わたしは公然と世に話した。わたしはいつもすべてのユダヤ人が集まる会堂や神殿で教えた。かくれては何も語らなかった」。すなわちイエスの言葉は私秘言語でもないし、隠された言葉もない。この言葉はマタイ26, 55; マルコ14, 49の逮捕のさいのイエスの言葉とほぼ同じである。ついでに言えばこの一致から言って、イエスのアンナスの前での尋問を文献批判によってカイアファの前で言われたことにするのは無理であろう（13節の項参照）。これは明瞭に、イエスには隠れた教えがないことを言っている。ここでイエスの言葉は「教え」とされている。すなわちイエスの教えは、時を超えていつの時代にもあらゆる人に明

---

63) Haenchen, Kom 521参照。
64) 10, 22参照。

白なのであり，ここでは読者がすでに十分イエスの教えを聞いたことが前提とされている。補うべきことは何もないのである。11, 47-53でイエスについての判決は決まっている。これらの尋問は形式的なことであるのだろうか。なお「公然と（parrēsia）」については，7, 4.13.26; 10, 24; 11, 14.54; 16, 25.29; 18, 20; マルコ 8, 32; 使 2, 29; 4, 13.29.31; 28, 31参照。

21節　「あなたは何をたずねるのか。何を彼らに語ったかは聞いた人達に訊ねなさい。この人たちがわたしの語ったことを知っている」，とイエスは答える。それは，今更という意味であって，イエスは11, 46以下で決まったことを知っているのである。ここでは教えが，前面に出て「わざ」については語られない。ユダヤ人たちは「わざ」をも受け入れないのである（9章参照）。そしてイエスは一回的な啓示をくり返すのを拒否する。「時」があり，イエスの啓示はいつでも手軽に手に入るインフォメーションではない。12, 36は世への啓示の終わりを示しているのかもしれない。しかし間接的には，人は今後，弟子たちの宣教へと指示される。

22節　大祭司の下役の一人が，大祭司にそのような口を聞くのかと，イエスに平手打ちをくらわせる：19, 3参照。すなわちイエスはユダヤ人，そしてローマ兵に平手打ちをされる[*65]。イエスの言う真理に対して暴力の答えが返ってきたのである。

23節　イエスは，自分の言葉の内容について，「悪しく話したなら，その悪について証しせよ」と言う。「悪く（kakōs）」はヨハネにここ1回限り出る。「悪い（kakos）」は，ここと30節に「悪をなす」として全部で2回だけ出る。したがって少し慎重に調べなければならない。その反対の「良い（kalos）」については，もちろん10, 11.14.32.33.（何よりも「良き牧者」；後は「良いぶどう酒」2, 10［2回］）．Kalōs「良く（副詞）」については4, 17; 8, 48.13, 13; 18, 23と出るが，すべて「話す（lalein）」と結合している。もちろん18, 23がもっとも重要であり，公式にここ法廷でイエスは自分の「語り」を善としている。次に23節をよく見るとイエスの言葉が悪とされて

65）マタイ 26, 67; マルコ 14, 65; ルカ 22, 63.

いる。「悪しく話す」は、直訳であるが、イエスの話すことが「悪」と言われることから、イエスは自分の言葉に悪がない、と言う。つまり悪とはイエスの言葉と対極的な正反対である。すなわち、イエスの言葉が善であり、その行い、その存在が善であり、その言葉に反することが悪である。言うなれば、イエスの言葉を受け入れず、これを拒否すること、すなわち不信仰が悪である。さらに、飛躍するようだが、イエスの言葉やわざは父の愛の啓示であり、それはまたイエスの愛である。愛が善であり、悪はまず虚偽であり、憎しみであり、罪であり、不義である。善が上か、愛が上かの問題はここには存在しない。したがって善ということは新約聖書一般で後退する。神は第一に summum bonum ではなく、愛として解される（Ⅰヨハネ4, 8.16）[66]。ニーグレンは、「最高善」は、アウグスティヌスによってアモールとディレクティオとカリタスの総合として導入されたと主張する[67]。しかしこのアウグスティヌスの天才的解決は、まことかどうか、専門家に聞かねば分からない。それは確かに前史を持つであろう。いずれにしても新約聖書では善の至高性ということが説かれてはいない（マードック、善の至高性）。むしろ神が愛であること、愛が愛を愛することにエロース、フィリア、アガペーの総合があるのではないか。ドイツ語のLiebe という言葉はすべてを総合している。この見地からして caritas の訳である charity も love とされ得よう。したがってこれは、事実に反しているという偽証というような意味でだけではなく、正義に反する[68]。そして愛や義を語るイエスに暴力が加えられる。「証しする」はここで法廷的用語である。「その悪について証せよ」。これは直接下役に言われているようであるが、一体この「証しする」ということがヨハネ福音書でユダヤ人に言われることはない。証し出来っこないからである：2, 25; 5, 34でイエスは他の証言を必要しないと、言明されている。イエスの言葉を聞かない者に「証しする」のは無理なのである。ここでは彼らにイエスの言葉は証しできないことを前提としている。それに反して、3, 33参照。しかしこの下役人やアンナスを含めて、だれがイエスについて証言できるのか。父やイエスや、そのわざ（10, 25）や聖霊を除いて、せいぜい洗礼者ヨハネ

---

66) この問題については伊吹、ヨハネ、311f.。
67) ニーグレン、A., アガペーとエロース、Ⅲ, 119.123.
68) 16, 10; 18, 30参照。

や*69, イエスを信じる弟子 (15, 26) や, サマリアの婦人や (4, 39), 群衆や (10, 25) かのイエスを愛する弟子である。この節は7, 7:「世は……わたしを憎んでいる。わたしが世についてそのわざが悪であることを証ししているからである」と対比して読まれるべきである。イエスの言葉を聞かない者が証しするなど筆者は寡聞にしてそんなことを聞いたことがない。せいぜい彼らに出来ることは偽証である。ルカ23, 2が, 順序だてて述べている。その内容は, 1) 国民を惑わし, 2) 税金をカイザルに納めることを禁じ*70, 3) 自分こそ王なるキリストと唱えている。ヨハネ福音書で洗礼者ヨハネやその他イエスの弟子, またイエスを信じる者 (3, 33; 16, 27) を除いて, 証しできる者がいない。つまり下役はここでイエスに裁かれているのである*71。しばしばここでマタイ5, 39bが挙げられるが, むしろ5, 39a 参照。その後, もはやイエスは何も言わない。ちなみにヨハネではサンヒドリンの記事がなく, したがってそこでのイエスへの暴行：マルコ14, 65; マタイ26, 67f; ルカ22, 63-65はない。なぜサンヒドリンの記事がないかについては, それが11, 47以下にあり, 共観福音書の記事を知られたこととして前提しているのではない。ヨハネの全体の構想にその余地がないという意見もある*72：8, 46「あなた方の誰がわたしを罪について裁くことができるか」。

24節 アンナスはイエスを縛ったまま大祭司カイアファのもとへ送った。つまり彼はイエスに対してこれ以上何をしてよいのか分からなかったのである。これが真実であり, 彼は逆にイエスから聞くべきであったのだが, すでに遅い。このようにイエスは, たらいまわしにされ, 有効な尋問は何も行われていない。サンヒドリンがここでなぜ出てこないかは, すでにその仮定を述べたが, 18, 31の項でその答えが出る。そこでユダヤ人に死刑を行う権限がないことがそこで挙げられている。すなわちすべては死刑にするために行われている。そうするとここではピラトのもとへ送ることだけがユダヤ人にとっての解決となる。ただし歴史的に, 当時のユダヤ

---

69)　1, 7.8.15.32.34; 3, 26; 5, 33.39.
70)　マルコ12, 14参照。
71)　使23, 2参照。
72)　Blank, Verhandlung, 67, 18.

の刑法による死刑の権限については明らかでない。死刑宣告の権限のみがあったという意見もあるが，いずれにしてもユダヤ人は彼らが直接手を下すことは望んでいなかった[*73]。

25-27節 ここでペトロの二度目と三度目の否認がなされる（13, 38節参照）。これは18節の続きであって，24節までの間に外で起こっていることである。ペトロの第二の否認についてすぐに第3の否認が続く。ペトロの否認はすべての福音書でイエスによって預言されている[*74]。それはイエスの受難が，弟子の代表者によって否認されるということで，孤独の極みに達することでもある。すなわち内ではイエスが尋問され，外ではペトロの否認があり，このコントラストがイエスの苦しみを描いている。これはザカリア13, 7「羊飼いを撃て，羊の群は散らされるがよい」（マタイ26, 31；マルコ14, 27）の成就でもある。逃げるだけでなく，見棄てられるのみでなく，否定されるのである。散らされた羊をイエスは命を棄てることによって救うのである。13, 37の「命を棄てる」と言うペトロの言葉はどうなったのであろうか。否認は門番の女から複数の人々，そしてマルコスの親類とエスカレートしてゆく。否認は17節の「わたしでない」から，25節と続き，25.27節で初めて2回，13, 38で言われたように，公言して否認する意味の arnesthai が使われている[*75]。この意味で27節には「再び」と書かれてある。さて25節で，ペトロは立って火に当たっている。当然火で顔も照らされるであろうが，他のところでウロウロすれば余計怪しまれたのかも知れない。先に18, 17で第1回の否認があった。すでに述べたように，ペトロが火に当たっている時，門番の女に「あなたは弟子の一人ではないか」と問われ，自分はそうでないと言って，それを否む。それはイエスを信じる弟子であることを公然と否認することである。また25節の否認の後，26節で大司祭の下役でペトロに耳を切り落とされた者（10節：マルコス）の親族の者が，「自分は園であなたがあの人と一緒にいたのを見たではないか」と言う。その者も園にいたのである。ペトロはそれを否認する。

---

73) このことについては，ブリンツラー，裁判，229以下参照。
74) 13, 38；マタイ26, 34f. 69-75；マルコ14, 30［二度なく前に］66-72［二度なく前に］；ルカ22, 34.56-62。
75) 1, 23；13, 38；伊吹，注解，78以下参照。

イエスと共にあったことを否認するのである。そしてすぐ鶏が鳴いた。イエスの預言は実現する（13, 38節）。ペトロがイエスの言葉を想い返し，泣くシーン（マルコ14, 72; マタイ26, 75; ルカ23, 62）はヨハネに欠けている。ヨハネが特にこれを消すモチーフがない場合，その伝承がなかったと考える以外ないであろう。

ピラトへの引き渡し

(28-32節)

───────

²⁸そこでイエスをカイアファから総督官邸に連れて行く。明け方であった。そして彼らは汚されず，過越の食事を食べるために，総督官邸に入らなかった。²⁹それでピラトは彼らのところへ，外へ出て行った。そして言う。「この人のどんな訴えを提出するのか。」³⁰彼らは答えて彼に言った。「この者が悪事をした者でないなら，彼をあなたに引渡しはしないでしょう。」³¹ピラトは彼らに言った。「あなたたちが彼らを引き取れ。そしてあなたたちの律法に従って彼を裁け。」ユダヤ人たちは彼に言った。「わたしたちには誰をも殺すことが許されていません。」³²どのような死に方で死ぬことになるかを示そうとして言った，イエスの言葉が満たされるためであった。

注　解

28節　24節で，イエスはカイアファ[76]のところから総督官邸へ送られる[77]。総督（プレトール）は古代ローマの法務官で，執政官に直属し，執政官の次位にあり，司法・行政を司る。古代共和制ローマではコンスル（consul）もこう呼ばれた。ピラトは26年から36年までこの職にあった。ここからイエスは完全にピラトの手にゆだねられた。16, 33によれば，世の審判はイエスの勝利に終わっている。この審判は今やローマ帝国へ移された。しかしそれは実際には，地上最大の帝国がイエスにより審判を受けることである。イエスをピラトに引き渡したのはユダヤ人であったろう。彼らは度々石打ちによってイエスを殺そうとしたが適わなかった[78]。時が来ていなかったからである（7, 30.44; 8, 20.59）。さて前に述べたように，12, 34以後「群集（ochlos）」は出て来ない。ユダヤ人たち（Ioudaioi）は，

───────

76）　14節参照。
77）　マタイ27, 1f; マルコ15, 1; ルカ22, 66; 23, 1参照。
78）　5, 18; 7, 1.19.20.25; 8, 22.37.40.59; 11, 53;［12, 10; 16, 2］; 18, 31.

13章以後，13, 33; 18, 12.14.20.31.33.35.36.38.39; 19, 3.7.12.14.19.20.21.31. 38.42; 20, 19に出る。ユダヤ人によって官邸へ送られたのである。その時は「明け方であった」。これはマタイ27, 1; マルコ15, 1; ルカ22, 66にもある。しかし共観福音書と違い，ピラトへの引渡しにさいしてこのことが言われている。鶏が鳴いたこと（27節）からもこの時は明け方だったということは分かる。しかしヨハネの叙述は深い意味を持つ。13, 30の「時は夜であった」に対応して，勝利の時が近付いたという意味であろう[79]。ピラトによってイエスの十字架という高挙がなされるのである。ユダヤ人たちは穢れを受けないで，過越の食事ができるように官邸には入らなかった。このことからピラトの行ったり来たりが始まる。真の過越の羊を彼らは知らないのである。そして神の子を殺すことによっては穢れないと考えている[80]。

29節 そこでピラトは彼らのところへ赴かざるを得ない。もちろんピラトはユダヤ人たちに起訴についての理由を聞く。訴え人は個人ではなくて，共同体の利益を代表せねばならなかった[81]。実はピラトの視線は総督として過失のないように，ローマの元老院へ向いている。植民地での騒乱は過失ないし失政とされよう。ピラトについて辞典から引用する。「ユダヤ，サマリア，イドマヤを治めた第5代の総督であり（26-36）その性格は頑固・過酷であり，惨忍・横暴な政策をもって民衆を苦しめ，逆らう者は法的審査を経ずして処刑したと言われる。鷲と皇帝の像とを描いたローマの軍旗をもって君臨した。エルサレムの神殿宝庫（コルバン）の金によって水道を作り，民衆がこれに激昂して訴え来るや，ついにこれを虐殺した。ガリラヤ人の殺害は彼の残忍性の一例である（ルカ13: 1）。彼はイエスの無罪を認めながら，自己の良心に従う道徳的勇気を欠き，民衆の暴動（マルコ15: 15）と皇帝の不興を恐れて（ヨハネ19: 12）イエスを十字架につけた……」[82]。しかしもしピラトが惨忍なことだけを行っていたら，10年

---

79) 1, 39; 19, 14; 20, 1も参照。
80) Barrett Kom: The irony of this intention is characteristically Johannine. Barrett によれば彼らは bath によって清めることが出来たという。
81) Mommsen, Strafrecht, 367; 384f.
82) キリスト教大辞典，879。

もその職に止まることは出来なかったであろう，という推測も可能である[83]。ヨハネ福音書によると，ピラトはイエスの裁判に関して中立的で寛容に見える。ここでの対決はユダヤ人とピラトの間で起こるが，ピラトには皇帝の不興を買うという弱みがあり，ユダヤ人はそれを正確に知っており，それが最後の決め手となったように思われる（12.15節）。

30節　ユダヤ人たちの答えは，次のことを意味している。1) ユダヤ人がイエスについて最終決定をしていたこと。2) 悪事と言われるが，どんな悪事をしたかは述べられていない。これは23節から読まれるべきであって悪事とはイエスの啓示と宣教である。しかしここではユダヤ人は，ローマ刑法に違反したことを意味しているのであろう。しかし　3) ユダヤ人がピラトの裁判の権能を認めていること。このことは後にエスカレートして，ユダヤ民族の自滅へとつながって行く（19, 12）。4) その裏でピラトの裁判権を自分たちの利益に利用しようとしていること[84]。5) ここでよくルカ23, 2が挙げられるが，ヨハネは23節から自分の意を組み込んでいる。もちろんこの訴えは正式な形ですでに通達されていたと考えられる[85]。しかしここでの「悪事をなす（kakon poiein）」は，23節の「悪いこと」と同じであることはすでに述べた。

31節　ピラトはイエスが犯罪を犯したとすれば，それは宗教上のことで，彼はかかわる必要がないと判断したのである[86]。ユダヤ人の答え，「わたしたちには誰をも殺すことが許されていません」，ということについて，すでに述べたように，今だにはっきりとしない問題は，イエスの時代にサンヒドリンにすべての権利が与えられていたかどうかということである[87]。ユダヤ人に宗教犯罪者や神を冒瀆する者を死刑にする権利が与えられていたかは歴史的に明らかにされていない[88]。しかしこれまでユダヤ人がイエスを石打ちにしようとしたことが度々述べられている[89]。し

---

83) ブリンツラー，裁判，283。
84) Schlier, Pilatus, 58.
85) 33節参照。
86) Haenchen, Pilatus, 145.
87) Schlier, Pilatus, 59.
88) Str-B II, 812 以下。

かし福音書記者は，ユダヤ人の答えを妥当するものと考えていたと思われる[90]。もしこのユダヤ人の言葉が事実なら，イエスを殺そうとしたことは非合法的なことであり，7, 20「誰があなたを殺そうと探し求めているのか」と言われる限り，これは隠れた意図であり，イエスがそれをあからさまにする時 (7, 19; 8, 40)，虚偽を言ってそれを否定したのであろうか。すなわち表面的には，殺そうとしていることを否定していたのであろうか。わたくしにはそう思われる。これは虚偽ではないか。憎しみと虚偽とは連携している (8, 37.40.44)。すなわちこのことも一考に値しよう。とにかくここで示されているように，ユダヤ人はイエスを宗教的な意味でのユダヤ人の王でなく，政治的な意味でのそれだとしてピラトに理解させ，イエスが律法の枠内の刑罰でなく，反乱者や盗賊のように偽のメシアとして死ぬべきだと考えていると言明しているのである[91]。ローマ帝国に対する反逆者を自分たちで裁く権利はないということであろうか。とにかく彼らはイエスがローマ法によって裁かれることを意図し，ピラトに，ただあなただけがその権利を持っている，と言っているのである。政治的な意味での「ユダヤ人の王」を処刑するのはピラトの役目であろう。ここではイスラエルの王としての意味の政治的な者へのすりかえが意図されているのであろう。

32節　福音書記者は，「どんな死に方をするか」についてのイエスの言葉を引用して，このことを暗示したと考えられる。しかし，たとえユダヤ人に殺す権限がなくても，これはローマ軍が逮捕の時姿を見せたという説明には十分でない。くり返すが，それならイエスは直接に総督官邸へ送られるはずである。また31節ピラトの言葉も，ローマ兵による逮捕ということに矛盾すると考えられる。とにかくユダの訴えに対応してかどうかは分からないが (11, 57)，ユダヤ側はイエスを政治的な意味でのユダヤ人の王[92]として訴え出たのである。このような者を処刑するのはピラトの役目であろう。くり返すがそれが，31節が書かれた意味である。ただし31節に

---

89)　8, 59; 10, 1.32.33; 11, 8参照。
90)　Schlier, Pilatus, 59.
91)　Schlatter, Kom.
92)　6, 15参照。

は「この者」とイエスに制限して書かれているのでなく，一般に「誰をも」と書かれていることがこの理解の難点になるかもしれない。しかし政治的な意味で「誰をも」と言われているかもしれない。とにかく31節を真に理解することで，イエスの裁判の意味が分かる。ここでは宗教的な事例でなく，政治的な事柄なのである。ここでマルコ14, 53平行のサンヒドリンの召集について，なぜヨハネ福音書に何の記述もないかが察せられるのではないだろうか。ヨハネ福音書によれば，イエスを宗教に関係なく，全く政治的な反逆者としてローマ人によって極刑に処させようとする意図が，全く初めから明らかであったからであると考えられる。これは「高められる」というヨハネによる十字架の解釈と一致しており，とにかくこの意図で32節から31節の死刑の権限について，特殊な読み方をしなければならないのではないか。これがヨハネの受難史の，共観福音書のそれと異なる特徴なのである[*93]。そのために明瞭に12, 33と同じ説明がくり返えされている。

---

93) Haenchen, Kom.

最初の尋問

(33-38節)

---

　　³³そこでピラトはふたたび総督官邸の中へ入った。ピラトはイエスを呼んで彼に言った。「あなたはユダヤ人の王か。」³⁴イエスは答えた。「あなたがそれを自分から言うのか。それとも他の人たちがわたしについて言ったのか。」³⁵ピラトは答えた。「一体わたしがユダヤ人であるのか。あなたの民と大祭司たちが，あなたをわたしに引き渡したのだ。何をしたのか。」³⁶イエスは答えた。「わたしの王国はこの世からのものではない。もしわたしの王国がこの世からのものであったなら，わたしの部下たちが，わたしがユダヤ人に引き渡されないために戦ったであろう。しかしわたしの王国はここからのものではない。」³⁷そこでピラトは彼に言った。「それではあなたは王なのだな。」イエスは答えた。「わたしは王であるとあなたは言う。わたしは真理のために証しするため，そのために生まれ，そのためにこの世に来たのである。真理からの者はみなわたしの声を聞く。」³⁸ピラトは彼に言う。「真理とは何か。」そしてそれを言ってから，再びユダヤ人のもとに出て行って，そして彼らに言う。「わたしは彼に何らの罪状も見出さない。」

注　解

　33節　33-38ではピラトとの対決で，イエスの「証言 (marturia)」がその中心をなす[*94]。結果的にはイエスは，死をもって証言をすることになる。証人，殉教者 (martus: 黙 2, 13 も参照) という語は一般にイエスに関しては出ないが，その証言する (marturein) ことは 37 節に出て，イエスが死をもって証しすることになる。ちなみに黙 1, 5 では「また忠実な証人，死人の中から最初に生まれた者」としてイエスが「証人」と呼ばれている。またテモテ 6, 13：「ポンティオ・ピラトの面前で立派な宣言によって証し

---

94) Schlier, Pilatus, 59.

第 18 章（33-38節）　　　　　　　　　　　　　　　　301

したキリスト・イエス」参照。この証しによっていわゆる通常見られている「イエスの死」の意味に，十字架による証しという意味が新しく付け加えられなければならない。通常はこの意味が見られていない[*95]。さてピラトは総督官邸に入り，イエスを呼んで彼に言った。「あなたはユダヤ人の王か」。これでもって決定的な問いかけがなされたのである[*96]。このことについて，ピラトはユダヤ人を通じて，予備知識をもっていたと考えられよう。ユダヤ人がイエスの裁判を否定した後に，この問いは，ピラトがイエスを侮って，辱めて言ったのか，そんな心理的なことは関係ない。客観的に見てピラトはユダヤ人の訴えを取り上げ，疑問形ではあるがそれが政治的な意味であるのか，その性格を確かめようとしている。どこから彼がこのインフォメーションを得たかは，テキスト一般からは分からない。共観福音書では，イエスは大審院で「死に定められた者」とされている[*97]。ここでこのような訴えが前提とされているのだろうか。「王」という言葉は，イエスのエルサレム入城を最後に一度も使われていない。しかしただ「王」を調べたのでは分からない。それは「イスラエルの王」12, 13.15として出る。1, 49も参照[*98]。このうち，マタイ27, 42；マルコ15, 32には特に注目する必要がある。これは祭司長，律法学士，長老たちの口から，十字架上のイエスへの嘲りの言葉として出るが，実際は十字架の解釈であり，それゆえそこで「イスラエルの王」が使われている。「ユダヤ人の王」は東方の占星学者によってマタイ2, 2と，その他イエスの裁判に関して使われているのみである[*99]。ヨハネ6, 15にはただ「王」として出ている。すなわち6, 5では政治的王が考えられている[*100]。「王」はエルサレム入城にさいしては，ナタナエル（1, 49）の場合と同じく，「イスラエルの王」すなわち宗教的メシアとして用いられていることになる。とにかく「王」は，

---

95) 証しについては，伊吹，注解II, 37以下参照；死の意味については，フリートリッヒ，イエスの死参照。
96) 以下 Schlier, Pilatus, 60ff.
97) マタイ26, 66；マルコ14, 64.
98) なおマタイ21, 5；25, 34.40；27, 42；マルコ15, 32；ルカ19, 38；ただしそれは誤解に晒され得るのである。使1, 6；17, 7.
99) マタイ27, 11.29.37；マルコ15, 2.9.12.18.26；ルカ23, 3.37.38；ヨハネ18, 33.37 [2回] . 39；19, 3.12.14.15.19.21（ただ王として政治的な意味を含む）。
100) 伊吹，注解II参照。

エルサレム入城後はここで初めて出る言葉なのである。しかしそれが何であるかは明らかである。「ユダヤ人の王」は，ここではメシアを指す宗教的な概念である「イスラエルの王」(1, 49; 12, 13.15) を政治的に刻印し型づけしたものなのである[101]。このことからまたローマ兵士の「ユダヤ人の王」に対する軽蔑，憎悪が理解される[102]。ルカ23, 2以下によれば宗教的・メシア的王の意図的な歪曲である（ルカは偽証をもっとも詳しく述べている）。ピラトは，もちろん自分の義務を果たすためにこの問いを立てたのである。「ユダヤ人の王か」という質問については，マルコ15, 2; マタイ27, 11; ルカ23, 3参照。ここで注意が拡散されないよう共観福音書との比較には立ち入らない。だが特にルカ23, 2-6; 13-25参照。

34節 この言葉は，全裁判がそこにかかっている重い問いであり，キーワードであり，それがどんな口調で言われたかどうかは関係ない。すでに述べたように，ピラトは純粋に政治的な意味で動いている。宗教的問題は彼の関わるところではない。イエスはこの問いに答えず逆に問う。「あなたがそれを自分から言うのか，それとも他の人たちがわたしについて言ったのか」。イエスはユダヤ人がそのように訴え出たのか聞いている。これで誰がこの対決を支配しているのか，そして誰が実際にこの裁判をしているのかが明らかに成る。これはイエスの尋問である。このイエスの問いは，それがピラトのイニシアティヴから出るのか，あるいは他の者に依存して聞いたのかということである[103]。自分から言うならイエスはその根拠を尋ね得るし，他の人から聞いたのなら単なる hear say となって裁判では妥当しない。それには証人が必要なのである。ここには奇妙にも証人も弁護人も登場しない。この点に関してより立ち入った研究が必要なのではないか。ただしこれはこの世を超越したことについての裁判であり，この世の中の通常の裁判として割り切れるものではないことを忘れてはならないであろう。11, 49以下に従えば，イエスは理由なく犠牲になる。ピラトはその道具となる。このような役割を，ピラトは後にその書いた罪状書きによって示すのである（19, 19以下）。すなわちピラトは知らずに預言（11,

---

101) Schmidt, ThWbNT I, 578も参照。
102) Schlatter, Kom; マタイ2, 13以下のヘロデの怒りも同様。
103) Blank, Krisis, 112.

51）の道具となっている。しかしそれは事実問題としてそんなに簡単なことであったのだろうか。

　35節　イエスの問いに対し、ピラトはすばやく反応する。彼は「一体わたしはユダヤ人であるのか」と答えた。それは、ピラトにはユダヤ人が何を考えているのか理解できない、という意味である。「あなたの民と大祭司があなたをわたしに引き渡したのだ。一体何をしたのか。」ユダヤ人は、そもそもこのことの根拠を明白にして訴えるべきであったのである。そうでないことは訴え方が曖昧であったことになろう。後にピラトはユダヤ人の主張の通りを、その通り罪状書きに書く（19, 19以下）。ユダヤ人がイエスを引き渡した裏には、宗教的行為を政治的なものに変質させ、それによってイエスを処刑させようとする欺瞞がある。「あなたは一体何をしたのか。」この言葉でピラトは中立的な職務の実行にもどる[104]。ピラトはローマ人であり、すなわちローマ帝国に反逆するどのような活動をしたのかを聞いている。

　36節　この新しい問いは、イエスの証言を喚起する。イエスの証言は36節と37節で二つの部分よりなり、37節のピラトの問いによって中断される。第一部（36節）では、イエスは自分の王国について語っている。「わたしの王国は（＝A）この世から（のもの）でない（＝B）。この世から（のもの）ならば（＝B）、わたしの部下はわたしがユダヤ人に引き渡されないために戦ったであろう（＝B'）。しかしわたしの王国は（＝A）ここから（のもの）でない（enteuthen）（＝B）」。ここでは、全体が三つのセンテンスよりなり、i）最初のセンテンスの終わり（B）が逆の順序で次のセンテンスの初めに置かれ、さらに最後のセンテンスの終わりを形づくっている。ii）三番目の最後のセンテンスが第一番目のセンテンスをくり返している。そのさい「この世から」が「ここから」（enteuthen）で受けられている。iii）「わたしの王国」という言葉が三度出る。iv）すべてが否定的なセンテンスで書かれている。初めと終わりに「ない」と言われ、真ん中の文は非現実話法である（an）。訳について注意すべきは、協会訳「わたしの国

104）　Schlier, Pilatus, 61.

はこの世のものではない」は明らかに間違いであり，新共同訳「わたしの国はこの世には属していない」は十全でなく，新約聖書翻訳委員会訳「わたしの王国はこの世から（のもの）ではない」が正しい。ただし最後の文の「ここから（enteuthen）」を「この世界から」と訳すのは正確でない。ちなみに欽定訳は，not of this world／of this world／not from here と訳され，ルッター訳は nicht von dieser Welt／von dieser Welt／nicht von dannen と正確である。ここでは源泉ないし由来を示す「から（ek）」という語に注意を払う必要がある。ここで「この世から」(ek tou kosmou toutou)：8, 23；18, 36 に，したがって「世から」(ek tou kosmou)：15, 19；17, 6.15 に対置され，「世からでない」(ouk ek tou kosmou)：15, 19；17, 14.16 のである。それは「ここから」(enteuthen)：18, 36 に対置される「上から」(anothen)：3, 3.7.31；19, 11 のものである。それは「上から」(ek tou ano)：8, 23 であり，「下から」(ek tou kato: 8, 23) のものでない。それはまた「地から」(ek tes ges)：3, 31；12, 32 でなく，「天から」(ek tou [ek; apo tou] ouranou)：3, 13.27.31；6, 31.32.38.41.42.50.51.58；12, 28 である。最後にそれは「神から」(ek tou theou)：7, 17；8, 42.47 のものであり，「父から」(ek tou patros)：6, 65；10, 32；16, 28（反対として「悪魔の父から」：8, 44）のものである[105]。「この世」と「世」の違いについては，伊吹，同上，192 以下参照。「世」はヨハネの神学に属する用語である（はじめに参照）。この語はマタイ 8 回；マルコ，ルカ各 3 回に対しヨハネで 78 回出る（13 章はじめに参照）。そして微妙にその意味の色彩を変える。ここでは 37 節の「この世へ来た」ということから見れば，中性的である[106]。しかるにイエスの言葉に直面して悪性化していくのである[107]。イエスの証言にある最初の言葉，「わたしの王国はこの世から（のもの）でない」は，ピラトの「あなたはユダヤ人の王か」に答えるものであり，最後の質問である，「あなたは何をしたのか」に直接答えるものでない。第一に，イエスの王国（basileia）とイエスと彼の者たちは，いわばこの世に根を持ってそこから派生したものではないのである（8, 23；15, 19；17, 16）。その国はその源泉をこの世に持ってはいない。その端緒は神である。すなわちこの世から存在と生を得て，それ

---

105) 以上，伊吹，ヨハネ，199参照。
106) 伊吹，注解II, 当該箇所参照。
107) 1, 5.9.10.11など：伊吹，注解，当該箇所参照。

によって規定されるものではないのである。世がその原理であるのではなく，そこからその存在を汲み取っているのでもない，したがって本質から言って世と結合してはいない。次に第二に，その国はこの世からのものではないが，しかしこの世にあるのである (17, 11参照)[*108]。さらに，それはしかしこの世の終わりに，はじめて天から現れる王国ではなく，今現にあるものなのである[*109]。第三に，それはその本質から言って，イエスが上からの者である限りすべての上にある (3, 31以下)。第四に，それはすべての上にあるがゆえに，「イエス・キリストは，信頼に足る証人であり，死人たちの中から最初に生まれた者，また地上のもろもろの王の支配者である」(黙1, 5)。その力を来るべき世に持ち，それは十字架と復活という根拠の上にあり，この国の支配は今や世のうちにおいて，そしてその上に (3, 31) 広がり始めるのである。それはすでにこのイエスの証言において今生起するのである。ユダヤ人による，政治的王位簒奪者であるとして，ピラトによって取り上げられた訴えに対する裁判において，イエスは彼がこの世において支配権の領域を持つことを否定はしない。そのさいもちろんイエスの国の根はこの世にはない。そこで最も重要な問いが立てられなければならない。それは「いかにして (pōs)」(3, 4) という問いである。それはその王国の王である自らの自由な自己を引き渡すこと，命を棄てることによる愛[*110]の犠牲によることにおいてなのである。まずもってそれは，イエスと彼の者の世に対する敗北，すなわち十字架 (19, 18) によってである。しかしその敗北は勝利なのである (16, 33)。その勝利は世において復活によって現れた，イエスの国の支配としての世に対する勝利であり，それはすでにこの世にイエスの支配としてあるのである。この勝利としての敗北，すなわち十字架と復活を堅く結びつけるのは父の，そしてイエスの愛である。十字架上のぼろきれのようになった身体と復活の輝ける身体とのアイデンティティは17, 26に述べられた「あなたがわたしを愛した愛が彼らのうちにあり」(15, 9) という愛なのである。彼の者がこのイエスの国に属するものとして，その命をイエスと同じ基礎の上に置くならば，すなわちイエスの愛の上におくならばこの国の成員となり，この国の

---

108) Augustinus, Joh.tract.: non ait: nunc autem regnum meum non est hic, sed: non est hinc.
109) Schlier, 同上, 61f; Eusebios, h.e.III, 20, 4に対し。
110) 10, 17; 13, 1.34; 14, 2 1.23; 15, 9.13; 17, 23.26.

支配がその上に及ぶのである。「要するに，世の邪悪さのために，イエス・キリストの国は，武力によるより以上に，殉教者たちの血によって強固にされ，確立されるものである」*111。「この世からのものであったなら，わたしの部下たちはわたしがユダヤ人に引き渡されないために戦ったであろう。」という中項の言葉は，「自分の国と政体あるいは政治秩序との間に，なんらかの不和があることを否認している」*112。

37節　この最初の証言の後に，ピラトはそこから彼の理解できる限りで結論を出そうとする。「それではあなたは王なのだな」（「それでは……だな」：oukoun: ouk＋oun: 新約聖書でここだけ1回出る。結論として肯定的返事を期待する）。ピラトはもちろんこの問いで，彼の理解した限りでイエスの新しい証言を期待している。というのはイエスが自分の王国について語ったからである。ピラトが理解したのは彼がともかくも王であるということであった。イエスは答える。「わたしは王であるとあなたは言う。」イエスはピラトの言ったことを肯定する。しかし，この世からの国でない王とはピラトにとって理解不可能である限り，それは無条件な賛同なのではない。ただしこの世からの者でなくとも，それに属する者がこの世にある限り，この世の王国と無関係であるというわけではない。イエスはピラトの言葉を訂正せずに，「あなたは言う」と言う。ピラトの理解は混濁している。以下イエスはここで真理について証ししているのである。この世からでなく，真理から生まれる者はすべてイエスの声を聞くことが出来るのである（10, 3）。イエスは公式の法廷で上からの真理の証人であり，真理を告げる声なのである。この真理を聞く者によってイエスの王国は成立する。彼らは自己の存在を真理であるイエスに根拠づける者である。ピラトはこの可能性について聞いたのである。彼は問いかけられた者として態度決定を迫られることになる。なぜなら「真理からの者はわたしの声を聞く」からである。この世からの者でない王国の証言者がピラトの目前に，この世に，厳としており，彼はこの世の王国のための尋問を中断せざるを得なくなった。尋問すべき彼が尋問されることになったのである。証言が

---

111)　カルヴィン，注解，580。
112)　カルヴィン，注解。

上からの真理にかかわるからであり，この世からではないからである。それはまた真理からの者であるかどうかが，ここで決定するからである。ただしもちろんそれに説明がつかなくてはならない。なぜならイエスの答えはピラトの王についての理解，それは明解なものではないが，それについて説明がなされねばならない。それをイエスは証言する。「わたしは真理のために証しするために生まれ，そのためにこの世に来たのである*113。真理からの者はみなわたしの声を聞く。」イエスが「生まれた」ということは，いわば「上から」この世に来たのである。それはイエスの王であることの特徴づけを述べたのである。それはいかにしてイエスが王であることが生起するかという問いであった。それは神から遣わされた者として，この世の中で真理について証言することによって起こる。ここでの真理とは，信じるべく神から啓示される事柄であり，神から遣わされたイエスであり，終局的な内容としては，イエスの神との愛における本性的一致，そして神から派遣された神の子としての救いと愛の啓示に他ならないと言えよう*114。しかしここで大切なのは，真理を証しするイエスの声なのである。ここにイエスの証しがいわばまとめられている。イエスの声を聞くかどうか，そのことによってその者の存在の源泉と由来が決定するからである。イエスに聞くということは真理に自己の存在の源泉を求めることである。

38節 ピラトは「真理とは何か」と聞く。この問いはピラトのみでなく，あらゆる人，また読者への問いでもある。真理とはイエスのもたらした啓示であり，イエスの言葉を信じれば永遠の生命を得（20, 31），すなわち死んでも生きる（11, 25）ということである。しかしこのピラトの問いは実際には，真理を知らず，それから逃避し，それを避け，かつよけることなのであり，それは結果的には真理に聞くことを拒否することである。この耳を塞ぐことが，質問の形で行われ，真理を隠蔽するのである。ただしピラトが好奇心を持ったのか，もっと知りたいという気持ちもあったのか，傲慢であったのか，嘲弄する調子だったのか，びくついたのか，冷やかしたのか，そんなピラトの心理的な状態について想像することは無駄な

---

113) 「この世に来た」：1, 9; 3, 196, 14; 11, 27; 12, 46; 16, 28 など参照。
114) 詳しくは Ibuki, Wahrheit, 170 以下。

ことであり，余計なことなので，そんなことを福音書記者は描写しているのでない。このような考察はいわば余計なことである。重要なことは真理がピラトの前に現前し，ピラトはそれを避けたのである。ピラトの問いについてイエスの答えはない。なぜならピラトはその声を聞くことにおいて，すでにイエスの王国の成員となり得るのである。イエスは彼の王国についての初めの証言において，それがこの世からのものでないとして，すでに真理を提示したのである。真理はここでイエスの声を聞き，自己の存在の源泉をこの世から基礎づけず，イエスの声にそれを基礎づけることなのである。ピラトは態度決定を迫られたのである。それは真理が，イエスによってまさに証しされたということなのである。そして真理について証しする者が真理なのである。したがってその問いはピラトの逃避であるということになる。ピラトはイエスの声に耳を傾けるべきであったのである。次に，それが問いのままに残ったということは，それがまた読者に向けられた問いであるからである。それは真理に耳を傾けるかどうかの問いである。その問いは 12, 34 の「人の子とは一体誰ですか」という問いに似ている。このイエスの王国はこの世に現れるが，この世にその起源を持つものではない。起源は人間から発するものではないのである。この王国はただしこの世の終わりにすべての王国となる。イエスの王国はこの世の王国と比べられ，他の王国のようにそれと並存するようなものではない。並存するものなら当然戦いが起こるであろう。イエスの言葉はピラトに対し，その王国がローマ帝国と次元を同じくするものではなく，その意味で何の政治的要求も含んでいないことを明らかにしている[115]。イエスの王国は終末的であり，それは最後の時に現実の王国のすべてを飲み尽くす王国なのである（黙 1, 5）。どこでこの王国は地上のそれに勝っているのか。それはイエスが王であることであり，またそのあり方である。この王国はイエスの自己献身の上に成立し，王は王国の成員に仕えることによって王なのである[116]。これによってイエスの王国はこの世の王国と比べられたり並存したりするものでないことが分かる。すなわちイエスの言述はピラトに対し，それがローマ帝国の次元の王国でなく，イエスの言う通り何の政治的な要

---

115) Haenchen, Pilatus, 146.
116) 洗足；ルカ 22, 4 以下。

求を含んでいないことを明らかにしている[117]。イエスの言葉は聞かれることを要求しているのみなのである。ここでイエスはこの世の正式な法廷において証言したのである。こうしてイエスはイエスに聞くか聞かないかピラトのみならず，この声を聞く者は態度決定を迫られる。尋問と裁きは，いまやイエスの側からなされるのである。一方ピラトはこのことによって，イエスがローマ帝国に対する政治犯でないことだけは分かったのである。そこでユダヤ人のところへ言って「わたしは彼に何の罪状も見出せない」と言う：19, 4参照（ルカ23, 4; しかしマタイ27, 14; マルコ15, 5にはこの言葉は欠けている）。イエスに何の咎もないことが，地上最高の権威の代表によって表明されたのである。これは真の意味で真理に尽くすことではないが，ピラトの代表するローマ帝国は，世に向かってその態度を示さざるを得ない[118]。

---

117) Haenchen, Pilatus, 146.
118) Wengst, Kom, 228 以下参照。

バラバの釈放

(39-40節)

---

³⁹「ところで，過越に一人を釈放するという慣例があなたたちにある。あなたたちにあのユダヤ人の王を釈放することを欲するか。」⁴⁰彼らは再び叫んで言った。「この者ではなくバラバを。」バラバは強盗であった。

注　解

39節　それにも拘わらず，ピラトは妥協策を提案する。それは過越の時に一人の罪人を許すしきたりがあり，それを利用してイエスを許そうというのである[119]。このことについては共観福音書にも記述がある。ルカではこの17節がないほうが，原本に近いとされている (Nestle)。マタイやマルコでは，このしきたりは総督のしきたりということになっているが，歴史的には実証されていない[120]。「あなたたちには過越の祭に一人を釈放する慣例がある。あなたたちはユダヤ人の王を釈放することを欲するか」。この提案でピラトは，自分が関わり合いになるのを避けようとしたのである。これは中立を維持し面倒を避ける意図であり，ローマ帝国は宗教上の問題に関心を持っていないという態度の表明でもある (ルカ23, 13-16に注意)。この問題は，彼の政治的な使命，すなわち平穏に政治を行い，民を可能な限り満足させることにかかわり，ピラトは妥協策をさぐったのである。すなわち裁判権を放棄しようとするが，世はそこへも迫って来る。すなわち厄介な，ユダヤ人というイエスを訴える者がいる。ピラトはその姿勢が一貫しておらず，ユダヤ人におもねることによってその権威も失墜することに気づいているのであろうか。このことの歴史性を疑うことは[121],

---

119) マタイ27, 15；マルコ15, 6；［ルカ23, 17］。
120) Schnackenburg, Kom.
121) クロッサン，誰が，222。

テキストの問題の解決につながらない。ユダヤ人の顔を立てる[*122]というようなことは，ピラトの性格にもその職務からみての権威にも反するのである。伝承云々の問題もこれを福音書記者がどう理解したのか，そして何を伝えようとしたのかということの答えにはならない。ローマに対する護教的傾向という話も不確かである。何か言うとなれば，ピラトが世間を騒ぎや不穏な状態から解放する[*123]ことをも自分の職務と考えたのであろうかということである。しかしそれは38節の総督としてのイエスについての無罪の声明に矛盾する話である。そして罪なき者を死刑にすることである。もう一度くり返すと，このようなことがなされたとすると，ピラトの権威は事実上失墜してしまうのではないのか，という疑問が浮かぶ。ちなみに「あなた方はこのユダヤ人の王を許してもらいたいのか」，というピラトの言葉は，マルコ15, 9のそれと一致する（ヨハネの boulesthe oun がマルコでは thelete になっている）。ピラトの読みは浅かったのだろうか。

40節　ユダヤ人は叫んで，その人ではなくバラバを，と言う。「その人でなく」はイエスでなければ誰でもいいのである。「叫ぶ（kraugazein）」：18, 40; 19, 6b.12.15参照。（これはヨハネでは krazein とは全く意味を異にする [1, 15; 7, 28; 37; 12, 44: 前書きのケーリュグマ参照]）。このバラバは強盗であったと書かれていて，十字架刑になるはずであったのである。実際にはバラバはある騒乱に人を殺し，ローマ兵によって逮捕されていたと考えられる[*124]。「属州において盗賊と反逆者に磔刑を課するかどうかは，各属州総督の司法上の裁量に委ねられていた」[*125]。イエスはこの強盗の身代わりに十字架刑を受けるのである。マルコ15, 7; ルカ23, 19によればバラバは明らかに政治犯であり，他方イエスは政治犯でないことをピラトは認めたのである。バラバを，そんなに簡単に逃してよいのかということはピラトにとっては問題になるであろう。しかしそのことについては18, 40には何も記されていない。すなわち，ユダヤ人たちの反応はピラトの意表をつくものであったのではないだろうか。ルカ23, 20には次のごとくある：

---

122)　Schnackenburg, Kom, 289: "ohne Verlust des Gesichtes"
123)　Bultmann, Kom, 508.
124)　マルコ15, 7参照；ブリンツラー，裁判，315以下。
125)　ヘンゲル，十字架，64。

「そこで，ピラトはイエスを釈放したく思い，再び彼らに呼びかけた。」

第 19 章

¹さて，それからピラトはイエスを引き取り鞭打たせた。²そして兵士たちは茨で冠を編んで彼の頭にかぶせ，彼に紫のマントを着せた。³そして彼のところへ来て「ユダヤ人の王，ごきげんよう」，と言った。そして彼に平手打ちをくわせた。⁴そしてピラトは再び外へ出て行って，彼らに言う。「見よ，わたしが彼のうちに何らの咎も見出さないことを知るために，あなたたちのところへ外へ彼を連れ出す。」⁵それでイエスは茨の冠と紫のマントをつけ外へ出て来た。そして彼らに言う。「見よ，その人だ。」⁶大祭司と下役たちが，彼を見た時，叫んで言った。「十字架につけよ。十字架につけよ。」ピラトは彼らに言う。「あなたたちが彼をつれて行き十字架につけよ。わたしは彼に咎を認めない。」⁷ユダヤ人たちは彼に答えた。「われわれは律法を持っている。そして律法によれば彼は死なねばならない。自分を神の子にしたからだ。」⁸ピラトがこの言葉を聞いたとき，ますます恐れた。⁹そして再び総督官邸に入った。そしてイエスに言う。「あなたはどこからの者か。」しかしイエスは彼に返事をしなかった。¹⁰そこでピラトは彼に言う。「わたしに話さないのか。わたしがあなたを釈放する権限を持ち，またあなたを十字架につける権限をもっていることをあなたは知らないのか。」¹¹イエスは答えた。「上からあなたに与えられていなければ，わたしに対してなんらの権限も持っていない。それゆえに，わたしをあなたに引き渡す者にはより大きな罪がある。」¹²このことから，ピラトは彼を釈放しようと努めた。しかしユダヤ人は叫んで言った。「もしあなたがこの者を釈放するならば，あなたはカイザルの友ではない。自分を王とする者は，誰でもカイザルに反抗しているのです。」¹³さてピラトがこれらの言葉を聞いた時，イエスを外へ引き出した。そして，リトストロートン，ヘブライ語でガッバダと言われるところで裁判の席についた。¹⁴過越祭の準備日で6時の頃であった。そしてユダヤ人に言う。「見よ，あなたたちの王だ。」¹⁵するとかの者たちが叫んだ。「取れ，取れ，彼を十字架につけよ。」ピラトは彼らに言う。「あなたたちの王をわたしが十字架につけるのか。」祭司長たちは答えた。「われわれはカイサルの他に王を持っていない。」¹⁶それで彼を十字架につけさせるために，彼らに引き渡した。そこで彼らはイエスを受け取った。¹⁷それで彼は自分で十字架を担い，いわゆる「されこうべ」の場所，ヘブライ語でゴルゴタと言われるところへ出て行った。¹⁸そこで彼を十字架につけた。そして彼と一緒に他の二人を，イエスを真ん中にして，こちら側とあちら側に。¹⁹ピラトはまた罪状書きを書いた。そして十字架の上につけた。「ユダヤ人たちの王，ナザレのイエス」と書か

れていた。²⁰この罪状書きをユダヤ人たちの多くが読んだ。というのはイエスが十字架につけられた場所は，町の近くであったからである。それはヘブライ語とラテン語とギリシャ語で書かれていた。²¹それでユダヤ人の大祭司たちはピラトに言った。「ユダヤ人たちの王ではなくて，『かの者はわたしはユダヤ人の王であると言った』と書いてください。」²²ピラトは答えた。「わたしが書いたことはわたしが書いたのだ。」²³兵士たちは，イエスを十字架につけた時，彼の着物を取って4つの部分を，各自の兵士の分となした。そして下着を取った。下着は縫い目のないもので上から全体が織られていた。²⁴そこで互いに言った。「それを裂かないようにしよう。そうしないで，誰のものになるかそれについてくじ引きにしよう。」それは，「彼らはわたしの着物を自分たちで分け，わたしの着物についてくじを引いた」，という聖書が成就するためであった。兵士たちはこれらのことをしたのである。²⁵イエスの十字架のそばに彼の母と彼の母の姉妹，クロパの妻マリアとマグダラのマリアが立っていた。²⁶さてイエスは母を見，また愛していた弟子がそのそばに立っているのを見て，母に言った。「婦人よ，あなたの子を見よ。」²⁷それからその弟子に言った。「あなたの母を見よ。」その時から，彼は彼女を自分のところへ受け入れた。²⁸その後，イエスはすべてが成し遂げられたのを見て，聖書が成就するために，「渇く」，と言う。²⁹酸っぱいぶどう酒を満たした器が置いてあった。そこで彼らは，酢を一杯含ませた海綿をヒソプに巻き，彼の口に差し出した。³⁰イエスは酢を受け取った時，「成り終われり」と言った。そして頭を垂れて霊を引き渡した。³¹さてユダヤ人たちは，準備日であったので，安息日に十字架の上に死体が残らないよう，というのは安息日のその日は重要であったので，彼らの足を折って取られるようにピラトに頼んだ。³²そこで兵士たちが来て，彼と共に十字架につけられた最初の者の足と他の者の足を折った。³³しかしイエスのところに来て，彼がすでに死んでいるのを見て足を折らず，³⁴兵士の一人が槍で彼の脇を突き刺した。そしてすぐに血と水とが出て来た。³⁵見た者が証しした。そして彼の証しは真実であり，かの者は，彼が真実を言っているのを知っている。あなたたちも信じるためである。³⁶というのは，「彼の骨は砕かれないであろう」，という聖書が成就するために，これは起こったのである。³⁷そしてまた他の聖書は，「彼らは自分たちが刺したものを見るであろう」，と言う。³⁸その後，アリマタヤのヨゼフはイエスの弟子であって，ユダヤ人に対するの恐れのために，隠れた弟子であったのだが，ピラトにイエスの体を取らせてくれと頼んだ。ピラト

は許した。それで行って彼の体を取った。³⁹以前彼のもとに来たニコデモも，没薬と沈香を混ぜたものを約100リトラ持って来た。⁴⁰そこでイエスの体を取って，それをユダヤ人の埋葬の習慣どおりに香料と一緒に亜麻布で巻いた。⁴¹十字架にかけられた場所に園があり，その園の中に，まだ誰も置かれたことのない新しい墓があった。⁴²それでユダヤ人たちの準備日であったために，その墓が近かったので彼らはそこにイエスを置いた。

はじめに

1　分類

19章は，場景として次のように分けられる。

　　第1幕　19, 1-3：　　鞭打ちと嘲り
　　第2幕　19, 4-7：　　Ecce homo
　　第3幕　19, 8-11：　イエスとの二度目の話し合い
　　第4幕　19, 12：　　ユダヤ人との二度目の話し合い
　　第5幕　19, 13-16：もう一度イエスが引き出され，ユダヤ人に渡される
　　第6幕　19, 17-37：十字架

以下段落を記す。

　　19, 1-7：　　鞭打ち，嘲り，イエスの引き出し
　　19, 8-11：　 二度目の尋問
　　19, 12-16： イエスの判決
　　19, 17-24： 十字架につける，罪状書き，着物の分配
　　19, 25-27： 十字架のもとでのイエスの母と愛弟子
　　19, 28-30： イエスの死
　　19, 31-37： イエスの脇を槍で突く
　　19, 38-42： イエスの埋葬

2　王としての即位の解釈

　ナタナエルはイエスに「師よ，あなたは神の子です。あなたはイスラエルの王です。」(1, 49) と言った。すなわちイエスは初めから王であるが，ヨハネの受難史は，イエスの王としての即位を，その十字架への高挙において明瞭に示す。受難史はそれを明らかにするため構成されている。以下その説明に移る。イスラエル及びオリエントの即位の儀式は，次のように行われる[*1]。① 神殿において塗油が行われ，王としての宣言がなされる。② 叙任式としては，王は王であるしるしとして，王としての装いを受け

る。王冠や指輪や杖などをもってする。さらにその尊厳のために飾り物などが贈られ，敬意の表明や忠誠の誓いがある*2。③ 王としての宣言が続く。④ 民の前に王が現れる。民は「王，万歳！」，というような歓呼 (acclamatio) でこれに答える。⑤ 王は王座に上がり，王の職とその権限を受け所有する。大体大雑把に言って，これらが即位の式のプロセスと考えられてよいであろう。ヨハネ福音書の受難史はこの図式を明瞭にしている。ちなみにここで王という語は次の箇所で出てくる：18, 33.37 [2回]. 39; 19, 3.12.14.15 [2回]. 19.21 [2回]; 他には 1, 49：6, 15; 12, 13.15。王国 (basileia)：3, 3.5; 18, 36 [2]。なお 6, 15 の出来事は，ここで正に実現するのである。時が来たからである。ヨハネ福音書の受難史は，この図式を明瞭に示している。① 塗油については受難史には書かれていないが，12, 3 のマリアによるそれを参照。まずイエスはピラトのもとへ送られ，彼の前に出る。② そこでイエスは王としての宣言を行うのである。すなわちピラトが「あなたはユダヤ人の王か」(18, 33) と聞くと，イエスはピラトの前で，自分の王としての尊厳と自分の国について述べる。「わたしの国はこの世からのものではない」(18, 36)。そしてイエスはピラトが二度目に，「だから王なのであるか」と聞くと，イエスは「あなたはわたしが王であると言う」と答えるのである (18, 37)。その後ピラトは群集の前へ出て，最初のイエスの無実の声明を行う。「わたしはこの人に何の罪も見出せない。」過越の時には一人を許す習慣があるが，ピラトは「このユダヤ人の王を許してもらいたいか」，と聞く。これはユダヤ人の前での王としての宣言である。それに対してユダヤ人たちは，「その人でなくバラバを」と叫ぶのである (18, 40)。この憎悪に満ちた喚声または叫びは，本来の「王様，万歳！」という歓呼に代わるものなのである。すなわちイエスは罪人である強盗の代わりとなって，王座である十字架に上がることになる。イエスの代わりに罪人が許され，イエスはいわば彼の罪を担うのである。そしてその後，叙任式 (investitura) といわれる，王としての装いが兵卒たちによってなされるのである。彼らは茨で冠を編んで，イエスの頭にかぶせ，紫の上着を着せ，それからその前へ出て「ユダヤ人の王，万歳」と言

---

1)　以下：Blank, Verhandlung, 76, 39 [E. Eichmann, Kaiserkroenung im Abendland Bd. I, Wuerzburg, 1942, 11ff; H. Gressmann, Altorientalische Texte und A. T., I, Berlin-Leipzig, 1926, 322f.].
2)　マタイ 2, 11 参照。

った。そして平手でイエスを打ち続けた (19, 1-3)。③ それから、ピラトは2回目のイエスの無実の声明を行う。「見よ、わたしはこの人をあなた方の前へ引き出すが、それはこの人に何の罪も見出せないことを、あなた方に知ってもらうためである。」イエスは茨の冠をかぶり、紫の着物を着て出て来た。そこでピラトは言う。「見よ、この人を」(Ecce homo)。これこそ王として民の前へ現れることであり、通常の王に対する歓呼の代わりに、ユダヤ人たちはまたしても、「十字架につけよ、十字架につけよ」と叫ぶのである (19, 4-6)。すでに述べたように、十字架はイエスの王座である。イエスは十字架という王座につくのである。ピラトは賛同する。「あなたがたが引き取って十字架につけるがよい。わたしは彼には何の罪も見出せない。」すなわちユダヤ人の王、イエスを王座につけるのは、ユダヤ人であってピラトではない。このことは三度目にもう一度行われ、ピラトは「見よ、これがあなた方の王だ」と宣言すると、ユダヤ人たちは二度目に「十字架につけよ！」と叫ぶのである (19, 15)。ピラトは言う。「あなた方の王をわたしが十字架につけるのか」(19, 15)。「彼らはそこでイエスを十字架につけた」。そしてその上には「ユダヤ人の王、ナザレのイエス」と書かれてあった (19, 8-9)。ここでこのイエスの審判を貫いている二つの対立に注意せねばならない。一方にイエスの咎のなさ、それに対する世の告訴、誰をも訴えないイエスの静けさ、それに対する世の怒号と騒音、イエスの愛の低きこと、それに対する世の憎しみと高ぶり、そしてイエスの光と (19, 14) 世の闇、これらが分けられて行く。審判を受けるのは、実は世なのである。最も深い卑しめと低さにおいて、神によって高められる高挙が起こる。イエスは低められ仕えることによってのみ支配する。福音書記者は、信じる者たちがどのような王を持っているかを、知らせようとしている。神の国における真の働きは下からのみ、仕えることの低さからのみ来る。それは権力により強制して、他を屈服せしめることとは全く異質のことである。教会は仕え、自らを低め、献身し、苦しむことによってのみ音もなく広がる勝利の教会となる。このことに反する者はイエスの王国にふさわしくない。なぜならその国は、仕える者たちの王国であったからである。パンの奇跡の後、人々がイエスを王としようとした時、イエスは「ただ一人山に退いた」(6, 15)。人々ないし教会が、強制的に屈服させる権力の王を求める時、そこにイエスは最早いないのである。

これらをまとめて見ると以下のようである。
① ピラトの前でのイエスの王としての宣言：18, 37。
② 兵士による戴冠式と紫の着物による叙任：19, 2。
③ 民の前への公現：19, 5.14。
④ 民の歓呼と賛同の叫び：19, 6.15。
⑤ イエスは十字架の王座につく：19, 18[*3]。

---

3) Dauer, Passionsgeschichte, 250; Blank, Verhandlung, 62 参照。

鞭打ち，嘲り，イエスの引き出し
(1-7節)

---

¹さて，それからピラトはイエスを引き取り鞭打たせた。²そして兵士たちは茨で冠を編んで彼の頭にかぶせ，彼に紫のマントを着せた。³そして彼のところへ来て「ユダヤ人の王，ごきげんよう」，と言った。そして彼に平手打ちをくわせた。⁴そしてピラトは再び外へ出て行って，彼らに言う。「見よ，わたしが彼のうちに何らの咎も見出さないことを知るために，あなたたちのところへ外へ彼を連れ出す。」⁵それでイエスは茨の冠と紫のマントをつけ外へ出て来た。そして彼らに言う。「見よ，その人だ。」⁶大祭司と下役たちが，彼を見た時，叫んで言った。「十字架につけよ。十字架につけよ。」ピラトは彼らに言う。「あなたたちが彼をつれて行き十字架につけよ。わたしは彼に咎を認めない。」⁷ユダヤ人たちは彼に答えた。「われわれは律法を持っている。そして律法によれば彼は死なねばならない。自分を神の子にしたからだ。」

注　解

1節 そこで，ピラトはイエスを鞭打たせる。これは十字架刑につきものであった[*4]。これから始まる十字架刑について詳しくは，Schneider, ThWbNT, VII, 573参照。カルヴィンは「彼はキリストが鞭打たれれば，この軽い刑罰でユダヤ人たちは満足するだろうと，期待したからである」と書いている[*5]。すなわちここでピラトは裁判官として，法というものを放棄したのである。実際はこの刑罰は軽いものではない。それは「身の毛もよだつような」ものである[*6]。ついでに引用すると「ローマ時代には手足を釘づけにするのがきまりであったという事実と並んで，磔刑には鞭打ちも必

---

4) Mommsen, Strafrecht, 920.
5) 伊吹，注解；またブリンツラー，裁判，333。
6) クロッサン，誰が，226。

ず加えられたという事実が，同時に心にとめられるべきである。その際多量の血が流れたのである」[*7]。磔刑は血を流さないという一部の聖書学者の意見は，それ故正当でない[*8]。このことはヨハネ福音書の中からも察せられる[*9]。「奴隷の場合には鞭……を用いるのが普通であったがそれはしばしば皮紐の先端に一つの鉤をつけるか，あるいはたくさんの骨片，ないしは鉛塊を鎖状につなぎ合わせてつけたものであった……ユダヤ法とは異なりローマ法には，鞭打ち回数の最高限度というものがなかった。だからこの処罰——例外的なものに限って重刑として執行された——が遂行されてゆく間に，犯罪者が打ちのめされて死んでしまうことがしばしばあったと聞かされても驚くにはあたらない」[*10]。イエスの十字架上の早い死は，このことに由来する（19, 33）。もちろんその前の徹夜の苦しみによる体力の衰弱も合わせて考えられるべきである。

　このピラトの一貫しない態度については何のコメントもない。そこには，この世のものであるローマ帝国が，この世からでない，いわば宗教的事柄に何の興味もないことが示されている。これは典型的なローマ人の考え方である。マルコ15, 85ではイエスは十字架刑の直前に鞭打たれているが，このように実際に鞭打ちはローマ法で十字架刑の初めに行われたものである。「彼（フロルス）はこの人々をまず鞭打ちの刑にした後十字架に架けた」[*11]。「十字架刑の前に，拷問，特に鞭打ちが付き物だったのであり，これは磔刑の持つ本質的な嗜虐性に由来する……」[*12]。ここでイエスの血が流されるのである。ただしルカは18, 33で，そのことが預言されていながら23, 24-25では鞭打ちについて書かれていない。

　2節　茨の冠と紫のマントを着せる順は，マルコ15, 17；マタイ27, 28以下ではヨハネと逆であって，この方が現実に近いのではないか。ここでは茨の冠が王冠として重視されているからかもしれない。

---

7)　ヘンゲル，十字架，47；Mommsen, 920.
8)　ヘンゲル，同上，133。
9)　1, 29；6, 53.54.55.56；[19, 34]；[Ⅰヨハネ1, 7；黙5, 6.9など]。
10)　ブリンツラー，同上，332。
11)　ユダヤ戦記2, 306。
12)　クロッサン，同上，226。

3節 「ごきげんよう（chaire）」。マルコ福音書では1回だけ平行箇所（15, 18）に使われている。このように兵卒たちはわざわざ挨拶する。念の入った嘲弄である。この虐待は真の辱めであり，晒し者にするという十字架刑に属しているものなのである。「一方では晒し者にする嘲笑や小さな虐待は，鞭打ちや磔刑に比べれば，どうということのない小さなことのように思える。だが他方，もしそうなら何ゆえに福音書記者全員がそれに言及しているのか」[13]。この嘲弄のシーンはマタイ；マルコの方が詳しく，ヨハネではずっと切りつめられていて，「嘲る，嘲弄する」（empaizein: exouthenein）というような表現が使われていない。王座につくことと関係が薄いからであろうか。ただしこれは敬われることの反対であり，イエスが王となることに関係する。

ここで皮肉にも十字架を王座とする即位の儀式がもう始まっているのである[14]。このことはすでに「明け方であった」（18, 28）ということで暗示はされていたのである。勝利の日があけるのである[15]。とくに重要なのはこのことが現実のぞっとする受難と共に始まったことである。「ユダヤ人の王，万歳」は，王に矛盾する無力さを嘲っているのであるが，この嘲弄は真実を言っていることである。兵卒たちはユダヤ人一般を馬鹿にしていたのである。彼らはイエスを平手で打っていた。ここでイエスが18, 23に比べて何も言わないことは真にイエスが引き渡され受難が始まっていることを示す。

4節 ピラトは人々が，イエスに罪がないことを見て，それを信じるように人々の前に連れ出す。そしてイエスに何の咎も見出さないことを，二度目に公に宣言する[16]。ピラトが，ユダヤ人の哀れみを誘おうという意図であるかどうかは分からない。せいぜいユダヤ人がイエスの哀れな無力な姿を見て，危険な人物とは考えないことを期待しているのかも知れない。そしてそのために鞭打ちと十字架刑とがここで分けて描写されている可能

---

13) クロッサン，同上，226: マタイ27, 27-31; マルコ15, 17-20; ルカ23, 11。マタイ27, 28には「その服を脱がせ」とある。
14) Dodd, Intepretation, 433以下。
15) Schlier, Pilatus, 57.
16) 18, 39; 19, 6参照。

性がある。ただしこのようなイエスを許そうと努力する（19, 12; ルカ23, 20）ピラトは，彼の歴史像には合わない。「［ピラトの行っていたのは］贈収賄，侮辱，略奪，不正行為，惨忍な暴行，裁判なしの頻繁な処刑，終わりなき野蛮な暴行……」（「ガイウスへの使節」302節）*17。むしろユダヤ人はこのようなピラトに期待をかけたのではないだろうか。しかしイエスはあまりにも無垢であったのである。

5節 イエスは茨の冠をつけマントを着て外へ出て来た。そしてピラトは言う。「見よ，その人だ。」この言葉で，ピラトはイエスの鞭打たれた痛ましい姿にユダヤ人たちの注意を向ける。イエスはここで晒し者になり，言い表し難い侮辱を受けるのである。

6節 ここで「十字架につけよ！」と叫んでいるのは祭司長や下役たちであり，共観福音書のように群集ではない。このことによって，区別なきアンチセミティズムは正しくないことが分かる。くり返すがヨハネの受難史に群衆は出てこない。群衆は12, 18でラザロのよみがえりについて証しし，12, 33以下では高挙についてイエスに質問している。また12, 19によれば群衆はイエスの後を追って行ったのであり，12, 29ではイエスへの天からの声を雷として聞いている。それ故，むしろポジティブに描かれており，12, 34でイエスに聞くシーンを最後にこの福音書から姿を消している。ここでヨハネ福音書は群衆とユダヤ人をはっきりと分けている。群衆はしばしば上層部に反して，それに対する恐れによりその態度に影響を及ぼしている*18。「十字架につけよ！」という叫びは，共観福音書でもバラバの選択のさい叫ばれるのであるが，ここには彼らとあり，この「彼ら」は群衆を含んでいても，それとはっきりとは等置されていない。むしろ群衆は，祭司長，長老たちに説得され（マタイ27, 20），ないし祭司長たちに扇動された（マルコ15, 11）のである。ちなみにマタイでは27, 24が，マルコでは15, 15が群衆の出る最後の箇所である。むしろ問題はルカであり（23, 4f 参照），23, 18では「多数全部（pamplethei）」と言われている。しかしルカで

---

17) クロッサン，同上，279。
18) Meyer, ThWbNT V, 587, 4f.

は「群衆」の出る最後の箇所である23, 48では，百人隊長の「まことにこの人こそ義人だった」という言葉に続いて，「またこの光景を見ようと集まって来ていた群衆はみな，起こったことを見て，胸を打ちつつ帰って行った」，とある。すなわち，いま使徒行伝には立ち入れないが，一般のユダヤ人にイエスの十字架刑の全責任があるということではなく，そのようなことは全くの誤解である。ただしマタイのみにある，ピラトが群衆（ochlos）の前で手を洗った（27, 24）後に民衆（laos）が言う言葉（27, 25）「彼の血はわれわれとわれわれの子らの上にふりかかれ」は暗示的である。ちなみに民衆はヨハネでカイアファの予言，11, 50; 18, 14にのみ出る。さてここでピラトはこの要求を拒否する。「あなたたちが彼を連れて行き十字架につけよ。」ここでは群集と区別して民衆と言われている。その後ピラトは，「わたしは彼に咎を認めない」，と4節の言葉をくり返す。このことはすでに18, 39に言われておりここでは三度目である。このことはイエスがこの裁判だけでなく，イエスは全く罪を知らないということが宣言されているのであろう*19。すなわちこのことが非常に強調されており，ピラトはイエスの無実の証人となっている。それはローマ帝国の代表者によって公式にくり返され宣言されたものであり，それはイエスが政治的な活動をしていないということが，さらにそれ以上のことが世界史に向かってなされているのであり，7節ではさらにその死刑の宗教的な理由が，ユダヤ教の側からはっきりと宣言されている。真理についての証しは真理の殉教者としてなされているのである。くり返すと，「ここは殉教者という概念の生成についての客観的な場所である」*20。殉教の概念はユダヤ教にのみ帰するという意見に対し，そのキリスト教の源泉はここにあるということが出来る。しかしここでイエスに，すべてに拘わらず，尊厳が見られるというのは誤解であろう*21。イエスのドクサは世の目には，すなわち外部には全く隠れているのである*22。「あなた方が十字架にかけるがよい」*23，と言うのは実現しないことをわざわざ言って，自分が十字架に架ける意思

---

19) 8, 46; Ⅱコリント5, 21; ヘブライ4, 15; Ⅰペトロ2, 22; Ⅰヨハネ3, 5.
20) Schlier, Pilatus, 69.
21) Schnackenburg, Kom.
22) マルコ9, 8参照。
23) Peterson, Zeuge, Vorwort.

のないことを表しているのであろうか[*24]。すなわちこれによって結果的にはユダヤ人が十字架に架けたことになる。

7節 ユダヤ人は，イエスは自分を神の子にしたのだから，律法によれば死罪に当たると言う。「神の子」[*25] は以上に出るが，ここでは冠詞がなく，やはり冠詞のない10, 36を受けている。他はすべて冠詞がある。ここでは一般的なメシアという意味でなく，本質的な意味で自分は神の子であるという意味である。すなわち10, 33の意味である[*26]。ここでユダヤ人たちは，間接的にイエスが神の子であるという証人になっている。レビ記24, 15以下には「神を冒瀆するものは誰でもその罪を負う。主の御名を呪う者は死刑に処せられる」とある。またそれはユダヤ人の啓示する神への反逆であり，またイエスの父をもはや神とせず，自分たちを真の神でない自分たちの神に従属させることなのである[*27]。同時に，彼らの政治的な者としての訴えが虚偽であることがここで暴露され，訴えが宗教的なものとして明らかにされる。16, 2の迫害についての言葉はここですでにイエスにおいて実現される[*28]。

---

24) 18, 31参照。
25) 1, 34.49; 3, 18; 5, 25; 10, 36; 11, 4.27; 19, 7; 20, 31.
26) 5, 18も参照。
27) 5, 18; 10, 33f; 8, 41:「わたしたちにはひとりの父がある。それは神である」。
28) Schlier, Pilatus, 68.

二度目の尋問
(8-11節)

---

⁸ピラトがこの言葉を聞いたとき，ますます恐れた。⁹そして再び総督官邸に入った。そしてイエスに言う。「あなたはどこからの者か。」しかしイエスは彼に返事をしなかった。¹⁰そこでピラトは彼に言う。「わたしに話さないのか。わたしがあなたを釈放する権限を持ち，またあなたを十字架につける権限をもっていることをあなたは知らないのか。」¹¹イエスは答えた。「上からあなたに与えられていなければ，わたしに対してなんらの権限も持っていない。それゆえに，わたしをあなたに引き渡す者にはより大きな罪がある。」

注　解

8節　この言葉を聞いてピラトはますます恐れる。「ますます」とはすでに恐れを持っていたのであって，ピラトがすでに恐れによって圧倒されていたことが分かる[*29]。これは，世に対して，すなわちユダヤ人に対してではなく，イエスに対してである。すなわち「イエス・キリストを断罪しなかったために，何かしらの騒動が起これば，何らかの非難が自分にふりかかってくるのではないか……」ということではない[*30]。これはピラトが「真理とは何か」という質問で，態度決定から逃げた，イエスのその王国についての言葉によるのであろう。このような恐れは，多神教を奉じ，異国の神も容易に自分たちの神々にしてしまう，ローマ人の宗教性からも理解できるのではないか。彼は神々の子らの顕われについて考えたのである[*31]。

29）　マタイ27, 19以下参照。
30）　カルヴィン，注解。
31）　Schlier, Pilatus, 70.

9節 この恐れのために、ピラトはイエスのところへ行くためにもう一度官邸に入る。ピラトが、ユダヤ人のところへ出て行ったのは三度目であったので (18, 29.38; 19, 4)、これでピラトは三度目にイエスのところへ行くことになる (18, 33; 19, 9)。ピラトの問い「あなたはどこからの者か」に、この恐れは現れている。ピラトはここでヨハネ福音書の言葉で（「どこから：pothen」）質問している。この問いは、先の「真理とは何か」より一歩踏み込んだ問いである[*32]。すなわち、ピラトは真理を前にして恐れたのである。これはヨハネ福音書でイエスの本質と由来を知らず、見えるものへ目を向けて、イエスの言葉に信頼しない者の問いであり、イエスを自由に手中にする以外には信じない者、すなわち神を信じない、しかし神について何かを察する者の典型的な問いである[*33]。ここでピラトは「どこから」という問いに関して、ユダヤ人と軌を一にすることになったのである[*34]。しかしこの問いは明らかに18, 36のイエスの証しに関わっている。イエスは答えない。なぜなら、イエスはすでにこの聞かれたことについて答えているからである。それは、救いに関する言葉をイエスが最早聞かせないということではなく、すでに聞かせたのに何度聞かせても同じことであるからである。

10節 そこでピラトは、「わたしに話さないのか、お前を釈放する権限も十字架につける権限も持っているのだぞ」、と言う。ピラトは、ここでイエスを脅かすために、彼の十字架につける権限を言う前に、イエスの気をひくために、釈放ということを第一にあげる。それは彼がイエスを釈放したいからではなく、すぐ前にあんなに恐れていたにも拘わらず、我に帰って自分の権限にその頼るところを見つけたからである。「どこから」という問いは、自分の持つ権力への自信に場所をゆずったのである。それと同時に、恐れは傲慢にとって代わられたのである。自己の権力への信頼が、恐れを静めたのである。「これによって、ピラトの突然に心を動かされたあの畏怖心は、根深いものではなく、すぐ消え去るものだったことがわかる。それというのも、いま、あらゆる恐怖を忘れ去って、かれは傲慢

---

32) Schlier, Pilatus, 70.
33) 7, 27f.; 8, 14ff; 9, 29f.
34) 7, 27; 8, 14; 9, 29.30; Schlier, 70.

な心のうちにおごり高ぶり，尊大な態度で神をないがしろにしているからである。……まるで天にさばく者がいないかのように」[*35]。地上の権力は己を己に頼らしめる。この場合は人の命を自由にし得る権力である。人間の持つ最高の権力であろう。すなわちピラトはここでイエスの沈黙を無言の抵抗と受け取ったのであろう。ピラトはもう畏れを忘れ，イエスに命乞いを期待している。

　11節　イエスの答えは，18, 34；33-37の後，三回目の答えとなる。ここでイエスは答える。ピラトの問い「どこから」は「上から (anōthen)」として間接に答えられている。それは3, 27の洗礼者ヨハネの「人は彼に天から授けられているのでなければ，なに一つ受けることはできない」という言葉に近い。また8, 23 (ek tōn anō) 参照。これは一般に国家権力が神から授けられたものである，と言っているのではなく[*36]，この具体的な場面に即して，イエスによる救いの完成のために神から受けた権力を指す[*37]。そしてそれ自体悪であるその権力の乱用は神による救済の計画のうちにある。しかしそれへと迫るのはユダヤ人のイエスに対する憎悪であり，その意味でイエスを引き渡す者にはより大きい罪がある，と言われる。「より大きい」ということはピラトと比べられて言われているので，ピラトに罪がないとは言われてはいない。ここで特に，原始キリスト教で増大すると言われるローマ帝国に対する護教的な面に気づくことは出来ない[*38]。ピラトの罪は，否定されてはおらず，それはその自己の権力の乱用にあり，それは権力を真の意味での「上から」の者として認めず，この世からのもの，またそれにより自己のものとすることに発する。ユダヤ人の行動は憎悪から発する。憎悪と罪との関係は15, 24に明らかにされている。「引き渡す (paradidonai)」は，多くはイスカリオテのユダについて言われているが (6, 64.71；12, 4；13, 2.11；21, 20)，ユダヤ人に関しては18, 30.35. (36)；19, 11[*39]。ピラトについては19, 16に使われている。ピラトもイエスを十字架

---

35)　カルヴィン，注解。
36)　ロマ13, 1参照。
37)　Campenhausen, Joh.19, 11, 131.
38)　Schnackenburg, Kom.
39)　40 Popkes, Traditus, 182.

に引き渡すのである。「引き渡す者」(ho paradidous me [auton]) は 18, 2.5 にある。これは単数であるがそれにも拘わらずユダヤ人が考えられている[*40]。恐らくはユダについての定式がユダヤ人について用いられたのであろう。このイエスの言葉は，すでに述べたように，後にローマ帝国に対して護教的に解されることになる[*41]。だがこれは「ヨハネ福音書の有名なローマ友好的傾向」としての護教的なこととは関係がない[*42]。最後になったが，ここでイエスは，彼が「すべての上にある」(3, 31) という崇高さを示した。したがって護教的というような次元で離されているのではないし，そのように理解されるべきでもない。

---

40) Bultmann, Kom; Barrett, Kom: "Judas...probably intended".
41) Schnackenburg, Kom.
42) Schlier, Pilatus, 71, 29.

判　決
（12-16節）

---

¹²このことから，ピラトは彼を釈放しようと努めた。しかしユダヤ人は叫んで言った。「もしあなたがこの者を釈放するならば，あなたはカイザルの友ではない。自分を王とする者は，誰でもカイザルに反抗しているのです。」¹³さてピラトがこれらの言葉を聞いた時，イエスを外へ引き出した。そして，リトストロートン，ヘブライ語でガッバダと言われるところで裁判の席についた。¹⁴過越祭の準備日で6時の頃であった。そしてユダヤ人に言う。「見よ，あなたたちの王だ。」¹⁵するとかの者たちが叫んだ。「取れ，取れ，彼を十字架につけよ。」ピラトは彼らに言う。「あなたたちの王をわたしが十字架につけるのか。」祭司長たちは答えた。「われわれはカイザルの他に王を持っていない。」¹⁶それで彼を十字架につけさせるために，彼らに引き渡した。そこで彼らはイエスを受け取った。

注　解

12節　この言葉を聞いて，ピラトはイエスを釈放しようとする。これがイエスを釈放しようとするピラトの最後の試みである。ピラトの態度は，これまでのすべてのイエスの言葉から[43]でなく，この11節のイエスの言葉によると考えられる。すなわち自分の権力についてイエスの言葉を悟ったのではなく，自分が彼らユダヤ人に利用されようとしていることを悟ったので，それをさせまいとしたと考えられる。自己の権力が乱用されることを強いられることは，もちろん自己の権威に拘わる。ユダヤ人はピラトの考えを悟ったのであろう。彼らは劣勢となった。それを挽回するために，最悪の虚偽に訴える。それは，イエスがユダヤ人の王であるということを，全く政治的なものとしてはっきりと挙げることであった。これでピラトの

43）　Schnackenburg, Kom.

権力の行使は，権力の乱用とは言えなくなるからである。この「王」という名称は，すでに述べたように，イエスのエルサレム入城に際して群集によって言われていた（12, 13.15）。他は18, 33で初めてピラトの口から出る。ユダヤ人は18, 30では，ただ「悪事をなす」として訴えているのであり，18, 33でピラトはまず，「ユダヤ人の王」という名称についてイエスに訊ねたのである。政治的な意味かどうかを慮ったからであろう。ユダヤ人はここではっきりと，「自分自身を王とする者」として政治的な意味でイエスを訴えるのである。これ以後，「王」という語がキーワードとなって頻発する：12.14.15.19.21。すなわち「自分を王とする者」はカイザルに反抗する者であり，その者を釈放すれば，最早カイザルの友ではないと言う[44]。ユダヤ人たちはこの名称を知っていてそう言っているのではないか。

　ここでユダヤ人の虚偽は最高潮に達している。最後のカードの切り札を出したのである。このことは，祭司長らによって言われているのである。これはピラトの弱みへの恫喝である。すなわちピラトの権力は，ローマ皇帝に由来することをついたのである。再び言うと，ここで10節のピラトによる権力の弱みをついたのである。イエスにとっては，それは「上から」与えられたものであったが，彼らこの世の者にとってそれはカイザルに由来する。ちなみに，この時の皇帝はアウグストゥスの後をついだティベリウス帝（14-37）である。紀元前63年のポンペイウスによるエルサレム占領後ユダヤはローマの属領となり，ピラト（26-36）は5人目の総督であった。ピラトにとっての弱みとは，自分の権限を正義にのっとって行使し，イエスを釈放すれば，ユダヤ人の反乱が起こるかもしれず，また皇帝への密告または直訴につながるかもしれなかった。ピラトの唯一の逃げ道である，反乱を押さえ，かつイエスを釈放するという道が断たれてしまったのである。しかしこのユダヤ人の言明は，ユダヤの民の終焉を意味している。なぜなら，彼らは自分たちの真の王を，政治的なものとし，ローマ皇帝の下に位置づけたからである。このことのつけは，19節以下の罪状書きに現れてくる。そもそも，祭司長らが彼らの王を廃棄し，皇帝の支配のみを認め

---

44) ここでの「カイザルの友（amicus Caesaris）」という特定の名称は，senatorでないピラトに妥当しないという：Schlier, Pilatus, 32；だがWikenhauser, Kom; Schnackenburg, Komなどはこれを総督［senator ex officio］に許されていた特定の名称とした上でピラトにもあてはめる。詳しくは，Mommsen, Roemisches Staatsrecht, II, 813.834; III, 556.

第 19 章（12-16節）　　333

た時に，ピラトの，ユダヤ人がイエスを政治的な意味で王としているかどうかという探索も終わり，またイエスが自分自身についてどう言っているかも重要でなくなり，従ってイエスを調べるというピラトのもともとの意図も，またその役目も終わったのである[*45]。

13節　ピラトはユダヤ人の言葉を聞いて，二度目に（4節参照）イエスを引き出す。そしてリトストロートン，すなわち敷石，ヘブライ語でガッバダ（高い場所？）という場所で裁判の席についた[*46]。ヨハネ福音書で「ヘブライ語で」というただし書きは5, 2; 19, 13.17.20などにあるが，これは実際には「アラム語で」という意味であると考えられる[*47]。この場所の名はヨハネ福音書だけに出る。ヨハネの底本たる受難史にあったのであろう（17節参照）。これは通常ヘロデの居城，すなわちピラトの公邸の前にある野外に作られた裁判席と考えられている。ピラトは彼の地位への不安のために，ユダヤ人の恫喝に屈したのである。「威嚇され……脅迫によって」[*48]である。ここでは自分の地位についての心配がすべてに先行する。ここで「坐った」という自動詞を，「イエス」の後のコンマを取ってイエスを据えるという他動詞に取る試みがあるが（ペトロ福音書3, 6にはそうある）：「彼をさばきの場所につかせて（ekathisan auton epi kathedran kriseos）; Justin, Apol.I, 35, 6参照」，そしてかなりの支持者があるが[*49]，賛成し難い[*50]。この解釈は，ここでイエスが裁きの王座についたとしたいのであろうが，イエスの王座は十字架なのである。何よりもマタイ27, 19：「彼が裁判の席についていた時」が参照されるべきであろう。このイスに坐ることで判決は正式なものとなるのである。

14節　この判決の重要性が，場所（13節）の他に，時を示すことによって言い表されている。それは過越の準備日で6時の頃，すなわち昼の12時であった。この時間について述べれば，役人は昼で仕事を終えたという[*51]。

---

45) Holtzmann, Kom.
46) ガバタについて詳しくは，Barrett, Kom.
47) ブリンツラー，イエスの裁判，393。
48) ベノワ，受難と復活，213。
49) その名については，Dauer, Passionsgeschichte, 269, 188.
50) 詳しくは，Dauer, 269以下；Ibuki, Wahrheit, 142, 22.

それはニサンの14日の一日前として強調され，確定されている。日付のみならず，時間も，マルコ15, 25の3時（9時）とは矛盾する。時に関しては13, 30「夜であった」と，特に18, 28「明け方であった」と比較すべきである。これはイエスの王たることの宣言として，そのドクサが輝きわたることを暗示している*[52]。ピラトはユダヤ人たちに「見よ，あなたの王だ」と宣言する。すなわちこの時は光がもっとも輝く時なのである。ユダヤ人たちは彼らの王をローマに従属する政治的な王だとして訴えたので，ピラトはこれを受けてこのような宣言をする。すなわちユダヤ人の訴えを認め，公式な裁判としてそれを裁判席から宣言したのである。これでイエスはユダヤ人の主張に基づき，ピラトによって彼らの政治的王として公式に認められたのである。使17, 7によれば「彼らは皇帝の勅令に背いて，イエスという別の王がいると言っています」とあるが，テサロニケでのこの受難の物語にユダヤ人の言ったことの痕跡が窺われるのではないだろうか。

　15節　ユダヤ人たちは，イエスがユダヤ人たちの王であるというピラトの公式の宣言に対して，「取れ，取れ，彼を十字架につけよ」と二度目に叫ぶ（19, 6）。自らの王と宣言された者について，そしてその宣言へと自ら導いたのに対し，彼を十字架につけよ，と叫ぶのである。「彼らはこの王を放棄する間に，祭司長たちの公式の口から彼らの王を廃棄するのである。この廃棄が真剣になされたものにせよ，または単に便宜的に起こったにせよ，彼らがそれをするという事実の前にそのこと自体はどうでもよいことである。ここに何たる神の皮肉が生じていることか。ユダヤ人たちは世から見てイエスに，まさにピラトにも打ち勝ったのである，そしてそのさい彼らがそのために打ち勝とうと欲するもの，すなわち彼らの自らのメシアと彼らの自らの希望を放棄するのである」*[53] 彼らは自分たちのアイデンティティを棄て，ユダヤの民はここに終焉に至り崩壊する。彼らの「十字架につけよ」という叫びは，イエスをユダヤ人の王として廃棄することを叫びつつ，実は十字架という王座へ真の王を挙げるという民による肯定の歓呼の声であり，真のユダヤ人の王は十字架につけられた者として

---

51) Mommsen, Strafrecht, 365.
52) Ibuki, Wahrheit, 141.
53) Schlier, Pilatus, 73.

のみ存在するという，そして彼らの救いも彼らの王もこうして生まれるのだという叫びなのである。「一人の人間が民の代わりに死に，国民全体が滅びない」ため（11, 50）なのである。十字架につけよという叫びは，彼らが救われるための叫びなのである。そしてユダヤ人がこうして打ち勝ったというのは，実は「わたしは世に勝ったのである」（16, 33），というイエスの言葉が実現することなのである。死はこうしてイエスの勝利にあずかる者にとっても勝利のプロセスとなった。こうして真のメシアと真の神の民が生まれるのである。このユダヤ人たちの自己否定にピラトは度肝を抜かれて言う，「あなたたちの王をわたしが十字架につけるのか」。祭司長たちは，「われわれはカイザルの他に王を持っていない」と答える。彼らはイエスが自分たちの王ではないと言う代わりに，カイザルの他に王はない，すなわちこの世からの世の最高権威だけが自分たちの王であると言い，すなわち彼らは自己の王としてのメシアを否定し，自分たちを「世から」の者とする公式の宣言で答えるのである。「ユダヤ人の不信仰はこうして決定的なものとなる」[54]。ピラトの意図は彼らが，イエスが王であることを否定し，王と自称する者だという答えを期待したかもしれない。しかしそうすればイエスは王でないこととなり，「見よ，あなたたちの王だ」というピラトの宣言は妥当せず，ピラトはイエスを釈放できることになる。これをユダヤ人たちは恐れたのであろう。そのような単なる自称は，また事実でないから裁判の対象とはならないのである。ピラトのこの宣言はローマ法によると思われる[55]。よってイエスは公式にユダヤ人の王として認められたのである。

16節　「それで彼を十字架につけさせるために彼らに引き渡した。そこで彼らはイエスを受け取った。」通常は16a節までイエスの判決，16b節から十字架という新しい段落が始まると考えられている[56]。マタイ27, 24には「そこでピラトは，事態の収拾がつかず，むしろ暴動になると見てとり」；マルコ15, 15には「そこでピラトは群衆を満足させようと思い」とあり，十字架につけるために引き渡す前に鞭打ちが言及されている。ピラ

---

54) 山岡，注解。
55) Mommsen, Strafrecht, 234.
56) Nestle のテキスト参照。

トはユダヤ人にカイザルを王とさせることによってユダヤ人を屈服させた。その代わり彼は，カイザルが彼に与えた政治的かつ裁判権が付属する彼の職務の権力を放棄した。ローマ兵の代わりにユダヤ人がイエスを受け取ったようにあるのは，誰がイエスを十字架につけたのかという問いの真意を示すためであろう。「19, 16b-18ではユダヤ人のイエスの死刑との絡みあいが明らかである」[*57]。これはユダヤ人がイエスを殺したということを強調しているのではないか。単に福音書記者がそう「想定してしまった（supposed）」ということではないのでないか[*58]。(「引き渡す」という言葉は本来ユダヤ人に使われている (18, 30.35; 19, 11))。ピラトは彼らの代理をしているのである。

---

57) Dauer, aaO.193; 175.
58) Barrett, Kom.

十字架につける，罪状書き，着物の分配
（17-24節）

───────

[17]それで彼は自分で十字架を担い，いわゆる「されこうべ」の場所，ヘブライ語でゴルゴタと言われるところへ出て行った。[18]そこで彼を十字架につけた。そして彼と一緒に他の二人を，イエスを真ん中にして，こちら側とあちら側に。[19]ピラトはまた罪状書きを書いた。そして十字架の上につけた。「ユダヤ人たちの王，ナザレのイエス」と書かれていた。[20]この罪状書きをユダヤ人たちの多くが読んだ。というのはイエスが十字架につけられた場所は，町の近くであったからである。それはヘブライ語とラテン語とギリシャ語で書かれていた。[21]それでユダヤ人の大祭司たちはピラトに言った。「ユダヤ人たちの王ではなくて，『かの者はわたしはユダヤ人の王であると言った』と書いてください。」[22]ピラトは答えた。「わたしが書いたことはわたしが書いたのだ。」[23]兵士たちは，イエスを十字架につけた時，彼の着物を取って4つの部分を，各自の兵士の分となした。そして下着を取った。下着は縫い目のないもので上から全体が織られていた。[24]そこで互いに言った。「それを裂かないようにしよう。そうしないで，誰のものになるかそれについてくじ引きにしよう。」それは，「彼らはわたしの着物を自分たちで分け，わたしの着物についてくじを引いた」，という聖書が成就するためであった。兵士たちはこれらのことをしたのである。

注　解

17節　「それで，彼は自分で十字架を担い」：十字架の横木（patibulum）を十字架につけられる者が担うという習慣があった。「自分で十字架を担い」というのは共観福音書に比べて多分に神学的な解釈ではないか。一方イエスの早い死がその衰弱を物語っている。「担う（bastazein）」は4回しか出ないが，受難史に関してはヨハネ的であるという[*59]。ここでは特に16, 12のこの語に思いをはせねばならない。それ以外ではルカ14, 27を除

いては pherein（運ぶ，担う）である。そしてこのルカ14, 27こそがイエスが自分で十字架を担うということの最も適合したコメントとなる：「自分の十字架を背負ってついて来る者でなければ，誰であれわたしの弟子ではあり得ない」。また「わたしについて来たい者は，自分を棄て自分の十字架を背負ってわたしに従いなさい」[60]。「自分の十字架」ということで，「自分で十字架を担う」ことが言表されており，すべての人の出会う苦難を担うことが十字架を担うイエスに従うこととして，イエスの十字架に与ることとされている。このことが「自分で十字架を担い」ということで強調されている。「自分で」ということは与格（heautō）で言い表されており[61]，また自分の十字架はそもそも自分で担う以外道はないのであり，まさにそのことでイエスに従う者とされるのである。「あなたたちは世で苦難を持つであろう。しかし勇気を持て。わたしは世に勝ったのである」（16, 33）。これが，なぜわれわれが世で苦難に会わねばならぬのか，なぜこのことが他人でなくわたしに起こったのか，ということへのイエスの答えである。それが自分の十字架として自分に与えられたのである。そしてヨハネ福音書はすでにそれを勝利の道行きとして提示する[62]。ちなみに共観福音書では，このことの直前に茨の冠や紫のマントというイエスの嘲弄の話がある。そして通りがかったキレネのシモン，それはマルコ福音書によると，アレクサンデルとルポスの父に十字架を無理に背負わせた[63]。ついでに言及するとここで息子たちは意味がないが，読者が知っていたので書かれていると想定されている[64]。ヨハネ福音書は共観福音書を訂正しようとしたとは考えられないが，ここではすべての人が人生の中で十字架に出会いそれを自ら担うことがイエスに従うことであることが強調されている[65]。「いわゆる『されこうべ』の場所，ヘブライ語でゴルゴタといわれるところ」とはされこうべのように見える高いところの意味であり[66]，それゆえ

---

59) Schnackenburg, Kom.
60) マタイ16, 24; マルコ8, 34; ルカ9, 23参照。
61) carry the cross himself: Barrett, Kom.
62) IIコリント2, 14参照。
63) マタイ27, 32; マルコ15, 21; ルカ23, 16.
64) Dibelius, Formgeschichte, 183.
65) 12, 26参照。
66) ブリンツラー，裁判，362参照。

第 19 章（17-24節）

アラマイ語でこの名がついた。ラテン語では Calvarium となる。それが高いところにあったのは，見世物として晒すためであろう。そのためには十字架を高くすることさえしたのである[*67]。ここで何よりもヨハネ福音書が「高挙」という言葉を使い，3, 13 以下（19, 37）で十字架を仰ぎ見ることを暗示しているということを思い出すべきであろう[*68]。「ローマ帝国のあらゆる大都市には……処刑場があった」[*69]。エルサレムにおいても事情は同じであったろう。それは町のそばであった（20節）。沢山の人々が行って，それを見て（20節；ルカ 23, 27：大勢の群集），すなわち見物し晒し者としての十字架刑の目的にかなうためである。すなわち人間の尊厳を奪うのである。したがって処刑場までの距離はそんなに長くなく，ここでイエスが自分で十字架を担うことが可能とされたのかもしれない。「ほとんどの考古学者たちの想定では，この場所は現在の聖墓教会の内側に入っている。……イエスの時代にはこの場所は，北側のいわゆる『第二城壁』の外側に位置していたのであり，ヘロデ・アグリッパ（41-44年）により第三城壁の築城の後に初めてこの地区も市街区として編入されたのである」[*70]。イエスが衰弱していたことは，その早い死から事実であろう[*71]。共観福音書には上述したようにシモンと言われるキレネ人のこと，マルコとルカは，彼が「郊外から」来たことも書かれてある。ルカには「大勢の民衆」と悲しみ泣いて止まない女たちのこと，彼へのイエスの言葉が書かれてある。ヨハネ福音書の叙述はそれに比べて驚くべき簡潔さである。しかしイエスが自ら十字架を担ったことを，グノーシスとの対決に見ることは正しくないのであろう。少し長くなるが引用する。「これはこの男が手伝ったという証明ずみの事実を否定するためではなく，ほかにわけがあったに違いない。……ドケティズムはイエスが苦しみのどたん場で姿をくらませ，他の人が身代わりになったと主張する。この異端説によると，イエスは十字架上で苦しまれず，他の人がその身代わりとなり，その結果，イエスは苦しんで死ぬふりをなさっただけだという。これを知ったヨハネは，イエスご

---

67) マルコ 15, 36 参照；ブリンツラー，裁判，359．十字架刑の執行について，Mommsen, Strafrecht, 918f 参照。
68) 伊吹，注解 I, 167 参照。
69) ヘンゲル，十字架，69。
70) ブリンツラー，裁判 362。
71) 「連れて行った」：マルコ 15, 22；ベノワ，受難と復活，238 参照。

自身が十字架を担われたということをはっきり言いたかったのである。このようにして、ヨハネはドケティズムの誤謬を指摘したまでであって、クレネ人シモンが主を助けにきたという事実を否定するものではない」[*72]。これは共観福音書の調和を重んじるあまり、すべてがグノーシスの異端との対決に還元されてしまう[*73]。ついでに余計なことかもしれないが、十字架に関することであるので、少し詳しい話を書いておく。「しかし彼は（キリスト）は苦しまなかった。それどころか人はキレネのシモンという者に彼の代わりに十字架を担うように強制した。この者はキリストによって変えられた後に、間違えて知られることなく十字架につけられてしまったので、彼はイエスと間違えられた。イエスはしかしシモンの形を取って十字架の傍に立っている間、それを嘲笑した。……それゆえまだ十字架につけられた者を（認め）告白する者は奴隷であって身体的世界を創造した者の勢力下にある」[*74]。それに対するパウロの言葉を挙げておく。「何度も言ってきたし、今涙ながらに言いますが、キリストの十字架に敵対して歩んでいる者が多いのです」[*75]。グノーシスの宇宙論であれ、救済論であれ、人間論であれ、究極の敵とするところは十字架ではないか。ついでに述べると、「ヨハネ福音書の著者を反グノーシス主義者とみなすのは、私見によれば、行き過ぎであろう」[*76]。この傾向は、後のヨハネの手紙などに見られるのである。さて13節のガッバダと同じく、この決定的に重要な場所は、そのところが正確に書かれている。受難史の底本にあったと考えられている。この場所の名はその重要性から言って、共観福音書にも記されてある。ルカ23, 33にはゴルゴタの名は欠けている[*77]。

18節　「そこで彼を十字架につけた。」主語が欠けているのでテキストによれば16節の「彼ら」に帰り、それは15節の祭司長たちに帰ってしまう。つまりイエスの逮捕のさいヨハネ福音書だけに出る、すなわち18, 3.12で

---

72)　ベノワ，受難と復活，230。
73)　「キレネのシモンが苦しんだのであって，キリストは消えうせたのである」: Grillmeier, LThK, 3, 470.
74)　Leisegang, Gnosis, 246f.
75)　フィリポ3, 18。
76)　荒井，グノーシス主義，249。
77)　刑場については，Mommsen, Strafrecht, 234.

あれほど強調されたローマ兵たちは[*78]姿を消している。兵卒たちがイエスを十字架に架けたことは23節ではっきり言われているまで判然としない。ここで十字架はなぜかくも簡単に記述されているのであろうか。マタイ27, 38:「彼を十字架につけ」(staurōsantes de auton)；マルコ15, 24:「そして彼らは彼を十字架につける」(kai staurousin auton)；ルカ23, 33:「そこで彼と犯罪者たちとを十字架につけた」(ekei estaurōsan auton)；ヨハネ19, 18:「そこで彼を十字架につけた」(auton estaurōsan)。ヨハネでは復活物語からイエスが手を釘づけられたのが分かるが、マタイやマルコなど他の福音書ではそれも判然としない。それについては「ローマ時代には手足を釘付けにするのがきまりであった」のである[*79]。「罪人を十字架に縛り付けるだけという刑は例外的なものであった」[*80]。われわれの問いは、なぜこのようなこと、そしてどうしてここでのイエスの苦しみ、また十字架上の苦しみについて一言も述べられていないのか、ということである。このことについては、「死の苦しみが続いている間のイエスの挙動は、福音書記者たちによって書かれていない」と言える[*81]。このことについてこそ、ここで何故なのかという問いが立てられなければならない。もっと適当でない注は、饒舌をさけたというようなことであろう：「悲しみが絶頂に達した瞬間に関して、福音史家たちは饒舌をさけ、きわめて簡潔である。十字架について何がわかっているのだろうか」[*82]。ローマでは313年までは十字架刑が行われていたのである。それはコンスタンティン帝以後、聖なる crux となった。しかし福音書記者には十字架刑が何かよく分かっていたのである。第一次ユダヤ戦争を考えてみればよい。事実の詳細はどうであったのか続けて引用する。「十字架上にかけられて肉体を切り裂く釘に肉体を支えられている状態になぞらえる生、処刑が終わって死ぬことにしか慰めを見出せないような生は、もはや生きるに値しない。〔肉体を支える釘によって〕自分の傷を一層深くし、手足をのばされて十字架にぶらさげられていても、罰の終結〔たる死〕——それこそが苦しみの中にあって

---

78) Winter, Trial, 45.
79) ヘンゲル, 十字架, 46。
80) ヘンゲル, 十字架, 47。
81) ブリンツラー, 同366。
82) ベノワ, 同239。

最良のものなのに——を遅らせてくれさえすれば，死ぬよりはましなのだろうか……一瞬のうちに息を引き取るよりも，拷問の責め苦の中で衰弱し，徐々に死んで行き，水を一滴ずつしたらせるように生命を失うほうを望むような人がいるだろうか。あの呪いの木にはりつけられて，すでに肉体は醜くそこなわれ，ひどく打たれて肩や胸が見るも無残にはれ上がりながら，これほど多くの苦しみをなお引きのばすために生命を引きのばすことを望むような人がいるだろうか——十字架にかかる前に死のうと思えばいくらでも死ぬ機会はあったのに」[*83]。「言葉にならないうめき」（ロマ8, 26）で言葉にならなかったということもここでは妥当しない。それどころか十字架の苦難を描写するのはドケティズムの異端に対してきわめて有効ではないか。「十字架の愚かさを取り除く仮現論」[*84] について考えればよい。またここには福音書相互の間の相違もないし，ヨハネ福音書において特に「十字架の刑死というもっとも屈辱的なかたちの死であったことはそれだけ背景に退く」[*85] ということは認められない。これはパウロが「十字架の言葉」というように，ここでも宣教の中心なのである（Ⅰコリント1, 18）。まず考え得ることは，このような宣教の核心たる言葉は，信仰告白の言葉ではないかということである。ルカの手になると言われる使徒言行録における説教を考えて見ればよい。ルカは出来事を物語として描くことを好むが，十字架の死に至ってそれは簡潔となる[*86]。ちなみに「十字架につける（stauroun）」はマタイ10回；マルコ8回；ルカ6回；ヨハネ11回；使2回；Ⅰコリント4回；Ⅱコリント1回；ガラテア3回；黙1回：計46回，また「十字架（stauros）」はマタイ5回；マルコ4回；ルカ3回；ヨハネ4回；使0回；Ⅰコリント2回；ガラテア3回；エフェソ1回；フィリピ2回；コロサイ2回；ヘブライ1回；計27回となる。もちろん統計だけで判断するのは早急だが，両者あわせヨハネではマタイと同じく15回使われており，ヨハネ福音書が特に少ないということはない。

　ここで話を中断して，十字架の強調ということに関して，いったんヨハ

---

83) ヘンゲル，同上，45以下。
84) ヘンゲル，同上，26。
85) 大貫，ヨハネ，177。
86) もっとも十字架に付ける［staurein］はここでは2, 36; 4, 10しか出ないが，3, 15; 5, 30; 13, 28; 25, 19で「殺す（apokteinein）」が使われているところでもそれは簡潔である。

第 19 章（17-24節）

ネ福音書における高挙ということについて再考せねばならぬであろう。高挙という言葉においては十字架が中心である。人はふつう高挙と栄光化を並べて考えるが，両者を一度引き離して考えてみたい。すなわちまず統計的に概観する必要がある。「高める」(hupsein) に対し，「栄光に挙げる (doxazein)」が福音書全体にわたって23回も用いられ，そのうち14回は13章以下に用いられるのと対照的である。高挙は3, 14 (2回)；8, 28；12, 32. 34に全部で5回出るのみである。そして13章からの第2部には使われていない。思うに，これは「高める」という言葉が十字架をさしており，受難物語でそれが描かれるがゆえに，もはや用いられないのではなかろうか。3, 14；8, 28を除いては，受動形で使われる。3, 14はモーゼにかかる。高挙は一般には，① 死と並んで復活の代わりに述べられる[87]。② 復活の出来事を指すものとしてこれと共に現れる[88]。③ 復活の結果として用いられる[89]。しかしヨハネ福音書の用法は特殊であって，もっぱら十字架を指しているのではないであろうか[90]。まず8, 28を見ると，ここではユダヤ人に対して「あなたたちが人の子を挙げた時」と，挙げるの主語がユダヤ人であり，明らかに十字架をさしている。12, 32での「挙げられる」ことについては，33節には「どんな死に方で死のうとしていたか」とはっきりと「死」について言われていて，「挙げられる」は明らかに十字架上の死をさしている。また34節もこの関連で見る限り，同様の意味であることが推察される。12, 34は3, 14の言葉をそのまま受けており，以上のことから同様の意味であろう。3, 14はまたモーゼが蛇を挙げたことと比べられており，すなわちそれは高くかかげ，仰ぎ見られることであり，19, 37のごとく人がそれを仰ぎ見ることである。したがって同じく3, 14にある用法は十字架を指している。ではどうしてここでわざわざ，新約聖書で復活して神の右に座すことを指すこの語をヨハネは十字架に用いているのであろうか。おそらくそれはここで十字架が王座に上がることを示すごとく，十字架は一般の意味での高挙ということを，信仰において明確に指し示すこ

---

87) フィリポ2, 8ff；ルカ24, 26；Ⅰペトロ1, 11；ヘブライ12, 2；エフェソ4, 8ff；Ⅰテモテ3, 16；黙5, 6。
88) 使3, 13ff；ルカ24, 46と26。
89) ロマ8, 34；1, 3；6, 9f；使5, 30f；エフェソ1, 20f；Ⅰペトロ1, 21；3, 21；Schlier, Auferstehung, 23.
90) Thuesing, Erhoehung, 3f.

とであり，すでに十字架が高挙を現前せしめているということだと考えられる。いわば高挙は，栄光化よりより緊密に十字架に結びついており，またそこに見られる栄光の出来事なのである。これは信仰の目を指しているのであって，決して栄光の神学を代表するのでなく，実際はその逆であり栄光を十字架と一つに見ることであり，決して十字架の抽象化ではない。それはヨハネにとっていかに十字架が重要な焦点となっているかということなのである。

　さてこの信仰告白の言葉ということに話をもどすと，復活に関しても上に述べたような古い伝承の言葉が物語の中に入れられている（ルカ24, 34）。すべての例はここでは挙げられないが，使2, 16; 4, 10, 受動形としては黙11, 8だけを挙げておく。さらにここで能動形と受動形は全くなんらの意味の区別なしに用いられている。Credo の言葉として，Pisteueis eis Christon 'Iesoun, ton staurōthenta epi Pontiou Pilatou kai apothanonta...; Credo...in Christum Jesum...qui sub Pontio Pilato crucifixus est et sepultus...[*91]を挙げておく。すなわちその言葉の簡潔性は，それが宣教の中心であることを指すと考えられる。簡潔になればなるほど事柄が核心に近付いたのである。

　第二に，宣教は異教徒に対してはまた教理（カテキズム）という形で行なわれた。それは簡潔な言葉でまとめられた上で解説される。

　しかし事柄の核心は簡潔であるということはどこから来るのであろうか。それは，信仰告白は簡潔でなければならないということはもちろんであるが，それが最後の理由ではない。根本的にはそれは十字架の意味に関わっている。今一般名詞としての十字架とイエスの十字架とを比べて見れば歴然とするであろう。後者は一回的に限りのない深い意味を蔵している。十字架刑についての叙述はその刑についてのそれであり，イエスの十字架に一回的であるとは言えないであろう。イエスの十字架の意味とは，その救いに関する全面的な働きである。他の十字架刑には妥当しない。すなわちイエスについては，十字架という一語の意味は他のすべての救いの出来事をも包含し，それを指示するような，そしてそれを受け入れることによって他のすべての出来事が救いとして受け入れられるような働きを持つのである。このような構造が，すなわち十字架の働きとしてのその意味が，

---

91) Kelly, Glaubensbekenntnisse, 95; 105; Denzinger, Enchiridion Symbolorum, 2.

一般の十字架刑とは比べられないものなのであり，それは簡潔な言葉によって表現されざるを得ないことになる。

さらに，ここでくり返し書き加えておくと，これは福音書一般の言葉に関してであるが，それは誰かがイメージしてそれを書き記したのではない。言葉の背後にまずイメージがあるのではないし，またイメージするために書かれたのでもない。言葉が宣教の言葉としてその有する救いの働きという意味をもって受け入れられるために書かれたのである[*92]。

ここで特に注意すべきは，マルコ15, 24は現在形で書かれており，これをマルコがしばしば用いる歴史的現在という文体として片付けるべきか[*93]。歴史的現在は本来そもそもそれが「生き生きとした現前させる物語[Bl.-Debr, §321] である限り用いられているのである」[*94]。ここでこれらの言葉について根本的な問いが生じる。上述したようにこれらの言葉は十字架の光景をイメージするために書かれたのでなく，それが言葉として，その言葉の現前として受け入れられるために書かれているのである。宣教の言葉があり，それに基づいてイメージも生じうるのである。イメージが先となったら，それに適合しない苦しみはどうなるのか。己の十字架ということはすべての苦しみを含む。なぜイエスは極刑である十字架につけられたのか。イエスはあらゆる人の苦しみを前もって担ったのである（vor-gelitten）。正確に言えば後からイエス以前の苦しみも担った（nachgelitten）と言わなければならないであろう[*95]。このことは悪の力によって起こる人類のあらゆる苦しみ，それも最高度の苦しみがキリストによって担われたことをさす。この苦しみをキリストは知らない，味わっていないとは誰も言えないのである。それ故他人には人間の言葉の弱さのゆえに，単に「苦しい，痛い，もう耐えられない云々」としか言えない，ほとんど私的言語の領域の言葉を祈りにおいてはキリストに向かって「この苦しみ」として言うことができる。なぜならこの私の苦しみもキリストは担ったのである。それゆえキリストの死は十字架でなければならなかったし，すべての人が十

---

92) 上述：18章：はじめに参照。このことについて詳しくは，伊吹，再考，118。
93) Schlier, Markuspassion, 75はこれに疑義をさしはさんでいる。
94) 以上，伊吹，ヨハネ，205, 29。
95) Ⅱコリント5, 20：「罪を知らない方をわたしたちのために罪とした」：これはイエスの上への罪の力の集中を指す。

字架の前にひざまずき十字架を仰ぐことが出来るのである。これが「高められる」ことの一つの意味である。このことが前に挙げた「証言」ないし「殉教」ということにもう一つ加えられるべき十字架の基本的意味であろう。

　十字架は「最も残酷で『野蛮な』処刑法」[96]であり，その一つの目的は身体的苦痛の上に，処刑される者にこの上ない侮辱を与え辱めることであった。イエスは端的に辱められ低められた者[97]となったのである。このことは注解Ⅱで述べた「イエスが自己のドクサを求めない唯一の者」というキリスト論を超えるであろう[98]。自己のドクサ，自己の名を求めない者も，辱められることより，むしろ死を選ぶであろう。十字架は辱めを与え，死のうとして死ねない状況を作り出しているのである。ある人間はドクサが奪われ，評判が落ちても耐えていけるかもしれない。しかし最大の侮辱を受けて極度に低められた状態を受け入れることができるだろうか。このことに耐えることが[99]，キリストに従うことなのである。極度の侮辱はドクサを失うということを超えていると考えられる。キリストはこのような者としてあらゆる者の救い主 (4, 42; 1, 29) なのである。このことはヨハネ福音書において受難物語からそれに先立つ部分が解釈されて，この部分が受難物語と緊密に結びついて見られていかなくてはならないということを示す。タキトゥスが述べたことが，キリスト論の本質をついている：「かれらの名前はキリストに由来するが，彼はティベリウス帝の治世下に総督ポンティウス・ピラトゥスによって極刑に処せられた」[100]。すなわちキリストの名は最高の侮辱を受け低められ，最悪の処刑のうちに罰せられ死んだ者としてその名が広まっているのである。ちなみに，コンスタンティン大帝の時，十字架はキリスト教のシンボルとなったので，その影響のもとに十字架刑は廃止され，絞首台における絞殺刑がこれに代わった (crux と patibulum はローマ刑法から消えた)[101]。

　先のようにパウロの箇所を挙げて論じれば，人は言うであろう，それはパウロの十字架の神学に属することであると。一体われわれが苦しみ，そ

---

96) ヘンゲル，十字架，35。
97) ルカ1, 51以下；フィリピ2, 8など参照。
98) 上述：18章：「はじめに」参照。
99) bastazein; なおⅠコリント13, 7参照。
100) 「年代記15・44」ヘンゲル，同上，13。
101) Mommsen, Strafrecht, 921; 921, 2.

第 19 章（17-24 節）

れも極度の苦しみに会う時，それをマルコ神学による苦しみ，ヨハネ神学による苦しみ，パウロ神学による苦しみ云々として互いに分別し，担うのであろうか。それは虚偽であり，狂気の沙汰ではないだろうか。そう言う人は真の苦しみを知らない人ではないであろうか。このようなことがまかり通るのは宣教（説教と言ってもよい）に対する学問の方法論の勝利であって，これでは聖書学は宣教の中に生かされない[*102]。これに似たことがヨハネ福音書の内部でも起こっている。あまり研究ないし注目するテーマを分別したがために，言葉は各章ごとに，あるいは各段落ごとに解釈され，受難史は孤立する傾向にあるのではないだろうか。聖書は宣教のために書かれたことが忘れられている。苦しみの中で，「マルコがそう言っている」。「ヨハネがそう言っている」，「パウロがそう言っている」ということが頭をよぎるということはこれとは別の話である。ちなみにイスラームは十字架を認めない。少し長くなるが引用する。「155［156］彼らは信仰に背きマルヤム（聖母マリア）についても大変なたわごとを言った。156［157］そればかりか『わしらは救世主，神の使徒，マルヤムの子イーサー（イエス）を殺したぞ』などと言う。どうして殺せるものか。どうして十字架に掛けられるものか。ただそのように見えただけのこと（回教ではイエスが十字架に掛けられて死んだことをユダヤ人の虚言として否定する。イエスでなくてイエスに似た男が殺されたに過ぎない）。もともと（啓典の民の中で）この点について論争している人々は彼（イエス）について（本当にイエスが殺され十字架にかけられたかどうかについて）疑問をもっている。彼らにそれに関して何もしっかりした知識があるわけでなし，ただいいかげんに憶測しているだけのこと。いや，彼らは断じて彼（イエス）を殺しはしなかった。［158］アッラーがご自分のお傍に引き上げ給うたのじゃ」[*103]。ついでに述べればイスラームとの対話が叫ばれているが，これを考えると，そう楽観的にはなれないと思う。むしろ話し合い（Gespraech）というべきではないか。十字架はケーリュグマの核心だからである。

さて彼と一緒にイエスを真ん中にしてこちら側とあちら側に（enteuthen kai enteuthen）他の二人を十字架につけた[*104]。(enteuthen: 2, 16; 7, 3; 14, 31;

---

102) 伊吹，注解 II, はじめに参照。
103) コーラン［上］井筒俊彦訳，138。
104) Schlatter, Kom 参照。

18, 36; 19, 18)。これは正面からではなくどちらかの側に，恐らくは離れて立っていてイエスに視点をあてて書かれているのではなかろうか。共観福音書では，一致して「一人を右に，一人を左に」と書かれている（マタイ27, 38; マルコ15, 27; ルカ23, 33）。真ん中は，王として兵卒たちが嘲弄の意味で与えた場所であろう。名誉ある地位と言える[105]。マタイとマルコでは彼らが強盗（lēstēs）であるとあり，ルカでは犯罪者（kakourgos: 23, 32.33. 39; その他は新約聖書では2テモテ2, 9に出る）とある。Lēstēs: 10, 1.8; 18, 40; その他，おもに受難物語に出る：マタイ26, 55; 27, 3 8.44; マルコ14, 48; 15, 27; ルカ22, 52。バラバは18, 40によれば強盗（lēstēs）であった。しかしここでは単に「他の二人」と書かれている。「ローマ法によれば，謀反を起こした属州民は『公敵』（hostes）ではなく，普通の『賊』（latrones, あるいはヨゼフスがエルサレム占領後のユダヤ人叛徒をそう呼んだように leistai）であった。彼らに加えられた死刑法の代表が磔刑と闘獣の刑であった」[106]。

19節 罪状書き（causa poenae）は，ピラトが自分で書いたように書かれている。それはそこに書いてあることがピラトに帰るということであろう。罪人は処刑場まで引かれて行く間，罪状書きを首にかけられるかあるいは自分の前に掲げられた。その後それは十字架上のよく見えるところに打ち付けられた[107]。「いずれにしてもイエスは，前もって予告したとおり，実際に十字架に『上げられた』のである」[108]。「イエスの頭上に掲げられた罪札（マタイ27, 37）は，垂直柱の上に横に渡された横木の中央部へも打ちつけられえたのである。というのも十字架に架けられた者の頭は，当然のことながら両腕より低く垂れ下がっていたからである」[109]。これによってイエスは本当の王になったのである。ピラトはローマ帝国の代表者として，14節にしたがって「ユダヤ人の王，ナザレのイエス」と書かせたのである。それは彼らが12節で強調しているように政治的な意味でのユダヤ人の王ということであった。実際はピラトがそのタイトル（titlos）をユダ

---

105) Schlatter, Kom.
106) ヘンゲル，同63。
107) ブリンツラー，同上，361。
108) 同360。
109) 同360。

ヤ人たちに対して公認したのであり，世に向けてユダヤ教の待ち望んだ王が処刑され終焉に至ったこと，その世の将来もこれで終わったこと，すなわち終末が来たことを告げる。ピラトが皮肉でこれを書かせたのかどうかは分からないが，客観的にそれはイエスが王であることが全世界に告知されたという皮肉である。なぜならそれはユダヤの言葉としてのアラマイ語[110]，ヘレニズム世界へ向けたギリシャ語，そしてローマ人へ向けたラテン語で書かれてあったからである。今やイエスは全世界の前で十字架という王座に上ったのである。マルコ15, 26では「ユダヤ人の王」，マタイ27, 37では「これはユダヤ人の王，イエス」とあり，ルカ23, 38には「これはユダヤ人の王」とあるが，ヨハネの報じるところが最も盛式である。通りすがりの者たち，また大祭司や律法学士たちの嘲弄（マタイ27, 39-43；マルコ15, 29-31），また共に十字架につけられた者の嘲弄，そして他の一人の敬虔な言葉（ルカ23, 39-43）などはヨハネ福音書にはない。この仕方でも簡素な形で強く訴えることになる。

20節 十字架につけられた場所が町に近かったことは，多くの人たちのさらし者になるためである。3世紀に由来するろばの頭をつけた嘲弄の漫画が残されている[111]。ユダヤ人たちの多くが読んだということは，イエスがいかに多くの人たちの晒し者になったかということと同時に，いかに広くそれが世に告知されたかを示す。巡礼が多く来る過越祭の時なのである（12, 20以下参照）。そして上記のように，それはすべての人が読めるようにアラマイ語とギリシャ語とラテン語で書かれてあった。「パレスチナでは当時，今日と同じように，三つの言語が用いられていた。アラム語が土地住民の言語であり，ラテン語は占領軍の，ギリシャ語は帝国全体の共通語であった」[112]。ラテン語はカイザルの時代から公式の証書や碑銘に使われていたという指摘もある。このこともまた全世界を相手に告知しているようで不思議なことである。これをピラトが望んだのである。

---

110) JESCHUA NAZORAIA MALKA DIHUDAJE: ブリンツラー，裁判，364；三つの言語について詳しくは Barrett, Kom も参照。
111) ベノワ，受難と復活，241。
112) ブリンツラー，同上，264。

21節 このことはピラトがわざわざユダヤ人を怒らせようとしていわば復讐に書いたかどうかは分からないし，そんなことはどうでもいいことである。なぜならそれは私情であるからである。ここではピラトはユダヤ人の訴えを受け入れたので，その証言をいわば証書として*113 確定させ，それを十字架の上に掲げたのである。ここで「ユダヤ人の王」は「イスラエルの王」となったのである。それはユダヤ人を怒らせたことは確かであろう。ユダヤ人の祭司長たちは不服をとなえて，ピラトのところに申し出たのである。「ユダヤ人たちの王ではなくて『かの者は，わたしはユダヤ人の王であると言った』と書いてください」。彼らはしかし実際は，ここで自分たちの訴えを自称，虚偽のものとして申し出たのである。しかしピラトは公式の裁判の席での彼らの証言を撤回はしない。裁判の席での証言を今更嘘です，とは言えない。刑はすでに執行されたのである。神はユダヤ人の心に彼らが欲しないにも拘わらずこのように働きかけたのである。ピラトがどう考えたかは書いてない。しかし視点を変えてみれば，ユダヤ人にとってはカイザルが彼らの王であると言ったのだから，イエスは王でない，と言えよう*114。

22節 ピラトの答えは有名な格言になった。いわば後に Roma locuta, causa finita という意味で使われる。すなわち公式に決定されたことで変えられない，と言ってよいのであろうか。ピラトがユダヤ人について内心どう考えていたかは書いてない。推察による言葉はここでコメントしない方がよいであろう。

23節 ここで兵士たちが初めて登場し，彼らがイエスを十字架につけたことが言われる。18節にそのまま続く。兵士たちはイエスの衣を取って分けた。ちなみに腰布は残されていたというのが多くの意見である。マタイ27, 35; マルコ15, 24; ルカ24, 34では簡潔にくじをひいて着物をわけることが記され，その後通りかかった者，大祭司長たち，（兵卒たち：ルカ24, 36）の嘲弄が続く。これは決定的な解釈であるが「他人を救った云々」，

---

113) urkundlich, Zahn, Kom; Schlier, 同74。
114) Augustinus: Audit Filius, et demonstrat ei Pater, et videt Filius patrem facientem.

はヨハネにはない。なぜヨハネ福音書記者はかくも詳しく着物のことをのせるのか。18節の「そこで彼らを十字架につけた」という簡潔さに比べてこのことをこんなに詳しくのせるのはなぜであろうか。共観福音書には1節だけの言及がある（マタイ27, 35；マルコ15, 24；ルカ23, 34）。それは第一に，ここでは十字架の苦難が肉体的のそれと共に，まず，さらし者の恥辱として捉えられているということであろう。単に伝承があったからという説明で十分であろうか*115。第二にはここで聖書の成就ということで，すべてが父のみ旨であることが示されるためであろう。ここで有名なキケロの文章を引用した方がよいと思う。「公の裁判で屈辱を受けるのは悲しむべきことである。財産を没収されるのは悲しむべきことである。とはいえ，これらの災難のいずれをこうむっても，われわれはある程度自由を保っている。ついには死刑の脅威にさらされても，われわれは自由な人間として死ぬことができる。だが……十字架という名称そのものも，ローマ市民の肉体はおろか，思考，目，耳から遠ざけられるべきである」*116。「磔刑を用いる主たる根拠は，表向きは，公衆の面前で磔刑を行うことによって他の処刑法とはくらべものにならないほどのみせしめとして効果をあげうるという点にあった。……しかし磔刑は個々の支配者や大衆の復讐本能や残酷なサディズムを満足させるものであった。」「磔刑は裸にされて苦しめられている人を特に人目につきやすい場所 ―― 人々の集まる場所，劇場，高台，犯罪の行なわれた場所 ―― にさらしものにすることによって，その犠牲者を最大限に辱めるものである……」*117。ここではこの引用で十分であると思う。「十字架刑が執行された後は，死刑執行部隊が見張りのためその場にとどまった（マタイ27, 36）。古来の慣習から，処刑された者の遺品は執行吏の裁量に任せられた。」この場面は，すでに述べたようにマタイ27, 35；マルコ15, 24；ルカ23, 34に比べて非常に詳しい。彼らはイエスの着物を取って裸にする。彼らは着物を取って四つの部分，すなわち四人の各自の兵士の分となした。Tetradion（四人組：使12, 4参照）である。「それらは上着と下着，腰バンド，サンダル，恐らくそれに加えて頭髪帯から成っていたであろう。下着というのは，肌着に似たキトーン（chiton）で一

---

115) Dauer, 182 以下。
116) ヘンゲル，同上，57。
117) ヘンゲル，同上，108 以下。

枚の布から造られていて、縫い目のないものであった。そのため四人の兵卒たちはそれを四つに切り裂くことはせずに、くじびきにしたのである（マルコ15, 24；ヨハネ19, 23-24）」*118。もちろんこのことをすべての福音書記者が記している。下着について記しているのはヨハネ福音書のみで、他は「イエスの着物をくじ引きで分け合った」ということである。ここでイエスの尊厳は徹底的に踏みにじられる。世が最後になすことは十字架の上のイエスを踏みにじり、裸から守るその最後の尊厳を、賭けで分けてしまうことである。ここでは引用の導入句以外にはヨハネ固有のエレメントは見られない*119。詩篇22と受難史の関係については、22の引用：マタイ27, 46；マルコ15, 34；マタイ27, 39；マルコ15, 29；ルカ23, 35；ヨハネ19, 28；マタイ27, 35；マルコ15, 24；ルカ23, 34；ヨハネ19, 24など参照。ここには、「死の苦しみが続いている間のイエスの挙動は、福音書記者たちによって書かれていない」*120。「十字架刑を特別な仕方で残酷ならしめたその他の要素、すなわち不幸なる犠牲者が刑の執行の間中発する狂憤と苦痛の絶叫、凶暴な呪い、言うに言われない絶望の爆発、これらすべてがイエスの場合には欠けている」*121。なぜだろうか。イエスは真理の証人だからである（18, 37）。われわれは受難史を別れの説話と分離しすぎるのではないか。それを防ぐために重複と言われるかもしれないがもう一度イエスの言葉を挙げておく。

16, 32-33「見よ、あなたたちがめいめい自分のところへと散らされ、わたしを一人残す時が来る、いや来ている。しかしわたしは一人ではない。父がわたしと一緒にいるからである。わたしのうちにあってあなたたちが平和を持つためにこれらのことをあなたたちに話した。あなたたちは世で苦難を持つであろう。しかし勇気をもて。わたしは世に勝ったのである」。

14, 31「しかし世が、わたしが父を愛して、そしてわたしが、父がわたしに命じた通りに、そのようにしていることを知るために、立て、ここから出て行こう」。

15, 9「父がわたしを愛したように、わたしもまたあなたたちを愛した。

---

118) ブリンツラー，同上，365。
119) 以上 Dauer, 183以下参照。
120) ブリンツラー，同上，366。
121) ブリンツラー，同上，368。

わたしの愛に止まれ」。

15, 12 「これがわたしの掟である。わたしがあなたたちを愛したように, あなたたちが互いに愛しあうように」。

13, 1 「……この世から父のもとに移るべき彼の時が来たのを見て, イエスは世にいる彼の者を愛していたが, 彼らを極まで愛した」。

17, 23 「わたしが彼らのうちにあり, あなたがわたしのうちにあり, 彼らが一つへとまっとうされた者となり, それは世が, あなたがわたしを派遣し, あなたがわたしを愛したように彼らを愛したことを知るためです」。

17, 26 「そしてわたしは彼らにあなたの名を知らせました。そして知らせましょう。それはあなたがわたしを愛した愛が彼らのうちにあり, そしてわたしが彼らのうちにいるためです」。

沈黙はこれらのことが実現されているということ, これらのことの意味を表していると受け取るより他にないのではないだろうか。

24節 イエスが裸にされたことは以上で確認された[122]。兵士たちは他の二人にもそうしたに違いない。ところでイエスの下着は一つに織ったものであった。これを裂いてしまうのはもったいない。それで兵士たちはそれをくじ引きにする。これによって詩編22, [22], 19の言葉は全く正確に文字通り実現する（LXXと一致）。すなわちここで着物と衣が分けて述べられている。22, 18の引用は聖書にはないが, そこから引用する。「骨が数えられるほどになったわたしのからだを, 彼らは晒し者にして眺め, わたしの着物を分け, 衣を取ろうとしてくじを引く」。ここから見て逆に言えば, ヨハネの詳しい記述は聖書が成就したことを述べるためである。イエスが「晒し者」であることを述べるためである。共観福音書にはこの詩編の引用がない[123]。ヨハネ福音書はこれが正確に神の意思の実現であったことを示そうとする。何を兵士たちが考えるかも, 神のみ旨だったのである。これは「それで兵士たちはこれらのことをしたのである」という句により強調されている。よく知られているように, この詩篇は苦難の詩篇としてイエスの死後イエスの死の意味を考える初代の弟子たちにとってこの上なく貴重であった。

---

122) ブリンツラー, 同上, 363参照。
123) マタイ27, 35; マルコ15, 24; ルカ23, 34参照。

十字架のもとでのイエスの母と愛弟子
（25-27節）

---

　²⁵イエスの十字架のそばに彼の母と彼の母の姉妹，クロパの妻マリアとマグダラのマリアが立っていた。²⁶さてイエスは母を見，また愛していた弟子がそのそばに立っているのを見て，母に言った。「婦人よ，あなたの子を見よ。」²⁷それからその弟子に言った。「あなたの母を見よ。」その時から，彼は彼女を自分のところへ受け入れた。

注　解

　25節　ここで話は，そばにたたずんでいた婦人たちに移る。「men...de」による兵士たちとの対比を参照。この対照はイエスの Krisis（信仰と不信仰を分けること：krinein）なのだろうか*[124]。いずれにしても四人の兵士に対し四人の婦人たちが挙げられている。「イエスにしたがってきた数人のガリラヤの女たちが，遠く離れた場所からゴルゴタの上での出来事を見守っていた」（マルコ15, 40-41）。しかし第四福音書記者の報告するところでは，イエスの母親とその姉妹を含めて四人，ないしは三人の女たち，その他にあの愛弟子が，十字架のすぐそばに立っていたという（ヨハネ19, 25-27）。「刑場は死刑執行中，閉鎖されていたはずであるから，この者たちは初め先ずこの恐ろしい事件を遠くから見守っていたのだが，その後で十字架のすぐそばまで歩み寄ったと考えるのが，あり得べき想定であろう。兵士たちにしても，すでに十字架刑が執行され，死が間近に迫っていたその時に，これらの親類や友人たちの小さな群が十字架に近寄っても，それを阻止すべき理由がなかったのである」*[125]。ここにあるのは，イエスの母であるマリアと母の姉妹（単数）とクロパの妻マリアとマグダラのマリアで

---

124)　Dauer, 192参照。
125)　ブリンツラー，裁判，366; それに対し Barrett.

第 19 章（25-27節）

ある[*126]。これらの婦人たちは共観福音書ではイエスが息を引きとった後に言及される。ヨハネ福音書による先取はヨハネによると考えられる[*127]。ルカ23, 49には名が欠けている。共観福音書には「ガリラヤ（にいた時）から彼に従って来た」とある。

マタイ27, 56	マルコ15, 41
マグダラのマリア	同左
ヤコブとヨセフの母マリア	小ヤコブとヨセとの母マリア
ゼベダイの子らの母	サロメ

ルカには「ガリラヤから従った女たち」として名があげられていない。それに反してマタイもマルコもマグダラのマリアを第一に挙げている（20章はじめに参照）。マリアの母の姉妹は他の福音書のいずれにも記述がない。クロパのマリアについてこの女性がイエスの伯母（叔母）か否か議論がある。「その母および彼の母の姉妹とクロパのマリアとマグダラのマリア」とも「その母と母の姉妹クロパのマリアおよびマグダラのマリア」：とも読める[*128]。クロパについて，ルカ24, 18。福音書記者がゼベダイの子らの母，サロメを消しイエスの母マリアを入れたという仮定もある[*129]。さて共観福音書によると婦人たちについて「遠くから」(apo makrothen)，ヨハネによると「十字架のかたわらに」(para tō staurō)となっている。これは兵士たちとの対置によってそうなったのか。Para はヨハネではそれ以外はパーソナルな関係にのみ使われている[*130]。すなわちそれはイエスのかたわらにという意味であろう。それによってイエスの話しかけが可能となっている。十字架のかたわらに立つ人々のうちに愛弟子が挙げられていないのは26節への移行を難しくしている。

26-27節 はたして25節から26節の移行はそんなに困難であると言われる[*131]。というのは，ここでいきなり愛弟子の存在について言及される。

---

126) この婦人たちについては，Schnackenburg, Kom に詳しいのでここでは概略を示す。
127) Dauer, 192.
128) 新約聖書翻訳委員会訳，新約聖書，377: (he meter autou kai he adelphe tes meteros autou, Maria he tou Klopa kai Maria he Magdalene: Schlatter, Kom 参照。
129) Voelter, Mater Dolorosa, 15.
130) Schlatter, Kom.
131) recht hart: Dauer, 196.

福音書記者にとってこれは20, 8との関連から見ても重要なのである（後述）。十字架上でそばにいる（来た?）者しか見えないのは自然であろう。ではマグダラのマリアについては何も述べられていない。ここでイエスが見たと書かれているのは，母と愛弟子である。愛弟子の場合は，もちろんイエスの愛に答える者としてそこにいるのである。だが最初にマリアについて述べたい。イエスは母に言う。「『婦人よ，ご覧なさい，あなたの子です』。ついでその弟子に言う。『ご覧なさい。あなたの母だ』。その時から，この弟子はかの女を自分のところへ迎え入れた」。

ヨハネ福音書で母マリアは2回だけ現れる。それはイエスの公生活の最初であるカナの婚姻と，その終わりである十字架のかたわらにおいてである。それはこの福音書ではその初めと終わりへ聖母マリアの美しい虹がかかっているように見える。この二つの情景はそれゆえ一緒に考えられねばならないであろう。カナの婚姻の間に聖母は，ぶどう酒が不足した時に「人たちはぶどう酒を持っていないのです」と言う。それに答えてイエスは言った。「婦人よ，わたしとあなたに何のかかわりがあるのですか。わたしの時はまだ来ていない。」このイエスの言葉は，最初は理解するのが難しい。マリアはここで困っている人たちのためにイエスに願っている。マリアはまさに困っている人たちのやさしい代願者なのである。それに対してイエスは上のように答えている。この言葉でイエスはマリアへの敬意を示してはいるが，しかし同時にマリアから距離を取っている。それも自分の母であり，代願者であるマリアからである。しかしイエスはまたその理由を述べている。「わたしの時はまだ来ていない」。この時とは，ヨハネ福音書では疑いもなくイエスの受難の時，そしてその栄光化の時である。そのことから，イエスのわき腹から出る血をぶどう酒として見ることが許されれば，次のように言うことが出来るであろう。イエスは自分の母とマリアとの関係を，そのわき腹から真のぶどう酒が流れ出す十字架の上で(19, 34)，初めて完全に受容し，そのあり方を公式に明らかにする。そのようにしてこのカナの婚姻の物語は，十字架の許に聖母が立っている場景への指示をわれわれに与える。この時こそがあのイエスの時であって(2, 4)，この時イエスの母は救い主キリストの母となるのである。もちろんそれはわれわれの救いに関して起こる。マリアはわれわれすべての母となるのである。この霊的と言われるヨハネ福音書は母たるマリアの存在を，第

一に身体の次元でなくして，かの十字架の愛の次元で強調するのである。もし後で見るように愛弟子はわれわれすべてがそうなるべき者のシンボル（ここであえてこの言葉を使う）であるなら，マリアはわれわれすべての母になったのである。同じようなことをルカ福音書で見ることができると思うので，ここで話を広げることを許していただきたい。そこには次のように書かれている。「イエスがこう話していた時，群集の中から一人の女が声を張り上げて彼に言った。『あなたを宿した胎，あなたが吸った乳房は幸いなこと』。しかしイエスは言った。『いや幸いなのは，むしろ神の言葉を聞いてそれを守る人たちである』」（11, 27以下）。マリアこそが神の言葉を聞いて，それを守ったのである[132]。イエスはこの言葉で，マリアは身体的にイエスの母であったので幸いであるのみならず，彼女の信仰と従順のゆえに幸いである，と言っているのである。母であることはマリアにおいて信仰のうちに初めて可能となっており（ルカ1, 38），ここで信仰のうちに完成するのである。しかしヨハネ福音書はもう一歩先へ進み，母なる存在を徹底的に霊的な存在へと高めるのである。マリアは今や十字架の下に立つ。彼女の子は十字架に掛かっている（ルカ2, 35）。それは母親という者にとっては想像を絶する苦難であり，考え得る限りでの最も恐ろしい，もっとも深い悲しみであり，それはわれわれの想像を越えている。マリアがそこに立つのは，そして立ち止まるのは，マリアが信仰のうちでこの苦しみを受け入れたことを意味している。マリアはその心の内奥で「fiat」と言ったのである（ルカ1, 38）。それはイエスの人々への何も自分のために残さない，すべてを与える徹底的な自己献身への「はい」であり，イエスの完成された完全な愛，その極までの愛（13, 1）への「はい」なのである。それをもってマリアは人々への，われわれへの完全なイエスの自己献身を共に遂行したのである。マリアはイエスのわれわれへの自己献身と全く一つである自己献身を行ったのである。彼女はイエスの母として十字架の下に立ち，他とは隔絶したかたちでイエスの苦しみに参与し，そしてイエスの完成された完全なる愛に関与したのである。この最も深いイエスとのつながりにおいてマリアはイエスの母となり，母たることを完成した。それはマリアの愛がイエスの愛する者へ向かうということなのである。マ

---

132) ルカ1, 38; 2, 19.50など参照。

リアの愛はイエスの愛になった。このイエスとマリアの内的なきずなは，イエスの献身とそれへのマリアによる貫徹した「はい」によって現実のものとなっている。そしてそのことにおいてマリアはイエスが命を棄てているすべての人の母なのである。この献身の時マリアは教会の目に見える象徴となったのである。イエスはその母と愛している弟子がそのそばに立っているのを見て，その母に言う。「婦人よ，見よあなたの子を」。それから，その弟子に言う。「見よ，あなたの母を。」マリアのイエスの愛への完全なる参与は，十字架上でのイエスの完成された愛への参与であり，イエスの献身の対象たるわれわれへの究極の献身に他ならない。「見よ，あなたの子を」。われわれはここで愛される弟子の位置を占める。というのは，われわれはイエスの完成された愛においてイエスによって愛される者だからである。それゆえマリアと愛される弟子を，母と子として堅固に結びつけているのは，十字架上でのイエスのわれわれへの献身なのである。イエスの母であるマリアは，イエス・キリストにおいて上から新たに生まれるすべての者の霊的な母となったのである。イエスの受難の前夜での別れの説話を振り返る必要がある。イエスは十字架の悲しみと復活の喜びについて語り，これらを子を産む女の人にたとえた。「夫人が産むときには彼女の時が来たので悲しむ。しかし子を産んだときは一人の人が世に生まれた喜びのためにもうその苦しみを覚えていない」[*133]。この子を産む婦人の光景と，「婦人」という十字架の上からの言葉は十字架の下のマリアを髣髴とさせる。われわれの母としてのマリアのわれわれへの関わりは，イエスのわれわれへの余すところのない愛への参与のうちにその根拠を持っている。われわれにとってのマリアの母性はこのすべてを余すところなく与える愛，完成した愛に他ならない。イエスの言葉のように，婦人はもはや一人の子が生まれた喜びでその苦しみに打ち勝とうとしている。彼女の想像を絶するこの献身の苦しみは，この喜びの源泉となるのである。われわれはそのマリアの愛をも満ち溢れるばかりに受ける。その時，それに続く言葉が理解可能となる。「そしてその時から弟子はマリアを自分のもとへと引き取った」[*134]。マリアはイエスが愛する者たちの母となった。そして

---

133) 16, 21 参照。
134) Bultmann, Kom 参照。

彼らのもとにある。それがマリアの限りなき喜びであり，イエスが愛する者たちの限りない慰めなのである。これが完成された愛の瞬間なのである。愛弟子が受けた言葉は「互いに愛せよ」というイエスの最初の実行である[135]。それ故これはイエスの遺言と見てよいであろう[136]。最後に色々な解釈について述べる。① 歴史的解釈：子の親への配慮。② 象徴的解釈：マリアは教会の像である。③ 狭義のマリア論的解釈。④ ここでマリアはユダヤ教キリスト者の象徴であり愛弟子は異教キリスト者の象徴である（Bultmann）[137]。

さて26-27節は一般に福音書記者の手になると見なされている。（Oun historicum; 愛弟子［13, 23; 19, 26; 21, 7.20］: hon ēgapa: Impf: philein; agapan のimpf はヨハネによってのみ使用される［8, 42; 11, 5; 14,28］; gunai; idōn...legei...ide という構造［マルコ3, 34を除きここだけ］: 1, 29.36.47; 5, 14. 27節: ēkeines tēs hōras; 11, 53参照; lambanein......eis; 6, 21; 19, 27; Ⅱヨハネ10; ta idia: 使21, 6 を除き19, 27; 16, 2; 中間の注: 2, 22; 3, 24; 7, 39; 11, 51f; 12, 33. ただしヨハネが伝承を使ったことを考える余地は残されている。なお十字架の許の弟子は，マルコ14, 27:「あなたたちは全員が躓くことになるだろう」に反する：ヨハネ16, 32［ただしルカ23, 49参照］。以上 Dauer, 197以下参照）。

---

135) Schlatter, Kom.
136) Bultmann, Kom.
137) 以上 Schnackenburg, Kom.

イエスの死
（28-30節）

---

^{28}その後，イエスはすべてが成し遂げられたのを見て，聖書が成就するために，「渇く」，と言う。^{29}酸っぱいぶどう酒を満たした器が置いてあった。そこで彼らは，酢を一杯含ませた海綿をヒソプに巻き，彼の口に差し出した。^{30}イエスは酢を受け取った時，「成り終われり」と言った。そして頭を垂れて霊を引き渡した。

注　解

28節　「この後イエスはすでに万事が成し遂げられたのを見て」この分詞構文は，6, 61; 13, 13; 18, 4のように根拠付けとみなされる。その後のhina（ために）文は，「言う」にかかると考えてよいであろう。すなわち前にではなく後ろにかかると考える。もちろん前にかかる可能性も考えられる[138]。Postea sciens Iesus quia omnia consummata sunt, ut consummaretur scriptura, dixit: Sitio. ここでギリシャ語ではconsummoの代わりに二つの動詞が使われている。すなわちTelein: 19, 28.30とtetelestai; Teleioun: 4, 34; 5, 36; 17, 4.23; 19, 28である。「すでに万事が成し遂げられた」について用いられるTeleinは，ここでは確実にtelosが考えられていて，teleiounと使い分けられており，それ故13, 1に関わる[139]。そしてtelosはヨハネ福音書で13, 1に1回だけ出る。またteleinは19, 28.30に2回だけ出る。すなわちこの両者，すなわち13, 1と13, 28.30とは堅固に結びついている。まずこのことが確認されなければならない。この語はあまりteleiounの使用が多いので，語を変えて使われたのではない[140]。これはこの福音書の第2部で最も重大なことと，言い切ることが出来ると思う。すなわち「成し遂げられ

---

138)　Bl.-Debr.478.
139)　Bultmann, Kom.
140)　Dauer, 203.

た」：（vollenden）のは「極まで愛する」（egapesen......eis telos）ことであった。この二つは第2部の inclusio（包み込み）をなしていると言ってよい。このことをもってヨハネ福音書の十字架の意味が光のもとにもたらされる。すなわち十字架の出来事全体は「極まで愛する」という行為に他ならなかったのである。「はじめに」の項で，十字架をイエスの愛の啓示に他ならないと解したことは今や裏づけされたのである。くり返すとこのためのキーとなったのは telos と telein の結びつきに注意を向けることであった。イエスはすべてが父のみ旨のままに行われ，起こったのを見た（4, 34; 5, 36; 17, 4など）。ここで構造的には19, 28a は18, 4a とパラレルである。しかし前者は13, 1に帰る[141]。「聖書が成就されるために」（hina teleiōthē hē graphē）は普通は hina hē graphē plērōthē（13, 18; 17, 12; 19, 24.36が用いられる）。Graphē: 2, 22; 5, 39; 7, 38.42; 10, 35; 13, 18; 17, 12; 19, 24.28.36.37; 20, 9. これは聖書の最終的成就を示唆するのかもしれない。このうち上記の箇所が聖書の成就を言っており，ここでの書き方，すなわち teleioun と聖書の結びつきは一回的であり，この聖書の成就は13, 18以後に出る。これは特に聖書が成就するために何かを行うということではなく，何か行うこと，何かが起こることのうちに聖書が成就したということである。ここで神のプランが成就したということである[142]。すなわちイエスが「渇く」と言ったことにおいて聖書が成就したのである。その箇所としては，詩篇69（68），22; 22（21），16が挙げられている。前者には「渇くわたしに酢を飲ませようとします」と，ここで19, 29.30の酢のことが言及されているので，一般に前者が優先されているようであるが，詩22は受難の詩篇である。「渇く」という言葉は，まず第一に全くリアルな言葉であり，死に直面した人がひたすら水を求めることは誰でもが知っていることであろう。「死はこの刑にあっては，のどが渇いて衰弱する（schmachten）ことによって生じる」[143]。これは唯一のイエスの身体的な要求と言えるであろうが，この言葉はすぐにシンボル的に解されるべきではないと思う。リアルな意

---

141)　ヨハネ的な語として Meta touto: 2, 12; 11, 7.11; 19, 28; panta: 3, 31.35; 4, 29.39.45; 5, 20; 13, 3: 15, 15: 17, 7; teleioun: 4, 34; 5, 36; 17, 4.23; 19, 28; Ⅰヨハネ2, 5; 4, 12.17.18などが挙げられる：Dauer, 203.
142)　Bultmann, Kom.
143)　Mommsen, Strafrecht, 920.

味が消えないためである。受難の現実性が強調されていると見るべきであろう*144。ただしもし象徴的な意味をも考えたいのなら、「父のもとに上ること」、「復活の再会」、「愛」などを考えることが出来るであろう。事実、一般に渇きが最後の苦しみであるように、イエスはこの後「成し遂げられた」と言い息を引きとるのである（19, 28. 30）。

29節　酢の話は詩編69, 22が考えられているならば、聖書の成就に数えられる。なおマタイ27, 48；マルコ15, 36；ルカ23, 36参照。水で薄められた酢（posca）は民衆に好まれる飲み物であったという。これは兵士のためにそこにあったのだろうか*145。「ヒソプ」は長い堅い幹を持っていないので多くの解説者が、それは投げやり（hyssos）ではなかったかと推定している。しかし推定の域を出ない。

30節　イエスは酢で浸した海綿を受けた。イエスがこれを受けたことは共観福音書にはない。これはルカ23, 36のように嘲笑を含んだものなのかは分からない。それとも「迫害されるものは、食べ物と飲み物の代わりに苦汁と酢を与えられる」ということなのだろうか*146。本当にこのことは、18, 11の、飲むべき杯についてのイエスの言葉と関係があるのだろうか。いずれにしてもイエスはそれを受けたのである。それは何よりも最後の死苦の完全な肯定を示す。イエスが最後になしたことは、この死苦の肯定であった。そこでイエスは「すべてが成し遂げられた」と言い、「そして頭を傾けて霊を引き渡した」。この最後の言葉については28節参照。「霊を引き渡した」ということは20, 22の「聖霊を受けよ」という言葉を可能にする。すべてが成し遂げられた時、聖霊が来臨するのである。共観福音書には死去の前イエスが声高く叫んだことが述べられている。

144）　4, 6; 11, 33.35参照。
145）　Dauer, 298.
146）　クロッサン，誰がイエスを殺したのか，270。

イエスの脇を槍で突く

(31-37節)

---

³¹さてユダヤ人たちは，準備日であったので，安息日に十字架の上に死体が残らないよう，というのは安息日のその日は重要であったので，彼らの足を折って取られるようにピラトに頼んだ。³²そこで兵士たちが来て，彼と共に十字架につけられた最初の者の足と他の者の足を折った。³³しかしイエスのところに来て，彼がすでに死んでいるのを見て足を折らず，³⁴兵士の一人が槍で彼の脇を突き刺した。そしてすぐに血と水とが出て来た。³⁵見た者が証しした。そして彼の証しは真実であり，かの者は，彼が真実を言っているのを知っている。あなたたちも信じるためである。³⁶というのは，「彼の骨は砕かれないであろう」，という聖書が成就するために，これは起こったのである。³⁷そしてまた他の聖書は，「彼らは自分たちが刺したものを見るであろう」，と言う。

注　解

31節　31-37節まではヨハネ福音書にのみある。ヨハネ福音書では翌日ニサンの15日が過越祭第一日であり，かつ安息日である（共観福音書では翌日イエスが十字架にかかることになり，金曜日のニサンの15日にイエスは十字架にかかる）。申21, 22以下には「ある人が死刑に当たる罪を犯して処刑され，あなたがその人を木にかけるならば，死体を木にかけたまま夜を過ごすことなく，必ずその日のうちに埋めなければならない。木にかけられた死体は神に呪われたものだからである」とある*¹⁴⁷。すなわち十字架刑に処せられた者を十字架から下ろすことは，何よりもユダヤ人の関心事であり，当然のことであった。ヨハネ福音書がこの経過を記している。夕闇が近ければ翌日は安息日であり，また過越祭の第一日という意味で特に

---

147)　ガラテア3, 13参照。

重要であったと記されている。ユダヤ人たちは，彼らの死を早めるために足を折って十字架から取り下ろす許可をピラトに願い出た。足を折るということは体が沈み窒息することであろうか*148。

32-33節　兵卒が来てイエスの他の二人の足を折った*149。なぜ真ん中のイエスが飛ばされたのかは記述にない。二人の兵卒が両方から始めたのか。兵卒は最後にイエスのところへ来て，イエスが死んでいたのを見てその足を折らなかった。

34節　しかし一人の兵卒が槍でその脇をつくと直ぐに血と水とが流れ出た。この水が流れ出たということについては，立てられている仮説のどれも満足のいくものではないということである*150。素人が考えれば水と血は体内で混ざってしまうのではないかという疑問が浮かぶ。ここでは現実にイエスが心の血を流しつくしたことをも考えねばならないであろう。

35節　それを見た者が証しした。そしてその証しが真実であることが強調される。「あなたがたも信じるようになるため」というような「あなた方」という直接の語りかけは，その強調を表し，この他にはこの福音書で20, 31にのみ現れる。20, 31が復活にもじかに関わるとすると，35節は十字架の死についての証しとしてこの対をなすものと考えられよう。十字架の死と復活が救いの出来事の焦点である。ただしここでは信じることの対象は挙げられていない。一体この証しは主として33節のイエスが死んでいたことにかかるのであるか，34節の血と水が流れ出たことも含められているのか。もしそうであれば，血と水が流れ出たことには特別な意味があり，それが聖餐と洗礼の秘蹟を指しているという指摘が重要性を帯びて来る。これはもちろん両方の意味があるとみてもよいであろう。次に「見た者」とは証しする者として，婦人たちをさしおいてイエスの弟子が考えられており，それは愛弟子をおいてない，ということになる。もっとその及ぶ範囲を拡げて，これがここだけの挿入でないとすれば，この福音書一般

---

148) 以上，Grass, Ostergeschehen, 174以下参照。
149) Mommsen, Strafrecht, 920.
150) ブリンツラー，裁判，309。

を書いているのが愛弟子ではないのか，という疑問が起きる。ここでは仮定としてではあるが，この証言は何よりもイエスの死を証しするのであると受取り，21章の記者がこの節にもとづいて，ヨハネ福音書の著者を愛弟子として受け取り，21, 24を書いたのではないかという想定をしてみたい。もっともこの21章の著者が愛弟子ないし，ヨハネ福音書の著者といかなる関係にあったかも分からないが，21, 24が19, 35のそれに似ていることから明らかに両方は文体を通じた上での密接な関係にあると考えられる。以下比較してみると，

19, 35: 見た者が証しした。そして彼の証しは真実であり，かの者は彼が真実を言っているのを知っている。

21, 24: この者がこれらのことについて証しし，そしてこれらのことを書いた弟子である。そしてわたしたちは，彼の証しは真実であることを知っている。

ただし19, 34b.35が編集者の挿入であるという主張は，6, 51c-59と同様に多くの論議をかもしている。中でもこの節はイエスの十字架の死に，聖餐と洗礼というサクラメントの暗示を見[151]，それをもとに後からの挿入であるとする説が普及しているように考えられる[152]。またこれはIヨハネ5, 8の「水と血」に，サクラメントが考えられていたかという問いと同様，明確な答えがない。他の説としてここに仮現論に対するイエスの死の実在性を証言しようとしているという意見もあるが[153]，これに対してヨハネ福音書には反仮現的傾向は薄いという主張もあり（ケーゼマン），不確かである。ここでは，水に7, 37以下から霊を，血に十字架上の死の救済の意味を見たいと考える[154]。そして何よりも，第一にはイエスの十字架上の死についての証言である。この証言の重大性についてはすでに述べたが，イスラームは十字架の死を事実として認めない[155]ことも参考になろう。なおこれが後からの挿入であるという説に対しては，19, 34の「脇(pleura)」が20, 20で重要な役割を果たしていることも考慮すべきであろう。「と水

---

151) Cullmann, Christentum, 108f.
152) Bultmann, Kom; Lohse, Sakrament, 120.
153) Schweizer, E., Herrenmahl, 379ff.
154) Klos, Sakramente, 74f.; Thuesing, Erhoehung, 160ff.; Dauer, 331.
155) ハーゲマン，イスラーム，77以下参照。

(kai hudor)」が福音書記者によって附加された可能性については考慮に入らないであろう。またいくつかのシリアやエジプト写本，また教父によれば血と水でなく逆の順序の水と血となっている。しかしこの順序はグノーシスに対するものとして説明されるのではないか。Iヨハネ5,6も水と血になっているが，これはグノーシスの救い主が洗礼の水によって来て，十字架の前にイエスの体を去ったということに反対する順序となっているのではないだろうか[*156]。

36節 ここでは聖書の成就について記されている。それは詩34 (33), 20をも挙げることが出来ようが，むしろ過越の羊についての，出12, 46:「またその骨を折ってはならない」（民9, 12）という言葉を指していると思われる。それによってイエスが「世の罪を取り除く神の小羊」(1, 29) であることが証しされていると考えられる（Iコリント5, 7; 黙5, 7）。イエスはヨハネによれば，過越の羊が神殿で屠られる時に死んだのである。受難物語では，これで「聖書が成就するため」という言い方は4回目である（18, 9.32; 19, 24.36）。受難が特に聖書の成就として理解されようとしたことがここから明らかになる。

37節 ここでさらに続けてもう一つの聖書の成就について述べられている。ここで考慮すべき7, 38にちょうどこのような「聖書が言ったごとく」というような表現が見られる。このことは偶然ではないかも知れない。これを記した者が7, 38と同様に記した可能性もあろう。ザカリア12, 10;「そして彼らは，彼ら自らが刺し貫いたものであるわたしを見つめ」(kai epiblepsontai pros me anth 'hōn katōrchēsanto) とあり，変更が認められる。このような引用は，すでに述べたようにいかに弟子たちが十字架の出来事に神の意思を知ろうと旧約聖書を学んだかを如実に示している。なおこの引用に関して黙1, 7（マタイ24, 30; 26, 64平行）が挙げられる。これらの箇所は人の子の再来による審判を意味するが，ここでは「人の子」は挙げられておらず，おそらくこの引用の「見るであろう」は，審判でなく救いの預言に属すると考えられる。何よりも3, 14が考慮されるべきであろう。この

---

156) なお19, 34b-35については，詳しくは，伊吹，証し，197, 72参照。

蛇を挙げるということが民21, 8では，それを見上げるということが属している*157。また12, 32も間接的にこのことを裏付けると思われる。それはキリスト者がわき腹を刺し貫かれた十字架像を仰ぎ見るということにおいて成就しているのである。31節から始まったヨハネだけが有する記述はここで終わる。

---

157) 伊吹, 注解, 167。

イエスの埋葬

（38-42節）

---

³⁸その後，アリマタヤのヨゼフはイエスの弟子であって，ユダヤ人への恐れのために，隠れた弟子であったのだが，ピラトにイエスの体を取らせてくれと頼んだ。ピラトは許した。それで行って彼の体を取った。³⁹以前彼のもとに来たニコデモも，没薬と沈香を混ぜたものを約100リトラ持って来た。⁴⁰そこでイエスの体を取って，それをユダヤ人の埋葬の習慣どおりに香料と一緒に亜麻布で巻いた。⁴¹十字架にかけられた場所に園があり，その園の中に，まだ誰も置かれたことのない新しい墓があった。⁴²それでユダヤ人たちの準備日であったために，その墓が近かったので彼らはそこにイエスを置いた。

注　解

38節　ヨハネだけの持つ報告に続いて，共観福音書と共通の埋葬の記事が続く[158]。この埋葬ということは重要な出来事として，ケーリュグマや信仰告白に「葬られ（etaphē; sepultus est）」（Ⅰコリント15, 4）として述べられる。死には埋葬が属している。古代においてローマ法には随伴刑罰に葬祭儀礼の剥奪があり，埋葬が許されていなかった[159]。それは恩赦行為によってのみ可能になるが，それは公職の恣意によるとされていた[160]。もちろん処刑された者が埋葬される場所は存在したであろう。ここで四つの福音書に共通してアリマタヤのヨセフという人が現れる。ヨハネは「その後」と文を続けるが，マタイ27, 57；マルコ15, 42では「夕方になってから」とある。彼はイエスの死体を下ろしたいとピラトに願い出る。彼は，マタイによれば金持ちでイエスの弟子であり，マルコによれば大胆にピラトのところへ行ったのであり，神の国を待ち望んでいた。ルカによればや

---

158) マタイ27, 57-61；マルコ15, 42-47；ルカ23, 50-56参照。
159) Mommsen, Strafrecht, 922.
160) ブリンツラー，裁判，395f.

はり神の国を待ち望んでおり，議会の議決や行動に賛成していなかった。ヨハネでは彼について，ユダヤ人をはばかってひそかにイエスの弟子となったとある。マルコは，ピラトが与えた許可についてもっとも詳しく述べる。ピラトはイエスがすでに死んだことを不審に思い百夫長に確かめた上で許可を出す。アリマタヤのヨセフは12, 42以下に描かれた人物の一人であろうが，いわばここで行動に出て，名誉を挽回したともいえる。この人物はいずれにせよ，受難史の伝承にはっきりと刻まれている。ヨハネには共観福音書と同様，彼が死体を取り下ろしたと書かれてある。ただ31節にユダヤ人が死体を取り下ろそうということがのっていたのでこの点はダブっておりその間の関係についてはふれられていない。死体に触れれば穢れを身におうことになり（民19, 11），過越の食事にさしさわることになるのでヨセフは人を使ったのかもしれない。それについては何も書かれていない[*161]。

39-40節 次にヨハネによってのみニコデモについて報じられ，前に夜イエスのところへ来た，と3章への後方指示がなされる。すなわちヨハネでは死体を取り下ろすのにニコデモが加わっている。ニコデモはヨハネにのみ出る人物である（3, 1: 7, 50; 19, 39）。彼はおそらく12, 43で神のドクサより人のドクサを愛した人の中に数えられていたのであろうがここで神のドクサを選んだということであろう。人は何よりもドクサの喪失，他人の辱め，貶め，面目を失わせるような視線に耐えることは容易でないのである。彼は没薬と香料をまぜたものを100ポンド（32.7キロ）ほど持って来た。これは死体の臭いを消すためである。彼らはイエスの死体を取り下ろして，ユダヤ人の習慣にしたがい，香料を入れて亜麻布（複数）に巻いた。亜麻布に包むところは四つの福音書に同じような表現で書かれている。ただし香料とニコデモのことはヨハネにのみ書かれている。体を洗うこと（使9, 37）については何の記述もない。

41-42節 イエスが十字架にかけられたところに一つの園があって，そこにまだ誰も葬られたことのない墓があった。マタイにはそれはアリマタ

161） Grass, Ostergeschehen, 116参照。

ヤのヨセフの所有であったと書かれている (27, 60)。彼らはそこにイエスを納めた。マタイとマルコには，マグダラのマリアと他のマリアがそれを見ていた，とある。ルカはガリラヤから来た婦人たちとしている。ヨハネでは20, 1には墓の石のことが書いてあるのに，ここには墓の石のことはマタイ27, 60とマルコ15, 46にのみ語られている。マグダラのマリアも20, 1によれば当然墓の所在を知っているのにここではその名が挙げられていない。墓の石は野獣などから墓を守るためであろう，と言われている。

第 20 章

1週の初めの日に,マグダラのマリアが朝早くまだ闇のうちに墓へ来る。そして石が墓から取り除かれているのを見る。2そして走って,シモン・ペトロとイエスの愛していた他の弟子のところへ来て彼らに言う。「彼らが主を墓から取り去りました。そして彼をどこへ置いたのか分かりません。」3ペトロと他の弟子は出て行って墓へ来た。4二人は一緒に走った。そして他の弟子がペトロより早く走った。そして最初に墓へ来た。5そしてかがみこんで,亜麻布が置いてあるのを見る。しかしそれでも中へ入らなかった。6するとシモン・ペトロが彼に続いてやって来た。そして墓の中へ入った。そして亜麻布が置いてあるのを見る。7また彼の頭の上にあった汗拭き布が,亜麻布と一緒でなく,別にそれだけの所に,たたんで置いてあるのを見る。8それから最初に墓に来た他の弟子も入って,そして見て信じた。9というのは,まだ彼らは「死者の中からよみがえらなければならない」という聖書を理解していなかったからである。10そこで弟子たちは家へ帰って行った。11ところでマリアは墓のところで,外で泣きながら立っていた。泣きながら墓のなかへ身をかがめて,12そして白い衣を着て二人の天使が,イエスの体が置かれていたところの,一人は頭のところに,一人は足のところに坐っているのを見る。13彼らは彼女に言う。「女よ,なぜ泣いているのか。」彼らに言う。「彼らがわたしの主を取り去って,そして彼をどこに置いたのか知りません。」14こう言って後ろをふり向いた。そしてイエスが立っているのを見る。そしてそれがイエスであるのが分からなかった。15イエスは彼女に言う。「女よ,なぜ泣いているのか。誰を探しているのか。」彼女はそれが庭師だと思って,彼に言う。「主人よ,もしあなたが運び去ったなら,どこに彼を置いたかをわたしに言って下さい。わたしが彼を引き取ります。」16イエスは彼女に「マリアム」と言う。彼女はふり返って,彼にヘブライ語で,「ラブーニ(それは『先生』ということである)」と言う。17イエスは彼女に言う。「わたしに触れるな。わたしはまだ父のところに上っていないのだから。それでわたしの兄弟たちのところに行って,彼らに言いなさい。『わたしはわたしの父,またあなたたちの父,わたしの神,またあなたたちの神のところへ上る』。」18マグダラのマリアは来て,弟子たちに「わたしは主を見ました」と告げ,彼女に言ったことを,彼らに告げ知らせた。19さてその日,週の第一日目の夕方であった。弟子たちがいたところの戸は,ユダヤ人に対する恐れから閉められていたところに,イエスが来て真ん中に立った。そして彼らに言う。「あなたたちに平和あれ。」20そしてそれを言って手と脇を彼らに示した。それで弟子たちは

主を見て喜んだ。²¹イエスは再び彼らに言った。「あなたたちに平和あれ。父がわたしを派遣したように，わたしはあなたたちを派遣する。」²²こう言って彼は息を吹きかけた。そして彼らに言う。「聖霊を受けよ。²³もしあなたたちが誰であれ罪を許すなら，彼らには許される。誰であれ止めておくならば，彼らには止められたままになっている。」²⁴十二人の一人ディディモと呼ばれるトマスは，イエスが来た時，彼らと一緒にいなかった。²⁵そこで他の弟子たちは彼に，「わたしたちは主を見た」と言った。すると彼らに言った。「わたしは彼の両手に釘のあとを見，その釘のあとにわたしの指を入れ，わたしの手を彼の脇に入れなければ，決して信じない。」²⁶八日の後，彼の弟子たちは再び内にいた。イエスは戸が閉じられていたのに来る。そして真ん中に立って言った。「あなたたちに平和あれ。」²⁷それからトマスに言う。あなたの指をここへ出しなさい。そしてわたしの手を見なさい。あなたの手を出して，わたしの脇へ入れなさい。そして信じない者になるのでなく，信じる者になりなさい。」²⁸トマスは答えて彼に言った。「わたしの主よ，わたしの神よ。」²⁹イエスは彼に言う。「わたしを見たので信じたのか。見ないで信じる者は幸いである。」³⁰さてイエスはこの書には記されていない多くの他のしるしを弟子たちの前に行った。³¹しかしこれらのことが書かれているのは，イエスが神の子キリストであることを信じるため，そして信じて彼の名において命を持つためである。

はじめに

① 20章はこの福音書を閉じる復活物語である。段落としては少し詳しくはおよそ次のように分けられよう。

　　20, 1-2：　マグダラのマリアの報告（マタイ28, 1; マルコ16, 1-4; ルカ24, 1-4）
　　20, 3-10：　弟子たちによる空の墓の確認（ルカ24, 12）
　　20, 11-18：マグダラのマリアへの顕現（マタイ28, 2-10; マルコ16, 5-8）
　　20, 19-23：弟子たちへの顕現（マタイ28, 16-20; マルコ16, 14-16; ルカ24, 36-49）
　　20, 24-25：トマスの反応
　　20, 26-29：トマスを含む弟子たちへの顕現
　　20, 30-31：結語

この復活物語はルカのそれに近い[1]。

ここで第一に目に入ったのは，メインである，十人の弟子たちの顕現を描く4節に対しての，マグダラのマリアへの顕現への描写の長さであり，それは8節をなし，節の数から言えば倍である。いったいその重要性はどこにあるのか。それは難しい問題であるが後述する。

② 1節は「週のはじめに（tē de mia tōn sabbatōn）」という語ではじまる（マタイ28, 1; ルカ24, 1参照）；マルコ「さて安息日が終わったので」。これは三日後を意味する。そこでまずIコリント15, 4のパウロの伝えた古い伝承を見てみる必要がある。この伝承はパウロがアンティオキアないしエルサレムで受けたものであろう。「すなわちキリストは聖書に従って，わたしたちの罪のために死んだこと，そして埋葬されたこと，そして聖書に従って三日目によみがえらされたこと，そしてケファに現れ（ōphthē），次に

---

1)　Becker, Kom.

十二人に［現れた］ことである。ついで彼は500人以上の兄弟たちに一度に現れた（ōphthē）。そのうちの大部分は今に至るまで生き残っているが，しかしある者たちは眠りについた。ついで彼はヤコブに現れ（ōphthē），次にすべての使徒たちに［現れた］。しかし彼はすべての者の最後に，ちょうど「未熟児」のごとき（つきたらずで生まれたような）わたしにも現れた（ōphthē）のである」。

　この章では，上のパウロの伝承のうち，埋葬のあと，「すなわち聖書にしたがって三日目に（tē hēmera tē tritē）よみがえらされたこと」，「そしてだれだれに現れ」ということが取り扱われねばならない。「現れる」のōphthē（visus est; he was seen by）はここで三回使われている。ここで顕現に他の表現はないことが注目される。この「三日目に」という語は，ヨハネ福音書では「三日のうちに」として2, 19.20に使われている。その他マルコ8, 31; 9, 31; 10, 34など参照。

　まずこの「三日目に」という語に注意を向ける必要があると思われる[*2]。少し自己引用をする。「『聖書に従って三日目によみがえらされた』ということについては，感覚的所与がなければ一体どうして日付が与えられたのであろうか。『三日目に』という日付は世界内時としての復活への直接のアクセスとなるのではないか。少し横道にそれるようであるが，このことについて若干の注釈が加えられるべきであろう。この日付について多くの学者は，それは婦人たちが空の墓を見出した日付に由来すると考えている」[*3]。しかし福音書には「三日目に」という表現はなく，「週のはじめの日に」（マルコ16, 2.9；マタイ28, 1；ルカ24, 1；ヨハネ20, 1.19）とか書かれている。「聖書に従って」と連結されているこの「三日目に」という日付は，おそらくはホセア6, 2の「主は二日の後，わたしたちを生かし，三日目にわたしたちを立たせる」などの箇所を含めたミドラシュ，「神は義人を三日以上苦境のうちに置かない」，ということから由来する可能性が大であり，そこでは「三日目」は，何よりも救いへの転換期と考えられており[*4]，それは古いアイオーンから新しいアイオーンへの転換を意味するのであり，クロニカルな日付というよりも，歴史の流れのうちに時間的に固定さ

2）それについてGrass, Ostergeschehen, 127以下。
3）伊吹，再考，112。
4）Lehmann, Auferweckt am dritten Tag, 263以下参照。

れない象徴的な数を意味するという。したがってここでは復活について時間的なアクセスが与えられていることにはならない，ということであろう[5]。さてこの「週の初めに」という語は，イエスの死の後に来る復活の時を，まさにその死の後として時間の前後関係において捉えている。それは時間の事実性の中で事実としての死の後なのである。まずそれは何よりも第一に，この時点で十字架の死が背後にされたことを示す。この時間の前後関係から言えば，十字架上の死は文字どおり背後になったのであり，この時は純粋に十字架の勝利の時である。ここに勝利の神学（Theologia victoris）の基礎があるのである。今やどう転んでも十字架の時は背後になったのである。この事実は不動である。いうなれば人はもう安全圏におり，苦しみとは縁がない。悲しみは喜びに変わったのである（16, 21）。しかしここで問われなければならない。いったいこの勝利はどこから来たのか。その返答は，この勝利は十字架の勝利であって，それは十字架によって根拠づけられている。このところに事実として背後になったこと，すなわち十字架が現前しているのである。ここに勝利の神学は十字架の神学（Theologia crucis）に根拠づけられていることが分かる。すなわちこの二つの神学は，互いに分けられ離ればなれにはされ得ないのである。どちらかの神学にのみ重点が置かれれば，それは根本的な誤謬である。このような偏向が正される必要があるのである。すると神学は復活を見ると同時に，そのうちに常に現前する十字架を見るのである（20, 20）。おそらくは人間は十字架のみを見ることに耐え得ないであろう。それ自体は暗い絶望的な出来事である。それ故ヨハネ福音書の受難史は十字架に見られた復活の勝利によって，それ自体，十字架を王座につくという高挙として解せられたのである。したがってそれは勝利において見られた受難史となる。すなわち十字架につけられ復活したイエスに十字架を見るのである。「週の初めに」という語は何よりもこのことへと帰着していく。このことが第一に確認されるべきであろう。

③ 次にここで復活者の顕現について考察したい。ここではマリア・マグ

---

5) Lehmann, 338 以下；Grass, Ostergeschehen, 138; Blank, Paulus und Jesus, 153 以下参照。以上，伊吹，再考，112。

ダラについて、20, 14に「イエスが立っていた（estōta）のを見る」とあり、20, 18では「わたしは主を見ました」とある*6。また20, 19では「イエスが来て真ん中に立った（estē eis to meson）」とあり、20, 26では「イエスが来る。そして真ん中に立って（estē eis to meson）言った」とあり、21, 4では「イエスが岸辺に立った（estē）」とある。すなわち histanai が使われていて、ōphthē ではない。この「現れた」に直接対応するのは「見た」であろう。見なければ「現れた」とはいえない。ルカ福音書では24, 36に「彼らの真ん中に立った（estē en mesō autōn）」とある（聖書翻訳委員会訳：「彼らの只中に立ち現れた」）。しかし古い伝承が取り入れられている24, 34には、「まことに主は起こされシモンに現れた（ōphthē Simoni）」とある。そのほか phaneroun という動詞がある。これは ephanerōthē として使われる：ヨハネ21, 1（2回）14; 1テモテ3, 16; 2テモテ1, 10;（マルコ16, 12.14）。また etheathē（マルコ16, 11 [theorein]; ヨハネ24回）。これらについてはここではこれ以上立ち入れない。一応 ōphthē に準ずるものとする。ちなみにマルコ福音書では、16, 7に「そこで彼を見るだろう（ekei auton opsesthe）」とある。マタイ福音書では、28, 7には「そこであなたたちは彼を見るだろう（ekei auton opsesthe）」とある。さらに28, 9には「イエスは彼女らに出会って（Iesous hupēntēsen autais）」とあり、28, 10には「そこでわたしを見るであろう（kakei me opsontai）」とある。また28, 17には「そして彼を見て（kai idontes auton）」とある。また「生きている（zēn）」という表現もあるがこれはきちんと理解しないと誤解され易い（ルカ24, 23; ヨハネ14, 19; マルコ16, 11; すなわち、ここでは永遠の生命との関連で）。したがってすべての足並みが揃っているのではないが、ルカ福音書24, 34を見ても分かる通り、規範となる伝承の言葉に従って（Ⅰコリント15）総括して、つづめて言えばそれは「現れた（ōphthē）」であり、これに「見る」ということが対応することもあれば、それが物語られることから他の表現が使われることもあると考えられる（例えば phaneroun: ephanerōsen「顕した」ヨハネ21, 1; Ⅰヨハネ1, 2: ephanerōthē「顕れた」など）。そしてヨハネ福音書の顕現は、もちろん別れの説話では「見る」と言い表されている：14, 19; 16, 16.19-22などの「見る」（theorein; horan）参照。また20, 14.25.29 (theorein; horan)

---

6) Ⅰコリント9, 1:「わたしは主を見たではないか」参照。

参照。これらはすべて，Ⅰコリント15, 5での「そしてケファに現れ，次に十二人に［現れた］」に該当する。というのは，ヨハネ福音書は十二人を使徒と呼んでいないからである。

　しかしこの「見る」ということで表されることに関連して，他の「感覚動詞」である「触れる」について述べなければならない。もちろん本来なら「聞く」ということについても述べなければならないがスペースの関係もありここでは省略する。もちろん「見る」についても「何を」を問題にすることもできる（たとえばイエスの相貌［prosōpon］；Ⅱコリント4, 6；マタイ18, 10；ヘブライ9, 24；prosōponはヨハネには出ない。あとは共観福音書：26回；その他全新約聖書で74回）*7。なおこれらに関してⅠコリント15, 35以下参照。さて中断したが「触れる」についてである。復活し顕現したイエスについてこの「触れる」ということが究極のコンタクトとなると考えられる。なぜならこの触覚は，「見る」に比べて最も近い接触距離感覚を意味する。この領域を開拓したのはバークレイである。彼は聖職者であり，その esse est percipi はまさにイエスの復活体に妥当する。このようにして聖書学者が，マリア・マグダラに対する「触るな」（ヨハネ20, 17）という言葉を「わたしを止めるな」などという訳を試みるが妥当でない。触れることは本来視覚がそこへ志向するところのものである。見ることは触れることに発展する。

　さて，この「ふれる」は，身体的には最後の近接であって，これは以下に述べるように福音書にも妥当するのである。この「触覚」についてはすでにトマスが20, 17の注解に，アウグスティヌスを引用し，tactus facit quasi finem cognitionis と書いたのである*8。以上のことに関して福音書の復活物語を見てみる必要がある。だがその前に，Ⅰヨハネ1, 1が重要であるのでこれを参照したい。すなわち「はじめからあったもの，わたしたちが聞いたもの，わたしたちの目で見たもの，よく見てわたしたちの手でさわったもの（psēlaphan）」という文を見る時，この順序が大事なのである。それは，例えばヨハネ20, 16.17のマリア・マグダラのイエスとの出会いの順序であり，これが出会いの構造なのである。動物なら最初に「嗅いで」と

---

7) Lohse, ThWbNT VI, 776, 19-779, 32参照。
8) Thomas, Super Johannem, 2517, 1; Augustinus, De Trinitate, I, 9; 伊吹，ヨハネ，137。

あるかもしれない。グノーシスと違い，新約聖書では嗅ぐということは，香りは別として関係がない。すなわち，まず聞いて，見て，触るのである。マリア・マグダラではこの最後の項はイエスの「さわるな」という言葉で為されていない。復活したイエスとの出会いは普通の出会いの構造をとっているのである。こうして出会いの完成と言える「触る」について見てみる。ルカ24, 37によればイエスは愕然として，恐怖に襲われ幽霊（亡霊: pneuma; Vulgataでは spiritus と訳されている）を見たと思った弟子たちに，「わたしの両手と両足を見よ，わたしに手でさわって見て……」と言う。この「さわる」という動詞 (psēlaphan) は，betasten という tasten よりずっと強い意味で使われていると考えられる。医学で言えば触診すること (abtasten) であろう。Vulgata では palpor となっている。なお psēlaphan はルカ24, 39; 使17, 27 ヘブライ12, 18; Iヨハネ1, 1 と4回出る。そのうち2回が復活の顕現にかかわる。ちなみにルカ24, 30. 31でのエムマウスへ向かう二人の弟子へ顕現もそれがイエスと分かるのはイエスがパンを取って祝しまた裂いて彼らに手渡した時であった。ここでも「ふれる」ということが役目を果たしているかもしれないが，おもにルカ22, 19の聖体の制定とのかかわりかもしれない。一応考慮に入れる必要はあろう。次はヨハネ20, 17のマリア・マグダラへの顕現である。マリアははじめイエスがその名を呼んだのを「聞いて」，ふり向いてイエスを「見る」，そしてイエスだと分かり答えるが，イエスは「ふれるな」という。ここで上記のように，聞く，見る，ふれるという順が認められる。したがってこのイエスの「ふれるな (mē mou haptou=noli me tangere; Lagrange, Kom, ne me touche pas)」(Bauer, Wb 1963 には訳なし) という言葉を「わたしにすがりつくのはよしなさい（新共同訳）」，「わたしにしがみつくのはよしなさい（新約聖書，岩波）」と訳すのは誤りであろう。あたかもイエスが父のもとに上るのを妨げるような解釈からこういう訳が生まれる。「わたしにさわってはいけない」（協会訳）が正しい。なお Konjektur の試み (Bernard, Kom: mē ptoou) もある[*9]。

　ここでは続いて，ヨハネの復活物語のトマスの話に移る。この話はしばしば後からの挿入と言われる。しかし「見る」ことは「ふれる」ことへ向いてそこで復活物語が決着することを考えると，このような仮定はあやし

---

9) これについては伊吹，ヨハネ，123。

くなる。文献批判はテキストの意味ある解釈が前提であり，意味が分からず字面だけを見るのは意味がない。さてここで顕現を見た弟子たちが，トマスに主を見たと伝えると，トマスは「わたしは彼の両手に釘の跡を見，その釘の後にわたしの指を入れ，わたしの手を彼の脇に入れなければ決して信じない」という。この言葉でトマスは疑い深い者というレッテルをはられてしまい今日に至ったが，これは重大な役割をはたしているのである。第一に十字架のイエスという身体を含めたイエスのアイデンティティである。第二にいわゆる触覚の重要性である。それも単に触るのみでなく，先述した医者の触診のように調べようというのである。このトマスの疑いによって，くり返すがイエスのヴィジョン説が徹底的に覆される。なおここに「釘」という言葉があるが，後からの挿入なら，どうしてイエスの手が釘付けにされることを，このテキストの「挿入者」は知っていたのだろうか。つまりトマスの疑いには一理あり，これは復活信仰についての究極の重要性を示すのである。このトマスの疑いに対して，イエスは「あなたの指をここへ出しなさい」。そしてわたしの手を見なさい。あなたの手を出してわたしの脇へ入れなさい」と言う。このトマスの言葉とイエスの答えを正確に比較，吟味する必要がある。トマスは釘のあとを「見」，その釘のあとにわたしの指を入れ，と言うが，イエスの言葉も「見る」から「指を出せ」ということに変わる。「さわる」，「ふれる」のは単に指でも手のひらでもするのであるが，ここでは指であり，以下のことが指で行われることを前提としている。単に漠然とふれるのでなく指で調べるのである。それは押したり，つねったり，差し入れたり色々の触覚を前提としている。すなわちこれ以上リアルなことはない。このようにして，21章を除けば最後の顕現で，イエスはいわば前記トマスの引用によれば，顕現の「finis（終末，目的）」に到達するのである。さて一応動詞を調べて見る。トマスの言葉には「指を入れ (ballein; mittere)，「手を入れる」(ballein; mittere)と言われている。イエスの言葉には「脇へ入れ (ballein: mittere)」とある。Vulagata の訳はすべて mittere となっている。これはすこし弱くなっているのではないか。Ballein (T. epiballein) では特に「手をかける者」という 7, 44 を参照するとよいであろう[10]。最後にマタイに言及しなければなら

---

10) Bauer, Wb230, stecken: 18, 11.

ないであろう。マタイの18, 16以下の弟子たちへの顕現は，それが山で顕現が起こる関係で何か天上の者が見られたような印象を与えるが，それはこの福音書に特有のそれに先立つ叙述（28, 2; 27, 62-66.28, 11-15）により誤解をされない[*11]。ただし「イエスが近付いて来て（proserchesthai：新約聖書87回中マタイ52回），語って言った」とある。これは日常的に非常に分かり易いことであり，「近付く」ということによってヴィジョン論は拒否されている。近付くとは通常歩いて近付くことなのであり，ここでは距離の消滅,「語り」,「聞く」ということである。「聞く」ということが距離が消滅したところで起こる。ここで「体験」は「体で経験する」という本来的意味で，経験と対置されずに使われている。ここでは婦人たちは「喜びあれ」というイエスの声を聞き，イエスのところに行き「彼の両足をかき抱き（ekratēsan autou tous podas）礼拝した」とある（28, 9）。ここで「彼の両足（足の複数）」と「かき抱き」（kratein: つかまえる，摑む）という表現で，はっきりとルカ24, 39f の「わたしの両手と両足を見よ」という言葉は不要である。いわば足が地に付いており，「肉や骨」もあるのである。幽霊には足がないと言われる。ここでは聞く，見る，摑むという順序となる。このように復活したイエスは話し，見聞きする。しかしこのような「基礎動詞」[*12]だけでなく，飲食すれば，それは「噛む，味わう，飲み干す，消化する」などを意味する「複合動詞」であって，当然普通の身体と変わらない（ルカ24, 41）。しかしここで附加としてマルコ16, 12-19（これは後代の付記として不信仰が強調される：16, 14）に言及すれば，それは「別の姿で現れた（ephanerōthe en hetera morphē）」（16, 12）。これは写実的方法ではこれ以上推し進めないということなのである。すなわち同じでありかつ totaliter aliter（全然違う）のである。イメージできないのである。ここでも「蝿をビンから出してやらなければならない」[*13]。

そこで以上を代表して，ここで「現れた」というタームについて考えることが許されるであろう。この言葉はすでに旧約聖書で確定された使用に

11）　伊吹，ヨハネ，129f.
12）　黒田，行為と規範，63以下。
13）　Wittgenstein, PU§309: To shew the fly the way out of the fly-bottle. E. Fink は Heidegger がその共同ゼミナールでいきなり Wittgenstein のこの下りに言及したと報告している：Heidegger-Fink, Heraklit, 31参照。

基づいて採用されている。すなわちこの語は旧約聖書ですでに神顕現や天使のそれを表し（創12,7; 17,1; 出3,2; 6,3など；伊吹、ヨハネ、24)、受動のアオリストは自動的な意味で取らねばならない*14。Passiva mit intransitiver Bedeutung (ophthēnai tini) については、Blass-Debr. §313参照。その他新約聖書では、この動詞自体は、マタイ17,3; マルコ9,4; ルカ1,11; 22,43; 24,34; 使2,3; 7,2.30; 13,31; 16,9; 26,16; Ⅰテモテ3,16; 黙11,19; 12,3に見られる（ここではLXXおよびマソラには立ち入らない）。ヘブライ語ではNifal [Perfekt] としてreflexivであり、Er liess sich sehenが訳として適当でないかと思われる*15。復活に関して言えばこの（現れた）ということのうちに「よみがえらされた」ということがあらわれたのである。ここで現れたのは語になんらかのかたちで「よみがえらされた」という出来事を表象することは適当でない。「よみがえらされた」ということは感覚的所与としては与えられていない。さてここで本来言わんとするところは、この「現れた」という言葉についても、われわれは先の「死んだ」と「葬られた」と同じように考えることが出来るだろうということである。ただしその前に、述べておかなくてはならないことがある。「現れた」ということを「死んだ」とか「葬られた」と同様に考え得ると言っても、前者と後二者の間には根本的相違がある。「死んだ」とか「葬られた」というような言葉は、そもそもその根底にはわれわれの生そのものがあり、その生を成り立たせている当のものが言語として現れているのであるが、「現れた」の場合は、その根本に古い生に代わって新しいアイオーンの生起があり、この言語空間全体のうちに新しい言語が成立し、この用語はそこに位置づけられ、新しい生を成り立たしめている当のものが言語として現れて来たのだ、という事態である。「葬られた」と「よみがえらされた」との間にこのようなアイオーンのWendeがあるということが、この言語の根本をなしているということである。そこで先へ進むと、くり返しになるが、「現れた」ということは、ここでもまた、なにか得体の知れない奇怪なことが起こり、そこに「現れる」という語を結びつけて、あるいは充当して、そのように言ったのではなく、「現れた」ということが起こったのである。換言すれ

---

14) Schlier, Auferstehung, 31以下。
15) 伊吹、再考、121, 18。

ば何か言葉にならない出来事が起こり，それを後から「現れた」と表現したのではない。言葉にならない感覚的所与をそう呼んだのではなく，その出来事が「現れた」ということであったのである。すなわち「死んだ」，「葬られた」と同じ言語的な事態が新しい「生」のうちで起こったと言えよう。ここで反対論が出るかもしれない。すなわちこの「現れた」ということは，「死んだ」とか「葬られた」と違って，誰にでも見えることではないではないか。それは所詮主観的なことなのである，と。もちろんこの「現れた」という動詞には必ず「だれだれに」という与格がついて，一般的に誰でも見えることとしては書かれていない。しかし「現れた」ということは復活の証人に起こったのであるが，そのすべての人に「現れた」という動詞が妥当している。それがすべての人でなく，一部の承認に起こったからといって，「現れた」ということ事態の問題が生じるわけではない。このような問題は，「……に現れた」というこの「だれだれに」を「現れた」に対して優位づけ，この一々の個人から「現れた」ということを規定しようとする時起こるのではないか。すなわちその時は「現れた」は，各個人のいわば訳の分からない視覚体験ということになってしまう。その時そのことの同一性の基準は「現れた」という言葉として捉えられるべきであろう*16。しかしこのところで，すべては共同体験（共同ヴィジョン）であったのだ，という主張についてどう答えられるべきであろうか。この主張は顕現が一緒にかつ同時に体験されるということを前提としている。しかしここには，「ケファに」（ルカ24, 34），次に「十二人」に，「ヤコブに」そして「すべての使徒に」とあり，それらは各人，またはグループの教会における位置づけないし ordo を表しているだけでなく，各個別に，または一緒に「現れた」ということであろう。だがここでまださほど判然としないことは，パウロにいたって全く判然とする。パウロはここで全体から仕切るかたちで「最後に……わたしにも現れた」と言っており，それはガラテア書1, 7以下によってパウロに他から全く隔絶して起こったものとされているからである。共同体験と言いたいなら，それはむしろ，「その後500人以上の兄弟たちに同時に現れた」15, 6ということから出発すべきであろう。しかし15, 6で3節の hoti 引用は終わっており，したがってこの箇

---

16) このことは Wittgenstein, PU の私的言語論的箇所 §253-4; §258; §290; §293 など参照。

所はパウロが補ったものと考えられるが[*17]，いずれにせよエルサレムかガリラヤかの一つの場所で起こったことが[*18]，すべての「現れた」を共同体験とすることにはならない。さらに500人に一時に起こっても，体験というならそれは一人一人がそれぞれ持つものであって，結局その表出言語はバラバラの言葉として結果として私的な言語とならざるを得ない。このようにして実際は，その出来事が一つの言語を共有する出来事であったという意味で，復活の証人としてのパウロは，「現れた」ということに，「最後に……わたしにも現れた」と自分のことを入れているのである。もしこの「現れた」ということが解釈であったなら，すでに述べたようにそれぞれの人によって違って表現されることが可能であったろう。このイエスの復活のすべての証人に，この同じ「現れた」という言葉が使われているという事実は，「現れた」が何かの解釈を示すものではないことを意味していて，この「現れた」と「よみがえらされた」との関係も，後者は前者の解釈というより，それらは同時に露呈されたことであると考えられる。重要なことは，「言語の機能は，普通，思想および感情を表現し，伝達する手段であると言われる。たしかに，これは言語のもつ重要な働きの手段には違いないがそれ以外に言語にはきわめて重要な役割，つまりすでに出来あがった思想を表現するのではなく，むしろ思考そのものを言語が形成していくという働きがある。ここで思考とは，ものを見る見方考え方であり，それぞれの言語の持つ仕掛けに応じて形作られる。われわれは意識するとしないとにかかわらず，ほとんどの場合，言語によって思考している」[*19]。確かに復活にはいろいろな解釈があって，高挙と言われる，父なる神の右へ高められることも，復活の解釈と言い得るであろう。だがしかしここで「よみがえらされた」と「現れた」が併記されているということは，後者が前者と同じことを言っている，または前者を支持するような形で起こったと考えるより他ないのである。前述したように，人は復活という出来事にはアクセス不可能であり，ここでは「現れた」ということが実質上復活を意味すると考えるより他ないのである。以上のことからまず次のことが言える。すなわち復活者の顕現のもっとも基礎的な言表は「現れた」とい

---

17) Conzelmann, Korinther I, 303.
18) Weiss, Korinther I, 350; Grass, Ostergeschehen, 123-125.
19) 牧野，アラブ，24f.

うことである。またこのことから復活についての語りも可能になっている。したがってこの「現れた」という言葉によって，復活は福音というケーリュグマの中へ生起したのである。これに相応して復活のもっとも基礎的な言表も「よみがえらされた」ということになると認めてよいであろう。……だがこのことに対してやはり次のような反論が加えられるかもしれない。すなわち，この言葉は，死んだ人が現れたということで，日常とは全く異質なことを現しているから，人に何か訳のわからない表象不能な出来事とか，ヌミノーゼ体験とでも呼べるかもしれないようなことが起こり，それがここで「現れた」というふうに表現されたと言えるのだ，と。それに対してはすでに述べた答えをくり返すより他ない。すなわち実際にそのような事態であれば，どうしてすべての証人について，例外なく「現れた」という堅固な定形が用いられるのであろうか。ここでふたたび強調されるべきことは，くり返すことになるが，ここでは何か前言語的な出来事ないし心的プロセスがあって，それが「現れた」として表現されたのでなく，「現れた」という言葉がそこで出来事となっているということなのである。「現れた」ということは，この「現れた」という言葉から絶縁されて，独立にその背後にある出来事や心的な像ないし状態の描写の試みではない。今ここで人が陥り易い誤りは「現れた」ということで，その言葉によって記述され，描写される何らかの出来事が問題とされると思うことである。言葉がないようなその出来事が仮に「E」として表現されなければならないならば，それは private language 以外のなにものでもないであろう。その時ここでもやはり記述的思考が支配しており，この局面で言語がいかに働いているかということに何らの注意も向けられていないということなのではないか[20]。またここでわれわれが同時に確認できることは，「現れた」ということがいわゆる体験として把握される時，その「現れた」という言葉が力を失って来るということである。「現れた」ということは基本的に「復活体験」と呼ばれるようなカテゴリーに属することではない，と考えられる。したがって復活に関して一般に乱発される「復活体験」という言葉ももう一度吟味にかけられるべきであろう。(「キリストの復活顕現とは，

---

20) アンスコム，インテンション，菅豊彦：あとがき参照；なお同，実践的知識の構造, 53. 60以下参照。

キリスト信徒の「回心ヴィジョン」と呼ばれたことから生じたのではなかろうか」という意見は的はずれであり，不明確であり，事実は逆で顕現があり回心が起こったのである）。いったい例えば弟子たちの「復活体験」という言葉で何が考えられているのかが判然としない。「現れた」という言葉が何らかの衝動的体験の発露であるという説明は，何の説明にもならない。くどいようだが体験という言葉がこの場合，言語と切り離されており，前言語的なものとされ，そのわけのわからない何かが「現れた」と表現されたことになる。ということは「現れた」ということの背後には何か言語で特定できない体験があるということになるが，もし「体験」ということがこのような意味で最後の言葉となってしまうとすれば，結局はすべて正確に特定できない心的イメージないしプロセスに帰し返されてしまう。最後には神秘的体験ということに落ち着くのであろうか。そこで一般に体験という言葉がわれわれの扱っている新約聖書のテキストには，概して適ったものではないのではないか，という問いが起こる[21]。衆知のように哲学の解釈学で，この言葉はディルタイによって取り上げられ精神科学の諸認識の所与として，生の関連においてその中心におかれた[22]。中断するが，英語では Erfahrung と Erlebnis の区分はなく，両者とも experience であり，アンスコムは後者を experience, 前者を undergoing と訳している[23]。さてそこで問題となるのは，この体験が表現へともたらされ，それが追体験として了解されるということであろう。ここでは体験と表現と了解の関連が決め手となる[24]。しかしここで注意したいのは，ディルタイによれば，何ものによっても乗り超えられない最後の認識ないし生の所与であり[25]，それが表現ないし生の表出（Lebensentaeusserung）[26]にもたらされることによって了解可能になるということなのである。すなわち体験は表現以前，換言すれば言葉以前のことがらであって，ただこの一点によってもケーリュグマは体験と等置されえないことが明らかである。したがってケーリュ

---

21) これについて，Gadamer, Wahrheit u. Methode, 56参照。
22) Dilthey, Gesammelte Schriften VII, 195; Gadamer; 前掲書，61; 63。
23) エイヤー，ウィトゲンシュタイン，158; 同じく問題となるのは Bedeutung と Sinn であり，das Sein と das Seiende である。
24) Dilthey, VII, 86; 87; 214.
25) Dilthey, VII, 224; Bollnow, Dilthey, 34参照。
26) Dilthey, VII, 205f.

グマの説明に体験という言葉を導入することは賢明とは言えないであろう。このことに関連して，ついでに『追体験 (Nacherleben)』ということについてもう少しばかり述べてみたい。追体験とは，体験という生の表出ということに関連して，これを追体験しそこに了解が生じるということである。したがって，もちろん追体験は他者の体験を前提としていることになる[27]。もし新約聖書のテキストについて追体験ということを語るなら，テキストが体験の表出であることが前提とされねばならないが，実際にはテキストは読者への直接の語りかけとして，そのような言葉の間の心的過程とは無縁であって，したがって追体験の前提は，テキストから歴史的事実を抽象するなり，あるいはイエスや弟子たちの実際の体験を推定し，抽出し，構成しなければならない。その上でこの抽出されたものについての追体験ということが言われ得るであろう[28]。しかしなぜテキストがそのために書かれた現在の直接の語りかけを，なぜ推測の上に立って抽象，懐胎し，そこから過去の体験というものを抽出し，これを追体験するという回り道をおこなわねばならないかが説明されなければならない。それは結局，歴史主義や心理主義ないし生の哲学などという制約のもとにある解釈方法であって，また一種の記述主義をも前提としており，新約聖書に妥当する言葉による了解の形とは言えないのでないか。したがってこの用語をテキストについて使う場合は，それなりの保留と釈明を必要とするのではないか[29]。このようにして「現れた」という言葉から，それをもとに「だれだれに」という与格が取れ，「よみがえらされた」と証言するすべての人のじかに受け取り得る言葉となるのである。

　ここで再び福音書の顕現物語に帰る。福音書は物語であるから顕現の所や状況を物語る。しかしその核となっているのは，上に見たように言葉は違うが，先ほどから問題となった「現れた」ということなのである。そして福音書の物語についても，それは弟子たちの体験談としては捉えられていない。過去のことが追体験として了解されるような言葉ではない。一言でいえば，これはケーリュグマであって，その特徴は，「イエス・キリストの死者からの復活は，その現れ（顕現）によってケーリュグマの中へと

---

27) Dilthey, VII, 214.
28) Gadamer, 前掲書, 205 以下。
29) 以上，伊吹, 再考, 112 以下。

生起したのである」[*30]。また「復活者は証人の前での彼の現れによって，己を言葉へとそしてセンテンスへと引き渡したのである」[*31] と言える。このことにおいてそれは人間の言葉における復活者の語りかけとなり，それは神の言葉が，すなわちわざであるということを思い起こさせる[*32]。この言葉において復活がわれわれへ向かって生起するのである。それはヨハネ20, 29の「わたしを見たから信じた。見ないで信じる者は幸いである」という言葉に結集している。

④ さてすべての福音書の復活物語は空の墓の話から始まる。この話は単独では復活の何の証拠にもならない。ヨハネ福音書でマリア・マグダラが言っているとおり，遺体がどこかへ移されたかもしれないからである。それでもこの話が必須なのは，それがイエスの顕現物語と結びついて決定的な役割を果たしているからである。ちなみにマルコ福音書ではイエスの顕現は予告だけで，そのものは示されていない。それほど空の墓の物語は重要なのである。しかし空の墓はそれだけでは十全な復活の宣教たり得ない[*33]。この見地から空の墓の物語を見るとそこで天使により，復活のケーリュグマが述べられていることに気づく[*34]。この天使によるケーリュグマはヨハネ福音書には欠けている。それはここではマリアにイエスによって直接告げられる。いずれにせよマルコでは，白衣の若者の復活の宣教こそが空の墓の物語の中心をなしている。この若者はよく言われるようなangelus interpres では有り得ない。ここでは天使が空の墓の説明をしているのではなく，天使の復活のケーリュグマを空の墓が説明しているのである。ここでは遺体が盗まれたり移されたりしたのではなく，復活したイエスの身体性と地上のイエスの身体性の同一性が保証されているのである。すなわち空の墓は復活者の顕現においてその意味を発揮する。それは具体的には復活ということの，あらゆる精神化 ── 例えばイエスはわたしの心の中に生きているというような ── に抗して復活の身体的次元での現実性を裏

---

30) Schlier, Auferstehung, 39.
31) Schlier, Kerygma u. Sophia, 215.
32) 伊吹，新約聖書の言語 I, 70; II, 128以下参照。
33) 以下，伊吹，ヨハネ，127参照。
34) マタイ28, 5以下；ルカ24, 5以下参照。

付けることにある。空の墓はこの顕現を裏付ける意味で顕現の物語に従属し，いわば復活物語の緒論なのである。もし空の墓の物語が顕現に先行しないならば，顕現は弟子の主観的産物，空しい希望の空想的現実化，主観的ヴィジョン，現代風に言えば実存了解の表現としても解しうるものとなる。しかし顕現の物語に空の墓の物語が先行し，後続する顕現の身体性に，その現実性を付与する限り，このようなことは不可能事となる。それ故自由主義神学者を初めとして，復活者の顕現を主観的産物ないし幻視であると主張しようとする者は，H. S. ライマールス以来，まず空の墓の本来的意味を破壊しなければならなかったし，このような試みも今後絶えることはないであろう。それらはすべて焼き直しなのである。ライマールスは，弟子たちがイエスの死体を盗み，よみがえりを案出したというが，このような解釈の試みはすでにはじめからあったことがマタイ福音書の護教的伝承部分（マタイ27, 62-66; 28, 11-15）から明白である。さてまた空の墓は死の象徴として場所が空であることを示し，死が克服されたことを告げる。またそれは復活の痕跡と呼べるかもしれない。さらに空の墓は先行する受難物語（19, 41.42）と顕現物語の中間に位置し，両者をしっかりと結びつけ復活したイエスとの身体の同一性を強調している。

　空の墓の物語と弟子たちへの顕現の物語の中間にマリア・マグダラへの顕現の物語がある。これはすでに述べたように，大きな部分を占めている。すなわち大きく言って復活物語は三部に分かれ三層構造になっている。つまり空の墓と弟子たちへの顕現との間に私的顕現とでも呼べるような物語が存在する。これはマタイ福音書では婦人たちへの顕現（28, 9-10）であり，ルカ福音書では顕現物語（24, 36-49）の前にエマオの旅人（24, 13-35）の話がある。後者は顕現物語が13節なのに対し22節の長きに渡っている。そこから考えてこれらの物語は重大な意味を持っているはずである。ルカによればエマオへ向かっている弟子にイエスが近付いて一緒に歩きはじめたとある（24, 15）。エマオに近付いた時イエスは先へ行こうとした。すなわち，イエスは復活してエルサレムから来たという印象を与える。この三つに共通の現象は，彼らがいわば復活したてのイエスに遭遇したという印象を残すのである。マタイやヨハネの物語では，あたかもイエスが復活してまだ墓のそばでうろうろしている，そしてばったり出会うという印象を与える。果たしてこれらの物語は何の意味を持つのか。これらは復活物語の

中層の持つ意味である。これを解くのは非常に困難な課題である。考えてみるべきことは，全体の復活物語からこれらの中間の物語を消去してみるとどうなるかということである[*35]。マタイの場合，復活物語からこの真中の部分である婦人たちへの顕現を取り去ってみるとどうなるかということである。空の墓の物語のすぐ後に，ガリラヤの山上で天に挙げられたイエス（5節の長さ）の顕現が来ることになる。本来からの墓の物語はこの崇高さに満ちた天上者の顕現の物語の精神化に対する障壁となり，身体的現実性の後盾となるはずであった。しかし墓が空であるという事実だけではこの天上者はあまりにも地上のイエスから際立ってしまうのではないか。中間にはさまれている婦人たちへの顕現はこの間隙を埋めることになるのではないか。というのはこの顕現は，すでに述べたように，あたかもイエスが復活して墓から出て来て，その付近にいるところへ，婦人たちがばったり行き会ったというような印象を与える。マタイ固有の，地震と，墓の石が天使によって取り除かれる記事（28, 2以下）は婦人たちの前で今しがた起こったのである。したがってそれは墓から出て来た直後の地上のイエスなのである。周知のようにペトロ福音書ではもっと露骨に墓から出てくるところが描かれている（X, 39）。こう見てくるとこのような顕現は，一面では空の墓の物語にそれが復活を解釈するという意味づけを，逆に顕現から付与するといことになるのではないか。このような事柄の正しさは，マタイの復活の構成をさらに見て行く場合，ますます明らかになって来る。マタイは屍が弟子たちによって盗まれたのではないということを明確にするために，祭司長，ファリサイ人たちの嘘についての護教的記事で包んでいる。すなわち，墓に番兵を置く記事（27, 62-67）と祭司長らの欺き（28, 11-15）の二つの記事が，空の墓とイエスの婦人たちへの邂逅を包んで，空の墓から死体が取り除かれたのではないという意味でイエスの復活の現実性を二重にカバーしている。ヨハネ福音書ではマリア・マグダラが同時にいわば二つの役割を果たしている。すなわち，遺体が他へ置かれたのではないということと，復活したイエスとの邂逅である。こう考えてくるとマリア・マグダラへの顕現の意味がより明瞭になるのでないか。それは非常に重要なことを言っているのではないか。もう一度述べると，遺体が取

---

35) 以下，伊吹，ヨハネ，128以下参照。

り去られたと考えると、空の墓と復活との結びつきは立ち切られ、顕現は幻視として片付けられ得る。実際、このような説明は18・19世紀の合理主義神学にまで生きのびている[*36]。したがって墓が空である理由として遺体が取り去られたのではないという理由づけがなされなければならず、ヨハネ福音書ではマリア・マグダラがそれを一身に担っているのである。それゆえこのことが2回にわたって強調されている（13; 15節）。マタイ28, 9-10は空の墓での天使の出現のDubletteであると言われ、またマタイの編集記事であると言われることがあるように[*37]、ヨハネ福音書の天使のマリア・マグダラへの問い、「女よ、何を泣いているのか」（20, 13）は、イエスのマリア・マグダラの問い（20, 15）と全く同一である。これらのことを考えるとマリア・マグダラについての記事の意味が判然とするのではないだろうか。しかしこの顕現における、イエスがこれから神のもとへ上るという言葉は、ヨハネによる、父のもとへ行くということが十字架の死を意味するということ（13, 1.33など）の言葉と合わない。これはイエスの死と昇天を分けることになる。したがってここにはヨハネによる新たな解釈がなされていると考えられる。したがって、空の墓へ弟子たちが駆けつける記事20, 1-11; マリア・マグダラの記事20, 12-18; 弟子たちへの顕現の記事20, 19-25ないし25-29は、初めからヨハネの伝承において結びつけられていたのではないかと考えられよう。ここでは文献批判を行うというより、結局イエスのマリア・マグダラへの言葉の解釈によってこのような推定に導かれたのである。

⑤ 上のような推定を余儀なくされたので、この三つの記事の結合の跡を見てみる。20, 1でマリア・マグダラは単独で墓に赴く。そして墓から石が取り除いてあるのを見て二人の弟子のところへ行ってそのことを知らせる。しかし11節ではいつのまにかマリアは墓のところへ戻っている。マリアが一人で墓へ行くのは、この11節以下の物語への布石ではないであろうか。また二人の弟子のその後の物語は、後の弟子たちへの顕現の物語に全く活かされていない。8節では愛弟子は、すでに見て信じたのである。

---

36) ルナン、津田穣訳、イエス伝、355。
37) Neyrinck, F., John and the Synoptics, NTS 30, 1984, 166.

⑥ 最後になったが，マリア・マグダラについて一言述べたい。重要なことは，第一に彼女が来て弟子たちに「わたしは主を見ました」と伝えていることである（20, 18）。この「伝える（aggellein）」は重要である（4, 51）。それはすでに正式にケーリュグマを意味していると考えられる。彼女が弟子たちに先んじたということである。第二にその伝えた内容もまた弟子たちに先んじている。弟子たちはトマスに「わたしたちは主を見た」と顕現の後にマリアに告げられたと同じことを言うのである。ちなみに愛弟子もまた，マリアの告知を聞くうちの一人である。

20, 18： 　　マリア・マグダラ：「わたしは主を見ました」。
20, 24： 　　十人の弟子：「わたしたちは主を見た」。
Ⅰコリント9, ：「わたしは使徒ではないのか。わたしはわたしたちの主イエスを見たのではないのか」（パウロは後半の文から前半を根拠づけているように見える）。

彼女の名は，十字架の立会い人として，マタイ27, 55-56；マルコ15, 40；ヨハネ19, 25に挙げられている。ルカ23, 49では名が消されている。

埋葬の立会い人として：マタイ27, 61；マルコ15, 47。ルカ23, 55では名が消されている。

復活の証人として：マタイ28, 1-10：マグダラのマリアと他のマリアに天使が言う。「弟子たちにこのことを知らせなさい。イエスは死人の中からよみがえられた」。「イエスは彼女たちに出会った」。

マルコ16, 1-2：マグダラのマリアとヤコブのマリアとサロメは墓へ行く。

ルカ24, 8-10：マグダラのマリアの名が女たちのうちに挙げられている。すなわち女たちは墓から帰り，墓で起こったことを十一弟子に報告する。ところが使徒たちには，それが愚かな話のように思われてそれを信じなかった。［12. ペトロは立って墓へ行き，かがんで中を見ると，亜麻布だけがそこにあったのでことのしだいを不思議に思いながら帰って行った］。……エマオの弟子たちは，それがイエスと分かりエルサレムに帰る。そしてすぐに立ってエルサレムに帰ってみると（33節），十一弟子とその仲間が集まっていて，「主は，本当によみがえって，シモンに現れた」と言っていた（34節）。以上のうち24, 12はテキスト批判上，確実視されておらずNestle版では抜かされている。すなわち，1) ここで12節の接続は不自然である。ペトロを第一にしようとしている。2) 34節もまたペトロへの顕現

がエムマウスの弟子に先んじるような書き方をして，ペトロを優先させているように見える。

次にマルコ16, 9を見る。9節b はイエスがマリアから，七つの悪霊を追い出したことが述べられている（ルカ8, 2にのみある）。10-11節：「彼女は行って，彼と共におり悲嘆にくれ泣いている者たちに知らせた。しかし彼らは彼が生きており，彼女が目撃したと言っても信じなかった」。これはルカ24, 11に似ている。マルコ16, 9-19の分析はここでは省く。16, 9a はヨハネ福音書によるのであろう。

マルコ16, 9：　　最初にマグダラのマリアに現れた。
Iコリント15, 5：　そしてケファに現れ，次に十二人に現れた。……
　　　　　　 7：　次いで彼はヤコブに現れ，次にすべての使徒たちに現れた
　　　　　　 8：　しかし彼はすべての者の最後に……ちょうど未熟児のようなわたしにも現れた。
　　　　　　 9：　実際わたしは，使徒たちのうちでもっとも小さな者であり，使徒と呼ばれるに十分な者でない。

以上マルコ16, 9「最初に（prōton）」とIコリント15, 8「最後に（eschaton）」を比較参照。マルコ16, 9は二次的なテキストだとしても，そのprōtonという意味の重要性が浮き彫りになる。prōtonについては，1, 41; 7, 51; 10, 40; 12, 16; 15, 18; 18, 13; 19, 39が重要；その他 prōi: 18, 28; 20, 1; prōia: 21, 4; マタイ27, 1など参照。その他ルカ8, 2の七つの悪霊について「目を背けるような罪の泥沼に堕落」すなわち「破廉恥で淫乱なもの……モウリヤックの指摘によると……あの虚無と肉欲から次々に生まれた罪」とされることもある[*38]。ましてやマリア・マグダラが「辱められる生」を送っていたのなら，イエスの弟子になる資格はあったのである。ここでは世のドクサどころではない，辱められることに耐ええなければイエスの弟子になれない。とにかく全体を比べれば，ルカ福音書においてマリア・マグダラの位置づけを黙視する傾向が見られる。パウロは「主を見た」というマリア・マグダラと同じ言葉で使徒職を基礎づけ，それはマリア・マグダラの告知（anaggelein）と同じ働きを職として指しているのではないか。彼女は，復

---

38) 遠藤，女性たち，52；その他。

活したイエスから弟子たちのもとに遣わされた,「いわば『使徒たちの女使徒（アポストロールムーアポストラ）』とも呼べるべき存在として, きわめて重要な役割を担っているのである」[39]。だがそれがヨハネの, さらに全体の教会でどのような位置づけを得たかは正典には伝えられていない[40]。

---

39) 岡田, マグダラのマリア, 11. 松永, マグダラのマリア, 383; 松永, 女性たち, 381; 荒井, 女性観, 191以下
40) 荒井, 同上, 328: 初期カトリシズムによる排除。

マグダラのマリアの報告
(1-2節)

---

¹週の初めの日に，マグダラのマリアが朝早くまだ闇のうちに墓へ来る。そして石が墓から取り除かれているのを見る。²そして走って，シモン・ペトロとイエスの愛していた他の弟子のところへ来て彼らに言う。「彼らが主を墓から取り去りました。そして彼をどこへ置いたのか分かりません。」

注　解

1節　ヨハネ福音書では，1週の初めの日に，朝早くまだ暗いうちに墓に行った，とある。マタイ28,1では「明け方」，マルコ16,1では「安息日が終わり」，ルカ24,1では「明け方早く」と，その時は大体みな一致している。ただヨハネではまだ暗かった，とある。「暗いこと（skotia）」はヨハネ的な言い方であって，「朝早く（prōi）」*41と結合し，まさに復活の朝の最初の光へと暗示する。とにかく彼らは夜が明けるまで，すなわち安息日が終わるまで待ったのである。そしてこの日の朝は，人類にとって最も幸せな朝となった。墓へ行ったのは，ヨハネ福音書ではマグダラのマリアのみが挙げられている。彼女が強調されている。ここで読者は，十字架の下に立つ彼女（19, 25）の延長線上にいる。マタイとマルコでは，まず第一にマグダラのマリアが挙げられている。マルコではそれに，ヤコブのマリア，サロメが挙げられ，マタイではほかのマリアであり，ルカでは単に婦人たちである（23, 49参照）。これらは十字架を見ていた婦人たちとかならずしも合致していない。イエスの体に塗る香料についての記述はヨハネにない。マルコでは婦人たちがそれを買ったとあるが，ルカではそれは用意されていた。墓の石の話はヨハネでは19章に言及されていない。ルカにもない。それに反してマタイ27, 60；マルコ15, 46参照。ただマリア・マグダ

41）　1, 41; 18, 28参照。

ラは墓から石が取り除けてあるのを見た。これはルカ24, 2と類似している。マルコではこの石が取り除かれることについての言及が、16, 3.4にあり、これについての心配は「石がすでに転がしてあった」という驚きを準備している。マタイでは地震が起こり、主の使が下ってそれをわきへ転がす。

2節 マリア・マグダラはそれで走って行って、シモン・ペトロ（常にこう呼ばれる）[42]とイエスが愛していた他の弟子にこのことを告げる。この弟子は19, 26の十字架のもとの光景とつながっている。「他の（allos）」はまた19, 35へと指示する。この弟子は確かに18, 15で「シモン・ペトロともう一人の弟子（冠詞なし）」と考えられる。この弟子は13, 23で始めて登場するが、1, 35の二人の弟子の一人である可能性が高い。断言してもいいのでないか[43]。さて共観福音書では、婦人たちはここで墓の中へ入る。そして天使のケーリュグマを聞く。マタイではしかしこの天使は転がされた石の上に坐っていたのである。ただルカでは、そのエルサレムへの集中という姿勢にしたがって、「先立ってガリラヤに行く」というところは「ガリラヤにいた時話したこと」というふうに変えられている。「走る」(trechein)」はヨハネで20, 2.4に2回だけ出る。マリア・マグダラは走り、これに4節の弟子たちの走りが対応している。結局ヨハネには墓の中での天使のケーリュグマの告知はない。その分この二人の弟子に話が集中する。結局マリアはこの弟子たちに、転がされた石を見ただけで、「（彼らが）主を墓から取り去りました。どこに置いたのかわたしたちには分かりません」と言う。ここで「わたしたち」と複数で言われている。これは二人の弟子たちを含めてのことなのであろうか。この内容は若干護教的な感じを受ける。復活は予想もされないのである。それはここで間接的に啓示される。「主」という呼び名はここで新たに復活者をさすものとして浮上する。

---

42) Ruckstuhl, Einheit, 298.
43) クルマン, ペテロ, 32。

弟子たちによる空の墓の確認
(3-10節)

---

³ペトロと他の弟子は出て行って墓へ来た。⁴二人は一緒に走った。そして他の弟子がペトロより早く走った。そして最初に墓へ来た。⁵そしてかがみこんで，亜麻布が置いてあるのを見る。しかしそれでも中へ入らなかった。⁶するとシモン・ペトロが彼に続いてやって来た。そして墓の中へ入った。そして亜麻布が置いてあるのを見る。⁷また彼の頭の上にあった汗拭き布が，亜麻布と一緒でなく，別にそれだけの所に，たたんで置いてあるのを見る。⁸それから最初に墓に来た他の弟子も入って，そして見て信じた。⁹というのは，まだ彼らが「死者の中からよみがえらなければならない」という聖書を理解していなかったからである。¹⁰そこで弟子たちは家へ帰って行った。

注　解

3節　マリアが告げたのは，ペトロと愛弟子であった。このことはヨハネがこの二人を教会の代表者としていることである。ペトロは職制教会の頭を，愛弟子はカリスマ的教会の代表者とされていると考えられる。しかし愛弟子は単なる弟子の理想像ではなく，実在の人物と考えられるべきである。マリア・マグダラも愛弟子とつながってこの教会を代表している可能性が高い。ここでは愛弟子はただ「他の弟子」として記されている。上のカリスマと言う言葉について若干述べると，それはパウロにおいて明らかに霊の賜物であるが，パウロにおいては「愛」は，これを超える最大のものとされているのに相応し（Ⅰコリント12, 31; 14, 1），ヨハネではカリスマは端的に「愛されること」であり，「愛」であり，愛について語る権威，すなわち実質上の最も重要な権威であると考えられる。彼らは墓へとやって来る。このことはルカ24, 24に言及されている：「そこでわたしたちと一緒にいた幾人かが墓に行ってみると」。24, 9では，婦人たち，そのトッ

プにマリア・マグダラの名があるが，彼らが使徒たちに出来事について告げ，12節では「しかしペトロは立ち上がって墓に走って行った。そして前かがみになると，亜麻布だけがみえる」とある。しかしこの節はすでに述べたように Nestle 版でも抜かされており，テキスト批判上難点がある。いずれにせよここではペトロについての言及があるだけである。それ故ここでの愛弟子の登場は，特にヨハネの強調するところであると考えざるを得ない。もしルカ 24, 12 がヨハネによっているとするなら愛弟子は消されたことになる。なぜだろうかを考える必要があろう。

4節　ここで再び愛弟子は「他の弟子」と呼ばれている。二人は同時に走った。そしてこの他の弟子がペトロより早く走った。ここで理由が挙げられず，愛弟子がいわばより早く主のもとへ走るのである。このことは象徴的な意味があると思われる。「愛されてある」という事実の表明と受け取られる。愛の近接がここで表現されている。「他の弟子」は，この意味でペトロより主に近いと解せられる[44]。そしてここでこの二人の間に競合関係が見られる[45]。愛弟子がペトロより早かったことは冗語的（pleonastisch）に描かれている。そして8節には「先についた他の一人の弟子」としてもう一度強調されている。この他の弟子は，ここでヨハネによって優位に立っていると描写されている[46]。4節は3節のより詳しい説明であって，3節と同じく墓に着いたことで終わっている。愛弟子がペトロより早かったことを強調し，5.6節と共に職制は必要であるが，それは絶えず愛によってリードされて行かねばならないことを示す。愛弟子はこの意味で，マリア・マグダラと同じく「第一の者（prōtos）」なのである（8節参照）。

5節　そして愛弟子は屈んで（11節参照；ルカ24, 12ではペトロについて言われる），そこに置かれている亜麻布（5.6.7節）を見る。この亜麻布は 19, 40 のそれを受ける。イエスの遺体を香料と共にそれで巻いたのである。石がどけてあったので屈み込めばそれが見えるのである。どうやって石が取り除かれたのかについての記述はない。共観福音書ではマタイのよう

---

44)　13, 24以下；21, 7参照。
45)　Kragerud, Lieblingsjuenger, 29.
46)　Voelter, Lieblingsjuenger, 11.

にではないが，どれもが天使への言及でそれを間接的に説明しているのであろう。これは異変であって，墓を移すにしても巻いてある亜麻布をわざわざ解くことはないであろう。マリア・マグダラの言うように，誰かが墓を移したという推量はここで実際には崩れる。同時に，マリア・マグダラは墓を覗くことなしに弟子たちのもとへ走ったことが間接的に示される。それにも拘わらず (mentoi) 中へ入らなかった。Mentoi は共観福音書には使われていない：ヨハネでは5箇所見られる：4, 27; 7, 13; 12, 42; 20, 5; 21, 4，その他新約聖書で3回しか使われないのでヨハネ的という感じを受ける[47]。マリアは石が取り除けられてあるのを見る，愛弟子は亜麻布を，ペトロは亜麻布の他に汗拭き布を見る。ここに漸増的な展開が見られる。

6節　愛弟子はなぜ中へ入らなかったのか。彼について来たペトロを待っていたのである。この従う (akolouthein) は18, 15から見ても，単に外的な後から来るという意味ではない。21, 19ではイエスはペトロに「わたしに従って来なさい」というが，21, 20によれば愛弟子はとっくにイエスに従っていたのである。愛というものが職制をリードする図がここにあるし，またそうでなければならないのである。ペトロは愛弟子に聞き (13, 24)，愛弟子のすることを見る (21, 20)。このことが逆転されることはないので，ヨハネは，この福音書が書かれた頃の急速に職制が確固となり全権を握っていく，1世紀末から2世紀初頭の教会を頭においていると考えてよいのではないか。ちなみに愛ということは教えるという教権の下に置かれ，これに吸収されてしまうと危険である。なぜならここには愛がそもそも教えられるかという問題が含まれており，イエスを除いてはそれは教えられず，愛は制約や条件のない，いわば教えられ規制されることから全く自由な沈黙裡の実行にあり，教えるどころか示すこともできず，愛を生きることが示されるだけであり，この点で教権をリードし，教権はこれに習わなければならない。教権はさし当たって「教える」ということに限られる。しかしそれが真の愛から出るならば，それは高ぶって (Iコリント13, 4)，これを無視することはない[48]。教権の中に愛が全く吸収されて，

---

47) Ruckstuhl, Einheit, 298. によればヨハネ的文体。
48) ロマ12, 6以下参照。

教権の下に置かれてしまうことは不可能である。したがってイエスの愛の基に互いの愛が咲き出ているところは，それが教会なのであって，教権の分裂はあっても愛の分裂はないのであるから，教会の分裂ということは教権や教義の争いによって分裂することではない。このような形に制約された教会と真の教会との間にはその在所に関してずれがあるのである。そもそもイエスの愛に基づく愛に関して見るなら，そしてそれが真の見方なのであるが，教会の分裂ということは不可能なことなのである。教会が愛のみによって成立して行かなければならないことは，15章のぶどうの木という教会論によって絶対的に明示され，教義，教権その他の，いかなる他からの制限も許さない。そこにはそのような可能性は全く残されていないし，その影もない。そして愛弟子は，この教会の本質を具現している姿であり，この愛弟子という存在と，それによって示されることは，ヨハネ福音書が在る限り，消されてしまうことはない。

7節　ペトロ，職制の代表者は正式に，第一に墓に入る。まず亜麻布が置いてあるのを見る。ここでは5節の blepein（1節も）でなく，theorein が用いられている。しかしこれがじっくり見ることなのかどうか分からない。彼は亜麻布だけでなく，イエスの頭の上にあった汗拭き布を見る。Soudarion は新約聖書に4回出る：ルカ19, 20; ヨハネ11, 44; 20, 7; 使19, 12。ラザロについては11, 44で「死者は両足，両手を包帯に巻かれたままで出て来た。その顔は汗拭き布で包まれていた」とあるが，イエスの遺体についてもそのようになされたのであろう。しかし19, 40にそのことは記されていない。この汗拭き布は亜麻布と一緒にあるのでなく，別の離れたところで一つの場所に丸められてあった。それはイエスの頭があったところであろうか。このことは死体が盗まれたのではないことを語っているであろう。いずれにしても乱暴に取り去られたのではなく，わざわざ離れたところに置かれてあった。それらは必要でなくなり，別に丁寧な仕方で残されてあったのである。亜麻布（othonion）も新約聖書で，先ほど挙げた問題のあるルカ24, 12のほかはヨハネしか出ない（19, 40; 20, 5.6.7）。すなわちこのような記事は共観福音書には見られない。ヨハネに特有の伝承である。

8節 ここで，わざわざもう一度墓に先に着いたと強調されている他の弟子も入って来て，「そして見てそして信じた（kai eiden kai episteusen）」，とある。これは単数で書かれており，ペトロについて言われているのではない*49。ここでの「見る（idein）」は1.5節のそれと（blepein）6節のそれ（thorein）に対しての漸増的強調であるという*50。ということは，それはもう信仰を内に含んだ「見る」であったのであろうか。それに対してペトロについては，ペトロもすべてを「見た（theōrei）」のだが，その信仰について何も書かれていない。愛弟子であることに加え，彼が十字架のもとにたたずんでいたことが，この優位を産んだのでないか。これはペトロにあてはまらない。それならば，「換言すれば，ヨハネに欠けているのは，あの深遠な逆説，すなわち，復活の力は，ただ十字架の影においてだけ体験され，復活の現実性は地上においては十字架のもとなる場所を意味する，という逆説である」*51というのは本当であろうか。愛弟子の存在はこのような見方に反している。ここでペトロが愛弟子の信仰に従ったことは納得できるが，ヨハネはここで，愛される者がまず見ることが出来，信じることが出来ることを強調したいことは，21,7からでも明らかであろう。すでに述べたが，愛弟子が十字架のもとに立っていたことは，明らかに愛されることへの答えとしての愛である。いいかえれば，最終的に職制教会の信仰を支えるのは，愛に基づくカリスマ的教会であり，前者はこれに耳を傾けねばならない，そして勇気と希望をもらうということである。すなわち「そして見て信じた」というこの短い言葉にすべてが込められている。ペトロについてはしたがってここで何の言及もない。これが1-10節のクライマックスである。新約聖書の特徴は，イエスの復活のプロセスについての記述が何もないことである。前に述べたように，それは終末の，すなわち世の終わりの出来事なので世界内のこととして記述されないのである。

9節 ここに記された聖書の句は，しばしば編集句とされているが，ここで復活が何よりも聖書に裏付けられているという，さらなる信仰の基礎についてふれられている。その意味でペトロと愛弟子はこれを知らなかっ

---

49) このように，Bultmann, Kom；それに対して Barrett, Kom その他。
50) Schnackenburg, Kom.
51) ケーゼマン，最後の意志，128。

た，あるいは分かっていなかった[*52]。これはⅠコリント15, 4に「聖書に書いてある通り」といういわば信仰告白に基づいている。ヨハネ福音書では，今動詞を見ると「よみがえる（anistēnai）」は，6, 39.40.44.54; 11, 23.24.31; 20, 9に一般に復活について，あるいはラザロについて使われていて，イエスに関してここだけの使用になる。その他の伝統的な「よみがえらせる（egeirein）」，「よみがえらされる（egerthēnai）は2, 22; 5, 21;（11, 29）;（12, 1.9.17）などで特にラザロについて，父について（5, 21）などが代表的な言い方として使われている。すなわちこれらはイエスについて使われるのは附加された21章を除いて他にない。2, 22の一回だけ間接的に神殿にかけてイエスを指して使われるだけである。ヨハネ的と言えば，doxasthēnai（栄光化される）; hupsōthēnai（高挙される）などであって，「死者の中からよみがえらなければならない」という「よみがえる」はイエスの復活についてこの箇所を除けば，一度も使われていない。そしてこの箇所は聖書の引用ということにされている。したがってまず復活に関して考えなければならないのは，ヨハネはいわゆる「復活」という概念を，栄光化と高挙として理解していることである。すなわち「復活（anastasis）」も11, 25を除いて一度もイエスに使われていない（その他5, 2［2回］; 11, 24）。すなわちこの9節の引用の機会に，われわれがヨハネについてすべて復活という言葉で思考しているのであるが，これを栄光化ないし高挙として考え直さなければならない。われわれは十字架と復活の二つの出来事が栄光化であるとして問題を解こうとする。しかしヨハネはそのように区別して考えていないということになる。これは9節にさいして新しく直面する困難な問題であった。しかしここで考え方を変えて行く必要があるのではないか。ヨハネは両方を一つの出来事としか理解していない。その意味で復活や十字架の死という言葉をほとんど拒んでいるのではないか。しかしこのことについてはすでに述べた。

　この句についてはマルコの受難の予告[*53]。ここでルカ24, 25にあるような「愚かで心のにぶいこと」として考えられないように，書かれたのであろうか。ただしルカでは，「イエスは生きている」という天使の言葉をの

---

52)　ēdeisan; Bultmann, Kom.
53)　8, 31; 9, 31; 10, 33平行箇所参照。

ければ，空の墓によって信仰にいたらなかった弟子たちに，イエスは上のように言って，「メシアはこのような苦難を受けてその栄光に入るべきだったのではないか」と言い，モーゼやすべての預言者から初め聖書全体の中で自分自身について書いてあることを詳しく彼らに解き明かした」，とある。またルカでは空の墓で天使がこの言葉を述べる（24, 8）。そこで天使に「思い起こせ」と言われ，婦人たちは彼の言葉を「思い起こした」（mimnēskesthai）とある。余談だがこれはヨハネによれば，聖霊の働きであるから（14, 26），必ず思い起こすことができるとは限らない。しかし，この言葉の理解は，上にふれたが，eiden (oida) を「知る」と訳すのか「理解する」と訳すのかで違ってくるのではないか。「理解する」という意味なら「心のにぶいこと」（ルカ24, 25）になってしまうのではないか。しかしこのようなことはここでは感じられず，また確定的には断言し得ない。これは単なる但し書きであるかもしれない。これは興味深いことであり，とにかく空の墓の伝承については，その復活との関わりについて，キリスト教原始信仰では預言の成就が言われていたということを示している。そして復活が預言の成就として理解されることが，信仰にとって非常に重要であったということである。ちなみに預言はしばしばその成就の時に認識されるのである[54]。この預言は，どこから形作られたのか明らかでない。したがってルカ24, 27では「モーゼおよびすべての預言者から始まって，全聖書」とあり24, 44では「モーゼの律法と預言者たちと詩編」と書かれている。復活思想は特に後期ユダヤ教の黙示思想で強調される。旧約聖書では，例えばホセア6, 1以下；13, 4；エゼキエル37, 1-14；イザヤ53, 8-11；25, 8；ダニエル12, 2；Ⅱマカバイ7, 9；詩16, 9-11；49, 15その他が挙げられよう[55]。ここでは詩16, 10（使2, 27；13, 35参照）；ホセア6, 2；ヨナ1, 2などが考えられているという[56]。パウロは使13章の説教で上記箇所で旧約聖書を引用している。これは初期の教会が復活の預言を旧約聖書で探した結果形作られたものであろう。一般的な指示である[57]。聖書の実現に関し

---

54) ルカでは24, 7.46. (26) 参照。Anistanai: 6, 39.40.44.54; 11, 23.24.31;. Dei: 3, 7.14.30; 4, 4.20.24; 9, 4; 10, 16: 12, 34; 20, 9.
55) 伊吹，ヨハネ，30, 5.
56) Wikenhauser, Kom.
57) Schnackenburg, Kom.

ては，受難の方がはるかに具体的であって，復活に関してはその箇所もあまり明確でない。

10節　この物語は「弟子たちは自分たちのところに帰って行った」という句で閉じる。ヨハネ福音書記者には愛弟子の優位が重要な関心であった。したがってこの二人の弟子たちが他の弟子たちに何を語ったかなどはここで関心の外にあり，何の言及もない。

マグダラのマリアへの顕現
（11-18節）

───────────

[11]ところでマリアは墓のところで，外で泣きながら立っていた。泣きながら墓のなかへ身をかがめて，[12]そして白い衣を着た二人の天使が，イエスの体が置かれていたところの，一人は頭のところに，一人は足のところに坐っているのを見る。[13]彼らは彼女に言う。「女よ，なぜ泣いているのか。」彼らに言う。「彼らがわたしの主を取り去って，そして彼をどこに置いたのか知りません。」[14]こう言って後ろをふり向いた。そしてイエスが立っているのを見る。そしてそれがイエスであるのが分からなかった。[15]イエスは彼女に言う。「女よ，なぜ泣いているのか。誰を探しているのか。」彼女はそれが庭師だと思って，彼に言う。「主人よ，もしあなたが運び去ったなら，どこに彼を置いたかをわたしに言って下さい。わたしが彼を引き取ります。」[16]イエスは彼女に「マリアム」と言う。彼女はふり返って，彼にヘブライ語で，「ラブーニ（それは『先生』ということである）」と言う。[17]イエスは彼女に言う。「わたしに触れるな。わたしはまだ父のところに上っていないのだから。それでわたしの兄弟たちのところに行って，彼らに言いなさい。『わたしはわたしの父，またあなたたちの父，わたしの神，またあなたたちの神のところへ上る』。」[18]マグダラのマリアは来て，弟子たちに「わたしは主を見ました」と告げ，彼女に言ったことを，彼らに告げ知らせた。

注　解

11節　11節から18節まではマリア・マグダラを主人公とする物語である。なぜマリアの物語がここでそんなに重要なものとして取り上げられるのか。それについてはすでに述べた。さらにこのことは彼女がヨハネの教会で重要な役目を果たし，この教会では婦人の活動が重きをなしていたのではないかと考える学者もいる。ルカ8, 2節には彼女についての言及がある。ペトロの信仰について何も述べられていないのに対しここでマリアは

主の顕現に出会うのである。彼女もまた十字架の下に立っていた。さて，マリアは「墓のそばで」泣きながら立っていた，という句で始まる。前の段落との接続がないのは前に述べたとおりである。愛弟子の信仰について彼女は何も知らない。「泣いていた」というのは情動を伝える言葉であるが，マリアのイエスへの愛を切実に描写する。彼女もまた十字架のもとに立っていたのである。そして矛盾のようではあるが，彼女は遺体であってもイエスに会いたいのである。彼女は愛弟子がしたように，身をかがめる。この動詞 parakuptein はヨハネで2回だけ愛弟子とマリアについて使われている。偶然であるとは考えにくい。愛する者の所作は同じなのである。

12節 墓の中には白い衣を着た天使が，イエスの遺体がおかれていた場所の一人は頭の方に，一人は足の方に坐っていたのを見た。墓の白い衣を着た天使についてはマタイ28, 3；マルコ16, 5；ルカ24, 4に書かれており，ルカではヨハネのように二人である。マルコでは右手に坐っていた。それはペトロが布を見た場所であったろう。ペトロ福音書の13章にはこの物語，天使の言葉が拡大して伝えられている。マルコとマタイには「恐れること，ないし驚くことはない」という類似した言葉がある*58。

13節 天使たちはマリアに「女よ，なぜ泣いているのか」と言う。これと全く同じ問いが15節でイエスから発せられる。マリアは「彼らがわたしの主を取り去って，そして彼をどこに置いたか知りません」と言う。このことはすでに2節のくり返しである。マリアの天使に対する恐れについては何も述べられていない。「わたしの主」という言葉に，彼女の限りのない愛がこめられている。これはもちろんイエスの遺体がどこかを教えてくれ，ということである。

14節 ここで天使の話は終わっている。彼女は突然後ろを振り返る。それがなぜかは書かれていないが，これまでマリアは墓の方を向いて立っていたはずである。マリアはそこにイエスが立っているのを見るがそれと気づかない。復活したイエスは地上の目ではすぐそれとわからないのであ

---

58) ルカ24, 5; 1, 29; 2, 9参照。

る。これは21, 4にもあり，ルカではエマオに向かう弟子たちについてもそう言われている。マタイ28, 9ではイエスが先に「喜びあれ」と挨拶したのが原因であろうか，婦人たちはすぐそれがイエスと分かる。このことはイエスの復活体が地上の身体と同一性を維持しつつ，全く異なる (totaliter aliter) ということである。どのようにかは表現されていない。復活の栄光というより他にない。マタイ28, 3やルカ24, 4には天使が輝いているという叙述があるが，イエスについては何の叙述もない。「輝く」ということでは叙述され得ないのかもしれない。人類はこのような叙述の言葉をその未経験さから何も持っていないのである。地上のイエスとは違って見えるということは確かであろう。パウロは「霊のからだ」と矛盾のように言っている（Iコリント15, 44）。

15節 イエスは天使と同じ問い「なぜ泣いているのか」と言い，そしてさらに「誰を探しているのか」と問う。ここでヨハネでは先述のマタイと異なり，イエスがこれを言ってもマリアはまだそれがイエスだと分からず，園丁だと勘違いして，正確に言えば3度目に同じことを言う (2.13.14節)。「あなたがあの方を運び去ったのでしたら，どこに置いたのか教えてください。わたしがあの方を引き取ります」。ギリシャ語で見ると，「どこに置かれているか分からない」という句は3回とも同じ言葉がくり返されている。イエスの不在に直面してせめてその遺体を引き取りたいという望みなのである。イエスの「なぜ泣いているのか」という言葉には，すでに死は克服されており，泣く理由は，その人の不在に直面しても何もないということなのである。天使の口からもこの意味のことが言われていたのかもしれない。というのはこの問いは2回もくり返されているからである。そして「主は生きているからである」(14, 19;ルカ24, 23など参照)。これは人類初めての経験なのである。それは世界内の幻ではないのであり，世界内の実在とは違った存在のあり方なのである。マリアの困難は人間一般の困難でもあり，それは復活の神秘の超越性を物語っている。ルカ24, 31には「彼らの目が開け」とある。しかし今やこのことはケーリュグマの中で言葉となっている。

16節 イエスは言う。「マリアム」。この言葉はイエスの言ったとおり

書き止められたのであろう。この呼びかけでマリアはイエスを認める（10, 3参照）。「声はまねができない響きを持つ。信じることが弟子たちにあまりに難しくなるところでそれは目による」[*59]。すなわちケーリュグマ（宣教）によって信じられる（20, 29）。この呼びかけはそれが復活者の自分を呼ぶ声であるとしてマリアに的中したのである。それは「わたしはあなたを知っている。どうしてわたしと分からないのか」と言っている[*60]。それは我と汝の関係の内で汝というものに的中する呼びかけである。いや，それが的中するところにすでに新しい信仰するマリアがいるのである。この名の持つ深みは測り難い。こうしてマリアは超越に向けて覚醒する。ふり返る（straphein）という言葉がここで再び用いられている。しかしマリアはすでにふり返っている（14節）。14節のそれがここで再び強調して取り上げられたのであろうか。すなわち声は後ろから聞こえたということである。この意味は "she recognized him"[*61] ということなのだろうか。マリアはヘブライ語（アラマイ語）で「ラブーニ」と言う。これは初期パレスチナのアラマイ語である[*62]。それは「先生という意味である」。ここでマリアは弟子としての呼びかけをしている。すなわちイエスにとっては女も男も区別はない。この名を呼ばれることはわれわれもこうして己が名を呼ばれるのであり，そこに愛と希望に満ちた空間が全く新しく開かれるのである。マリアの感動についてはこの返答の答え以外には何も描かれていない。

17節 イエスはかの女に言う。「わたしにふれるな。わたしはまだ父のところに上っていないのだから。それでわたしの兄弟たちのところに行って彼らに言いなさい。『わたしはわたしの父，またあなたたちの父，わたしの神，またあなたたちの神のところへ上る』。」この言葉は解釈者の十字架（crux interpretum）として知られている。なぜならヨハネのコンセプトに合わないからである。まず「わたしにさわるな」という言葉はその通りに取ってよいであろう。つまりイエスは近寄り難い姿なのであると考えら

---

59) Schlatter, Kom.
60) Becker, Kom, 617.
61) Barrett, Kom.
62) Wikenhauser, Kom; Barrett, Kom: 1, 38参照。

れる。マタイの28, 9には,「彼の両足をかき抱き」とあるがこの kratein と言う動詞とここでの「ふれる」(haptomai)は意味が異なる。この動詞 haptein はルカの13回に対しヨハネではここだけしか出ない。例えばマルコを例に取ると, 1, 41; 3, 10; 5, 27.28.30.31; 6, 56; 7, 33; 8, 22; 10, 13 などほとんどがイエスの治癒のさいの「さわる,ふれる」ということであり, これを「つかまえて(すがりついて)いるのを止めよ,離せ」または「つかまえよう(すがりつこうとしているのをやめよ,つかまえるな)」[63]と読むのは無理があると思う。すなわちこの句は,イエスは父のもとに上るのだから引き止めるな,という意味ではなく,ここではイエスへのアクセスがないことを言っていると解せられる。

　ふれることが出来ない状態なのである。言い換えれば顕現したにもかかわらずイエスは不在なのである。すなわち20, 27のトマスへ「指をつけてみよ」[64]というイエスとは全く違う状況である。「わたしはまだ父のもとに上っていない」とイエスは言う。ヨハネにとっては,別れの説話で,イエスの死のことが話されず,その代わりにそれは「父のもとに行く」と言い表されていた。すなわちヨハネにとっては,死は父のもとに行くことなのである[65]。したがってそれがまだ起こっていないというのは,ヨハネのコンセプトに反する。ここでは明らかに「父のもとに上る」というのは復活の後の昇天というように両者が分かたれて述べられている。これはいわばルカの理解による順序で書かれていると考えれば比較的たやすく理解されよう。もちろんルカでは復活者の弟子たちへの顕現のあとに昇天が起こっている。しかしそこでは使徒行伝1, 3によれば,復活したイエスはあたかも地上に40日止まっているごとくであり,その間度々弟子たちに現れている。復活の後に昇天が来るというコンセプトでヨハネ20, 17は書かれていると考えられる。そしてこれが以上のようにヨハネのコンセプトには適合しない。したがってヨハネは,彼の伝承をここに受けて,それを自分のコンセプトによって再解釈していると考えるより他ないのではなかろうか。そこで若干文献批判的にテキストを観察することが避け難い。そして17節全体が資料にあったと考える。それに反対する意見もある[66]。こ

---

63) 岩隈, 61。
64) Ⅰヨハネ1, 1参照。
65) 13, 1.3.32.36; 14, 3.5.18.22.28; 15, 26; 16, 5.7.17.28; 17, 13参照。

こでヨハネ的でないとしていくつかのことも挙げられている。1) 神を父とするのは，ヨハネではイエスだけである。「あなた方の父」という言い方を福音書記者はしていない。2) 20, 17 は福音書中イエスが「わたしの神と言っている唯一の箇所である。福音書記者によると，イエスは神の子として神を「わたしの父」または「父」と呼ぶ。」3)「父のもとへ上る」という語法も，ヨハネ福音書にはここ以外になく，「上る」「下る」は通常天と結びついている。「父へ」と結びついているのは，むしろ hupagein (7, 33; 8, 14.21.22; 13, 3.33.36; 14, 4.5.28; 16, 5.10.17) か，poreuesthai (7, 35; 14, 2.3.12.28; 16, 7.28) である。4) 福音書記者は anabainein を復活から区別された昇天の意味で用いない。5)「父のもとへ」の「父」はすでに Q 資料にあり，特にヨハネ的であるとすることは出来ない。6) 兄弟は 20, 17 と 21, 23 にあるのみで後者はイエスによって言われているのではない[67]。結局マグダラのマリアへの顕現は空の墓と復活を緊密に結びつけ，その結果墓から出てまだそのそばにいるようにイエスを描き，復活と父へ上ることが分かたれてしまっているのではないか。これを認めればつぎにはヨハネがこの事態をいかに解釈したかを考えてみねばならない。ここで取り上げてみる一つの説明は，マリアが復活者を地上のイエスと取り違えており，「ふれるな」という言葉は復活体でなくマリアの取り違えに起因しているという説であり，ここでトマスの「わが主よ，わが神よ」(20, 28) とマリアの「ラブーニ」(20, 16) という呼びかけが比較される[68]。しかしそれなら「わたしはまだ父のもとに上っていない」という言葉には，「あなたにとって」という説明がなければならない。あるいは「ou pisteueis hoti egō ana-bebēka pros ton patera;」と言われるべきであり，しかしそうするとそれに続く「上って行く」という言葉への接続が失われてしまう。これ以外にもマリアが the closeness of earthly relationship を求めたという誤認説 misapprehension がある[69]。一面この解釈は伝統的解釈である強みを持つが十分納得をさせるものではない[70]。ではどう考えればよいのであろうか。

---

66) Fortna, Gospel, 139f; Hartmann, Vorlage, 208.
67) 以上 Richter, Studien, 268ff; Hartmann, Vorlage, 207; 伊吹，ヨハネ，134参照。
68) Bultmann, Kom.
69) Brown, Kom, 1014.
70) 伊吹，ヨハネ，124f.

ヨハネは実際には，この記事の復活者を地上のイエスとして描くという意図をそのまま受け取ったのではないだろうか。「わたしはまだ父のもとに上っていない」の「まだ……ない」(oupō) は十字架と復活が起こる前の地上のイエスを表している。ここでマリアが遭遇するのは，この福音書に表された復活したイエスの地上のイエスとしての現前ではないのだろうか。そこでマリアによって実際のわれわれのイエスとの遭遇が描き出される。復活者との出会いは，地上のイエスへのそれとしてわれわれについて起こるのだが，この地上のイエスは父のもとへ行くイエスであって，われわれはこのイエスにふれることはできない。この意味で復活者は現前しつつ不在なのである。しかしこのイエスは父のもとへ上るということを告げ，また帰って来る (14, 18.28) イエスなのである。かくしてわれわれはマリアと共に復活者が地上のイエスであり，その出会いによって復活の証人となることが出来る。かくしてこの物語を読み信じる者にとって，マリアはこのわれわれの代表者となることができるのである。われわれが経験することがここで実際に出来事となっていて，われわれはマリアの場所を占めている。換言すれば，復活者の顕現が，地上のイエスとしてわれわれに生起したのである。ヨハネはここで読者をこの出来事の中の人物としているのではないか。そして復活して再来したイエスは，地上のイエスとして現前しつつ不在なのである。復活者は去りつつ到来する (ab-wesende An-wesenheit)。これについてシュリーアは的確に見ている: Was sieht Maria Magdalena nach dem Johannes-evangelium? Den Auferstandenen! Aber wie erscheint er ihr? Als der, der nicht in seine Erscheinung zu bannen ist, zu dessen Erscheinung es gehoert, dass er sich als der Erscheinende entzieht. Gesehen wird, darf man vielleicht auch sagen, der an-wesende Auferstandene, der ab-wesend ist (「マリアはヨハネ福音書によると何を見るのか。復活者を！ しかし，いかに彼は顕れるのか。彼の顕現にとりこにされないものとして。彼が顕現する者として身を引くことがその顕現に属する者として。見られるのは——また多分こう言うことが許されるだろうが——不在である現前する復活者である」)[*71]。このようにして兄弟たちと言われる弟子たちへ伝えられるべき言葉「わたしの父へ上る云々」は「行ってわたしの兄弟たちに告げよ。……そこでわた

---

71) Schlier, Auferstehung, 37.

しを見るだろう」(マタイ28, 10) に当たる意味を含んでいると解してよいであろう*72。これはわれわれに課されたケーリュグマであり，結局ここでヨハネはわれわれに顕現を経験させると言ってよいであろう。

18節 そこでマグダラのマリアは弟子たちに「わたしは主を見ました」と告げ，彼女にイエスが言ったことを伝える。マリアの名は1.11.18節と区切りに表れる。「わたしは主を見ました」はパウロでは「われわれの主イエスを見た」(Ⅰコリント9, 1) であり，同じく顕現を意味している。「主」は20.25.28; 21, 7.12節にもそう出て復活した主を意味する。すなわちパウロでは，イエスが主であることを見たと同じである。25節にも「われわれは主を見た」とトマスに告げられる。この簡単な形式は最初に述べた如く「顕れた」に対応するものであり，端的に復活を指している。このマリアの告知に対する弟子たちの反応は何も伝えられていない。これは他の福音書も同様である。ここでは愛弟子の信仰についての反応も書かれていない。マリアは役目を終えて姿を消す。なぜ彼女がそこに止まらなかったかというような疑問もない。

---

72) 以上伊吹，ヨハネ，137参照。

弟子たちへの顕現
（19-23節）

---

¹⁹さてその日，週の第一日目の夕方であった。弟子たちがいたところの戸はユダヤ人に対する恐れから，閉められていたところに，イエスが来て真ん中に立った。そして彼らに言う。「あなたたちに平和あれ。」²⁰そしてそれを言って手と脇を彼らに示した。それで弟子たちは主を見て喜んだ。²¹イエスは再び彼らに言った。「あなたたちに平和あれ。父がわたしを派遣したように，わたしはあなたたちを派遣する。」²²こう言って彼は息を吹きかけた。そして彼らに言う。「聖霊を受けよ。²³もしあなたたちが誰であれ罪を許すなら，彼らには許される。誰であれ止めておくならば，彼らには止められたままになっている。」

注　解

19節　続くイエスの顕現の記事は6節の長さであり，マグダラのマリアの記事より2節短い。しかしこれが復活物語の核心なのである。「1週の初めの日」(20, 1)，すなわちその日の夕方である。（マリア・マグダラの告知にも拘わらず）弟子たちはユダヤ人を恐れて (7, 13; 9, 22; 19, 38)，戸を閉じていた。7, 13では群集がユダヤ人を恐れている。迫害への恐れか，スパイ*⁷³を心配してのことなのか。ユダヤ人とは「この世」の代表者である。一方ユダヤ人にとってイエスが死んだだけでは十分でなかったのである（全 Praxeis！）。「畏れ，恐れ (phobos)」は本来，神に対する人間の姿勢を現す。人間の力に対する根源的なあり方である。それはすなわち神顕現に対するものである*⁷⁴。ここではそれが倒錯している。まず国家権力への恐れ（ロマ13, 1-7），迫害への恐れ，死への恐れ，神が自分に与えたも

---

73) Wikenhauser, Kom.
74) ヨハネ6, 19; マルコ4, 41; ルカ7, 16その他多数。

の，本来感謝をもって受けるべきものに対する世間体への恐れ，ここでは基本的には頽廃したこの世の自分に対する予断，偏見，無能力への恐れ，doxa を失うことへの恐れなど数えあげればきりがない[*75]。ここで「恐れる」という動詞 phobeisthai ももちろん勘定に入れる。これは人間の基本的実存形態に属する。真正のキリスト者にとっては原則として自己に誇ることを除いて恐れるべきものは何もない。もし人間がこの世の doxa から生きていれば，これを失うことが phobeisthai の基本である。死は恐れるべき敵であり[*76]，堕落した人間は，それを恐れないことにおいて誇る（グノーシス思想！）。または怖れに対し人間は，関心をこの世での他のものへ転じる。一々数え上げる必要もないであろう。関心をよそへ向けること（Ablenkung）が最後のよりどころとなる。イエスはこれを最後のものとすることを完全に奪った。（新しく与えるためには一度すべてを取らねばならないからである：ホセア 6, 1「さあ，わたしたちは主に帰ろう。主はわたしたちをかく裂かれたが，またいやし，わたしたちを打たれたが，また包んで下さるからだ。主は二日の後にわたしたちを生かし，三日目にわたしたちを立たせられる」ホセア 6, 1f）。世への完全な己の引渡しや没落に打ち克つことについて述べられねばならない。それが復活である。

　この戸が閉じてあったことは同時にここでイエスの復活体の超越性を描くのに役立っている。どんなこの世の障害もイエスが来るのを引き止めることはできない。イエスは彼を信じる者のところへ来る。そこにいた弟子たちの中にトマスがいなかったことについては書いてない。イエスが入ってきて真ん中に立った（estē eis ton meson）。この表現はルカ 24, 36「彼らの真ん中に立った」（estē en mesō autōn）と類似している。ここで 14, 18.28 の「またあなたたちのところへ帰って来る」，また 16, 16.17.19.22 の「少しすればわたしを見る」ということばが実現したのであり，それはまた霊における再来の約束である。イエスの最初の言葉は，「あなたたちに平安」であった。この言葉は 14, 27 や 16, 33 を思い起こさせる。二つとも世と関係して言われている。世にある怖れに対する平安であり，それは世が与え得ない平安である。すなわち世が平和と考えることと同じではない。全く

75）　ヨハネ 16, 1 以下；詳しくは Balz, Wanke, ThWbNT IX, 186 以下。
76）　1 Kor. 15, 55.

違うものなのである。それはおよそ世の平安が壊された時にこそ与えられるものであろう。その平安はイエスの復活，聖霊におけるその到来によるものである。「わたしが『わたしは行くが，あなたたちのもとに来る』と言ったのを聞いた」(14, 27)。イエスは世に勝ったのである (16, 33)。すなわちこの平安はイエスの再来によるイエスとの出会いが与えるものなのである。これが新しい出発点となる。それに反し，希望に反する絶望は，神の確約に対する疑いの前取である。

20節　そう言ってイエスは手と脇とを彼らに見せて，弟子たちは主を見て喜んだ。まず平安において喜びが湧き上がる (15, 11; 16, 20.21.22; 17, 13)。平安と喜びまた愛はしばしば祝福の願いとして結び付けられて現れる*77。

「手と脇とを彼らに見せて」：それは釘と脇腹の傷 (19, 34) のあとである。このことでイエスが手を十字架に釘付けにされたことが分かる。ルカ24, 39もこのことを暗示していると思われる。トマスの物語からこのことが復活した主の十字架につけられた方との同一性を示すしるしとなる (黙5, 6)。そうでなければ主だと分からなかったのであろうか。この同一性はルカでのイエスが肉や骨をそなえていて，霊ではない，ということとは異なり，十字架の傷跡を前面に出している。それによってヨハネはここでただ一つのことを言おうとしている。それはイエスの愛である。イエスは自分の体を見せているのではなく，愛によって受けた傷口，すなわち愛がある限り永久に残っている傷口を見せている。イエスの愛のみがイエスを知ることの，イエスに会い，イエスを感知する可能性であり，イエスへのただ一つのアクセスなのである。イエスは十字架上で自分の弟子たちへの愛によって受けた傷を第一に指し示すのであり，それは同時にイエスの愛の告白なのである。そして復活しすべての上に支配する主は，その権力と栄光でなく愛のみをわれわれに示す。イエスは愛を示すために来る。それはイエスがわれわれのもとへ現在も，そして永久にわれわれを愛し，命をささげる方として来ることである。それがイエスのアイデンティティで

---

77) ［ロマ1, 7］; 14, 17; 15, 13; Ⅰコリント1, 3; Ⅱコリント1, 2; 13, 11; ガラテア1, 3; 5, 22; エフェソ1, 2; コロサイ1, 2; Ⅰテサロニケ1, 1; Ⅱテサロニケ1, 2; Ⅰテモテ1, 2; Ⅱテモテ1, 2; テトス1, 4; フィレモン3; Ⅰペトロ1, 2; Ⅱペトロ1, 2; Ⅱヨハネ3; 黙1, 4.

あり，もし復活者が十字架のイエスのこの面影を持っていなかったなら，われわれは天上の絶対者であるイエスと出会うことがない。そして「弟子たちは主を見て喜んだ」とある。この主とは十字架につけられたイエスである。その喜びは復活の，死が克服された喜びであり，愛を受ける出会いの喜びである。「喜び (chara)」(15, 11; 16, 20.21.22.24; 17, 13) は約束されていた)。「わたしの喜びがあなたたちの内にあり」(15, 11)。「再びわたしがあなたたちを見て，あなたたちの心は喜ぶであろう。そしてあなたたちの喜びを誰も奪わない」(16, 22)。「これまであなたたちはわたしの名において願ったことがない。願いなさい。そうすればあなたたちは受け，その結果あなたたちの喜びは満ち溢れるものとなるだろう」(16, 24)。「彼らがわたしの喜びを満ち溢れるものとして自らのうちに持つ」(17, 13)。ここには弟子たちの喜びがイエスの喜びの満ち溢れるものであることが言われている。別れの悲しみは再会の喜びに変わった (16, 21f)。

21節 さらにイエスはもう一度「平安あれ」と言う。この平安を弟子たちは伝えるべきなのである。出会いにさいしての，初めのそして終わりの言葉である。「父がわたしを遣わしたように，わたしもまたあなたたちを遣わす」。最初の派遣には apostellein が，後のそれには pempein が使われている。この二つがパラレルに置かれている。弟子たちの派遣については，4, 38; 17, 18参照。弟子たちは何よりもこの復活のケーリュグマを「世へ」(17, 18) 伝えるべきなのである。しかしその前提は聖霊が与えられることである。今や命が死に勝ったのである。このイエスとの出会い自体が使信（ケーリュグマ）の対象である。この喜びと平安は世へ運ばれなければならない[78]。

22節 「そう言って彼らに息を吹き入れて言った。聖霊を受けよ。」この「息を吹きかける」という語は，創2, 7の人の創造のさいの言葉とパラレルに書かれている。「主なる神は土のちりで人を造り，命の息をその鼻に吹き入れた。そして人は生きた者となった。」ヘブライ語では息も霊を意味する。「吹き入れる (emphusan)」は新約聖書でここだけに一回しか用

---

78) マタイ28, 19以下；使1, 8；マルコ16, 15参照。

いられていないが，LXXの創2, 7と同じ動詞 enephusēsen が使われている。ちなみにこの動詞は LXX には11回使われている。訳としては「吹きかけた」より「吹き入れた」の方がよいであろう。この箇所は，人間の生命の呼吸としての息，すなわちその呼吸する鼻に対応して「息」と言われていて，その関係から「霊を吹き入れた」とは言われていない。しかしこの「生命の息」とは神の霊が人間に生命を与える，活ける者とすると同意義である。「わたしがお前たちの中に霊を吹き込むとお前たちは生きる（エゼキエル37, 9. 14）」。また「神の霊がわたしを造り，全能者の息吹がわたしに命を与えた（ヨブ3, 4）」，その他ヨブ27, 3; 使4, 31など参照。さてヨハネのテキストでは19, 30「そして頭を垂れて霊を引き渡した」(1, 33) ということがここに現前していると言えよう。イエスはここで賜物として地上のイエスの霊を与えたのではないか。この聖霊を受けるということは新しい人間として生まれるという（ヨハネ3, 1以下）洗礼にも匹敵する（マタイ28, 19参照）。「受ける」は14, 17参照。この霊を受けることにもとづいて派遣された者の言葉は霊の言葉となる。イエスの復活が霊の言葉として宣教者の言葉に入るのである（15, 26以下）。こうしてヨハネ福音書では復活と聖霊降臨は同時に訪れる[79]。そして，この聖霊を受けることに，別れの説話の五つのパラクレートス句の聖霊の働きが欠けることなく読み込まれるべきである。これらの句で述べられたすべてのことがここで現実となった。宣教をなすのも証しするのも人間でなく聖霊なのである（15, 26; 16, 13以下）。

　これが規範（Kriterium）であり，それが欠けるところでは真理は単なる人間の言葉の伝承の鎖となる[80]。

23節　その後に弟子たちが「罪を許すなら許され，止めておくなら[81]そうなる」と言われる。（ルカ24, 47.49; 霊と罪の許し参照）。罪の許しは十字架と聖霊による（Ⅰコリント15, 3）。Aphienai（解く）と krateín（結ぶ）はこれと相応してマタイ16, 19; 18, 18で luein（許す）と deein（止める）となっている。ただしマタイでは順序が逆である。そして何よりも単数でペト

---

79) Bultmann, Kom.
80) ハデイースの成立参照。
81) 17, 20.23などその他参照。

ロに向けられている。ただし18,18では複数で教会（18,17）に向けられている。すなわちペトロ，弟子たちは教会に向けられていることになる。これは弟子への罪に関する全権委譲である。この箇所は聖霊の授与と関連して，それ故特にパラクレートス句と緊密に結びつけられ読まれなければならない。ここで特に16,8以下の第4パラクレートス句を参照して読んでみることが肝要であろう。聖霊が来て罪を明らかにするとは結局ここで弟子を通してその不信仰という罪（16,9）が許されるということである。その次にここでは誰に権限が与えられているかは，「個人ではなく弟子たちつまり教会に与えられた」（松永，注解）という二者択一ではなく霊を受けた教会ないし個人に両方に与えられたのではないか。というのは罪をゆるす真の主体は聖霊なのである。ただしその霊は「思いのままに吹く」のである（3,8）。

　しかし霊が教会に与えられたのは明らかであるから，特にそれに関わっている15章を注意してみる必要があろう。すると許される者は愛する者なのであり，罪が止められるのは憎しみを持つ者だということになる。霊による新しい創造は罪の許しと直結している（使2,38；Iコリント6,11；テトス3,5。ここから世に罪の許しが広がるのである。また16,9によれば，「信じない」ことは裁きとなる。派遣は，信じるか信じないかの分かれ目となる。すなわちヨハネの共同体は弟子たちへのこの派遣と全権の付与について知っている）[82]，ただそれが誰にそしていかに受け継がれて行くかについては述べられていない。いずれにしてもこの言葉はここでは十二人の弟子全体に与えられている。彼らは実際にはここではユダとトマスを除いて十人であるが，それは十二人にという弟子の collegium を意味する。この場にトマスを除いて十人しかいなかった，とかいうことは問題にならない。現にこの話を厳密にとれば，続く24-28節でここで不在のトマスについて聖霊の話はないが，彼も派遣された弟子であるゆえ，聖霊の授受が前提されている。次に「使徒たちは単に教会の代表者である」[83]という意見はある意味では正しいが，これは一方的ではないだろうか（ヨハネでは使徒という言葉が使われていないので，この表現では使徒という言葉とヨハネ福音書の

---

82) 17, 17；4, 38ほか参照。
83) Kaesemann, RGG II, 1278；ケーゼマン，意思，82f. など参照。

関係からして考えられなければならない)。またこの点に関して，十二弟子によって受け継がれて行く職制については何も言われていないが，十二弟子は信じる者の代表であると同時に，明らかに他の信じる者とは区別されていて sui generis と言えるであろう[84]。もしそうでないなら，たとえば，なぜマリア・マグダラやイエスの母マリアやラザロはここにいないのか[85]。しかしそれはもちろん信じる者全体に与えられている。なぜなら十二弟子は彼らの exemplar であるからである。従って使徒としての munus (Amt) の話はここにはない。この問題について詳しくは，「はじめに」参照。とにかくここで参考までに，引用を挙げると，「この霊と，言葉において自らを証しするキリストの同一視は，台頭しつつある初期カトリシズムから批判的に自らを際立たせ，パウロでは決着のついていない問題をきわめて個性的な仕方で解決した」[86]，というような意見もさらに批判的に検討されるべきである。これについても「はじめに」参照。さてここで結語はなく顕現の物語は終わっている。

---

84) Schlier, Ekklesiologie, 145; また Porsch, Pneuma, 397 以下参照。
85) 使1, 14 参照。
86) Kaesemann, RGG II, 1278.

トマスの反応

(24-25節)

───────

²⁴十二人の一人ディディモと呼ばれるトマスは，イエスが来た時，彼らと一緒にいなかった。²⁵そこで他の弟子たちは彼に，「わたしたちは主を見た」と言った。すると彼らに言った。「わたしは彼の両手に釘のあとを見，その釘のあとにわたしの指を入れ，わたしの手を彼の脇に入れなければ，決して信じない。」

注　解

24節　24-29節は福音書記者の手になるのではないかと言われる[87]。次の理由が挙げられている。① 19-23節では霊の授受，全権の付与などすべての弟子の存在が前提されている。②「主を見た」は20b節を，手と足の話は20a節を前提としている。閉じられた戸，真ん中に立つ，「平安あれ」，すなわち26節は19節の重複である。③ ヨハネ的文体：oun historikum; ean me; ou me; heoraka: 1, 34; 9, 37; 14, 7; pepisteuka: 6, 69; 8, 31; 11, 27; 16, 27。④ 福音書記者の目的。これはまた資料から取られ福音書記者によって編集されたとも仮定される[88]。以上見たように先ず19-23節との重複が目立つ（26節）。そしてこの段落の重要性は，ケーリュグマを信じることによる疑いの克服である。

十二弟子の一人ディディモと呼ばれるトマスはイエスが来た時彼らと一緒にいなかった。トマスは11, 16と14, 5でわれわれに知られている。ユダを除いて最初の顕現のさい十人の弟子がいたことになる。十二人はこの箇所を除くと6章だけに出る（6, 67.70.71）。

---

87)　Schnackenburg, Kom; その他，Wellhausen; Spitta; Hirsch など。
88)　Bultmann, Kom.

25節 そこで他の弟子たちが「われわれは主を見た」（マリア・マグダラと同じ言葉の複数：18節）と言った[89]。この言葉は彼らの派遣の後，すでに公式のケーリュグマである。復活の顕現の出来事はすでにこの証しのうちに入ったのである。信仰は聞くことにより起こる（ロマ10, 17）。するとトマスは「わたしは彼の両手に釘の跡を見，その釘の跡にわたしの指を入れ，わたしの手を彼の脇に入れなければ信じない」と答える。ここでは顕現のさいイエスが手と脇を見せたことが前提となっている（Ⅰヨハネ1, 1）。「釘（helos）」は新約聖書でここだけに出る。「指を入れる」，「手を入れる」は非常に誇張されている。復活したイエスを見て疑うというモティーフは，マタイ28, 17に「疑う者もいた」と記されている。ルカ24, 11. 25；24, 41では「喜びのあまり信じられない」，とある。25節は執拗な懐疑と絶望に対して書かれている。接触は五感のうちでも最後のものとなる。命もこれによって生まれ，死もこれによって来る（20, 17）。

---

89) このことについては20節参照。

トマスを含む弟子たちへの顕現
(26-29節)

---

²⁶八日の後，彼の弟子たちは再び内にいた。イエスは戸が閉じられていたのに来る。そして真ん中に立って言った。「あなたたちに平和あれ。」²⁷それからトマスに言う。あなたの指をここへ出しなさい。そしてわたしの手を見なさい。あなたの手を出して，わたしの脇へ入れなさい。そして信じない者になるのでなく，信じる者になりなさい。」²⁸トマスは答えて彼に言った。「わたしの主よ，わたしの神よ。」²⁹イエスは彼に言う。「わたしを見たので信じたのか。見ないで信じる者は幸いである。」

注　解

26節　「八日の後」，すなわち数え方により次の日曜日のこととなる。それは主の日（黙1, 10; 使20, 7）とされていた。それは復活を記念するためである。すなわち七日の後である。この間の弟子たちの事情は分からない。次の顕現は本来すぐ起こったとしてもおかしくない。初代教会の「主の日」という典礼が背景として考えられる。弟子たちは再び中にいて，とあるのは前回と同じところを指すのであろう。その次の顕現の描写は前回の19節と全く同じである。なぜヴァリエーションをつけなかったのか，くり返しにどのような意味があるかは分からない。材料が乏しく，したがって一回目の記述を変えたくなかったのか。

27節　イエスはトマスに，信じるためにトマスの要求した通りのことをせよ，と言う。表現は若干変えられているが，イエスがトマスの言ったことを正確に知っていることは明らかである。「触れてみよ」，ということは17節からいうとマリアへの状況と違っており，イエスが父のもとへ上ったこと，すなわち17節で解説したように，顕現者との出会いの状況が違うことを示していると考えられる。「信じない者にならず信じる者になりな

さい」は，25節の「決して信じない」というトマスの言葉への反応としての命令形である。Apistos も pistos もヨハネではここだけに使われている。何らかの伝承に基づく言い方ではないだろうか。

28節　イエスの言葉に対して，もちろんトマスは見るだけで信じるのである。しかしこのことが29節で問題となる。トマスはただちに「わが主よ，わが神よ」という信仰告白をする。その他の言葉は言い得なかったのである。この言葉はトマスの心の底からの叫びのように聞こえ，あたかもショックを受けた者のような感じを受ける。わが目を疑うという事態であろうか。この驚きが大きいだけ，疑いは大きかったとも言える。ここで福音書記者はこの疑いと対決する。それは事態そのものが，いかに信ずべからざることであるかという認識がその底にあるのであり，顕現だけが復活を信じ得るものとしたということである。これはトマスの告白は，「わたしたちが手で触ったもの」（Ⅰヨハネ1, 1）には矛盾しない。これはルカ24, 39「触ってみなさい」を受けているのだろうか。ここには双方「触る (psēlaphan)」という同じ動詞が使われている（あとは使7, 27；ヘブライ12, 18）。トマスの告白の「わが主よ」はこれまでの「主」という使い方が，復活した「主」をさすのであることを明らかにする（20, 2.13.18.20.25.28；15を除く）。「わが神よ」はここではイエスに向けてではなく，父なる神に向けられたものと解したい。なぜなら14, 7でイエスはトマスに「またすでに父を見たのである」と言っているからであり，イエスを見た者が父を見ることがここで実現したのである。また17節でイエスはマリアに「わたしの神」と言っている[*90]。この呼びかけで第四福音書は頂点にいたる。

29節　「わたしを見たので信じた。見ないで信じる者は幸いである。」「幸いなるかな」というマカリオスの言葉でこの福音書の物語は終わる。これは終末の救いに与る人間の幸いを喜びをもって称える祝福である[*91]。13, 17に見られる（マタイ：13回；ルカ15回；マルコ0回）。さてトマスの物語はこの言葉のために書かれたようなものである。そしてトマスにさらにイ

---

90) 伊吹，注解，56。
91) Hauck, ThWbNT IV, 369.

エスが顕れたことは，すべての弟子が顕現を見て復活の証人になるべきだということであろう。ただしこのことがトマスの疑いのために29節のこの言葉となっている。見ないで信じるとは，弟子たちや復活の証人たちのケーリュグマを聞いて信じるということである。その根本にはこの両者が同じ出来事なのであるという，宣教の言葉が神の言葉であり，その言葉のうちに，顕現を見ると同じことが起こるということが述べられている。これがケーリュグマというものの本質であり，この言葉は福音書の物語全体を対象としている。そしてこの言葉の本質にキリスト教信仰のすべてがかかっている。このケーリュグマの本質を明らかにする言葉がこの福音書のイエスの最後の言葉なのである。これ以外話されるべきことは何もない。この言葉は世の終わりまで響く。信じる者にこの祝福は妥当する。

結　語
（30-31節）

―――――――

³⁰さてイエスはこの書には記されていない多くの他のしるしを弟子たちの前に行った。³¹しかしこれらのことが書かれているのは，イエスが神の子キリストであることを信じるため，そして信じて彼の名において命を持つためである。

注　解

30節　結語である。ヨハネは著者として，その言葉を最後に記す唯一の福音書記者である。「この書に記されていない多くの他のしるし」については，まずここでこの福音書に書かれたすべてのことがしるしとされる。しるしを奇跡と等置することは出来ない。ここでしるしはイエスの言行の一切を含んでいる（12, 37参照）。言葉とわざはしるしとして一つのものをなす。書き記されたもののすべてである。復活の顕現もここに含まれることになる。ただしセーメイアが狭い意味で奇跡を意味するということは認めるべきなのかもしれない。誰がそう言っていたかということを問題とすべきである（12, 41）。書かれたという意味はこれが宣教の言葉として，またしるしとして，言葉によってしるしづけられて示されたのでということであり，単なる記述ではない。2, 11; 12, 37.41によればそれはイエスの栄光を顕すことでもある。「しるし」とは顕すことである。「弟子たちの前で」ということは広くはケーリュグマにおいて，われわれすべての前でという意味となる。広い意味では信じる者は皆イエスの弟子なのである。すなわち福音書の言葉を聞く者は，イエスの行ったしるしをみるのである。またこれを読むものは読むことにおいて聞くのである。そして聞くことにおいて見るのである。21, 25には書き記されないことについてもっと誇張した言い方がなされている。たとえばその例としては21章自体が挙げられよ

う。ただしここに書かれたことはより抜かれたコンパクトなことであって，本質的に欠けたところはない。そして31節にあるように信じるに十分なことなのである。したがってここに書かれたことに注意を集中すればよいことになる。

31節　30節の men に対応して de（だがしかし）と続く。これは31節の「書かれた」と30節の「書かれた」にかかる。そこでこのことが書かれた目的が挙げられる。それは「……のために」という hina 文に接続する。ここにさらにもう一つの hina 文が続くが，二度目は最初の「信じる」ことがもう一度取り上げられ，その信じることが何をもたらすかが述べられている。ここで「あなた方が」，という福音書記者のわれわれへの直接の語りかけは福音書の文体を破る形でなされている。この「あなた方」という書き方は19, 35にすでに一度見出された。この福音書に2回だけ書かれている。これはイエスの死と今見た復活者の顕現に対応するのだろうか。「イエスがキリスト・神の子である」ということでアクセントは「キリスト・神の子」の上に置かれている。これはこの書に書かれたイエスが光栄に挙げられた者の現在の到来を示すということである。キリストはパウロですでにイエスの固有名詞として現れるが，ここではそれはメシアの意味であり，この語は新約聖書で驚くべきことにヨハネ1, 41; 4, 25の2回しか表れない。1, 41ではこの語の後に「訳せばキリスト」とつけ加えられている。それは4, 42には「救い主（sōtēr）」として出るがこの名称は新約聖書の時代の遅い文書に多く用いられている傾向がある。一般にここではこのキリストが神の子であることが強調されていると解され，キリスト称号はメシアであり，特にユダヤ人を射程に入れているとも言われる。この同じ信仰告白の言葉は11, 25のマルタのそれにも見られる。いわばそこでこの福音書の書かれた目的が先取りされていたのである[*92]。キリストは神の子の救済が表される名称である。「まさに新約と同時代のユダヤ教においては，元来『神の子』は称号としてはメシアに用いられない」[*93]。そして終末は初めからあるものの啓示であるから，神の子と定められた終末啓

---

92) この信仰告白については, 伊吹, ヨハネ, 150以下参照。
93) ヘンゲル, 神の子, 75。

示は，最初からのものである[*94]。次に「イエスがキリスト・神の子である」という文の「イエス」という名について考えたい。ここにこの福音書の全目的が書かれているからである。すなわちこの福音書は，イエスについての描写であって，ここに福音書という文学類型としてこの書が書かれた目的が集中して表れている。すなわちそれはイエスについての描写であって，このことの目的は，イエスをここに書かれている「この」イエスとしてその直示を可能としているのである。「キリスト・神の子」というタイトルだけではこのことは可能とならない。この福音書の全部の意味が「この」と言う指示として「イエス」を指しているのである[*95]。目的には「信じる」ことのみが挙げられているが，それはもちろん希望することを，イエスを愛することを可能にする。

　しかしなぜヨハネ福音書には「希望する (elpizein)」も「希望 (elpis)」も出てこないのであろうか。ヨハネは elpizein に関しては5, 45を除く。また共観福音書でも少ない；マタイ1回；ルカ3回；また elpis は全然出ない。それに反してパウロに比較にならぬほど多い：elpizein: 19; elpis: 36回。すなわちパウロは信じることと希望することを分けているが，ヨハネは分けていないことが分かる。信じることのうちに「希望する」が含まれているのである。信じることは希望することである。すなわち「信じること」は「疑わない」ということの対立項ではない。信じるとは希望をも含み，信じることによって生きていけることを意味する。神を疑うとは神の存在を疑うことではなく，神を信じないことである。しかも信じないでは生きていけないことである。神に希望しないでは生きていけないのである。(glauben＋3格と an jn glauben を比較せよ)。ここでは trauen と vertrauen の分析には立ち入らない。Glauben の意味は他の言葉との結合によって違ってくる。さて次にこのイエスという名は31b節に引き継がれている。この名は上述の「このイエス」のことである。ここに神の子・キリストたるイエスが立ち現れている，それがこの「名」である。そしてそれは「呼びかけ得る者」として全福音書に描かれたイエスという深みを示している。「彼の名において」の「おいて (en)」はその深みにおいてという意味であろ

---

94) 神の子：1, 34.49; 3, 18; 5, 25; 10, 36; 11, 4.27; 20, 31; キリスト：1, 41; 4, 25.29; 7, 26.27.31. 41.42; 9, 22; 10, 24; 11, 27; 12, 34; 17, 3; 20, 31参照。
95) 伊吹, ヨハネ, 147 以下。

うが「彼の名によって」と考えることも不可能ではないであろう[*96]。深みが力として働くからである。それがキリスト者にあてられたものか, 非キリスト者へ宛てられたものかについては両方であると答えるより他にないであろう。真実はだれのためのものでもある。31b節では信じた結果, すなわち救いについて語られている。それはその名によって命を受けて持つということなのであり, それは現在すでに始まっているが, また将来への希望を開く。希望の向くものは命である。救いは端的に命へ向かっている。人間は命へと生きており, その道は信仰である。命へ向けてこの書のすべてが書かれたのである。

---

96) Bl. Debr. §219; Barrett, Kom: in account of.

第 21 章

1 その後イエスは，ティベリアスの湖畔で再び弟子たちに自分自身を顕した。次のように顕したのである。2 シモン・ペトロとディディモと呼ばれるトマス，ガリラヤ出身のナタナエル，ゼベダイの子たちと彼の弟子の中からの他の二人が一緒にいた。3 シモン・ペトロは彼らに「漁に行く」と言う。そこで彼らは出て行って船に乗った。そしてその夜は何も取れなかった。4 すでに早朝になって，イエスは岸に立った。しかし弟子たちはそれが誰だか分からなかった。5 そこでイエスは彼らに言う。「子たちよ，魚を持ってはいないだろうね。」彼に答えた。「はい。」6 そこで彼らに言った。「船の右側に網を打ちなさい。そうすれば見つかるだろう。」それで「（網を）」打った。そして魚の量で引くことができなかった。7 するとイエスの愛していたかの弟子が，ペトロに言う。「主だ。」ペトロは「主だ」と聞いた時，裸だったので上着を身にまとい，湖に飛び込んだ。8 他の弟子たちは岸から遠くなく，およそ200ペーキュスほどの距離だったので，魚の網を引っ張りながら船で来た。9 彼らが岸へ下りた時，炭火があって，魚がのせてあるのとパンを見る。10 イエスは彼らに言う。「今取った魚から持って来なさい。」11 シモン・ペトロは上がって153匹の大きな魚の一杯入っている網を岸へ引き上げた。これほどたくさんであったのに網は裂けなかった。12 イエスは彼らに言う。「来て朝食を取りなさい。」弟子たちの一人も敢えて「あなたは誰ですか」とたずねなかった。主だと分かっていたからである。13 イエスは来てパンを取り彼らに与える。そして魚も同様に（与える）。14 これで，イエスが死人の中からよみがえらされて，すでに三度目に弟子たちに現れた。15 さて朝食をすませた後，イエスはシモン・ペトロに言う。「ヨハネの子シモン，あなたはこの人たち以上にわたしを愛しているか。」彼に言う。「はい，主よ，わたしがあなたを愛していることをあなたは知っています。」彼に言う。「わたしの小羊を飼い（牧し）なさい。」16 彼に再び二度目に言う。「ヨハネの子シモン，わたしを愛しているか。」彼に言う。「はい，主よ，わたしがあなたを愛していることをあなたは知っています。彼に言う。「わたしの羊を飼い（牧し）なさい。」17 三度彼に言う。「ヨハネの子シモン，わたしを愛しているか。」ペトロは，彼に三度，「わたしを愛しているか」，と言ったので悲しくなった。そして彼に言った。「主よ，あなたはすべてを知っています。わたしがあなたを愛していることをあなたは知っています。」イエスは彼に言う。「わたしの羊を飼い（牧し）なさい。」18 「まことにまことにあなたに言う。あなたは若かった時には自分で帯をしめて，欲するところへ歩んだ。しかし年をとるとあなたの

両手を拡げ，他の者があなたを帯で締め，あなたの欲しないところへつれて行くだろう。」[19]ペトロがどのような死に方で神の栄光を現すようになるかを示すために，イエスはこれを言ったのである。これを言ってから彼に言う。「わたしに従いなさい。」[20]ペトロはふり返って，イエスが愛していた弟子がついてくるのを見る。それはあの食事の時に彼の胸に寄りかかって，「誰があなたを引き渡す者ですか」と言った者である。[21]ペトロはこの者を見てイエスに言う。「主よ，この者はどうですか。」[22]イエスは彼に言う。「もしわたしが来るまで彼が止まることをわたしが欲するとしても，それがあなたに何なのか。あなたはわたしに従え。」[23]それでこの言葉は兄弟たちの間に広まった。そして彼らは，その弟子は死なないと考えた。しかしイエスは，彼に彼が死なないといったのではなくて，「もしわたしが来るまでに彼が止まることをわたしが欲するとしても，それがあなたに何なのか」，と言ったのである。[24]この者がこれらのことについて証言し，そしてこれらのことを書いたものである。そしてわたしたちは，彼の証言が真実であることを知っている。[25]イエスが行ったことは，他にもたくさんある。それらが一つ一つ書かれるならば，書き記される書物をこの世も収めきれないだろうとわたしは思う。

はじめに

①　21章はわたくしには二つの前線で戦っているように見える（Zweifrontenkrieg）。一つはすでに台頭している異端に対するペトロの権威の確立であり，もう一つは愛弟子の強調による教会の制度による権力に対する警告である（Ⅰペトロ5, 3）。しかしこれは考え得る仮定にすぎない。だがもし福音書がすでにイエスの顕現についての言葉を閉じていて（20, 29），なおここで物語を続けるとなれば，その比重はペトロと愛弟子についての事柄の上にあるのではないだろうか[*1]。

さて21章は後からの附加であるが，21章のない写本は存在しないがゆえに，ヨハネ福音書記者の弟子が[*2]。福音書記者の死後，自らは20章で完成したとしたものに附加したものであると考えられる。20章の終わりには，顕現の物語は20, 29で締めくくられ，その後にすでに結語があり，イエスが神の子・キリストであると述べ，この最後において1, 1にテーマは還帰して，まとまりをみせているからである[*3]。M. Weber は，カリスマ的な者は一時的なもので，結局は制度（Institution）的なものに飲み込まれていくと語ったことは参考になるのではないか[*4]。ただ編集者が21章をつけてペトロの牧職を一方的に強調し，institutional なものに受け入れられるようにしたのであり，その結果，この福音書が一般に取り入れられたと考える意見もあるが明瞭でない[*5]。しかし21章はこの問題に関わっている。そのことを解釈を通じて明らかにする必要があろう[*6]。

---

1)　Ruckstuhl, Johannes 21, 341; Schnackenburg, Kom.
2)　ただし愛弟子ではないのではないか：24節参照。なぜなら愛弟子がそのうちの主なテーマになっていて，彼を第三者として描写しているからである。
3)　Wikenhauser, Kom.
4)　ウェーバー，支配の社会学Ⅰ, 47。
5)　Ruckstuhl, Joh 21, 361.
6)　Ibuki, Viele, 170-171参照。

② 復活についてはエルサレム（ルカ［マルコ19, 9-20］、ヨハネ）とガリラヤ（マルコ、マタイ、ヨハネ）での顕現の伝承がある。

ここではエルサレムの顕現の後、さらなる顕現が語られる。21章の記者にはそのさい二つの関心事があったのではないかと思われる。それはマルコ16, 9以下にも似た調整であるが、その関心事は、二つあり一つは、顕現の様態に関係し、日常生活に隠れた形で常に共にある復活したイエスをも指し示すことである。他は、上記のように復活者をしてなおペトロと愛弟子について語らしめることである。顕現のさいの奇跡的漁はルカの5, 1-11にあり、共に同じ伝承に帰ると考えられている。

最初にルカとの比較表をあげる。それにより若干のことが明らかになるはずである。

新共同訳

ヨハネ21, 1-14	ルカ5, 1-11
1. その後イエスはティベリアスの湖畔で再び弟子たちに自分自身を顕した。次のように顕したのである。2. シモンペトロとディディモと呼ばれるトマス、ガリラヤ出身のナタナエル、ゼベダイの子たちと彼の弟子の中からの他の二人が一緒にいた。3. シモン・ペトロは彼らに「漁に行く」と言う。そこで彼らは出て行って船に乗った。そしてその夜は何も取れなかった。4. すでに早朝になって、イエスは岸に立った。しかし弟子たちはそれが誰だか分からなかった。5. そこでイエ	1. イエスがゲネサレト湖畔に立っていると、神の言葉を聞こうとして群集がそのまわりに押し寄せてきた。2. イエスは2艘の船が岸にあるのを見た。漁師たちは船から上がって網を洗っていた。3. そこでイエスはそのうちのいっそうであるシモンの持ち船に乗り、岸から少し漕ぎ出すように彼に頼んだ。そして腰を下ろして船から群集に教え始めた。4. 話し終わった時シモンに、「沖に漕ぎ出して網をおろし、漁をしなさい。」と言った。5. シモン「先生、わたしたちは、夜通し苦労しま

第 21 章

スは彼らに言う。「子たちよ，魚を持ってはいないだろうね。」彼に答えた。「はい。」6. そこで彼らに言った。「船の右側に網を打ちなさい。そうすれば見つかるだろう。」それで「(網を)」打った。そして魚の量で引くことができなかった。7. するとイエスの愛していたかの弟子が，ペトロに言う。「主だ。」ペトロは「主だ」と聞いた時，裸だったので上着を身にまとい，湖に飛び込んだ。8. 他の弟子たちは岸から遠くなくおよそ200ペーキュスほどの距離だったので魚の網を引っ張りながら船で来た。9. 彼らが岸へ下りた時，炭火があって，魚がのせてあるのとパンを見る。10. イエスは彼らに言う。「今取った魚から持って来なさい。」11. シモン・ペトロは上がって153匹の大きな魚の一杯入っている網を岸へ引き上げた。これほどたくさんであったのに網は裂けなかった。12. イエスは彼らに言う。「来て朝食を取りなさい。」弟子たちの一人も敢えて「あなたは誰ですか。」

したが，何もとれませんでした。しかしお言葉ですから，網を下ろしてみましょう」と答えた。6. そして漁師たちがそのとおりにすると，おびただしい魚がかかり，網が破れそうになった。7. そこでもう一そうの船にいる仲間に合図して，来て手を貸してくれるように頼んだ。彼らは来て，二そうの船を魚でいっぱいにしたので，船は沈みそうになった。8. これを見たシモン・ペトロは，イエスの足もとにひれ伏して，「主よ，わたしから離れてください。わたしは罪深い者なのです」と言った。9. とれた魚にシモンも一緒にいた者も皆驚いたからである。10. シモンの仲間，ゼベダイの子ヤコブもヨハネと同様だった。するとイエスはシモンに言った。「畏れることはない。今から後，あなたは人間をとる漁師になる。」11. そこで，彼らは船を陸に引きげ，すべてを棄ててイエスに従った。

とたずねなかった。13. イエスは来てパンを取り彼らに与える。そして魚も同様に（与える）。14. これで, イエスが死人の中からよみがえらされて, すでに三度目に弟子たちに現れた。

両者の伝承の関係にとっては, いつヨハネ21章が書かれたかが重要であろう。これがはっきりしない以上, 独立した伝承を両者がそれぞれ別々に利用したのではないか, と考えるべきであろう。それはおそらくは, 奇跡的大漁という伝承であり, 口頭伝承であった可能性がある*7。ヨハネ21章ではそれは顕現物語に組み込まれ, ルカ5章では, 召命の物語に組み込まれた。そのために「人間をとる漁師」というペトロの召命は適当であり, ヨハネでは大漁は教会についてということである。ヨハネ21章ではペトロというテーマは, 2.3.7.11と15-21節に集中する。なおルカではマルコ1, 16-20が枠組みとして使われていると考えられよう。ルカとの共通点は, まずガリラヤ湖という場所である。しかしまず双方のガリラヤ湖の呼び方が違うことに注目すべきであろう。ヨハネは「ティベリアスの湖畔」と言っている。以前6章にティベリアスには若干の伝承があったのではないかというシュリーアの意見を述べた。次に登場人物として, ペトロはルカではシモン（8節：シモン・ペトロ）, ヨハネではシモン・ペトロないしペトロ（7節）, ゼベダイの子ら（ルカ5, 10; ヨハネ21, 2）である。ルカでは船はペトロに属し, このことはヨハネでは漁に行くペトロのイニシアティヴとして示されていると考えられる。以下共通点をあげる。すなわちイエスによる網を下ろす命令（ルカ5, 4; ヨハネ21, 6）。夜の間何も捕れなかった（ルカ5, 5; ヨハネ21, 3）。大漁（ルカ5, 6; ヨハネ21, 6）。網が破れなかったこと（ルカ5, 6; ヨハネ21, 11）。大漁について（ルカ5, 9; ヨハネ21, 11）。大漁の二重のデモンストレーション（ルカ5, 6.7; ヨハネ21, 6.11）。シモン・ペトロの呼び名（ルカ5, 8: ルカではここだけ）。船に乗り組んでいる人々（ル

---

7) Pesch, Fischfang, 126.

カ5, 4；ヨハネ21, 6）[*8]。なお付記すれば1, 5.10.14は編集と考えられ，2.3.4a.6.11は大漁物語に，4b.7.8.9.12.13は顕現物語に帰されている[*9]。ヨハネでは，すでにあったガリレア伝承に属する復活者の顕現という枠組みの中へ，大漁の話と，愛弟子，ペトロおよび聖餐のモティーフが入れられる。そしてペトロと愛弟子の主題が15-25節と終わりの物語へつなげられる。聖餐は9-14節で，これは5節の「子たちよ，何か食べるものがあるか」というイエスの言葉で，大漁の話に組み込まれている。それは9節で，炭火がおこしてあった，ということにつながる。このイエスの言葉はルカ24, 41「ここに何か食べられるものを持っているか」に似ている。聖餐の物語の中の153匹の魚の話はひるがえって，奇跡的大漁の話をなお一層に明確にする。食事の話はパンを取ってから与え，魚も同じようにした」（13節）とあり，これは6, 11を参照すべきであり，さらに共観福音書の晩餐を[*10]，さらに復活者の食事としてルカ24, 30「パンを取って祝し，また裂いて彼らに手渡す」を参照すべきである。なお5節のイエスの言葉は，ルカ24, 41「ここに何か食べられるものをもっているか」に似ている。ここでの焼き魚の話は，ヨハネでは「魚」として9.10節に語られる。ルカの伝承とのふれあいが考えられる。

③　なお文体，および用語についての詳細は Bultmann, Kom 参照[*11]。しかし他方，21章にはヨハネの文体の特徴的なものが現れている[*12]。ちなみにそれらは，oun historicum: 21, 5.6.7.9.15.21.23; asyndeton epicum: 21, 2.3.5.13.17; Simon Petros: 21, 2.3.7.11.15; mentoi: 21, 4; antharkia: 21, 9; palin+deuteron: 21, 16; helkuein: 21, 6.11; opsarion: 21, 9.10.13; amen amen: 21, 18; ek partitivum: 21, 2（Ruckstuhl, Einheit, 292以下）などである。なお，表現につ

---

8)　以上 Pesch, Fischfang, 63.
9)　Pesch, Fischfang, 87.
10)　ヨハネ注解II, 6章参照。
11)　ここにまた21章にのみ現れる単語が上げられている。また4b.7.8a.9b.13などが編集句とされている。Barrett, Kom によれば：aigialos, alieuein, apobainein, aristan, arnion, boskein, gēraskein, gumnos, diktuon, ekteinein, exetazein, ependutēs, epistrephein, Zebedaios, zōnnunai, isxuein, ichthus, makran neōteros, oiesthai, pēchus, poimainein, probation, prosphagion, prōia, surein, tolman, triton など。
12)　Pesch, Fischfang, 89.

いては，21, 19を12, 33; 18, 32，また21, 20; 13, 23; 19, 39や7, 50; 21, 23を16, 17; 21, 24を19, 35と比較。

　さて以上の編集史的な観察によって，この物語は現実は結局ヨハネとルカを飛び越してそのもとにある奇跡的漁という奇跡物語にだけ妥当するものとなってしまうのであろうか。このような問いは否定されなければならない。なぜならこの大漁の物語は弟子の召命（ルカ）と復活者の顕現（ヨハネ）という枠に取り入れられ，この二つの物語においてのみわれわれに現実として現前しているのである。

　ここでヨハネのヴァージョンを見ると，ここではガリラヤ伝承に属する復活者の顕現という枠組みの中で起こる。だが注釈すれば，「ヨハネ21章はまさに復活史についてのルカの伝統に矛盾する。『というのはルカ24, 49に従えばヨハネ21, 2に挙げられた弟子たちは，聖霊降臨の前には決してガリラヤにはいなかった（Loofs）』」[13]。さて次にこの附加を書いた者は，ガリラヤにおけるイエスの顕現に重きを置いたのではないだろうか。しかしそれはマルコ16, 9以下のような全体の調和という意味ではなく，ガリラヤによるヨハネ福音書の全体の括りと共に，ここに極めて重大な神学的テーマが提出されているからと思われる。それは上記の愛弟子とペトロの関係である[14]。この話は15-23節であるが，顕現および食事の話は，ここへ愛弟子とペトロが織り込まれ，15-23節へとつながる話としてあると言っては過言であろうか[15]。しかしそうだとすると，14節の顕現がすでに三度目であるという20章を前提とした但し書きは，本来23節の後に置かれるべきかもしれない。とにかくイエスが話すことは，復活者のそれとして，顕現を前提とするからである。この話は7節によって顕現の話へと組み込まれている。復活者がイエスであるということは直ちに認められていない（4b節）。これはヨハネ20, 14のマグダラの話，ルカ24, 13以下のエマオへ向かう二人の弟子の話しと共通で，ルカ24, 16では「彼らの目がさえぎられてイエスを認めることが出来なかった」とある。復活者のあり方が地上のイエスと異なることがここでも強調されている。なお天使については衣

---

13) Schniewind, Parallelperikopen, 16; また Fortna, Gospel, 88参照。
14) Barrett, Kom: the main point.
15) Pesch, Fischfang, 42.

が白衣とか輝くというようなことが書かれているが（マタイ28, 3；マルコ16, 5；ルカ24, 4），イエスについては何も記されていない。しかしいわゆる変容は復活の先取りと言われるが，ここではイエスの姿が変えられ，顔の様が変じ（ルカ9, 29），太陽のように輝き（マタイ17, 2），衣は光り輝く白色になった，とある（マタイ17, 2；マルコ9, 3；ルカ9, 29）。パウロは「天的な体」または「霊的な体」と言う（Ⅰコリント15, 40.44）。

以下の注解にさいしての文献批判的な注は，注解に重要な限り顧慮してある。

④ 区分けとしては[*16]以下の如くである。
1. 21, 1-14：　ティベリアス湖での顕現。
2. 21, 15-17：　復活者はペトロに最高の牧職を与える。
3. 21, 18-19：　ペトロの殉教の預言。
4. 21, 20-23：　愛弟子の運命。
5. 21, 24-25：　第二の結語。

---

16) Wikenhauser 他。

ティベリアス湖での顕現

（1-14節）

───────────

[1]その後イエスは，ティベリアスの湖畔で再び弟子たちに自分自身を顕した。次のように顕したのである。[2]シモン・ペトロとディディモと呼ばれるトマス，ガリラヤ出身のナタナエル，ゼベダイの子たちと彼の弟子の中からの他の二人が一緒にいた。[3]シモン・ペトロは彼らに「漁に行く」と言う。そこで彼らは出て行って船に乗った。そしてその夜は何も取れなかった。[4]すでに早朝になって，イエスは岸に立った。しかし弟子たちはそれが誰だか分からなかった。[5]そこでイエスは彼らに言う。「子たちよ，魚を持ってはいないだろうね。」彼に答えた。「はい。」[6]そこで彼らに言った。「船の右側に網を打ちなさい。そうすれば見つかるだろう。」それで「（網を）」打った。そして魚の量で引くことができなかった。[7]するとイエスの愛していたかの弟子が，ペトロに言う。「主だ。」ペトロは「主だ」と聞いた時，裸だったので上着を身にまとい，湖に飛び込んだ。[8]他の弟子たちは岸から遠くなく，およそ200ペーキュスほどの距離だったので，魚の網を引っ張りながら船で来た。[9]彼らが岸へ下りた時，炭火があって，魚がのせてあるのとパンを見る。[10]イエスは彼らに言う。「今取った魚から持って来なさい。」[11]シモン・ペトロは上がって153匹の大きな魚の一杯入っている網を岸へ引き上げた。これほどたくさんであったのに網は裂けなかった。[12]イエスは彼らに言う。「来て朝食を取りなさい。」弟子たちの一人も敢えて「あなたは誰ですか」とたずねなかった。主だと分かっていたからである。[13]イエスは来てパンを取り彼らに与える。そして魚も同様に（与える）。[14]これで，イエスが死人の中からよみがえらされて，すでに三度目に弟子たちに現れた。

注　解

1節　「その後」（3, 22; 5, 1; 6, 1; 7, 1）というのは20, 29へつながるように書かれている。ということは14節で，以下の顕現が三回目だと書かれていることから明らかである。すなわち弟子たちは，すでに霊を受けて教会が

成立し派遣の委託を実行に移さねばならぬ時であるが，ここではあたかもイエスが十字架に引き渡された後，弟子たちが故郷へ帰ってしまったかのように見える（16, 32）。そして日常生活がはじまったかのようにも見える。したがって日常生活の中で，思いもかけない時に主が近くにいるということが表されているとも考えられる。この顕現が20, 29の後に入れられず，21章で25節以下再び結語が来ることは，21章の著者がこの附加を公然と示していることになる。顕現についてはエルサレム（ヨハネとルカ）とガリラヤ（マルコとマタイ）の二つの伝承があるが，ヨハネ福音書では21章の附加によって，この両方の伝承が結びついたことになる。ここではガリラヤ湖がティベリアの湖と呼ばれている（6, 1）と呼ばれている。「再び(palin)」は正確には三度目である。これは20, 19以下；20, 26以下に続く。この言葉はマタイ17回；マルコ28回；ルカ3回；ヨハネ43回と，ヨハネに愛されている句である。イエスには冠詞がない（1, 45.47.48.50；2, 19.24；3, 3.10；4, 2.13.16.44.47；5, 1.13その他略。特に「答える」と結びついて多い）。顕現を意味する「あらわす（phaneroun）」はヨハネに多く出る言葉である：マルコ4, 22［16, 12.14］；ヨハネ1, 31；2, 11；3, 21；7, 4；9, 3；17, 6；21, 1［2回］. 14；Ⅰヨハネ1, 2［2回］；2, 19.28；3, 2.5.8；4, 9: Total: 49回中19回。ここではルカ5, 1と違いガリラヤ湖がティベリアス湖と呼ばれている（6, 1参照）。この物語の伝承はティベリアスという場所と関係があるのだろうか。「次のように顕したのである」はわざわざ14節に対応して書かれたのかもしれない。

　2節　ここで挙げられる弟子は，シモン・ペトロを初めとし，ディディモと呼ばれるトマス，ガリラヤのカナ出身のナタナエル（カナ出身はここだけに出る），ゼベダイの子たち，他の二人の弟子たち，すなわち七人である。7というシンボル数に重きをおいたのか，伝承に帰るかどうかは分からない。シモン・ペトロというヨハネ特有の呼び名は，そこでペトロという名が1, 42に言われる意味で強調してつけられているのであろうか。このことは一考に値すると考えられる。ゼベダイの子ヤコブとヨハネは，ルカ5, 10ではそこに居合わせたことになっている。彼らは本来ペトロの後に続いて挙げられるべきではないのか。またなぜ愛弟子という名が挙げられないのか分からない。ナタナエルはヨハネにのみ出る弟子である（1,

45-49: 詳しいエピソードがある)。トマスについては物語られたばかりである（20, 24以下；11, 16；14, 5)。両人ともヨハネ的色彩が濃い。大きな問題となるのはゼベダイの子らである。これはここで初めて出るが共観福音書によると，ヤコブとヨハネである（マルコ1, 19；3, 18以下平行)。ここで確かに，愛弟子は他の二人のうちの弟子の一人と考えられる[17]。つまり彼らは名前で呼ばれていない。「他の (allos) 弟子」：18, 15.26；19, 18；20, 2.3.4. 8.25；21, 8。「二人の弟子」：1, 35.37.40；20, 4；21, 2。結局以上のように，この二人の弟子のうちの一人が愛弟子だとすると，その前に挙げられたゼベダイの子ヨハネは，愛弟子ではないことになる。このヨハネはこの福音書でここだけに出る。これが不思議なことなのである。だがこのことについては「はじめに」で触れた。伝承に帰るのであろう。

3節 弟子たちが漁師であったことは共観福音書にだけ出て，ヨハネ福音書には見られない。シモン・ペトロは彼らに「漁に行く」と言う。これはペトロが弟子のリーダー的な地位を占めているからか，ルカ5, 3では二艘のうち一艘がペトロの船なのでそれに由来するのかどうか分からない。一晩中何も獲れなかった。夜の漁は普通である。ルカ5, 5：「師よ，私どもは夜もすがら労しても，何も捕れませんでした」参照。

4節 すでに早朝になっていて（de でつながれる)，イエスは岸に立った (estē)。ルカ5, 1：「ゲネザレト湖のほとりに立っていた (estōs)」。復活者の「立った (estē)」についてはヨハネ20, 19；26；ルカ24, 36参照；ヨハネ：20, 14 (estōta) も参照。すなわち復活者の現れ方を述べる共通の言葉と言える。弟子たちがイエスだと分からなかったのは，すでに述べたように復活者はすぐイエスだと分からないからであろう。早朝で遠くだったからということではないと考えられる。この分からないことは7節の愛弟子の言葉によって破られる。

5節 「子たちよ，食べ物がないか」という言葉は (oun historicum: 5.6.7. 9.11)，大漁を準備する。「子たちよ (paidia)」：paidion: 4, 49；16, 21（Ⅰヨハ

---

17) 1, 35参照；Bultmann, Kom.

ネ2, 14.18; 3, 7）；teknion: ヨハネ13, 33; Iヨハネ2, 1.12.28; 3, 7.18; 4, 4; 5, 21; teknon: 1, 12; 8, 39; 11, 52; Iヨハネ3, 1.2.10; 5, 2; IIヨハネ1.4.13; IIIヨハネ4。すなわち「子たち（paidia）」は4, 49; 16, 21に出るが，この言葉での弟子たちへのイエスの呼びかけとしてはこれが始めてである。ただし弟子たちは，13, 33に「子たちよ（teknia）」と呼びかけられている。「食べ物（prosphagion）」はここで魚のことである。船はどのみち岸から遠くは離れていない（8節）。弟子たちは漁からもどって来たのであろう。しかしこの呼びかけによっても弟子たちはイエス（5.6節も無冠詞）を認識できない。彼らは（食べるものは）ない，と答える。魚が捕れなかったということである。ルカでは状況が違っていて，このような問いはない。イエスは当然すべてを知ってのこの問いであろう。この問いは聖餐の主題（9節）と関連する。

6節　5節は聖餐に関係しているので，6節は4節に接続する。弟子たちはイエスの言葉に無言で従う。ルカ5, 5では「師よ，わたしたちは夜もすがら労しても何も捕れませんでした。しかしお言葉ですから網を下ろして見ましょう」とイエスの言葉への聴従が強調されている。ルカ5, 4では，イエスは船に乗っており，「沖へ漕ぎ出し」とあるのに，ここではその場で「右がわに網を打ちなさい」とある。魚が多く捕れそれを引き上げることが出来なかった。Plēthos: 5, 3; helkuein: 6, 44; 12, 32; 18, 10。ルカ5, 6では「彼らの網は破れそうになった。」ここでは，網を引き上げることが出来なかった。

7節　ここでイエスの愛した弟子が登場する。愛弟子：13, 23; 19, 26; 20, 2; 21, 20。この愛弟子はペトロに「主だ！」と言う。主だと認めることは一瞬にして起こった。ここでも愛弟子はペトロより優位に立つ。しかしこれはペトロに言われている。「主」はここでは復活したイエスのことである：20, 18.20.25.28; ルカ24, 34。ここでペトロと愛弟子という15-23節の主題が導入される。7節は本来の顕現にこのモティーフを告げており，愛弟子がなければペトロだけの物語になってしまう。愛弟子の「愛されている」ということが，また十字架のもとに立っていたことが，ペトロより早くイエスを認めることにつながっていると解せられる。大漁が主を見出すきっかけとなっている。愛弟子は13章以下にしか登場しないが，イエスの奇

跡を知っていたかのようである。ペトロは裸だったので上着を着て湖に飛び込んだ。これはもちろん主への畏敬の念と、早く主のもとへ行きたいという愛からであろうし、湖へ飛び込むのは、船が重い網で遅いので一瞬も早く主のもとへ急ごうとしたのであろう。このようなペトロの一途な反応は13, 8や13, 37を思い起こさせるものがある。

8節 8節は7節で起こったことのその後、弟子たちが船に乗ったまま網を引きながら岸へ帰ったとある。それは彼らが陸からはあまり遠くない200ペーキュスすなわち約96-97メートルのところにいたのである。このような但し書きは6, 19; 11, 18にも見られる。すなわち、ルカと違って岸のそばであった。

9節 9節は12節の聖餐の場面を導入している。陸に上がってみると炭火（Anthrakia: N.T. で18, 18とここだけ）がおこしてあり、魚（単数だが魚一般）がその上にのっていて、パンもあった。魚がすでにあったのだが、それでは足りなかったように物語では描かれ、豊漁の魚が必要であるとして、聖餐と豊漁の話がつながれている。イエスは初めから弟子たちとの食事を考えていたように描写されている。

10節 5節と並んで10節は豊漁に聖餐を結びつける。イエスは弟子たちが取った魚も加える。これによって聖餐と豊漁は結びつく。

11節 この節で大漁の話は終わる。6.8節の続きである。この間に愛弟子とペトロ（7節）および聖餐のモティーフ（9.10節）が入っている。ペトロが網を陸へ引き上げると153匹の大きな魚が入っていた。ペトロが一人で網を引き上げるのは、教会の長であるペトロを強調していると受取れる。網が裂けなかったのは教会の唯一性を表すのかも知れない。魚を数えたという場景はないがその数が正確に示されている。奇跡の大きさとその現実性を証するためであろうか。しかしそれを超えて宣教の効果を表していると考えられるが、いずれにしてもそれは単なる人間のあげる効果ではない。これはまたイエスの復活後の物語にふさわしい。弟子の宣教の結果を指示しているからである。153という数はアレゴリーとしては、それがすべて

の魚の種類と考えられていたという[18]。他に数の組み合わせの説もある[19]。確かではない。全人類を指すということか。いずれにしてもルカ5,10の「人間を捕る漁師となる」という言葉からもそれが宣教の成果を指すのではないかということが考え得る。この魚がすでにペトロの牧する羊を意味しているとはまだこの段階で言い得ない。

12節 イエスは彼らに言う[20]。すなわち四度目のイエスの言葉である。「来て朝食を取りなさい。」夜中の漁の後での空腹もまた自然である。弟子たちはそれが，主イエスであると分かっていたので，誰もあえて「あなたは誰ですか」とは訊ねなかった[21]。ここで「主」は完全に復活したイエスを指す言葉となっている。それは皆が復活信仰を持っていたということである。ただし皆が分かっているのは7節の愛弟子の声を発端とするのであろう。「敢えてたずねなかった」という裏には復活者と地上のイエスとの何らかの違いがはっきりと示唆されている。しかし彼らは確実に分かったのである[22]。

13節 イエスはパンを取り彼らに与える。そして魚も同様に与える。6, 11には，「パンを取り，与える，魚も同様に」という同じ表現がある。すなわちこの食事はイエスの与える主の食事であり，弟子たちはそれを受けるのである（使10, 41）。エマオへ向かう二人の弟子の場合は，この時彼らの目が開かれる（ルカ24, 30.31節）。食事によって共同体の成立が示唆され，明らかに聖餐への示唆であると考えられる。そしてその主がパンと魚を与える復活したイエスなのである。

14節 これで顕現自体の物語は一応締めくくられている。三度目と，顕現が正確に数えられている。すなわち20章が前提されている。1節の「自分を顕す」の代わりに「顕された」（ephanerōthē）とある。「死人の中

---

18) ヒエロニムス：エゼキエル47, 6-12：ただしここに魚の数はのっていない。
19) Schnackenburg, Kom.
20) 5.6.10節参照。
21) 1, 19; 8, 25など参照。
22) Ruckstuhl, Joh 21.

からよみがえらされて」という伝承的句が分詞形で用いられている[*23]。すなわち父がよみがえらせるのである (5, 21; 使3, 15; 4, 10; 13, 30その他)。「死人の中から」は，死者のうちから最初の者として，ということを意味する。

---

23) 2, 22; 20, 9; また12, 1.9.17も参照。

復活者はペトロに最高の牧職を与える
(15-17節)

---

¹⁵さて朝食をすませた後，イエスはシモン・ペトロに言う。「ヨハネの子シモン，あなたはこの人たち以上にわたしを愛しているか。」彼に言う。「はい，主よ，わたしがあなたを愛していることをあなたは知っています。」彼に言う。「わたしの小羊を飼い（牧し）なさい。」¹⁶彼に再び二度目に言う。「ヨハネの子シモン，わたしを愛しているか。」彼に言う。「はい，主よ，わたしがあなたを愛していることをあなたは知っています。彼に言う。「わたしの羊を飼い（牧し）なさい。」¹⁷三度彼に言う。「ヨハネの子シモン，わたしを愛しているか。」ペトロは，彼に三度，「わたしを愛しているか」，と言ったので悲しくなった。そして彼に言った。「主よ，あなたはすべてを知っています。わたしがあなたを愛していることを，あなたは知っています。」イエスは彼に言う。「わたしの羊を飼い（牧し）なさい。」

注　解

15節　ここから新しい話が始まる。「朝食を済ませた後」と続けられる。ここからのペトロへの牧職の付与は，21章の記者がヨハネ福音書を正統教会の中へ広めようとする意図があることを表しているのかどうか，あるいはたんに牧者としてのパウロを強調するためなのか（1, 42），あるいは異端のことが考えられているのかは明らかでない。しかしここで同時に愛弟子が取り挙げられ，その主に従うことの自明性により，その卓越性が取り挙げられているゆえ，ペトロと愛弟子の対比というこの福音書の重要な関心事に属するとみなすことが可能である。また古い伝承に属する物語が，マタイ16, 17以下；ルカ22, 31以下；ヨハネ6, 66以下の背後にあり，以下のペトロの物語はこの伝承と関係すると考えられることもある[*24]。ルカ5, 10との関係は定かでない。「ヨハネの子シモン」は1, 42の呼びかけと同

じである。イエスのペトロへの問い,「ヨハネの子シモン,あなたはこの人たち以上にわたしを愛しているか」は,一見奇妙に聞こえる。愛は一回的なもので相互に比較できるものなのであろうか。「この人たち以上に(pleon toutōn)」を抜かす読みはその困惑の現れであろう。しかしその言わんとするところは明瞭である。ここでペトロは最高の牧職を委ねられるのであり,その第一の条件は誰よりも主を愛することなのである。これはまた愛弟子をも含め,愛は愛弟子のそれを上回るものでなければならない。牧職の条件として何よりも,主への愛が要求され,他のことには言及されない。この牧職の権威はこの愛にのみ基礎づけられる。それは愛の権威である。愛のうちに信仰は含まれているのである。三回くり返される「ヨハネの子シモン」という呼びかけはあきらかに1,42への指示であり,またマタイ16,17「バルヨナ・シモン」をも思い起こさせる。このイエスの言葉は突然で一方的とも言えるものでペトロは当然困惑する。ペトロはしたがって「はい,わたしがあなたを愛していることをあなたは知っています」と答える。すなわち誰がどれほど愛しているかなどは,主の知るところのみなのである。もちろん,この人たち以上に,というような言葉はない。それはペトロの知るところではないからである。イエスの言葉は,牧職のもととなることを明らかにしている。この愛だけが牧することの資格なのである。愛の他には何も言われていない。またこの愛は13,34では,互いの愛であり,14,15.21では,この掟を守る者が主を愛する者なのである。互いに愛することが羊の群,すなわち教会の成立を意味しているのである。ここでは何かの権限を与えるという話ではない。権限は20,23ですべての弟子たちに与えられた。イエスは「わたしの小羊を飼いなさい」と言う。イエスはすべての者を自分の小羊と呼んでいる。ここにイエスの愛が表れている。ペトロは牧職を委託されたのである。イエスが真の牧者である(10,11.14;ヘブライ13,20;Ⅰペトロ5,4)。

16節 イエスは再び「ヨハネの子シモン,わたしを愛しているか」と聞く。ペトロは一回目と全く同じ返事をする。「わたしの小羊を牧せよ」というイエスの言葉は,「小羊」が arnion から probaton (10, 1.2.3.4.7.8.11.12.

---

24) クルマン,ペトロ,228。

13.15.16.26.27)へ，「牧する」がboskeinからpoimaineinへと変えられ，同じ言葉の使用が避けられている。ArnionはヨハネでここだけにE出る（黙5, 6）。Probatonは通常「羊」であるがここで特に区別されて使われてはいないと思われる。Boskeinは17節にもう一度出る。

17節 イエスは三度目に同じ質問をする。「愛する」には，これまでのagapanとちがい三回のペトロの返事に使われたphileinが用いられている。しかし意味の相違はないと考えられる。ペトロは同じことを三回聞かれ悲しくなり三回目には初めに「あなたはすべてを知っています」と付言する。「知っている」には，これまでのeidenai (oida) に代わりginōskeinが使われている。このように三度の質問と答えには意味の違いがなく言葉の変化が認められる。たんにくり返しを避ける文体の問題であろう。このペトロの答えは13, 37のそれに比べて慎み深い。自己の確信でなくイエスにすべてをゆだねた態度である。三回の問いは通常ペトロの三回の否認に対応すると考えられる。そうするとこの三度の問いはペトロの正式な復権を意味する。ペトロが悲しんだということはペトロがそのことを意識していないことになるのではないだろうか。この三回の問いに古代の法を見る意見もあるが確証できない[*25]。ここでもペトロの牧職の継承については何も記されていない。これはこの記事が書かれた時の教会の状況とどうかかわりがあるのだろうか。結果的にはいわゆる教皇権の確立というものを促すことになったのであろう。牧職については，エフェソ4, 11; 使20, 28; Ⅰペトロ5, 2-4参照。しかし「権威主義的な（盲従を強いる）支配や統治は禁じられている（Ⅰペトロ5, 3）」[*26]。牧者については，エフェソ4, 11; Ⅰペトロ2, 25参照。

---

25) Gaechter, Petrus, 22f.
26) Schnackenburg, Kom; Ⅰペトロ5, 3も参照。

ペトロの殉教の預言
（18-19節）

---

¹⁸「まことにまことにあなたに言う。あなたは若かった時には自分で帯をしめて，欲するところへ歩んだ。しかし年をとるとあなたの両手を拡げ，他の者があなたを帯で締め，あなたの欲しないところへつれて行くだろう。」¹⁹ペトロがどのような死に方で神の栄光を現すようになるかを示すために，イエスはこれを言ったのである。これを言ってから彼に言う。「わたしに従いなさい。」

注　解

18節　以上の言葉に続いてイエスは突然ペトロの死について語る。なぜであろうか。「アーメン，アーメン」で始まる次の言葉は，19節の説明によれば明らかにペトロの殉教についての言葉である。それは牧職と献身の間の関係を明らかにする。イエスは良き牧者であり，良き牧者は羊のために命を棄てる。ペトロの死はこのことを意味しているのであり，「より多く愛する」とはこの命を棄てる牧者としての愛を意味するのである。「若かった時」に対し「年をとると」が，「自分で帯をしめ」に対し「あなたを帯でしめ」が，「欲するところ」に対し「欲しないところ」が対置されている。「両手を拡げる」とは十字架刑のことなのか，それにしては，その後に「あなたを欲しないところへ連れて行く」とは何なのか分からない。もし十字架刑について，「処刑場まで行く間，横木は犯罪者の両腕を拡げさせてそれに縛りつけられるのが通常であった」*²⁷ということが確実であるなら，このことは説明される。いずれにしても殉教のことが言われており，イエスが言うということは単なる預言ではなく，イエスがその

---

27) ブリンツラー，裁判，374; Bauer, Kom.

際助けることが確約されていると解さなくてはならない。そしてこれはすでに述べたように10章の良き牧者のごとく羊のために命を棄てることと解される (10, 11)。なお一般の意見はペトロの最後のローマ滞在を肯定する方に傾いている[28]。Ⅰクレメンスによる[29]。

19節 「どんな死に方で死ぬ」ということは12, 33; 18, 32にイエスについて言われるのと同じである。ただしここでは「死ぬ」の代わりに「神の栄光をあらわすだろうか」(17, 1) と書かれている。死は神の栄光を現すことなのである。「示す」(sēmeinōn) もここで12, 33; 18, 32と全く同じであり、明らかに12, 33; 18, 32にならって書かれている。「どんな死に方で」は殉教ということだけでなく、やはり十字架刑を意味するのではないか。あるいはここからその伝承が生まれてきたのではないか。そしてそれは「わたしに従いなさい」という、この注釈に続くイエスの言葉で閉じられる。このことは13, 36に「後に従うだろう」と、すでに言われていた。

---

28) Ⅰペトロ 5, 13; クルマン、ペトロ、89。
29) Schnackenburg, Kom.

愛弟子の運命
（20-23節）

---

[20]ペトロはふり返って，イエスが愛していた弟子がついてくるのを見る。それはあの食事の時に彼の胸に寄りかかって，「誰があなたを引き渡す者ですか」と言った者である。[21]ペトロはこの者を見てイエスに言う。「主よ，この者はどうですか。」[22]イエスは彼に言う。「もしわたしが来るまで彼が止まることをわたしが欲するとしても，それがあなたに何なのか。あなたはわたしに従え。」[23]それでこの言葉は兄弟たちの間に広まった。そして彼らは，その弟子は死なないと考えた。しかしイエスは，彼に彼が死なないといったのではなくて，「もしわたしが来るまでに彼が止まることをわたしが欲するとしても，それがあなたに何なのか」，と言ったのである。

注　解

20節　ここでペトロはふり返って（1, 38; 20, 16），イエスが愛する弟子が従って来るのを見る。福音書の文体に従って13, 23への指示がなされている：4, 46; 8, 50; 12, 1; 19, 39など参照。しかしこれはただ指示するだけでなくそのことの強調ではないであろうか。愛弟子は，いわば音もなくそれが自明のごとく，すでにイエスの後に従っていたのである。このことにおいて愛弟子はペトロを凌駕していると想定されるのではないか。なぜなら何も言われずに愛弟子は「従う」ことを実行していると解釈してよいであろう。このことは7節から考えても，この20節の描写からも確かと思われる。

21節　愛弟子を見てペトロはイエスに問う。「主よ，この者はどうですか。」ペトロは愛弟子がイエスに従っているのを見てそのあり方について聞く。それはここで読者にそのあり方を知らせようとする意図にほかならない。

第 21 章（20-23節）　　　　　　　　　　　　　　　　455

22節　イエスは最後の言葉をペトロに言う。「もしわたしが来るまで彼が止まることを欲するなら，それがあなたに何なのか。あなたはわたしに従え。」「欲する（thelein）」という強い言葉が遣われている（17, 24）。「わたしが来るまで」とは伝統的終末論に従って意味される再臨を考えさせる（マルコ9, 1）。この言葉の場はもともと近い終末を約束するものであったのではないか（黙3, 11 ; 22, 7. 12.20 ; Ⅰコリント4, 5 ; 11, 26）。すなわちヨハネの解釈による，別れの説話の中での聖霊において，また復活者として「来る」こととと違う。この場のイエスの復活者としての現在も，「来る」ことであった（14, 18）。すなわちこれは原初の近い再臨の言葉がまだ生きて述べられているのではないだろうか（マルコ9, 1）。ペトロへの言葉，「それがあなたに何なのか」は，それはイエスの愛に関わるところであり，ペトロが配慮するには及ばない，ということであろう。イエスはペトロに再び「あなたはわれに従え」と言う。これで顕現でのイエスの言葉は終わり，顕現は20, 23.29のようにイエスの言葉で終わりになる。顕現する時のことだけが述べられる。ルカ24, 50ではこれに反して昇天が述べられている。20章では信じることであったが，ここでは「われに従え」，ということが最後の言葉となった。

23節　続く節では，顕現から，注意がこのイエスの言葉に向けられている。信じる者たちが，兄弟たちと呼ばれている。20, 17でこの言葉は，もう一度イエスによって使われていた。この呼び名はその後信徒を呼ぶ名として定着している。すなわち広く教会にあてたものである。イエスの言葉は兄弟たちの間に広まり，再臨までその弟子は死なないと考えられた。これに対してテキストには注釈が加えられる。まず，イエスはこの言葉で彼が「死なない」と言ったのではない，とすでに広まった考えが否定される。すなわち「死なない」と言ったのではなく，「止まる」（menein）と言ったのである。しかしその他に，そのイエスの言葉についてのコメントはなく，ただイエスの言葉が忠実にくり返される。このような指示は21, 20にすでに見られた。これは福音書記者の文体と同じである（たとえば4, 46 ; 12, 1 ; 16,17.19など参照）。ここでは目立たない仕方で訂正が行われている。イエスは「死ぬ」と言ったのではなく「止まる」と言ったのである。これが解釈のポイントあろう。そしてこれには二つの解釈が可能であると思わ

れる。一つは、続く節にこの福音書が愛弟子によって書かれていることが述べられていることから、その言葉である福音書が世の終わりまで「止まる」ということである。他は、そしてこれが正しいのではないかと考えられるが、まず愛弟子がここで実在の人物であると共に、同時に象徴的な者として見られているのではないか、ということである。このことはすでに出て来た愛弟子について言えることではなかったのか。すなわち、イエスの愛する弟子という、イエスに愛される、すなわちイエスを信じる者の存在は世の終わりまで絶えることはないであろうという意味である。もし愛弟子が一回限りの歴史像として示されるのみならば、そのわれわれにとっての意味は減少してしまうであろう。この福音書は、信じる者すべてが愛弟子であると考えることを求めているように思われる。このことはたとえば15章の「止まる(menein)」の用法 (15, 4.5.6.7.9.10.16) を見ても分かる[30]。それは結局イエスの愛が止まるということになる (Ⅰコリント 13, 8.13)。ここではっきりと愛弟子のシンボルとしての形がはっきりと示された。このように、この訂正にはすでに再臨の遅延が考慮されていると言えよう。愛弟子の死については何も分からないことになる。すなわちペトロの牧職によってカリスマ的教会は決して妨げられてはならない。このようなことがすでに起こったので書かれたと想定されることもある[31]。不思議なことは愛弟子についてその「止まる」ことが書かれているのに、ペトロの牧職についてはペトロの殉教後、30年も経過していると考えられるのに、その牧職について何の示唆もないことである。

---

30) Schnackenburg, Kom: Fortwirken.
31) Ruckstuhl, Joh 21, 361.

第二の結語

(24-25節)

---

²⁴この者がこれらのことについて証言し，そしてこれらのことを書いたものである。そしてわたしたちは，彼の証言が真実であることを知っている。²⁵イエスが行ったことは，他にもたくさんある。それらが一つ一つ書かれるならば，書き記される書物をこの世も収めきれないだろうとわたしは思う。

注　解

24節　ここで愛弟子がこの福音書の著者とされる。問題は「これらのことを書いた者は」という，「これらのこと」が21章を含むのかどうか，ということであろう。もしそうなら21章もこれによれば福音書記者の手になるということであり，ここで自分のことを書いていることになる。しかしもちろんそれは，21章を書いた者がそう主張したということである。すなわち全福音書，21章までが，愛弟子の手になると言われているのであろう。これはもう終わりの文章であるので，ふり返りつつ全福音書が考えられていると解釈するほうが妥当であろう。この書かれたことがまず証言であると言われている。「そしてわたしたちは，彼の証言が真実であることを知っている。」これに対し19, 35は，「それを見た者が」と単数であるが，ここでは複数である。19, 35の愛弟子の証しについて言われているからである。19, 35が後からの挿入であると考えるより，これが19, 35から取られていると考えた方がよいであろう[*32]。21章は全福音書を参照しているのであろう。21章が書かれてから編集者が19章にこの句を真似て書いたというのは複雑な仮定ではないか。19, 35でこの福音書が愛弟子の手になる

---

32)　松永，注解。

ということが，すでに間接的に言われていたのであるが，次のように仮定することも出来る。すなわち20章までの知られざる著者が愛弟子によって，すなわち主に愛される者ということによって，この書の権威を裏付けようとして間接的なかたちで，19, 35がこれらが愛弟子の証言であると書いたかもしれないということである。これは，21章の著者が19, 35からヨハネ福音書を愛弟子の手になると結論したのではないかという推論である。とにかくここでこの福音書の真理の担い手として愛弟子が挙げられるのである。今まで書かれて来たペトロの権威と並んで，愛弟子の権威が強調され，この福音書全体が愛弟子の権威に帰し返される。それはまた1, 18と13, 23のパラレルによって，愛するイエス，すなわちイエスの権威へと帰し返されるのである。

25節 この最後の言葉は本来必要のないものではないかと思われる。それゆえ25節は後からの附加なのだろうか[33]。イエスがここに書かれた以外のことをしたことを，われわれは共観福音書からも知っている。しかしもう一度この章が閉じられなければならないのではないだろうか。それともこの節は24章までとはまた違った人によって付け加えられたのであろうか[34]。文体的にこのような誇張は本来この福音書のスタイルに合わないであろう。なお kath 'hen (8, 9)，chōrēsein という未来不定形，auton...ton kosmon や hamai また副文章の組み合わせが挙げられる[35]。20, 31にも，書かれていない「多くの他のしるし」とあるのでそれを凌駕しなければならなかったのか。しかし20, 31と異なり，そもそもそれが信仰のために書かれたということが欠けており，命という希望の言葉もない。20, 30が適切な言い方であると思われる。このことも21章が後から附加されたものであるという印象を与える。このような誇張は古代の著述に見られるという[36]。核心から外れた誇張のように思われる。

---

33) Becker, Kom.
34) Schnackenburg, Kom.
35) Schnackenburg, Kom.
36) Schnackenburg, Kom.

エピローグ

① Kyriologia: 主について

さて復活したキリストが霊において来るのであれば，その時のイエスの面影を見たいとわたくしは望んだ。それは愛の耀きの面影であり喜びと平和と命に満ちているはずである。それは勝利の栄光に耀きながら愛のやさしさにみちており，われわれに慰めと確信と勇気と力を与えるはずなのである。なぜか分からないが私は急に広島へ行った。そして駅から真っ直ぐに原爆資料舘へ向かった。そこでわたくしは被爆し，子を抱いている母親の前に立っていた。それは赤っぽいがほとんど黒こげに近いような色となり，前屈みで腕に赤子をだいていた。母親の指も赤子のそれも半分先は溶けて下へだらりと下がっていた。その時母親を見て，ああこれは十字架の下のマリアだと思った。だが次の瞬間これがイエスであることも分かった。それは母でありイエスであったのだ。母としてのイエス，そしてそこにはイエスの語る神なる父も母として現れていた。そこに抱かれている子の死に顔は，とても平和な顔つきであるように見えた。そしてその平和は，この子がその苦しみを，すべて母に分かってもらえた，母がそれを分かち持ったからであるように見えた。他人の苦しみや悲しみや痛みはその人以外には，心の中のこととして「この」と指示できるようなことでなく，その意味でそれそのものは分からない。しかしもしこの際慰めがあるとすれば，この痛みそのものを，わたしの愛するひとがわたしと共に同時に完全に味わい，担ってくれることではなかったであろうか。そのようなことをわたしはこの小児の顔に見たように思った。完全に分かってもらえる。すなわち自分の痛みでないこの小児の痛みを，それ自体を「この」痛みとして完全に感じること理解することは人間の限界を超えている，イエスのわざなのである。すべての人間の持つ痛み，苦しみ，怒り，恐れ，不安その他，喜びも希望もすべてのものを，そのもの自体としてその人と共にいて，それをになうのがイエスのもたらす愛であり，それがイエスの十字架の献身

であったのでないか。さらに愛というもののもっとも純粋な形とは，その究極においては，そのひとの痛み，苦しみ，悲しみをもちろん喜びもそのままそのまま自分のものとして受けることにあるのではないか（マタイ25, 40）。そのことが純粋な愛なのではないか。もちろんそれが完璧にできるのはイエスのみなのであり，十字架の救いの意味はそこにあり，それが十字架によって示される神の愛なのである。このような像を目前にしての最後の希望はこのことではないか。この母と子の姿を前にして，それが徹底的な絶望にも拘わらず，どこかに希望をかくしているのは何故であろうか。そこには死が死として，底なき絶望がそれとして止まらないというひそかな声が聞かれたように思われる。それが相互内在のイエスはわたしの内におり，わたしがイエスの内にあるということなのではないか。愛の究極の純粋の面影がこのようなものであれば，霊において来る復活のイエスの面影はひとの苦しみを共にするそれであり，究極の愛の面影であり，イエスが「なし終われり（tetelestai）」（19, 30）と言った，その愛が「極（eis telos）まで愛した（13, 1)」（telos と tetelestai の関連に注意），その愛が成就されたその面影なのである。われわれのために身をささげ尽くし，なお捧げ尽くそうとする者のその面影なのである。そこには愛の平安，安心，耀き，喜びがある。十字架の献身と隔離された復活者の面影はない。その声は「マリア」と呼んだイエスの声は（20, 16），十字架の上から「あなたの子です」，「あなたの母です」と呼んだあの声であり，残るは「顔と顔とを合せて」（Ⅰコリント13, 12）主を見る希望のみなのである。

　くり返すが，われわれは聖霊においてわれわれのもとに来るイエスの現前，その面影また愛の表情さえ見たい。そこにある平和や喜びや安堵や希望をいろいろな表情として見たいのである。わたしが物在的に見るのでなく，これは霊において見えてくるものなのである。イエスが示すものなのである。イエスがわれわれを「子」（teknia: 13, 33; paidia: 21, 5）と，また「子羊」（21, 15）と呼び，われわれがそれであるなら，イエスは親が子に言うように，自分の言葉の終わりに「Believe that you can do it. I can help you, you will find a way; I'm sure you can do it; I trust you.（木村智子）」と言うであろう。われわれは悲しみや，喜びや，苦しみや，痛みや，孤独や，疑いや，さまざまに彩られた信仰の中で Yes, I can do it と答えるのである。（黙22, 20：「アーメン，主イエスよ，来たりませ」）。

② Patrologia: 父について

父の愛：ヨハネ福音書にはイエスの父への愛は一回しか出てこない（14, 30）。そして16, 27ではイエスが省略され，父があなたがたを愛するとある。すべては父のわれわれへの愛の啓示なのである。イエスは父の顔である。父がイエスを愛したようにイエスがわれわれを愛したのであるから（15, 9），ここでは父の愛に出発点がある。父の愛が理解されなければ，イエスの愛も理解されない。この福音書は「愛される者（愛弟子）による愛される者（イエス）の福音書」と呼ばれうる。

　すべての愛は父の愛へ収斂される。イエスの顔は父の愛なのである。しかし父の愛についての直接の叙述があるのでそれについて考えてみよう。まず10, 27-30に注意すべきである。良き牧者の手から誰もイエスの羊を奪いとることが出来ない（10, 29）。そこで「わたしと父とは一つである」と言われる。それは父がわれわれを愛し，イエスがわれわれを愛することにおいて一つである，ということである。そしてそれを根拠にイエスは神と呼ばれて良いというのである。愛と一つについては17, 22以下を参照とすべきである。一つとは愛について言われているのである。以下注意すべき箇所を挙げる。

　　6, 37：「父がわたしに与える人はみなわたしのところへ来る。」
　　10, 29：「父がわたしに下さった者はすべての者より偉大であり誰も父の手から奪うことができない（harpazein: 6, 15; 10, 12.28.29）」。
　　17, 2：「あなたの子にすべてを支配する権能を与えた。」
　　17, 6：「世から選び出してわたしに下さった人々にみ名をあらわしました。彼らはあなたのものでしたが，あなたはわたしに与えて下さった。」
　　17, 7：「わたしに与えて下さったものは，みなあなたからのものである。」
　　17, 8：「なぜならわたしはあなたから受けた言葉を彼らに与え，」
　　16, 15：「父が持っているものはすべてわたしのものである。」
　　15, 9：「父がわたしを愛したように」

　これらの場所をまとめて説明すれば，イエスの派遣の目的は新しい創造のわざと解される。父がそのわざの中で「引いた（6, 44: helkuein）」そして自分をそれに引き渡すこと，すなわちイエスの声を聞くことは，ひとつ

の出来事として神のわざであり (6, 28)，その中で父がその者をイエスにあたえることである。特定の人間でなくすべての信じる者が神のわざなのである (opus Dei)。このできごとは父がイエスに彼の者を与えることなのである。

　父はその愛する者を愛する者イエスに与える。その与えることが父のイエスへの愛とわれわれへの愛が一つになった場所である。イエスへのわれわれへの愛の中に父の愛が現れている。われわれは創造者父の者であったのである。それはイエスの者であるということである (1, 11)。イエスの愛の根拠は父の愛である (3, 16)。この父の愛をイエスは啓示したのである。ある識者は，イエスは何も啓示せず，自分が「啓示者」であるという「こと (dass: that)」だけを啓示した，と言う。しかしイエスは父のもとで愛を聞き父の愛を啓示したことは疑えない：「わたしはわたしが父のもとで見たことを話している (8, 38)，これが「神から聞いた真理なのである」(8, 40)。この真理以外にいかなる真理もない。「父自身がわれわれを愛している (16, 27)。イエスの顔は父の愛そのものなのである。あるいは愛が父の顔である。そして裁きは，愛を受け入れない者たちのものである。それは愛から自分を閉め出すことであるとしか言えない。それは愛を，──すなわち──ぶどうの木の実をゆたかにするためなのである (15, 2)。

成果と展望

　大袈裟なようであるが，ここで過ぎ越し方を返り見れば，残ったのは原言語だけであった。しかし残ったのは，また die Sprache spricht という原現象での根源経験が愛であったことである。正確には caritas vincit omnia ということであった (16, 33)。では「愛」が話すこと，それは話しかけであるが，一体そこで何が起こっているのだろうか。ちなみに憎しみは話すのでなく脅すのである。もちろんここで愛の反対の憎しみもまた反対現象としてその言語形態に注意を払う必要がある。快の反対の苦についても同様である。

　さて神の言葉が同時に行為であるということは，今日の哲学者が誰でもその言語行為論によって理解することができるであろう。しかしここでは「初めに行為ありき」ということでもなく，E. Fuchs の提唱したように「初めに愛ありき」ということでもない。「はじめに神の子ありき」でもない (Thomas, Kom!)。なぜかというと初めにあったのは言葉であり，その裏に何かあるであろうというのは妄想にすぎない。ヨハネでは1, 1b に至って，愛について語られ，1, 1c に至って言葉が，神（冠詞なし）であると語られる。それによってすべてが成ったのである (1, 3. 11)。間接的だがそれは愛によって成ったと言える。また成ったものはすべて基本的に ex nihilo nihil est なのである。それの無理解に対する驚愕が1, 10b と11（「自分の民」と訳すべきではないと思う：新共同訳）に述べられている。（創造と愛との関係については，波多野，時と永遠，154以下；岩田，倫理思想，327)。アガペーとは，報いを要求しない贈与であれば，受け手は無であるほかない。アガペーの本質，すなわち十字架の本質はしたがって「ない (ou [k])（Ⅰコリント13, 4-6：Ibuki, Agape 参照）で表される。さて1, 1に帰れば，そこでは愛の一致が本質の一致を基礎づけるのであってその逆ではない。17章での叙述でもそう読めると思う。被造物においても神の愛が本質を決めるのである。さてそのことは1, 2にくり返されている。この愛の

一致は，すなわち真理の霊である聖霊である（Ibuki, Wahrheit）。愛は神のトポスである（17, 24; 14, 2.3.23）。聖霊の働きとしての愛だけが想い起させる（er-innern: 14, 26）のであり，これがアナムネーゼの本質なのである。したがって愛だけが過ぎ去るという時に逆らって働く。すなわち過ぎ去らない（Ⅰコリント13, 8）。

　だが本来このような話は Bilanz に属するのであり，ここから愛と言葉が話すということについて頼りない未熟な，しかし開けてきた展望について若干語りたい。イエスは言葉へと己を引き渡した。このイエスの言葉はすべて十字架と復活によって開かれた地平にある。それをいかにして展望することが出来るか。その地平を支える基本的な問題は聖霊と言葉の問題に帰る。今後もこの研究が推し進められなければならない。まず，ここで言えると思うことから，述べたい。すなわち，ただいくつかの表現で表されたシュリーアの言葉から出発したい。それは発言の順序不同で述べれば，上に述べたように，イエスは己を言葉へと引き渡した（paradidonai）ということである。それによってわれわれは主・イエスを経験できる。この言葉の本質が paradosis である（Ⅰコリント11, 2; 2テサロニケ2, 15; 3, 6）。（この言葉は多くユダヤ人のそれとして使われている：ガラテア1, 14その他）。そしてこのような言葉に把握される（フィリッピ3, 12），またそれにより「捉えられる（ergriffen）」ことは，聖霊によって起こる（ロマ5, 5：Ⅰコリント12, 3b など）。ついでながら言えば，愛は決して滅びず止まるのである（同13, 8.13）。つまり愛の言葉は忘れ難く止まり，つまり常に呼びかけ，その人の本質（"Wesen"）となり答えとなる。

　さて Schlier はここでキリストが己を言葉へと引き渡した（"sich ueber-liefert": Kerygma, 215）と言う。「引き渡す」には二つの意味がある。「伝承する」と「引き渡す，ゆだねる」である。ここで第2番目の意味から出発したい。これはもちろん己を引き渡す（sich ausliefern: Christus traditus）ことであり，ケーリュグマにおいて，この出来事が言葉として生起（Ereignis）するということである。それはケーリュグマの Wesen である。さてこの「引渡し」とはイエスの丸裸で公衆の面前に身をさらす恥辱と苦難が世の終わりまで，言葉において公衆にさらされ示されることでもある。また復活者として顕現することでもある。しかしこのことが現実のこととして愛として迫って来るのは聖霊の力をおいてしかない。ケーリュグマはいかな

ることがあっても，聖霊の力によってのみ，disputatio が止んだ時に（Ⅱコリント12, 20），われわれに迫って（urget nos：Ⅱコリント4, 14）来るのである。痛みと苦しみの時，無力の果て，すなわち以下ヨハネ的に言えば「父のもとへ行く」時である。しかしそれは栄光の光の初めである。ヨハネは復活という言葉をあまり使わない。それは metabainein すなわち，苦痛にみちた見える栄光へ移り行く時である。その栄光はイエスの言葉のうちに徐々に見えるものとなる：ヨハネ11, 40。その栄光は言葉のうちに聖霊の働きによって輝くのである（Ⅱコリント4, 6）。この聖霊の働きが所有（Besitz）とされれば，それは人間のものになってその本質が破壊される。その言葉は人間の解釈を超えたものである。その意味で，それは変えられない（unverfuegbar な）ものとして規範（カノン：Norm）として伝承される（Schlier, Kerygma, 216）。愛は基本的には（教える：didaskein：ヨハネ6, 59; 7, 28.35; 8, 2.20.28; 9, 34; 14, 26; 18, 20; didachē: 7, 16.17; 18, 19）という言葉が使われる面もある。しかしそれは本来キリストにのみ可能である。しかし愛はキリストを除いては，基本的にそして原則的に教えられるものではない。もっとも厳しい意味でそれは教訓にはならない。しかしそれはSymborum apostolicum として学び覚えられるものである。さて人はもう一度パウロのいうカリスマについての言葉に帰るべきではないか。それはロマ13, 9a で始まる。愛というカリスマを超えたものであるが（Ⅰコリント12, 31），それらを超えた最大のカリスマであり，ヨハネにおいても愛がカリスマの実体と思われる。

　ここでわれわれは第2の伝承された言葉について知らず知らずのうちに到着してしまった。Veni creator Spiritus! ここで paradosis が聖霊によって可能となっていると言いたいのであり，それが忘れられたところでは，パラドシスは言葉の単なる鎖としての言い伝えの機能しかないのではないか。これはイスラムのハディースとは違う。いかにして聖霊において言葉が働くのかという最も根源的な重要な問が残るのである。パラドシスは福音であり，それは自分を自由なものとして，viva vox として己を出す（sich entlassen：Schlier, Kerygma, 216）。従って scriptura と viva vox を競合させることは適当でないであろう。そしてケーリュグマは根源的にはイエスを「主」と呼ぶ proklamation である（Schlier, 同上，214）。しからば破門ということはこのことがなされない時，はじめて問題になるのではないか。

さて教会についての危険とはなんであろうか。もちろんそれは，マタイ24, 12（マタイではアガペーはここだけ）にある「愛が冷え切る」ことである。この愛とは神的な無制限の愛であり，他者をそのあるがままの姿で受容することである（例えば proslambanesthai: 使18, 26; ロマ14, 1.3; 15, 7; フィレモン17; ヨハネにはこの語は出ないが，例えば4, 16-18）。すべての人を教会から追い出すのでなく受け入れるのである：ロマ14, 3; 15, 7。さてこの愛のないところに憎しみが台頭する（15, 18以下；5, 42など）。またその危険は色々な形で書かれていると思う。一つは権力である。それは神の言葉が人間の権力の下に置かれることである。このことは弟子への別れの言葉のはじめ，イエスの洗足の際に述べられている（13, 12以下：マタイ20, 25ff；ルカ22, 23以下；Ⅰペトロ5, 3ほか）。他は栄誉（また地位）である，すなわち自己のドクサの追求である（5, 44; 12, 42ほか）。最後に富である。これはイスカリオテのユダによって代表されているように思える。もちろん「嫉妬」（マタイ27, 18＝マルコ15, 10；パウロ多数），その他Ⅰコリント13, 4以下愛に属さぬものなど多数）。いずれにしてもここには憎しみの危険がある。ひっくるめてそれは聖霊の不在と考えられる。

最後に素人であるが教会法について一言述べたい。だれもが問う責任があると思うからである。問題点とは教会というものがはじめから法体系として存在せねばならぬかということで，さらに Prima sedes a nemine iudicatur (De processionibuns: Can. 1556) ということも典型的な問題である。掟とはこれに違反する者には罰がある，ということであった。これによって掟は拘束力を獲得する。しかしここでくわしく立ちることは無論できない。だが教会が初めから「法体系」というふうに形づけられたもの (Groesse)，あるいはその萌芽を有していた，ということはヨハネ福音書では見えてこなかった。むしろその反対に，はっきりいうと個がイエスにより神に直面して，かならずしも地上の仲介者を必要としない愛によって結び付けられ，すべてのことについての対決は，愛の原理から考えられていかねばならない，と思われる。これが10章から15章への教会論の筋である。したがって愛弟子の姿がペトロに overlapp するのである（21章）。ローマの主権については，最大の使徒ペトロとパウロがローマで殉教したからという答えもまったく納得がいくものではない。またこれについてはま

ず Codex Juris Canonici とローマ法との関連が精査されねばならないであろう。ここで新 Codex Juris Canonici の発刊に当たっての適切な言葉をもって終わりたい。そこには，イエスは福音書記者ヨハネを通して語ったように「愛」という新しい掟を与えた。この愛に勝る掟はなく，それはすべての生活の基準であり，新しい教会法典は愛の発露として受け止めるべきである，と語られている（カトリック新教会法典，I, 白柳誠一枢機卿）。すなわち教会法を愛の基準から再検討することが課題であろう。

文 献 目 録
(原則として，注解 I, II と重複する場合は省略)

青野太潮『「十字架の神学」の成立』ヨルダン社，1989年
『アウグスティヌス著作集』教文舘，1995年
荒井献『初期キリスト教史の諸問題』新教出版社，1973年
———,『「同伴者」イエス』新地書房，1985年
———,『新約聖書とグノーシス主義』岩波書店，1986年
———,『新約聖書の女性観』岩波書店，1988年
———, 編『新約聖書正典の成立』日本基督教団出版局，1988年
———, 編『新約聖書外典』講談社，1997年
———, 編『使徒教父文書』講談社，1998年
———,『ユダとは誰か』岩波書店，2007年
アラン・ド・リベラ『中世哲学史』安倍一知・永野潤・永野卓也訳，新評論，1999年
淡野安太郎『ベルグソン』勁草書房，1977年
安藤英治『マックス・ウェーバー研究』未来社，1967年
———,『ウェーバー歴史社会学の出立』未来社，1992年
アンスコム，G. E. M.,『インテンション』菅豊彦訳，産業図書，1948年
———, P. T. ギーチ『哲学の三人 アリストテレス・トマス・フレーゲ』野本和幸訳，勁草書房，1992年
飯田隆『言語哲学大全 I』勁草書房，1987年
———,『ウィトゲンシュタイン』講談社，1997年
———, 編『ウイトゲンシュタイン読本』法政大学出版局，1995年
———,『ウィトゲンシュタイン』講談社，1997年
泉治典『ヨハネの黙示録を読む』新教出版社，2003年
———,『ヨハネ福音書を読む』新教出版社，2008年
稲垣良典『神学的言語の研究』創文社，2000年
井上忠『モイラ言語』東京大学出版会，1988年

伊吹雄「ヨハネ福音書における信仰」，G. ネラン編『信ずること』新教出版社，1974年
———，『ヨハネ福音書と新約思想』創文社，1994年
———，「イエスの思想」『人類の叡智に学ぶ』中央大学出版部編，1997年
———，イエスの復活とその顕現についての再考，桜文論叢47，1998.
———，パウロにおける自然の神認識（ロマ，1, 20f）について，聖心女子大学論叢94，2000.
———，『ヨハネ福音書注解』知泉書館，2004年
———，『ヨハネ福音書注解Ⅱ』知泉書館，2007年
今道友信『エコエティカ』講談社学術文庫，1992年
岩崎武雄『西洋哲学史』有斐閣，1995年
岩田靖夫『アリストテレスの倫理思想』岩波書店，1985年
———，『神なき時代の神』岩波書店，2001年
市川浩『〈身〉の構造』青土社，1988年
『ウィトゲンシュタイン全集 I-10，補巻』山本信・大森荘蔵編集，大修舘書店，1988年
ウェーバー，M.,『宗教社会学論選』大塚久雄・生松敬三訳，みすず書房，1973年
———，『支配の社会学 Ⅰ.Ⅱ』世良晃志郎訳，創文社，1973年
———，『プロテスタンティズムの倫理と資本主義の《精神》』梶山力訳，安藤英治編，未来社，1994年
ヴィルケンス，U.,『復活』中野健一訳，新教出版社，1971年
ヴェスターマン，K.,『創造』西山健路訳，新教出版社，1972年
エイヤー，A.J.,『ウィトゲンシュタイン』信原幸弘訳，みすず書房，1990年
大森荘蔵『新視覚新論』東京大学出版会，1986年
———，『座談集，哲学の饗宴』理想社，1995年
大井正『ヘーゲル学派とキリスト教』未来社，1985年
大出晁『パラドックスへの挑戦』岩波書店，1991年
大木英夫『終末論』紀伊国屋書店，1994年
大貫隆『ヨハネ福音書の共同体像 1, 2』福音と世界，1973年
———，『ヨハネによる福音書』日本基督教団出版局，1996年
岡田温司『マグダラのマリア』中公新書，2006年

岡田紀子「ハイデッガー小論」東京都立大学人文学部『人文学報188』1987年
―――,『ハイデガーと倫理学』知泉書館, 2007年
岡部由紀子『アウグスティヌス懐疑論批判』知泉書館, 1999年
オースティン『知覚の言語』丹治信春・守屋唱進訳, 勁草書房, 1984年
―――,『言語と行為』坂本百大訳, 大修館書店, 1978年
オリゲネス『ヨハネによる福音注解』小高毅訳, 創文社, 1985年
甲斐博見「創世記・論考 上」東京都立大学人文学部『人文学報』1995年
―――,「ヴィトゲンシュタインと原始宗教の問題」, 東京都立大学『人文学報』286, 1998年
―――,「ゲッセマネのイエス・キリスト」, 東京都立大学人文学部『人文学報』345, 2004年
―――,「ソクラテス 言葉の真実を知り, 生を吟味する哲学者――『弁明』17a1-37e3-38a-8 の読解を中心として」首都大学東京都市教養学部人文・社会系・東京都立大学人文学部『人文学報』2007年3月
―――,「序論ソクラテスの哲学」, 東京都立大学『人文学報』399, 2008年
―――,「ソクラテスとプラトンの間柄について」,『九州大学哲学論文集』44, 2008年
加藤信朗「プラトンの音楽論――それが教えるもの」, 東京都立大学哲学会『哲学誌49』2007年
金子晴勇「ルターとヨーロッパ精神史」(=ヨーロッパ精神)
金子武蔵編『ギリシャ思想とヘブライ思想』日本倫理学会, 1978年
亀田政則「神の現存の証し「場」としてのキリスト教的言語行為」『日本カトリック神学会誌2』1991年
―――,『キリスト教的言語行為』勁草書房, 1993年
加山久夫『ルカ神学と表現』教文舘, 1997年
カルヴァン『新約聖書注解 III. IV』山本功訳, 新教出版社, 1986年
川村輝典「新約神学と教義学, I-IX」『東京女子大学論集』1979-91年
―――,『ディオグネートスへの手紙の研究』近代文藝社, 1994年
菅豊彦『実践的知識の構造』勁草書房, 1987年
神崎繁『哲学塾』岩波書店, 2008年
熊田陽一郎『善と光』国文社, 1986年

―――, 『プラトニズムの水脈』世界書院, 1996年
久保元彦『カント研究』創文社, 1987年
久米あつみ「カルヴァンとバルト」in: 小塩節・編集委員会編『ヨーロッパ精神とドイツ』郁文堂, 1994年（＝ヨーロッパ精神）
久米博「良心の声・他者の顔」（＝ヨーロッパ精神）
クルーゼ, H., 『神言』南窓社, 1974年
クルマン, O., 『ペトロ』荒井献訳, 新教出版社, 1970年
クロッサン, J. D., 『誰がイエスを殺したのか』松田和也訳, 青土社, 2001年
黒崎宏『ウィトゲンシュタインの生涯と哲学』勁草書房, 1988年
―――, 『ウィトゲンシュタイン・哲学的探究, I. II読解』産業図書, 1994年
黒田亘『知識と行為』東京大学出版会, 1983年
―――, 『経験と言語』東京大学出版会, 1980年
―――, 『ウィトゲンシュタイン・セレクション』平凡社, 2000年
―――, 『行為と規範』勁草書房, 2004年
クリプキ, ソール, A., 『名指しと必然性』八木沢敬, 野矢啓一訳, 産業図書, 1985年
クワイン, W. V. O., 『言葉と対象』大出晁・宮舘恵訳, 勁草書房, 1991年
ケーゼマン, E., 『新約神学の起源』渡辺英俊訳, 日本基督教団出版局, 1973年
―――, 『イエスの最後の意志』善野碩之助・大貫隆訳, ヨルダン社, 1978年
ケーラー, W., 『ゲシュタルト心理学入門』田中良久・上村康子訳, 東京大学出版会, 1971年
児島洋『実存と他者』勁草書房, 1975年
小杉泰『イスラームとは何か』講談社現代新書, 1995年
小林稔『ヨハネ福音書のイエス』岩波書店, 2008年
是木信義『ローマ帝国の盛衰』学研M文庫, 2002年
坂口ふみ『〈個の誕生〉』岩波書店, 1996年
坂部恵『仮面の解釈学』東京大学出版会, 1984年
坂本百大『哲学的人間学』放送大学教材, 1994年
――― 編『現代哲学基礎論文集I』土屋・清水・内井訳, 勁草書房, 1990年
―――, 『現代哲学基礎論文集II』神野・飯田・服部・野矢・藤村訳, 勁草書房, 1992年

佐久間鼎『運動の知覚』東京内田老鶴圃新社, 1974年
佐竹明『使徒パウロ』日本放送出版会, 1981年
―――, 『ヨハネの黙示録 上巻・下巻』新教出版社, 1978・1989年
―――, 『ヨハネ黙示録 上巻 序説』1908年, 新教出版社, 2007年
佐藤研編訳『福音書共観表』岩波書店, 2005年
里野泰昭編『ヨーロッパ文化の源流』有斐閣選書, 1984年
塩野七生『ローマ人の物語27・28 すべての道はローマに通ず』新潮文庫, 2006年
柴田有『グノーシスと古代宇宙論』勁草書房, 1982年
清水哲郎『オッカムの言語哲学』勁草書房, 1990年
―――, 『パウロの言語哲学』岩波書店, 2001年
シュヴァイツァー, E., 『ルカ現代神学への挑戦』佐伯晴郎・持田克巳訳, 新教出版社, 1985年
―――, 『イエス・神の譬え』山内一郎監修, 辻学訳, 新教出版社, 1997年
『関根正雄著作集』新地書房, 1986年
セルフォー, L., 『使徒時代の教会』石沢幸子訳, 南窓社, 1967年
ゾンバルト, W., 『ユダヤ人と経済生活』安藤勉訳, 荒地出版社, 1994年
滝上正『ペスト残影』神奈川新聞社, 2002年
たたら幹八郎『アイデンティティの心理学』講談社現代新書, 1990年
丹治信春『言語と認識のダイナミズム』勁草書房, 1996年
千代崎秀雄『聖書おもしろ事典』有斐閣新書, 1988年
ツィンマリ, W., 『旧約聖書の世界観』山我哲雄訳, 教文館, 1990年
ツェラー, D., 『Q資料注解』今井政二訳, 教文館, 2004年
津田淳『存在の根拠としてのアガペー, in: 「愛」』日本倫理学会編, 以文社, 1981年
ディヴィドソン, D. 『行為と出来事』服部裕幸・柴田正良訳, 勁草書房, 1990年
出村和彦『Pervenire ad Verbum』東京ボナヴェントゥラ研究所, 1989年
デュフール, X. レオン『イエスの復活とその福音』三保元訳, 新教出版社, 1974年
土居健郎『聖書と「甘え」』PHP新書, 1997年
戸田聡『キリスト教修道制の成立』創文社, 2008年

トルストイ『人生論』原卓也訳，新潮文庫，1988年
トロクメ，E.,『受難物語の起源』教文館，1998年
『初期キリスト教の諸相』立教大学，1998年
永井龍男「共通感覚および共通感覚対象における〈共通性〉について」富山大学人文学部紀要，1993年
永野潤『サルトル』ナツメ社，2003年
中村雄二郎『場所』弘文堂，1989年
並木浩一『旧約聖書における社会と人間』教文館，1982年
ニーグレン，A.『アガペーとエロース I, II, III』岸千年・大内弘助訳，新教出版社，1963年
ネラン，G. 編『信ずること』新教出版社，1974年
野本和幸「意味と信念序説」（＝ヨーロッパ精神）
───，『フレーゲの言語哲学』勁草書房，1986年
───，『意味と世界』法政大学出版局，1997年
パスカル『パンセ』前田陽一・柚木康訳，中公文庫，1990年
パース，Ch. S.,『記号学』内田種臣編訳，勁草書房，1991年
波多野清一『原始キリスト教』岩波全書，1950年
───，『時と永遠』岩波書店，1976年
ハッキング，I.,『言語はなぜ哲学の問題になるのか』伊藤邦武訳，勁草書房，1990年
ハッカー，P. M. S.,『洞察と幻想』米沢克夫訳，八千代出版，1981年
バークリ，G.,『視覚新論』下条・植村・一ノ瀬訳，解説：鳥居，勁草書房，1991年
原口尚彰『パウロの宣教』教文館，1998年
バルト『キリスト教倫理 I』鈴木正久訳，新教出版社，1984年
半田元夫『原始キリスト教史論考』清水弘文堂，1972年
樋口克巳『ニーチェ』ナツメ社，2002年
ピーパー，J.,『愛について』稲垣良典訳，エンデルレ書店，1981年
ヒルベルト，アッケルマン，『記号論理学の基礎』，伊藤誠訳，大阪教育図書株式会社，1954年
ビレンヌ『古代から中世へ』佐々木克巳編訳，創文社，1996年
ひろさちや『どの宗教が役に立つか』新潮選書，1996年

―――,『仏教とキリスト教』新潮選書，1995年
福谷茂「物自体と『純粋理性批判の方法』」第38回大会『哲学研究』8
フランシスコ会聖書研究所編『ヨハネによる福音書』中央出版社，1971年
フリートリッヒ，G.,『イエスの死』佐藤研訳，日本基督教団出版局，1987年
ブリンツラー，J.,『イエスの裁判』大貫隆・善野碩之助訳，新教出版社，1988年
フルッサー『ユダヤ人 イエス』武田武長・武田新訳，新教出版社，2000年
ブーバー，M.,『人間とは何か』児島洋訳，理想社，1961年
―――,『我と汝・対話』植田重雄訳，岩波文庫，2004年
フロム，E.,『愛するということ』懸田克躬訳，紀伊国屋書店，1956年
ベノワ，P.,『キリストの受難と復活』碑田操子訳，中央出版社，1971年
ヘンゲル，M.,『十字架』土岐正策・土岐健治訳，ヨルダン社，1983年
―――,『神の子』山本書店，1988年
ボーグ，M. J.,『イエス・ルネッサンス』小河陽監訳，教文館，1977年
ボルンカム，G.,『新約聖書』佐竹明訳，新教出版社，1972年
ホワイト・シャーウィン，A. N.『新約聖書とローマ法・ローマ社会』保坂高殿訳，日本基督教団出版局，1987年
前田護郎『新約聖書概説』岩波全書，1957年
牧野信也『アラブ的思考方式』講談社，1987年
マッギン，K.,『ウィットゲンシュタインの言語論』植木鉄也・塚原典央・野矢茂樹訳，勁草書房，1990年
松木治三郎『イエスと新約聖書の教会』日本基督教団出版局，1972年
マードック『善の至高性』菅豊彦・小林信行訳，九州大学出版会，1992年
松永希久夫「ヨハネによる「キリストの死」の理解」『聖書と教会』1971年
―――,「ヨハネ福音書における復活のキリストの弟子たちへの顕現」『聖書と教会』1972年
―――,「ヨハネの世界」in:『西洋精神の原流と展開』ペディラヴィウム会，1975年
―――,『「史的イエス」像考察』東京神学大学，1978年
―――,「ヨハネによる福音書の「愛弟子」とは誰か」，(＝ヨーロッパ精神)
―――,山岡健『ヨハネによる福音書：新訳聖書注解I』(13-19章) 日本基督教団出版局，1991年

―――,「マグダラのマリア」in:『聖書を彩る女性たち』小塩節監修,毎日新聞社,2002年
松村克巳『アウグスチヌス』弘文堂,1953年
マルクスセン,W.,『新約聖書緒論』渡辺康麿訳,1984年
マルタン,J. M.,『スコラ哲学入門』ドン・ボスコ社,1951年
宮本久雄『教父と愛知』新世社,1990年
―――,『他者の甦り』創文社,2008年
武藤一雄「終末論の二類型」『基督教学研究』1,京大基督教学会,1978年
メルロ＝ポンティ『行動の構造』滝浦静雄・木田元訳,みすず書房,1975年
モリス,C. H. W.,『記号論理の基礎』内田種臣・小林昭世訳,勁草書房,1988年
守屋唱進「『構成される他者・時間・数学』序説」茨城大学人文学部紀要,2007年
モルトマン,J.,『希望の神学』高尾利数訳,新教出版社,1972年
―――,『創造における神』沖野政弘訳,新教出版社,1991年
八木誠一『愛とエゴイズム』東海大学出版会,1979年
―――,『宗教と言語・宗教の言語』日本基督教団出版局,1995年
―――,『場所論としての宗教哲学』法藏館,2006年
山内一郎「「パラクレートス」についての一考察」『神学研究』24,関西学院大学神学部,1976年
山内真『復活』日本基督教団出版局,1979年
山本信・黒崎宏『ウィトゲンシュタイン小事典』大修館書店,1987年
ヤロスラフ・ペリカン『聖母マリア』関口篤訳,青土社,1998年
湯浅泰男『身体論』講談社学術文庫,1994年
弓削達『地中海世界』講談社現代新書,1973年
横塚祥隆「ラインホルト・シュナイダーと十字架の聖ヨハネ」(＝ヨーロッパ精神)
吉満義彦『詩と愛と実存』角川書店,1949年
米田彰男『神と人との記憶』知泉書館,2003年
ライル,G.,『心の概念』坂本百大・宮下治子・服部裕幸訳,みすず書房,1992年
ラツィンガー,J.,『キリスト教的兄弟観』吉田聖訳,エンデルレ書店,

　　　　　　　　　　　　　文献目録　　　　　　　　　　477

　　1972年
――,『ナザレのイエス』里野泰昭訳, 春秋社, 2008年
ラビ・M. トケイヤー『ユダヤ5000年の知恵』加瀬英明訳, 講談社α文庫,
　　1997年
リーゼンフーバー, K.,『超越に貫かれた人間』創文社, 2004年
――,『主の祈り』福音宣教, 1986年
――,『超越体験』自費出版, 1991年
――,『中世思想史』平凡社, 2003年
リュウ, J. M.,『ヨハネ書簡の神学』山岡健訳, 新教出版社, 1999年
ルッター, マルティン『キリスト者の自由, 聖書への序言』石原謙訳, 岩
　　波書店, 1986年
ル・フォール, ゲルトルート・フォン『永遠の女性』永野・磯見共訳, ヴェ
　　リタス書院, 1960年
ル・フォール著『ル・フォール著作集4』前田敬作他訳, 教友社, 2009年
ロースキー, V.,『キリスト教東方の神秘思想』宮本久雄訳, 勁草書房,
　　1986年
渡辺二郎『構造と解釈』放送大学教材, 1989年

『カトリック新教会法典』有斐閣, 1998年
『言語学から記号論へ, 講座記号論Ⅰ』川本茂雄・田島節夫・坂本百大・川
　　野洋・磯谷孝編集, 勁草書房, 1992年
『現代言語学辞典』編集主幹田中晴美, 成美堂, 1988年
『死海文書』日本聖書学研究所, 山本書店, 1988年
ビツァー／クレック／フュルスト／ゲータース／シュラーゲ『イエスの十
　　字架の意味』南吉衛訳, 新教出版社, 1975年
『総説新約聖書』荒井・中村・川島・橋本・川村・松永, 日本基督教団出
　　版局, 1992年
『哲学の歴史 古代Ⅱ』責任編集 内山勝利, 中央公論社, 2007年
『ヨハネ文書』新約聖書Ⅲ, 岩波書店, 1995年

Abott, E, A., Johannine Grammer, London 1906.
Agrapha, hrsg. von A. Resch, Darmstadt 1974.

Anscombe, G. E. M., (Translated) Philosophical Investigations, Blackwell Oxford 1989.

Apokalyptik, hrsg. v. K. Koch u. J. M. Schmidt, Darmstadt 1982.

Ashton, J., The Identity and Function of the 'Iudaioi' in the Fourth Gospel, NT 27, 1985.

Augustin, Homelies sur 1 'Evangile de Saint Jean, Etude Augustienne 1988.

Augustinus, Confessiones/Bekenntnisse, Muenchen 1966.

Bacon, B. W., The Elder John in Jerusalem, ZNW 1927.

Baker, G. P. and Hacker, P. M. S., An Analytical Commentary on Wittgenstein Philosophical Investigations, Oxford 1988; II Oxford 1992.

――――, Wittgenstein Meaning and Understanding, Oxford 1988.

Barrett, C. K., Zweck des vierten Evangeliums, ZsyTh 22, 1953.

――――, Das Johannesevangelium und das Judentum, Stuttgart 1970.

――――, Essays on John, London 1982.

Barth, K., Die Kirchliche Dogmatik, Zuerich 1959.

――――, Gesamte Werke. Dogmatik im Grundriss, Zuerich 1987.

Bartsch, H.-W., Wer verurteilte Jesus zum Tode? NT vii 1964/65.

Bauer, W., Rechtglaeubigkeit und Ketzerei im aeltesten Christentum, Tuebingen 1964.

――――, Aufsaetze und Kleine Schriften, hrsg. Von G. Strecker, Tuebingen 1967.

――――, /Paulsen, H., Die Briefe des Ignatius von Antiochia und der Polykarpbrief, Tuebingen 1985.

Becker, J, Die Abschiedsreden Jesu im Johannesevangelium, ZNW 61, 1970.

――――, Auferstehung der Toten im Urchristentum, Stuttgart 1976.

――――, Das Evangelium nach Johannes Kap. 11-21, Guetersloh 1981.

Behler, G. M., Abschiedsworte, Salzburg 1962.

Belser, J. E., Das Evangelium des heiligen Johannes, Freiburg i. Br. 1905.

――――, Die Briefe des Hl. Johannes, Herder Freiburg, 1908.

von Bendemann, R, Heinrich Schlier, Guetersloh 1995.

Bengel, A., Gnomon Novi Testamenti, Stuttgart 1915.

Benoit, P., Exegese und Theologie, Duesseldorf 1955.

Bernard, J. H., The Gospel according to St. John I. II, Edingburgh 1962.

Betz, O., Der Paraklet, Leiden 1963.

Beutler, J., Habt keine Angst, Stuttgart 1984.

Bihlmeyer, K. v., (hrsg.), Die apostolischen Vaeter, I, Tuebingen 1956.

―――, Kirchengeschichte I, Paderborn 1962.

Bizer, E., W. Fuerst J. F. G. Goeters W. Keck W. Schrage, Das Kreuz Jesu Christi als Grund des Heils, Guetersloh 1967.

Blank, J., Die Verhandlung vor Pilatus Joh18, 28-19, 16, BZ 3 1959.

―――, Krisis, Freiburg 1964.

―――, Paulus und Jesus, Muenchen 1968.

―――, Das Evangelium nach Johannes, 1-4, Duesseldorf 1981.

Bodenbender, R. B., Hoheit in Niedrigkeit, Wuerzburg 1984.

Boecher, O., Der Johanneische Dualismus im Zusammenhang des nachbiblischen Judentums, Guetersloh 1965.

Bollnow, O. F., Dilthey, Stuttgart 1955.

Borig, R., Der wahre Weinstock, Muenchen 1967.

Bornhaeuser, K., Das Johannesevangelium, Guetersloh 1928.

Braun, F. M., Jean le Théologien, Paris 1959; 1964; 1966.

Braun, H., Gesammelte Studien zum Neuen Testament und seiner Umwelt,

―――, Zur Terminologie der Acta von der Auferstehung Jesu

―――, u. a.

―――, Qumran und das Neue Testament, I. II., Tuebingen 1966.

Broer, I., Die Urgemeinde und das leere Grab Jesu, Muenchen 1972.

Brown, R. E., Gospel according to John (xiii-xxi), New York 1974.

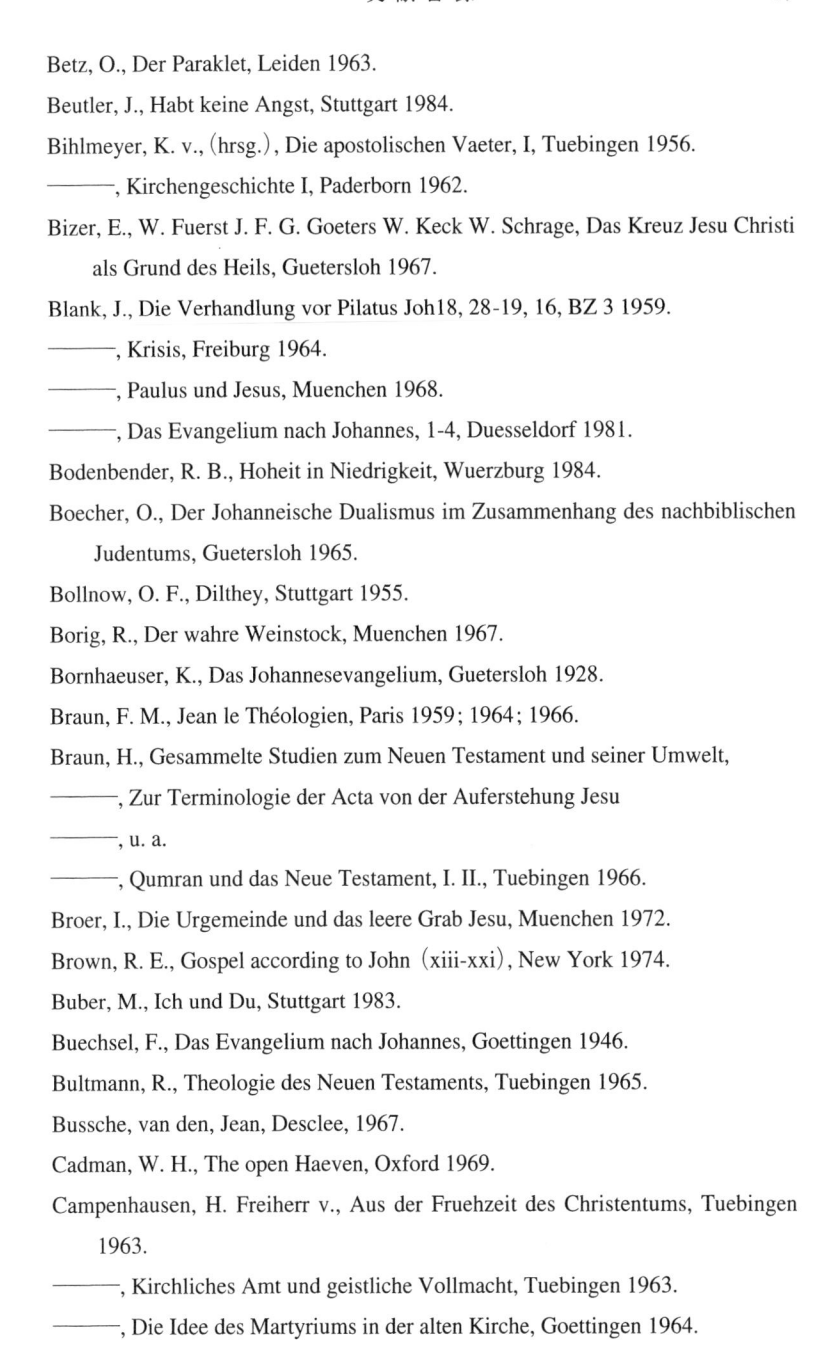

Buber, M., Ich und Du, Stuttgart 1983.

Buechsel, F., Das Evangelium nach Johannes, Goettingen 1946.

Bultmann, R., Theologie des Neuen Testaments, Tuebingen 1965.

Bussche, van den, Jean, Desclee, 1967.

Cadman, W. H., The open Haeven, Oxford 1969.

Campenhausen, H. Freiherr v., Aus der Fruehzeit des Christentums, Tuebingen 1963.

―――, Kirchliches Amt und geistliche Vollmacht, Tuebingen 1963.

―――, Die Idee des Martyriums in der alten Kirche, Goettingen 1964.

―――, Tradition und Leben Kraefte der Kirchengeschichte Tuebingen 1960.

―――, Die Entstehung der christlichen Bibel, Tuebingen 1968.

―――, Zur Perikope von der Ehebrecherin, ZNW 68, 1977.

Claudel, P., Einfuehrung in die Apokalypse, Duesseldorf 1950 (Introduction a L'Apokalypse, Paris 1946).

Codex Juris Canonici, Benedicti Papae XV, Friburgi Brisgoviae Mcmxviii.

Conzelmann, H., Was von Anfang war, Neutestamentliche Studien fuer R. Bultmann, Berlin 1954.

Corell, A., Consummatum est, London 1958.

Corssen, P., Die Abschiedsreden Jesu im vierten Evangelium, ZNW 1907.

Cullmann, O., Urchristentum und Gottesdienst, Zuerich 1962.

―――, Der johanneische Kreis, Tuebingen 1975.

Cullpepper, R. A., Anatomy of the Forth Gospel, Philadelphia 1983.

Dahl, N. A., Anamnesis, Studia Theologica, Lund 1948.

―――, Das Volk Gottes, Darmstadt 1963.

Dalman G., Die Worte Jesu, Darmstadt 1965.

Daube, D., The earliest Structure of Gospels, NTS 5, 1958/59.

Dauer, A., Die Passionsgeschichte im Johannesevangelium, Muenchen 1972.

Deissmann, A., Licht vom Osten, Tuebingen 1923.

Delling, G., Studien zum Neuen Testament und zum hellenistischen Judentum, Goettingen 1970.

Denzinger, H. et Rahner, C., Enchiridion Symbolorum, Roma 1958.

Dibelius, M., Joh 15, 13, in: Botschaft und Geschichte I, Tuebingen 1953.

―――, Die Formgeschichte des Evangeliums, Tuebingen 1961.

Die versprengten Worte Jesu, Hyperionverlag Muenchen 1922.

Dietzfelbinger, Chr., Die groesseren Werke (Joh14, 12f), NTS 35, 1989.

Dilthey, Gesammelte Werke, VII Goettingen 1958.

Dobschuetz, E., Johanneische Studien, ZNW 1907.

―――, Zum Charakter des 4. Evangeliums, ZNW 1929.

Dupont, D. J., Essais sur la Christologie de Saint Jean, Bruges 1951.

Durrwell, F. X., La Résurrection de Jésus, Paris 1964.

Edwards, R. A., The Gospel according to St. John, London 1954.

Eisler, R., Das Raetsel des Johannesevangeliums, Zuerich 1936.

Ervens, Th., Keine Theologie ohne Kirche, Innsbruck 2002.

Eusebius von Casarea, Kirchengeschichte, Muenchen 1967.

L' Evangile de Jean, par M. de Jonge, Leuven 1979.

Fascher, E., Johannes 16, 32, ZNW 39, 1940.

Faulhaber, D., Das Johannesevangelium und die Kirche, Kassel 1938.

Faure, A., Die alttestamentlichen Zitate im 4. Evangelium und die Quellen－Scheidungshypothese, ZNW 1922.

Feneberg, R., Christliche Passafeier und Abendmahl, Muenchen 1971.

Fenton, J. C., The Passion according to John, London 1961.

Festgabe f. G. Kuhn, Tradition und Glaube, Goettingen 1971.

Finegan, J., Die Ueberlieferung der Leidens-und Auferstehungsgeschichte, Giessen 1934.

Foerster, W., Von Valentin zu Herakleon, Giessen 1928.

Gadamer, H.-J., Wahrheit und Methode, Tuebingen 1960.

Gaechter, P., Maria im Erdenleben, Innsbruck 1953.

―――, Petrus und seine Zeit, Innsbruck 1958.

Geiselmann, J. R., Die Heilige Schrift und die Tradition, Freiburg i. Br. 1962.

Gestalthaftes Sehen, hrsg. V. F. Weinhandl, Darmstadt 1967.

Gnilka, J., Johannesevangelium, Stuttgart 1979.

Goppelt, L., Christologie und Ethik, Goettingen 1968.

Graesser, E., Text und Situation, Guetersloh 1973.

Grant, R. M., The Origin of the Fourth Gospel, Jbl 69, 1950.

Grass, H., Ostergeschehen und Ostergeschichte, Goettingen 1964.

Grill, J., Untersuchungen ueber die Entstehung des vierten Evangeliums II. Tuebingen 1923.

Grossow, W. K., A Note of John XIII, 1-3, NY, VIII 1966.

Grundmann, W., Verstaendnis und Bewegung des Glaubens im Johannes－Evangelium, KuD 6, 1960.

―――, Zeugnis und Gestalt des Johannesevangeliums, Stuttgart 1961.

Guilding, The Fourth Gospel and Jewish Worship, Oxford 1960.

Hacker, K., Die Stiftung des Heils, Stuttgart 1992.

Hacker, P. M. S., Wittgenstein Meaning and Mind, Oxford 1990.

Haenchen, E., Jesus vor Pilatus, in: Gott und Mensch, Tuebingen 1965.

―――, Historie und Geschichte in den johanneischen Passionsberichten in, Die Bibel und Wir, Tuebingen 1968.

―――, Das Johannesevangelium, Tuebingen 1980.

Hahn, F., A. Strobel E. Schweizer, Die Anfaenge der Kirche, Goettingen 1967.

Hahn, F., "Die Juden" im Johannesevangelium, in: Kontinuitaet und Einheit, f. F. Mussner, Freiburg. Br. 1981.

―――, Der Prozess Jesu nach dem Johannesevangelium, EKK II, Einsiedeln Neukirchen 1970.

―――, (hrsg.) Der Erzaehler des Evangeliums, Stuttgart 1985.

Harnack, A. v., Reden und Aufsaetze Giessen 1904.

―――, Die Mission und Ausbreitung des Christentums Leipzig 1924.

―――, Marcion, Darmstadt 1960.

―――, Lehrbuch der Dogmengeschichte, Darmstadt 1964.

Hartmann, G., die Vorlage der Osterberichte in Joh 20, ZNW 55b, 1964.

Hasenhuettl, G., Der Glaubensvollzug, Essen 1963.

Heidegger, M. ― Fink, E., Heraklit, Frankfurt a. M. 1970.

Heidegger, M., Phaenomenologie und Theologie, Frankfurt a. M. 1970.

Heitmueller, W., Zur Johannes―Tradition, ZNW 1914.

Hengel, M., Judentum und Hellenismus, Tuebingen 1969.

―――, Mors turpissima crucis, in: Rechtfertigung, Festschrift f. E. Kaesemann hrsg. v. J. Friedrich, W.Poehlmann u. P. Stuhlmacher, Tuebingen 1976.

―――, Der unterschaetzte Petrus, Tuebingen 2006.

Herrmann, I., Kyrios und Pneuma, Muenchen 1961.

Hirsch, E., Studien zum vierten Evangelium, Tuebingen 1936.

―――, Stilkritik und Literaranalyse im vierten Evangelium, ZNW 43, 19501/51.

Holzmann, H. J., Evangelium des Johannes, Tuebingen 1908.

Homer, Ilias, Muenchen; Zuerich 1983.

―――, Odysee, Muenchen; Zuerich 1986.

Howard, W. F., The Fourth Gospel in recent Criticism and Interpretation, London 1945.

―――, Christianity according to St. John, London 1965.

Irenaeus, Gegen die Haeresien, uebersetzt v. E. Klebba, I. II, Kempten 1912.

James, W., Principle of Psychology, Vol. I, New York 1905.

―――, Psychology, New York 1963.

Johannes und sein Evangelium, WdF Darmstadt, 1973.

―――, Schlatter, A., Die Sprache und Heimat des vierten Evangeliums-u. a.

Johannine Bibliography 1966-1985, Compiled by Belle, Leuven 1988.

Juelicher, A., Einleitung in das Neue Testament, Tuebingen 1921.

Juengel, E., Tod, Stuttgart 1991.

Kaesemann, E., Exegetische Versuche und Besinnungen, I. II, Goettingen 1964.

―――, Jesu letzter Wille nach Johannes 17, Tuebingen 1971.

Kamlah, W., Christentum und Geschichtlichkeit, Stuttgart 1951.

Kasting, H., Die Anfaenge der urchristlichen Mission, Muenchen 1969.

Kertelge, V. K., Gemeinde und Amt im Neuen Testament, Muenchen 1972.

―――, (hrsg.) Das kirchliche Amt im Neuen Testament, WdF Darmstadt 1977.

Kesseler, H., Die theologische Bedeutung des Todes Jesu, Duesseldorf 1970.

Kittel, G., Die Oden Salomos, Leipzig 1913.

―――, Hupsothenai＝Gekreuzigt werden, ZNW 35, 1936.

Klauser, Th., Kleine Abendlaendische Liturgiegeschichte, Bonn 1965.

Klein, G., Die zwoelf Apostel, Goettingen 1961.

Klos, H., Die Sakramente im Johannesevangelium, Stuttgart 1970.

Knoch, O., Die 》Testamente《 des Petrus und Paulus, Stuttgart 1973.

Koch, G., Auferstehung als Befreiung, Tuebingen 1965.

Koehler, H., Kreuz und Menschwerdung im Johannesevangelium, Zuerich 1987.

Kontexte 3, Stuttgart 1966.

Kraft, E., Die Personen des Johannesevangeliums, EvTh 16, 1956.

Kraft, H., Kirchenvaeter－Lexikon, Muenchen 1966.

Kragerud, A., Der Lieblingsjuenger im Johannesevangelium, Oslo 1959.

Kratz, R., Auferstehung als Befreiung, Stuttgart 1973.

Kraus, H. K., Psalmen 1・2, Neukirchen 1961.

Kremer, J., Das Aergernis des Kreuzes, Stuttgart 1969.

Kuegler, J., Der Juenger, den Jesus liebte, Stuttgart 1988.

Kuemmel, Feine—Behm, Einleitung in das Neue Testament, Heidelberg 1965.

Kueng, H., Die Kirche, Muenchen, 1985.

―――, Christ sein, Muenchen, 1993.

Kundsin, Die Wiederkunft Jesu in den Abschiedsreden des Johannesevangeliums, ZNW 33, 1934.

Kysar, R., The Source Analysis of The Fourth Gospel a Growing Consensus? NTS 15, 1973.

Lammers, K., Hoeren, Sehen, Glauben im Neuen Testament, Stuttgart 1966.

Laurentin, R., Kurzer Traktat der marianischen Theologie, Regensburg 1959.

Laurentin, A., We' attah—Kai nun, Biblica 45, 1964.

Lehmann, K., Auferweckt am dritten Tag nach der Schrift, Freiburg i. Br. 1968.

―――, Die Lehre der zwoelf Apostel brsg. V. H. Lilje, Hambururg 1956.

Leipoldt, J.—Schenke, H. M., Koptisch—gnostische Schriften aus den Papyrus-Codices von Nag-Hamadi, Hamburg-Bergstedt 1960.

Leisegang, H., Die Gnosis, Leipzig 1924.

L' Evangile de Jean, par M. de Jonge, Leuven 1977.

Lietzmann, H., Bemerkungen zum Prozess Jesu, ZNW 1931.

―――, Geschichte der alten Kirche III, Berlin 1961.

―――, Symbolstudien I-XIV Darmstadt 1966.

Lindars, B., Essays on John, Leuven 1992.

Lindemann, A., Gemeinde und die Welt im Johannesevangelium, Festschrift f. G. Bornkamm, 1980.

Linnemann, E., Studien zur Passionsgeschichte, Goettingen 1970.

Loewenich, W. v., Johannes—Verstaendnis im zweiten Jahrhundert, Giessen 1932.

―――, Luthers Theologia Crucis, 1967.

Loewith, K., Weltgeschichte und Heilsgeschehen, Stuttgart 1961.

Lohfink, G., Die Himmelfahrt Jesu, Muenchen 1971.

Lohmeyer, E., Ueber Aufbau und Gliederung des vierten Evangeliums, ZNW 27, 1928.

―――, Die Fusswaschung, ZNW 38, 1939.

Lohse, v, E., (hrsg.), Die Texte aus Qumran, Darmstadt 1964.

Lohse, v, E., Wort und Sakrament im Johannesevangelium, NTS 7, 1960.

―――, Die Geschichte des Leidens und Sterbens Jesu Christi, Guetersloh 1964.

―――, Die Einheit des Neuen Testaments, Goettingen 1973.

―――, Die Entstehung des Neuen Testaments, Stuttgart 1979.

Loisy, S., Le Quartième Evangile, Paris 1903.

Lorenzen, Th., Der Lieblingsjuenger im Johannesevangelium, Stuttgart 1971.

Macgregor, G. H. C., The Gospel of John, London 1959.

Marxen, W., Der 《Fruehkatholizismus》 im Neuen Testament, Frankfurt 1964.

―――, Der Exeget als Theologe, Guetersloh 1968.

Maurer Ch., Ignatius von Antiochien und das Johannesevangelium, Zuerich 1949.

Mckay, K. L., Style and Significance in the Language of John 21, 15-17, NT 27, 1985.

Meeks, W. A., Galilee and Judea in the Fourth Gospel, JBL 85, 1966.

Menoud, Ph.―H., L'Evangile de Jean, Neuchatel 1947.

Metzger, W., Psychologie, Darmstadt 1968.

Meyer, E., Ursprung und Anfaenge des Christentums III, Darmstdt 1962.

Michaelis, W., Einleitung in das Neue Testament, Bern 1961.

Michel, O., Das Gebet des scheidenden Erloesers, ZsyTh 18, 1941.

Miranda, J. P., Der Vater, der mich gesandt hat, Bern 1972.

Mohr, T. A., Markus―und Johannespassion, Zuerich 1982.

Mommsen, Th., Abriss des Roemischen Staatsrechts, Leipzig 1907.

―――, Institutionen, Geschichte und System des Roemischen Privatrechts, Muenchen u. Leipzig, 1923.

―――, Roemisches Strafrecht, Darmstadt 1961.

―――, Roemisches Staatsrecht, II, 2. Teil, Austria 1969.

―――, Roemisches Staatsrecht, III, 2. Teil Austria 1969.

Moulton, J. H., A Grammer of New Testament Greek, I-III, Edingburgh 1957・1960・1963.

Mowinckel, S., Die Vorstellung des Spaetjudentums vom heiligen Geist als Fuersprecher und der johanneische Paraklet, ZNW 32, 1933.

Muehlen, H., Der Heilige Geist als Person, Minden 1967.

Mueller, G., Morphologische Poetik, Darmstadt 1968.

Mueller, U., Die Parakletenvorstellung im Johannesevangelium, ZthK 71, 1974.

―――, Die Geschichte der Christologie in der johanneischen Gemeinde, Stuttgart 1975.

Mussner, F., Die Auferstehung Jesu, Muenchen 1969.

Neirynck, F., John and the Synoptics, NTS 30, 1984.

Neuenzeit, P., Das Herrenmahl, Muenchen 1960.

Neues Testament und Geschichte, O. Cullmann zum 70. Geburtstag, Zuerich 1972.

Noetscher, F. Vom Alten zum Neuen Testament, Bonn 1962.

Odeberg, H., The Fourth Gospel, Uppsala 1929.

Ott, L., Grundriss der Katholischen Dogmatik, Basel/Freiburg/Wien 1959.

Otto, R., Das Heilige, Muenchen 1936.

Pannenberg R. /T. Rentorff /U.Wilckens, Offenbarung als Geschichte Goettingen 1963.

Percy, E., Untersuchungen ueber Ursprung der johanneischen Theologie, Lund 1939.

Pesch, R., Der reiche Fischfang, Duesseldorf 1969.

―――, Jesu ureigene Taten? Freiburg i. Br. 1970.

Pickl, J., Messias Koenig Jesus, Muenchen 1935.

Pieper, J., Tradition als Herausforderung, Muenchen 1963.

Platon, Saemtliche Werke, Frankfurt a. M. u. Leipzig 1991.

Pokorny, P., Der Gottessohn, Zuerich 1971.

Popkes, W., Christus Traditus, Zuerich 1967.

Pol, Van de, Das reformatorische Christentum, Einsiedeln 1956.

Porsch, F., Pneuma und Wort, Frankfurt a. M. 1974.

―――, Anwalt der Glaubenden, Stuttgart 1978.

Potterie, I. de la, La passion de Jésus selon l' Evangile de Jean, Paris 1986.

Preisker, H., Joh 2, 4 und 19, 26, ZNW 42, 1949.

Preiss, Th., Die Rechtfertigung im johanneischen Denken, EvTh 16, 1956.

Der Priesterliche Dienst I-IV Freiburg. Basel · Wien 1972.

Przywara, E., Analogia entis, Muenchen 1932.

Quellen zur Geschichte der christlichen Gnosis, hrsg. v. W. Voellker, Tuebingen 1932.

Rahner, K., Zur Theologie des Todes, Freiburg i. Br. 1958.

―――, Offenbarung und Ueberlieferung, Freiburg i. Br. 1965.

―――, Ratzinger, J., Episkopat und Primat, Freiburg i. Br. 1961.

Ratzinger, J., Das neue Volk Gottes, Duesseldorf 1969.

―――, Jesus von Nazareth, Freiburg/Basel/Wien, 2007.

Retsbach―Vitter, Das Recht der Katholischen Kirche, Freiburg 1959.

Richter, G., Die Fusswaschung im Johannesevangelium, Freiburg 1967.

―――, Der Kreuzestod Jesu nach dem Johannesevangelium, Bibel und Leben, Duesseldorf 1968.

―――, Studien zum Johannesevangelium, Regensburg 1977.

Ricoeur, Paul, Hermeneutik und Strukturalismus, Muenchen 1973.

Rissi, M., Der Aufbau des vierten Evangeliums, NTS 29, 1983.

Ritt, H., Das Gebet zum Vater, Wuerzburg 1979.

Robinson, J. A. T., Twelve New Testament Studies, Chatham 1962.

Roloff, J., Apostolat―Verkuendigung-Kirche, Guetersloh 1965.

―――, Der johanneische 'Lieblingsjuenger' und der Lehrer der Gerechtigkeit, NTS 15, 1968.

―――, Das Kerygma und der irdische Jesus, Goettingen 1970.

Ruckstuhl, E., Zur Aussage und Botschaft von Johannes 21, in: Festschrift fuer H. Schuermann, Leipzig.

Rudolf, K., Die Gnosis, Goettingen 1977.

Santos, de A., Los Evangelicos Apocrifos, Madrid 1966.

Sasse, H., Der Paraklet im Johannesevangelium, ZNW 1925.

Satake, A., Die Offenbarung des Johannes, Goettingen, 2008.

Schaefer, K. Th., Grundriss der Einleitung in das Neue Testament, Bonn 1952.

Schaefer, O., Der Sinn der Rede Jesu von den vielen Wohnungen in Seines Vaters Hause, ZNW 32, 1933.

Schedel, C., Zur Christologie der Evangelien, Wien 1984.

Scheler, M., Vom Ewigen im Menschen, Bern 1954.

Schelkle, K. H., Die Passion Jesu, Heidelberg 1949.

Schenke, H.―M., Die Herkunft des sogenannten Evangelium Veritatis, Goettingen 1959.

―――, Der Gott 《Mensch》 in der Gnosis, Goettingen 1962.

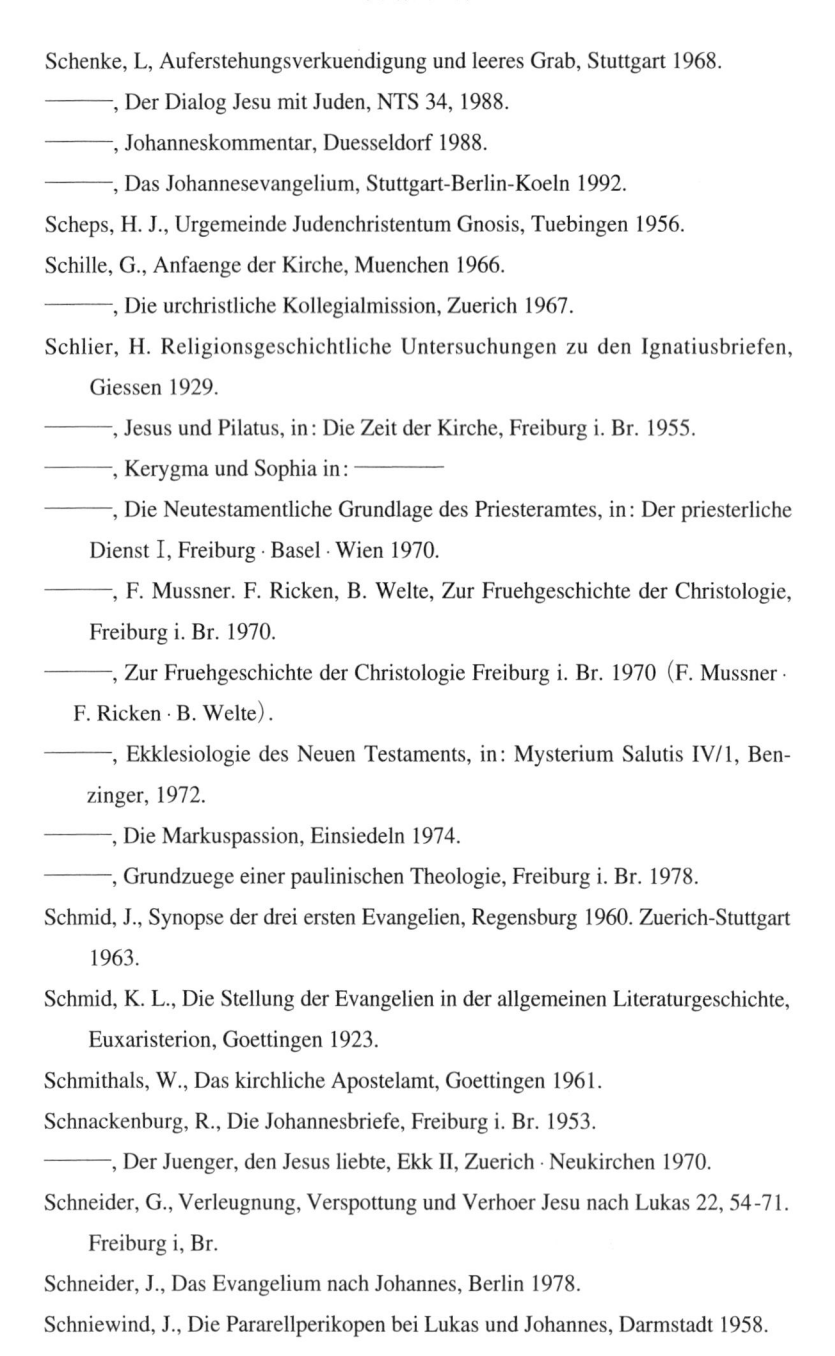

Schenke, L, Auferstehungsverkuendigung und leeres Grab, Stuttgart 1968.
―――, Der Dialog Jesu mit Juden, NTS 34, 1988.
―――, Johanneskommentar, Duesseldorf 1988.
―――, Das Johannesevangelium, Stuttgart-Berlin-Koeln 1992.
Scheps, H. J., Urgemeinde Judenchristentum Gnosis, Tuebingen 1956.
Schille, G., Anfaenge der Kirche, Muenchen 1966.
―――, Die urchristliche Kollegialmission, Zuerich 1967.
Schlier, H. Religionsgeschichtliche Untersuchungen zu den Ignatiusbriefen, Giessen 1929.
―――, Jesus und Pilatus, in: Die Zeit der Kirche, Freiburg i. Br. 1955.
―――, Kerygma und Sophia in: ―――
―――, Die Neutestamentliche Grundlage des Priesteramtes, in: Der priesterliche Dienst I, Freiburg · Basel · Wien 1970.
―――, F. Mussner. F. Ricken, B. Welte, Zur Fruehgeschichte der Christologie, Freiburg i. Br. 1970.
―――, Zur Fruehgeschichte der Christologie Freiburg i. Br. 1970 (F. Mussner · F. Ricken · B. Welte).
―――, Ekklesiologie des Neuen Testaments, in: Mysterium Salutis IV/1, Benzinger, 1972.
―――, Die Markuspassion, Einsiedeln 1974.
―――, Grundzuege einer paulinischen Theologie, Freiburg i. Br. 1978.
Schmid, J., Synopse der drei ersten Evangelien, Regensburg 1960. Zuerich-Stuttgart 1963.
Schmid, K. L., Die Stellung der Evangelien in der allgemeinen Literaturgeschichte, Euxaristerion, Goettingen 1923.
Schmithals, W., Das kirchliche Apostelamt, Goettingen 1961.
Schnackenburg, R., Die Johannesbriefe, Freiburg i. Br. 1953.
―――, Der Juenger, den Jesus liebte, Ekk II, Zuerich · Neukirchen 1970.
Schneider, G., Verleugnung, Verspottung und Verhoer Jesu nach Lukas 22, 54-71. Freiburg i, Br.
Schneider, J., Das Evangelium nach Johannes, Berlin 1978.
Schniewind, J., Die Pararellperikopen bei Lukas und Johannes, Darmstadt 1958.

Schottroff, L., Der Glaubende und die feindliche Welt, Neukirchen 1970.

Schrage, W., Die Christen und der Staat nach dem Neuen Testament Gütersloh, O. E.

―, Der erste Brief an die Korinther. 1. Teiband: 1Kor 1, 1-6, 11, EKK Neukirchen 7/II 1991, 7/III 1999, 7/IV 2001.

―, Die konkreten Einzelgebote in der paulinischen Paränese, Gütersloh 1961.

―, >Ekklesia< und >Synagoge<. ZThK 60, 1963, 178-202

―, Ethik des Neuen Testaments. NTD Ergänzungsreihe Bd. 4, Göttingen, 5., neubearb. Aufl. 1989

―, Die Frage nach der Mitte und dem Kanon im Kanon des Neuen Testaments in der neueren Diskussion, in: Rechtfertigung. FS E. Käsemann, Tübingen 1976, 415-442

―, Ist die Kirche das >Abbild seines Todes<? Zu Röm 6, 5, in: Kirche. FS G. Bornkamm, Tübingen 1980, 205-219

―, Leid, Kreuz und Eschaton. EvTh 34, 1974, 141-175

―, Römer 3, 21-26 und die Bedeutung des Todes Jesu Christi bei Paulus, in: Rieger, P. (Hg.), Das Kreuz Jesu. Theologische Überlegungen, Forum 12, Göttingen 1969, 65-88

―, Theologie und Christologie bei Paulus und Jesus auf dem Hintergrud der modemen Gottesfrage, EvTh 36, 1971, 121-154

―, Das Verständnis des Todes Jesu Christi im Neuen Testament, in: F. Viering (Hg.), Das Kreuz Jesu Christi als Grund des Heils, Gütersloh ²1968.

Schuermann, H., Jesu Abschiedsrede, Lk22, 21-38, Muenster 1957.

―, Ursprung und Gestalt, Duesseldorf 1970.

Schulz, A., Nachfolgen und Nachahmen, Muenchen 1962.

Schulz, W., Der Gott der neuzeitlichen Metaphysik, Pfullingen 1957.

Schwartz, E., Johannes und Kerinthos, ZNW 1914.

Schweitzer, A., Die Mystik des Apostels Paulus, Tuebingen 1954.

Schweizer, E., Gemeinde und Gemeindeordnung im Neuen Testament, Zuerich 1959.

―, Das johanneische Zeugnis vom Herrenmahl, in: Neotestamentica, Zuerich 1961.

―――, Der Kirchenbegriff im Evangelium und den Briefen des Johannes, in: neotes tamentica Zuerich / stuttgart 1963.

Scott, E. F., The Fourth Gospel, Edingburgh 1908.

Scriptorum classicorum bibliotheca oxoniensis, London MCMLVII.

Seeberg, Lehrbuch der Dogmengeschichte, Darmstadt, 1959.

Siedebottom, E. M., The Christ of the Fourth Gospel, London 1961.

Seidensticker, Ph., Die Auferstehung Jesu in der Botschaft der Evangelisten, Stuttgart 1967.

Smalley, S., John―Evangelist and Interpreter, Australia South・Africa 1978.

Smend, F., Die Behandlung alttestamentlicher Zitate als Ausgangspunkt der Quellenscheidung im 4. Evangelium, ZNW 1925.

Smith, M. D., The Theology of the Gospel of John, Cambridge 1955.

Smith, D. M., Johannine Christianity, South Carolina 1984.

Sohm, R., Kirchenrecht, 1. Bd, Die Geschichtlichen Grundlagen, Berlin 1970.

―――, Kirchenrecht, 2. Bd, Katholisches Kirchenrecht, Berlin 1970.

―――, Institutionen des Roemischen Rechts, Muenchen und Leipzig 1923.

Spicq, C., Agape I-III, Paris 1959.

Spitta, F., Das Johannesevangelium als Quelle der Geschichte Jesu, Goettingen 1910.

Staehlin, G., Zum Problem der johanneischen Eschatologie, ZNW 33, 1934.

Strachan, R. H., The Fourth Gospel, Toronto 1946.

Strecker, G., Die Anfaenge der johanneischen Schule, NTS 32, 1986.

Stuhlmacher, P., Das paulinische Evangelium I, Goettingen 1968.

―――, Gerechtigkeit Gottes bei Paulus, Goettingen, 1965.

―――, Ekklesiologie des Neuen Testaments, in: Mysterium Salutis, IV/1 Einsiedeln 1972.

Swete, H. B., The last Discourse and Prayer, London 1914.

Tacitus, Annalen Muenchen 1978.

Teeple, H. M., A Key to the Composition of the Fourth Gospel, JBL 80, 1961.

―――, The literary Origin of the Gospel of John, Illinois 1974.

―――, Urchristliche Wundergeschichten Guetersloh 1974.

Theissen, G., Studien zur Soziologie des Urchristentums, Tuebingen 1983.

S., Thomae Aquinatus, Super Evangelium S,. Ioannis Lectura, Roma 1952.

―――, Summa Theologiae I-V, Madrid 1955.

Thuesing, W., Die Erhoehung und Verherrlichung Jesu im Johannesevangelium, Muenster 1960.

―――, Erhoehungsvorstellung und Parusieerwartung in der aeltesten nachoesterlichen Christologie, Stuttgart 1969.

Thyen, H., Aus der Literatur zum Johannesevangelium, ThR 39 (1974) 1-69; 222-252; 289-330; ThR 42 (1977, 211-270; ThR 43 (1978), 328-359; ThR 44 (1979), 97-134 参照。

Tillmann, F., Das Johannesevangelium, Berlin 1914.

Torm, F., Die Psychologie des 4. Evangelium: Augenzeuge oder nicht? ZNW 1931.

Troll, W. Urbild und Ursache in der Biologie, Heidelberg 1948.

―――, /Wolf, K. L., Goethes morphologischer Auftrag, Gestalt I, Tuebingen 1950.

Viering, F., Der Kreuzestod Jesu, Guetersloh 1970.

Voelker, W., Quellen zur christlichen Gnosis, Tuebingen 1932.

Voelter, D., Mater Dolorosa und der Lieblingsjuenger des Johannesevangeliums, Strassburg, 1907.

Weinrich, H., Tempus, Stuttgart 1971.

Weiss, B., Handbuch ueber das Evangelium des Johannes, Goettingen 1886.

Welte, B., Ueber das Boese (Eine thomistische Untersuchung), Freiburg i. Br., 1959.

Wengst, K., Haeraesie und Orthodoxie im Spiegel des ersten Johannesbriefes, Guetersloh 1976.

―――, Der erste, zweite und dritte Brief des Johannes, Guetersloh und Wuerzburg 1978.

―――, Das Johannesevangelium Kap. 11-21, Stuttgart · Berlin · Koeln, 2001.

Wenz, H., Sehen und Glauben bei Johannes, ThZ 17, 1961.

Westcott, B. F., The Gospel according to St. John, Michigan 1958.

Wetter, G. P., Eine gnostische Formel im 4. Evangelium, ZNW 1917/18.

Wiles, M. F., The spiritual Gospel, Cambridge 1960.

Wilkens, U., Der Paraklet und die Kirche, Festschrift f. Bornkamm, Tuebingen 1980.

Windisch, H., Der Johanneische Erzaehlungsstil, Euxaristerion, Goettingen 1923.

Winter, P., On the Trial of Jesus, Berlin 1961.

Wittgenstein, L., Werkausgabe 1-8, Frankfurt a. M. 1991.

Young, F. W., A Study of the Relation of Isaiah to the Fourth Gospel, ZNW 46, 1955.

Zahn, Th., Das Evangelium des Johannes, Leipzig−Erlangen 1921.

あとがき

　2007年1月に，まがりなりにも，多くの方のご厄介になりながら注解Ⅱを出すことが出来た。ただし不慮の事故による筆者の健康上の事情もあり，不完全かつ誤植の非常に多いものとなってしまった。もちろん内容については不備であり，かつ未熟なもので，顧みれば，改めたり，補ったりしたいことも多い。他方，弁解は美学に反し，見苦しいという感情もある。また「謝るのは卑怯だ」というせりふもある。だがそれはさておき，注解（続けることを考えていなかったので，単に注解としてあるが，実際は注解Ⅰである）に続いて，注解Ⅱが出て，K資金の方からも折角なので完結した方がよいだろうということで，再びご援助を賜ることになってしまった。大変光栄に思っている次第で，不出来なものについて責任を感じると共に，衷心から感謝を申し上げたい。したがってとりあえずそれにお答えして注解Ⅲを書いたわけである。このような事情で，筆者のはじめからの意図と企画に従ってこの書が書かれたわけではなく，色々な方のご好意によって結果的に一応ヨハネ福音書の全部を通しての注釈書が出来上がったということである（注解Ⅱの序文は，これで続きはないという形で書かれた。お読みくださった方は御気付きになった方もあろう）。本書注解Ⅲについては，わたくしの過去の色々な事情で図書館が利用できず，引用が多くなってしまった。ご容赦願いたいと思う。また身辺の整理を初め，図書の半分は手放したということもある。それに加えて自己引用も多く，そのうちにはすでに発表されているものもあり，重複の部分があることについては，あらかじめご容赦を願いたい。こうして図らずも30数年前の佐竹明博士（前フェリス大学学長，広島大学名誉教授）との「ヨハネ福音書注解を書く」，という口約束（何度も約束の解消を申し出たが）も一応は果たすことが出来た。新教出版社から出るはずのものであったが，時代の流れからすべてが変わり，世代交代もあり，新しいジェネレーションも台頭し，筆者の出る幕ではないとも思える。自らに老婆心で言うこともあるだろうか，と問

う程度である。話は変わるが，なんと，引き続いてこの「労多くして得るところの少ない仕事 (undankbares Geschaeft)」を知泉書館の小山社長が引き受けて下さったのである。このようにしてわたくしも本格 (本書く) 的学者になったのである。しかし読み返すと pars pro toto という性格が顕著になってしまった。しかしくどくなるのでこの辺で止めることにする。それはそうとして，今回も精神的な支えとなって下さり，常に励ましを頂いたのは聖心大学名誉教授宮内久光先生であった。そして宮内先生なかりせば，本書もなかったであろう。また現在の首都大学東京 (旧都立大学) 甲斐博見教授には，元同僚として測り知れないほどの，絶えず新たな刺激と助言と息吹きをいただき，これも大きな支えとなった。その上校正刷りを読むことも助けていただいた。脱落したテキストの箇所の指示もたまわり (これを指示して下さった学生の方にここで感謝したい。これは本来許されないことである。わたくしの責任は大きい)，持つべきものは師のみならず，友であり読者であり，その批判と叱正である。その他，日本に限って言えば，筆者に学問的道を開いて下さった岩崎英二郎博士 (慶応義塾大学 名誉教授，元東京大学教授)，加藤信朗先生 (都立大学名誉教授) はじめ，その他の恩師，諸先生や先達，他の研究者や同僚また学兄諸氏など，ここで到底，名をすべて挙げることが出来ないが，多くの方の学恩にあずかった。これまで生きてこられてきたこともあわせて幸運であったとでも言う他はない。私の拙いこの一連の書が，今後のヨハネ福音書の「言葉」やその使用やその意味について「考えること」のさい何らかのひらめきか，研究のきっかけにさえなれば，筆者の望みは完全に満たされたのである。どんな状況においても「考えることを止めてはいけない」のである。「熟考せよ (Nachdenken! Nachdenken! Nachdenken!)」とは，Schlier 先生の言い草であった。しかしわたくしとすればこのような恩師の要求に応えられず，ただローマ風に言えば damnatio memoriae に会わなければ望外の幸いである。またこの場で，私をドイツに招いて下さったケルン大司教区大司教 J. Kardinal Frings 枢機卿およびケルン大司教区に感謝したい。

　最後に，まだ感謝の辞を述べる義務が残っている。学術出版の振興を志す知泉書館の小山光夫社長は，続く出版を諦めかけていた私に，自ら声をかけ，第Ⅲ巻の原稿を催促され，この出版に激しい学術的意欲を示され，わたくしの勇気を奮い立たせた。ならんで，これまでに表現できないほど

のご迷惑をかけたにもかかわらず，なお献身的な援助を下さろうという同じく知泉書館の高野文子氏にも，そのまさに驚嘆すべき忍耐と寛容さに感謝を捧げるものである．

"ou gar dunametha ti kata tes alētheias, ..."
（Denn wir koennen nichts wider die Wahrheit" uebersetzt von Luther）: 2 Kor. 13, 8.
"われわれは真理に逆らっては何事もなし得ない．……"

2008年

秋谷にて

伊 吹　雄

第2巻テキスト訂正補筆（addenda）

7, 39　イエスは自分が，信じる人々が受けようとしている霊について言ったのである．

11, 17　さてイエスが来てみると，

（ただしギリシャ語のテキストを注解しているので注解に脱落はありません）

伊吹　雄（いぶき・ゆう）

1932年東京に生まれる．慶応義塾大学哲学科卒．同修士課程中退．上智大学ラテン語哲学科終了．1963年ボン大学カトリック神学部卒業．65年ケルン大神学校卒業後，ボン大学で Doctorand となる．72年ボン大学より神学博士号を授与．上智大学，慶応大学の非常勤講師を経て76年成蹊大学経済学部教授（ドイツ語），87年東京都立大学教授（哲学，倫理学，大学院兼担）．96年定年退官．その後2006年まではいくつかの大学で非常勤講師として活動．

〔著書〕Die Wahrheit im Johannesevangelium,（Bonn, 1972），『ヨハネ福音書と新約思想』（創文社，1994），『ヨハネ福音書注解』（2004），『ヨハネ福音書注解Ⅱ』（2007, 以上，知泉書館）

〔ヨハネ福音書注解 Ⅲ〕　　　　　ISBN978-4-86285-056-0

2009年5月10日　第1刷印刷
2009年5月15日　第1刷発行

著　者　　伊　吹　　　雄
発行者　　小　山　光　夫
製　版　　野口ビリケン堂

発行所　〒113-0033　東京都文京区本郷1-13-2
　　　　電話 03 (3814) 6161　振替 00120-6-117170
　　　　http://www.chisen.co.jp
　　　　　　　　　　　　株式会社　知泉書館

Printed in Japan　　　　　　　　　印刷・製本／藤原印刷